Un Phénix nommé Europe

À Mary, mon épouse

« J'ai ouvert devant toi une porte que nul ne peut fermer. »

Apocalypse

ROBERT
ROTHSCHILD

Un Phénix nommé Europe

Mémoires 1945-1995

ÉDITIONS
Racine

Du même auteur

La chute de Chiang Kai-shek, Fayard, Paris, 1972.
Prix Rocheron de l'Académie Française

Les chemins de Munich, Perrin, Paris, 1988.
Prix Hubert Pierlot, 1992

Rue de l'Aurore 44, B-1000 Bruxelles

D.1997, 6852.09
Dépôt légal: mars 1997
ISBN 2-87386-098-7

Avant-propos

Dans des livres antérieurs, *Les chemins de Munich* et *La chute de Chiang Kai-shek*, j'ai apporté un témoignage à deux des grands désastres du siècle. L'un évoque la crise de l'Europe après la Grande Guerre et l'effondrement de la force morale des puissances démocratiques. L'autre raconte comment a basculé dans le communisme la Chine immense.

Ce troisième livre a l'ambition, au contraire, de mettre en évidence le prodigieux élan qui a ranimé l'Occident après 1945 pour l'élever aujourd'hui à des sommets jamais atteints. Il veut contredire la littérature pessimiste qui, depuis Oswald Spengler jusqu'à Paul Kennedy, s'est complu à décrire son prétendu déclin. On sait comment depuis le XVe et le XVIe siècles, l'Europe s'est distancée des autres grandes civilisations, celles de l'Islam, de l'Inde ou de la Chine: comment le succès de ses techniques autant que sa force vitale l'ont amenée à conquérir d'immenses empires en Amérique, en Afrique, en Asie pour dominer les trois quarts du globe. Ces empires ne sont plus et leur disparition conduit trop facilement à ne plus voir en l'Europe qu'un fatras de petits États affaiblis et privés de foi fondamentale, en l'Amérique qu'un titan épuisé, condamnés tous deux par l'émergence de rivaux géants.

Est-ce vrai? Je ne le crois pas. Il y a l'Union européenne qui est en passe de regrouper les provinces occidentales de l'Empire de Rome. Il y a aussi, de Paris et de Londres à New York, San Francisco et Buenos Aires ou à Pékin et Tokyo, des sociétés qui s'inspirent de plus en plus de concepts occidentaux, démocratie, libre entreprise, nationalisme, socialisme, service public, etc., toutes vouées en principe au progrès et au bonheur des hommes – deux autres idéaux occidentaux. Aux quatre coins de la terre, les sciences (et en premier lieu la médecine), les techniques, les arts, les mœurs, les vêtements même sont plus ou moins profondément marqués par l'Ouest. Spectacle incroyable, on a brièvement vu une copie de la statue de la Liberté se dresser devant la Porte de la Paix Céleste (Tienanmen) à Pékin. Aux empires du XIXe siècle est en passe de se substituer une civilisation conçue et préparée en Europe et en Amérique du Nord; un empire universel sans empereur. Un renouveau de l'histoire, la résurrection du phénix nommé Europe.

J'ai eu la bonne fortune d'assister, en spectateur privilégié, aux débuts de ce monde qui malgré toutes ses fautes et même d'affreux crimes porte l'espoir de sociétés plus riches, plus libres et plus humaines que toutes autres. L'Occident n'est pas entièrement guéri de la terreur d'un futur inconnu – l'Europe moins que l'Amérique; mais fort de ses sciences et d'une maîtrise partielle de la nature, il est mieux préparé que jadis à affronter l'avenir et l'inconnu – alors qu'un même mal attaque à leur tour les vieilles sociétés du tiers monde et celles libérées de l'ordre communiste. Affolées par l'impact brutal de la modernité occidentale, celles-ci cherchent refuge dans un passé drapé de rose, fait surtout de croyances ancestrales et d'instincts tribaux, dénommés à présent ethnicité, intégrisme, fondamentalisme, etc., incompatibles avec le progrès matériel auquel aspirent avec véhémence leurs populations. S'étourdissant des clameurs délirantes de faux prophètes, elles s'adonnent à de sanglants affrontements entre Anciens et Modernes, elles brandissent leurs armes – y compris celles de l'atome – à l'encontre de ces prétendus Grands Satans surgis de l'Atlantique qu'elles accusent de leurs souffrances.

Ce ne sont que les points principaux de cette immense aventure que mon récit a l'ambition de relater, tels qu'ils furent vus et ressentis par un grand nombre de mes contemporains. Pas plus ne prêtent-ils à une objectivité complète que je crois inaccessible. Le grand Tacite, «père de l'histoire», n'a-t-il pas du reste affirmé, il y a près de deux mille ans, le droit de l'historien de juger? Ses sentences sont indispensables car elles seules mettent en évidence les erreurs commises et incitent à préparer un meilleur avenir. C'est par une réflexion sur celui-ci que se termine le livre.

Remerciements

Mes remerciements vont en premier lieu à Paul Henri Spaak qui a régi ma vie professionnelle, d'abord de 1937 à 1939, ensuite de 1954 à 1958 et à nouveau de 1961 à 1965. Pendant les dix années passées à ses côtés, il m'a fait sans cesse participer à ses activités, m'a donné l'occasion de rencontrer la plupart des hommes politiques qu'il voyait, m'a associé à ses rencontres et à ses conversations. La plupart des souvenirs évoqués dans ce livre doivent leur intérêt à ces rencontres. À son exemple, j'ai aussi appris ce qu'est un grand homme d'État. Il m'a été un maître et un ami.

C'est Jean-Claude Ricquier, codirecteur de la *Revue Générale* (de Bruxelles) qui a eu l'idée de réunir et de publier les longs interrogatoires concernant ma carrière auxquels il m'a soumis en 1988. C'est lui et le baron Bernard Snoy qui m'ont mis en contact avec les Éditions Racine.

André de Staercke, ambassadeur de Belgique à l'OTAN à partir de 1951, a été mon compagnon de travail presque journellement jusqu'à la date de ma mise à la retraite en 1978 et même après. Il a bien voulu relire mon manuscrit et y apporter les corrections nécessaires. De même, ma fille Anne en a repoli les textes. Je leur dois beaucoup.

Des mémoires diplomatiques ne se rédigent pas sans l'apport de multiples conversations dans les pays où a résidé leur auteur, en ce qui me concerne la Chine, les États-Unis, la France, la Belgique, la Yougoslavie, le Congo (ex-belge), la Suisse, pour terminer ma carrière à Paris et à Londres. J'y ai trouvé partout des amis et des informateurs, trop nombreux pour être nommés. À tous, je présente ici la chaleureuse expression de ma reconnaissance. De même à Mrs. Lang (décédée) et Mrs. Boyden, mes secrétaires, qui ont consacré de longues heures à déchiffrer des manuscrits presque illisibles.

R. Rothschild

I
L'Orient est rouge

La statue de la Liberté à Pékin (1989)

Quelque chose devait arriver. À Pékin, au petit matin du 4 juin 1989, les soldats de l'Armée populaire de Libération, rangés en bon ordre à la Porte de la Paix Céleste (Tienanmen), ouvraient le feu sur la foule qui chantait l'*Internationale* (!) en défi au communisme. Non loin d'une énorme statue de la Liberté en plâtre, érigée cinq jours auparavant par des étudiants, en face du portrait géant de Mao Tsê-tung, des hommes et des femmes, presque tous des adolescents, étaient tombés. Des autobus avaient flambé, l'atmosphère s'était emplie de fumée noire et de cris déchirants. La déesse de la Liberté, écrasée par les chars de combat, n'était plus qu'un tas de poudre blanche. Le tir s'était poursuivi pendant la matinée dans les rues adjacentes. Au cours des heures suivantes, on avait permis aux pères et aux mères, à des mères surtout, d'y retrouver leurs enfants morts pour les enterrer; sept cents cadavres et des milliers de blessés allaient être ramassés, les arrestations s'étaient multipliées. Des centaines de journalistes étrangers de la presse écrite ou de la télévision étaient à Pékin à l'occasion de la visite du président soviétique Gorbatchev; le monde occidental, bouleversé, avait vu sur les petits écrans des hommes tués à coup de revolver dans la nuque par des policiers en chemise kaki et en gants blancs. Dès le 17 et le 18 mai, un million de Pékinois étaient descendus dans les rues et les places publiques; ils demandaient avec insistance mais sans violence d'être entendus par le gouvernement. Celui-ci avait répondu le 20 mai en proclamant la loi martiale et en concentrant des troupes aux abords de la capitale. Le 21, nouvelle manifestation de masse. Les chefs du Parti (les anciens de la Longue Marche) avaient glissé du côté de Teng Siao-ping, ex-Secrétaire général du Parti communiste. Ce dernier avait lancé la troupe sur ceux qu'il qualifiait de «rebuts de la société»: car, dit-il, «il faut saigner un poulet pour effrayer cent singes». «Un vilain petit homme», jugea le Dr Kissinger[1].

Confucius, Jésus et Marx (Chungking 1944-1945)

Confucius (551-479 av. J.-C.), Bouddha (563-483 av. J.-C.) et Pythagore (580-500 av. J.-C.) ont été à peu près contemporains et on peut rêver de les voir réunis autour d'une table pour une spéculation cosmique. *Mais si l'Occident a hérité des prophètes d'Israël, des philosophes grecs et des Évangiles une force dynamique qui l'a maintenu sans cesse en mouvement, le confucianisme a condamné la Chine à des formes de pensée statique et immuable.* Pour Confucius et ses disciples, le monde qui s'offrait à leur vue était le reflet d'un monde invisible; l'ordre terrestre, assuré par le Roi d'en Bas correspondait à un ordre supraterrestre réglé par le Souverain d'en Haut. Cette image de l'univers répondait à toutes les questions, elle excluait l'angoisse métaphysique. «Ce que l'on sait, savoir qu'on le sait. Ce qu'on ignore, savoir qu'on l'ignore», enseignait le Sage [1bis].

Quand ces croyances antiques furent rationalisées par Chu Hsi au XIIe siècle de notre ère, les principes fondamentaux n'en changèrent pas*. L'univers est un perpétuel recommencement évoluant en un cycle fermé soumis à un rigoureux déterminisme. Il est gouverné par des lois naturelles dont l'action est nécessaire, fatale et inconsciente. Cette action est d'ailleurs foncièrement harmonieuse: «Si vous laissez l'équilibre et l'harmonie s'épanouir librement, un ordre heureux régnera au ciel et sur la terre, toutes les choses pourront vivre et prospérer», car «le ciel, la terre et les dix mille choses sont unis». La morale de Chu Hsi découle de sa philosophie première. Le faisceau des lois de la nature est la norme du monde moral comme celle du monde physique. Il régit aussi bien la vie des hommes que le mouvement des astres. En s'abandonnant pleinement aux lois naturelles, en retrouvant leur nature intime, en pratiquant la «vertu de sincérité», les hommes participent à l'ordre naturel; au contraire, en y désobéissant, ils bouleversent l'harmonie qui y préside.

L'emprise du confucianisme sur la société a été d'autant plus totale que les lettrés, les «mandarins», se sont très vite confondus avec les milieux dirigeants, eux-mêmes proches des classes possédantes, élément stable et permanent qui, à travers les crises les plus furieuses, maintiendrait l'essentiel. Comme l'écrit le politologue Amaury de Riencourt: «Cette civilisation aurait pu durer ainsi pendant des centaines, des milliers et même des dizaines de milliers d'années, d'un même mouvement, comme une planète morte tournant avec une régularité mécanique, jusqu'à ce

---

* Chu Hsi, le rénovateur de la philosophie confucéenne (1130-1200), par une curieuse coïncidence de l'Histoire, est presque contemporain de saint Thomas d'Aquin, rénovateur de la philosophie occidentale (1225-1274).

qu'une comète inattendue vînt la heurter et la fît éclater. Elle était essentiellement satisfaite, statique et accrochée à sa foi en une éternelle et historique répétition de cycles identiques[2].» *Un totalitarisme éternel jamais connu en Occident.*

Je n'avais pas été long à le découvrir quand, en juillet 1944, je débarquai à Chungking, la capitale de guerre de Chiang Kai-shek. Une rencontre édifiante fut celle de Chen Li fu, le Goebbels local, à qui on m'envoya bientôt rendre visite. J'allais entretenir avec lui des relations suivies, non pas qu'il me fût particulièrement sympathique, mais parce que ses idées étranges me fascinaient. Ministre de l'Éducation nationale, Secrétaire général du Kuomintang (le parti unique), il était depuis le début de leur aventure très proche de Chiang Kai-shek. On chuchotait qu'une de ses filles était sa maîtresse. Il était le neveu du chef des «Verts», confrérie secrète qui avait patronné Chiang dans sa jeunesse à Shanghai, le frère aussi du président d'une banque d'État qui représentait les intérêts des propriétaires fonciers. Âgé d'une cinquantaine d'années, avec un visage fin d'intellectuel, le teint mat, les cheveux d'argent, il était vêtu d'une longue robe de soie bleu foncé et avait des manières exquises. Un «boy» avait apporté des cigarettes et les tasses de thé vert traditionnelles et nous avions bavardé.

Non sans à-propos, Chen m'avait fait le procès de la pensée occidentale. Son pluralisme, ses mille facettes, ses luttes passionnées, sa recherche sans cesse renouvelée, sans cesse avortée de la vérité lui paraissaient un gouffre bouillonnant de désordre et d'anarchie. Comme Chiang Kai-shek dans son livre *Le destin de la Chine*, il condamnait avec sévérité le capitalisme et le libéralisme qui aboutissent inévitablement à la lutte des classes; pour les mêmes raisons, il rejetait avec plus de violence encore le communisme. Pour lui, la Chine était un pays sans classes; les Chinois étaient pourvus de qualités foncières (au nombre de huit: loyauté, piété filiale, bonté, amour, fidélité, droiture, paix et harmonie) qui permettaient de fonder l'État sur des principes moraux (au nombre de quatre: bienséance, droiture, modestie et conscience). Pour que la nation retrouve son équilibre, il suffisait que les Chinois retournent à leur vraie nature, à leur «principe de vie». C'était, formulé en termes nouveaux et en y ajoutant un ingrédient raciste, le retour à l'ancienne notion confucéenne de «sincérité», fondement de l'ordre harmonieux des choses.

Cette conversation me fit une impression profonde; c'était la première fois que m'étaient exposées par un lettré chinois – pourtant diplômé de l'Université de Pittsburgh – les idées qui avaient inspiré le Céleste Empire pendant deux mille ans. Au ministère de l'Éducation, Chen, cet esthète distingué, imposait d'une main de fer la tradition immobiliste à laquelle il attachait tant de prix. Il n'était pas rare que des étudiants ou des professeurs rebelles à sa dictature intellectuelle fussent chassés des écoles ou même emprisonnés. Avant la guerre, ils auraient trouvé refuge dans les universités des concessions étrangères ou dans celles de grandes villes comme Pékin où survivait une certaine tradition de liberté académique. Depuis l'occupation japonaise, la seule alternative à l'enseignement officiel était l'Université communiste de Yen-an; de plus en plus nombreux étaient les jeunes gens qui quittaient clandestinement la Chine nationaliste pour s'y réfugier.

Les tentatives de réformes politiques n'avaient pas manqué, la première en date des temps modernes ayant été la révolte des «Taipings» en 1851, étrange alliance de christianisme et de marxisme. En 1889, ce fut le jeune souverain Kuang Hsu qui tenta, à l'instar de l'empereur Meiji au Japon, de moderniser son pays. Une nouvelle fois, la bureaucratie eut le dessus. L'Empereur, incarcéré dans un pavillon de la Cité interdite, y resta jusqu'à sa mort en 1908, probablement empoisonné; ses principaux conseillers furent exécutés.

Avec l'écroulement de la monarchie et l'avènement de la République en 1912 avait déferlé une troisième vague réformatrice. Depuis la révolte des Taipings, les choses avaient changé. De Hong-Kong à San Francisco, en passant par la Thaïlande, l'Insulinde, Hawaï, avait grandi une Chine d'émigrés où s'étaient donné libre cours leurs qualités d'intelligence et d'énergie. Ici et là, à Pékin et particulièrement dans les «concessions étrangères», des catégories sociales inconnues jusque-là avaient surgi: des négociants petits et grands, quelques industriels, des techniciens, des banquiers, etc., une «bourgeoisie» orientée vers l'extérieur et divorcée des élites traditionnelles. Dans des écoles et des universités nouvelles, le plus souvent établies par des missions chrétiennes ou des fondations étrangères, ses fils et même quelquefois ses filles découvraient les modes de pensée de l'Occident – y compris la notion révolutionnaire de progrès, jusque-là inconnue. Ils commençaient à percevoir les fondements culturels d'où procédaient ces techniques modernes en lesquelles les «mandarins» n'avaient vu que des trucs, presque de la magie. Parallèlement, l'impérialisme européen mettant la Chine aux enchères et cent années d'humiliations répétées avaient fait naître des sentiments nationalistes qui n'avaient pas existé; elle n'avait jamais été un État-nation mais une culture commune, gérée par quelques institutions communes peu contraignantes.

C'est dans ces circonstances qu'était apparue une «Ligue révolutionnaire», devenue le Kuomintang (Parti national du Peuple) et sa grande figure, le docteur Sun Yat-sen. Né à Canton en 1866, fils de paysans pauvres, élevé à Hawaï dans des écoles missionnaires, médecin diplômé de l'Université de Hong-Kong, il s'était empli l'esprit au Japon, en Amérique et en Europe d'idées nouvelles montées de l'Occident, patriotisme, démocratie, socialisme. Quand la République réunit à Nankin (la capitale du Sud) une première assemblée populaire, c'est lui dont elle fit son président provisoire (29-30 décembre 1911) – tandis que ses concitoyens s'empressaient de couper les tresses de cheveux que la dynastie mandchoue leur avait imposées en signe de servitude. Six semaines plus tard, il était contrain de démissionner, ouvrant la porte à une longue période de complète anarchie.

Après bien des péripéties et un nouvel exil, Sun était réélu président par le Kuomintang réfugié à Canton en avril 1921. La même année était fondé, simultanément à Paris et à Shanghai, le Parti communiste chinois, sous la main de fer de l'Internationale soviétique. Son premier Secrétaire général était un professeur de l'Université de Pékin et il réunissait, à l'origine, une majorité d'étudiants et d'intellectuels, fascinés par la Révolution russe. Bientôt, sur les ordres de Moscou, le PCC ralliait Canton et s'associait au Kuomintang. L'alliance avait paru invincible. Mais Sun Yat-sen, décédé en 1925, était remplacé par Chiang Kai-shek. En 1927, c'était la rupture et une guerre civile inexorable entre communistes et nationalistes. Réconciliés plus ou moins en 1937 pour affronter le Japon – plutôt moins que plus – en 1944, ils étaient derechef prêts à bondir les uns sur les autres.

Tel était le contexte politique et militaire dans lequel les diplomates en Chine avaient à estimer la situation. Ce qu'ils voyaient autour d'eux était affreux. Le patriotisme du début de la guerre s'était enlisé dans la fatigue et la misère. Le régime était manifestement en voie de désintégration. Sous le couvert d'un parti unique soumis à la dictature personnelle du président de la République, commandant en chef, grouillait un nid de vipères. De multiples coteries se livraient à des luttes futiles pour un pouvoir pourrissant et avant tout pour les profits matériels qu'elles pouvaient en tirer. Une clique du grand capital à laquelle la Chine devait le vaste effort de modernisation des années 1927 - 1937 était supplantée par une clique des intérêts agraires; T.V. Soong, qui avait inspiré la première, attendait dans l'antichambre et Chen Li fu, à la tête de la seconde, tenait le haut du pavé.

Malgré l'aide financière américaine, la maladministration résultait en inflation galopante, une lèpre qui rongeait la société. Dans la capitale, étaient particulièrement accablés les 40 000 étudiants qui avaient fui pour se réfugier en Chine non occupée. Mal logés, mal nourris, mal instruits, dévorés par la tuberculose, élèves et professeurs devenaient un levain révolutionnaire redoutable. Dans l'arrière-pays, la faim ravageait les villages; les paysans se débattaient contre les lourdes taxes en nature, les loyers exorbitants et les taux d'intérêts ruineux à payer aux propriétaires et aux usuriers – souvent les mêmes individus. Et contre la conscription.

Les forces armées, quelque 300 divisions, en grande partie inutiles et inutilisables, étaient une géhenne. Les levées étaient ordonnées globalement deux fois par an, quelquefois plus souvent, par la capitale qui imposait un contingent à chaque gouverneur de province. Ceux-ci faisaient alors procéder littéralement à la capture des recrues. Des gendarmes se répandaient dans les champs, enlevaient les paysans en leur liant les bras derrière le dos. Affaiblis par le béribéri, la dysenterie et la typhoïde, ils transportaient le choléra à travers le pays. Les morts étaient abandonnés le long des chemins [3].

Le sort du troupier, une fois incorporé, n'était pas moins terrifiant. Misérablement sous-alimentés, les rangs étaient décimés par toutes les maladies imaginables. Au combat, un homme blessé était presque toujours un homme mort; heureux étaient les blessés graves qui perdaient rapidement la vie. Les blessés légers, dans l'état physique où ils se trouvaient, étaient le plus souvent atteints de gangrène et pourrissaient vivants; les chances d'atteindre l'infirmerie divisionnaire étaient minces, plus minces encore celles d'atteindre un véritable hôpital. Ceux-ci, sauf exceptions, étaient comparés par les officiers américains qui eurent l'occasion de les visiter aux camps d'extermination nazis d'Allemagne et de Pologne. Sept millions d'hommes disparurent, dont une minorité seulement au combat.

À Washington, jusqu'au niveau de la Maison Blanche, l'inquiétude était vive. Avec la défaite imminente de l'Allemagne, la guerre allait entrer dans une phase plus active en Asie. On présageait des débarquements de grande envergure, une offensive sur Tokyo, de meurtrières batailles terrestres contre un ennemi dont on avait expérimenté l'acharnement au feu. Pendant l'été, la prise de l'île de Saïpan n'avait pu être achevée qu'au prix de sanglants combats: 30 000 hommes, la quasi-totalité de la garnison japonaise, avaient préféré périr que se rendre. Autant de civils, huit mille hommes, femmes, enfants s'étaient jetés dans les flots ou sur les rocs du haut de falaises. À Ivo-Jima (février-mars 1945) deux divisions de Marines perdirent en 26 jours cinq mille tués et seize mille blessés. Des Japonais, deux cent douze tous blessés, furent fait prisonniers; vingt-deux mille militaires, fidèles à leur code de l'honneur, avaient dû être exterminés.

Indications fragmentaires, elles permettent de comprendre l'impatience des Américains. Leurs fils mouraient tandis que les ambitions de Mao et de Chiang immobilisaient dans le nord de la Chine 250 000 des meilleures troupes, l'arme au pied. On commençait aussi à penser à Washington au proche après-guerre. Qui gouvernerait l'immense pays dont le président Roosevelt espérait faire une pièce maîtresse de la stabilité en Asie? Si le Kuomintang s'effondrait, le PCC deviendrait-il la principale force politique?

Le vice-président des États-Unis Wallace était venu en juin s'enquérir de la situation. Le général américain Wedemeyer, en octobre, avait remplacé aux côtés de Chiang Kai-shek un pathétique général Stilwell qui s'était rendu insupportable à tous. Le général Hurley, un homme d'affaires politicien proche de Roosevelt, vite surnommé non sans raison Hurley Burley (hurluberlu), avait suivi en novembre; il s'était rendu à Yen-an où il avait eu avec Mao Tsê-tung un entretien dont il s'était félicité. Des plans de coopération politique et militaire entre les deux factions adverses avaient été dressés – pour être par la suite rejetés par l'une et par l'autre.

À la plupart des diplomates et journalistes, Chiang Kai-shek paraissait avoir perdu le «mandat du ciel», une vieille expression confucéenne qui signifiait en bref que rien n'allait plus. En dépit de quelques mesures cosmétiques, prises pour plaire aux Américains (dont le retour de T.V. Soong aux fonctions de Premier ministre), une fois encore, les pesanteurs du passé écrasaient les espoirs d'avenir. Au contraire, de Yen-an, les récits des étrangers qui, depuis peu, s'y rendaient en nombre croissant donnaient, en dépit des censures, l'image d'un gouvernement énergique, voué aux réformes nécessaires, plein d'agressivité à l'égard de l'ennemi commun. La modération affichée de ses vues doctrinales voulait rassurer; il se réclamait de la démocratie politique et non de la dictature du prolétariat, il insistait sur des réformes agraires de nature à encourager la propriété privée et non sur la nationalisation des terres – ou d'autres moyens de production. Même en tenant compte d'une part de propagande, la situation dans la «région frontière» paraissait bien plus saine qu'en Chine libre.

Pour les Occidentaux se posait certes le problème des relations de Yen-an avec Moscou. Mais il ne se posait pas encore avec acuité. L'URSS était notre alliée. Et pour autant que nous fussions à même de juger, le communisme chinois n'était pas soumis à l'autorité de Moscou. Il n'y avait pas de Russes à Yen-an, sauf deux correspondants de l'agence Tass. Les Occidentaux, au contraire, y étaient accueillis avec cordialité, une mission militaire américaine y exerçait ses fonctions en toute tranquillité. On se demandait si les dirigeants de Yen-an étaient des marxistes léninistes à la manière russe, satellites de Moscou ou, au contraire, des «réformateurs agraires»? Manifestement, Mao Tsê-tung et ses amis se montraient disposés à collaborer avec l'Occident. Ce qui comptait. De toute manière, le PCC pesait dans la conduite de la guerre, il resterait une grande force dans la paix. Ne fallait-il pas tenter d'exercer sur lui une influence qui pourrait – peut-être – le confirmer dans la voie du réformisme?

Celui qu'on appelait alors le «général» Chou En-lai était à Chungking l'agent de liaison du PCC; bras droit de Mao Tsê-tung, il avait un passé romantique et la réputation de s'entretenir volontiers avec les diplomates européens. Trois raisons pour faire sa connaissance. Je le rencontrai pour la première fois au cours d'un dîner dans un petit restaurant, auquel j'avait été prié par un de mes nouveaux amis chinois, ancien étudiant de France. Ces dîners étaient parmi les rares plaisirs de nos monotones journées. Toujours motif de réunions bruyantes et joyeuses, dépourvues de formalisme. Ce soir-là nous étions six – pas de femmes –, tous anciens étudiants de France ou de Belgique. Notre hôte était avocat, un des invités était un peintre de talent, je ne me souviens plus très bien des deux autres. Le restaurant occupait une maison, plutôt branlante, divisée en chambrettes par de minces cloisons; des rideaux de coton en fermaient les issues. Bientôt, nous nous assîmes autour de la traditionnelle table ronde et les hors-d'œuvre furent servis. Chou me faisait face; une ampoule électrique nue éclairait crûment notre table et sculptait son beau visage brun aux traits aristocratiques, aux yeux chauds sous d'épais sourcils très noirs. Il avait, à cette époque, quarante-cinq ou quarante-six ans, et n'était pas une notabilité prestigieuse; mais il fut tout de suite évident que sa personnalité dominait. Pourtant, il était sans prétention, enjoué et de bonne humeur, mangeant avec appétit, écoutant ou parlant avec entrain, vidant selon l'usage son petit gobelet de vin de riz tiède chaque fois que notre hôte levait le sien en s'écriant «*Kampei*» (cul sec).

L'enfance et l'adolescence du futur Premier ministre de la Chine populaire nous étaient assez bien connues. Né non loin de Shanghai dans une vieille famille mandarinale mais de rang plutôt médiocre, ses deux frères et lui étaient fils de parents pauvres bien qu'élevés dans la culture classique de leurs ancêtres. Le père, un oisif, ne se distingua pas. En 1942, sans argent et sans emploi, il échoua à Chungking pour solliciter l'aide de son fils, qui la lui refusa. Pourtant, à sa mort dans la misère, Chou lui fit faire des funérailles somptueuses[4]. Sa mère, Dong Erh (Enfant d'Hiver), fort belle, artiste et lettrée, semble avoir été faite d'une étoffe plus riche; disparue très jeune, le petit En-lai avait été adopté par un de ses oncles. À l'âge de dix ans, il avait pris place au foyer d'un autre oncle, commissaire de police à Moukden. L'épouse de celui-ci, illettrée comme nombre de Chinoises de l'époque, était une créature énergique à l'esprit indépendant en qui Chou En-lai semble avoir vu sa vraie mère. Ce fut elle qui eut le courage, à l'encontre des préjugés de son milieu, de le confier à une école de «nouveau savoir» où, curieusement, on parlait aux enfants des œuvres de Darwin, de Rousseau et d'un philosophe chinois oublié qui prônait, mêlé à des préceptes confucéens, une société sans classes, l'amour libre et la propriété communale.

De là, le jeune Chou entra à Nankaï, un internat du degré secondaire géré à Tientsin par des Américains. Se préparant à devenir instituteur, il y fut quatre ans un excellent élève. La monarchie agonisait, le pays se brisait. Les jeunes intellectuels ne pouvaient se désintéresser de ce qui se passait autour d'eux; avec nombre de ses compagnons, Chou s'était jeté dans la révolution. En 1917, on le trouve, très pauvre, à Tokyo puis à Kyoto, entretenu par des amis, suivant des cours sans grande assiduité et sans être inscrit aux rôles universitaires. Déjà très, très à gauche. Rentré à Tientsin, il y participa aux mouvements d'étudiants extrémistes avant d'être incarcéré pour quelques mois en 1920. C'est à Tientsin aussi qu'il aurait eu des premiers contacts avec le Komintern. À la fin de l'été, il débarquait à Marseille, entouré de deux cents autres boursiers franco-chinois*.

Qu'il y ait probablement eu en Chou En-lai de la colère et de l'anxiété est reflété par la violence de ses articles dans des journaux estudiantins, par ses constants déplacements au Japon, en Chine, en Europe. À peine entré dans un collège de Château-Thierry pour y apprendre le français, il le quitta pour la Grande-Bretagne. Puis, il retraversa la Manche pour s'établir à Paris. Pas plus qu'au Japon ou en Chine, il n'y fut à proprement parler un étudiant. S'enrôla-t-il alors au Komintern pour en devenir «un agent de carrière»? Ce n'est pas certain bien qu'il se consacrât entièrement à l'agitation politique à la fois dans des milieux ouvriers principalement asiatiques et dans des coteries d'écrivains d'extrême gauche patronnées par les partis communistes français et allemand, c'est-à-dire par l'Internationale de Moscou, le Komintern. Il n'y a pas de doute que c'est de lui qu'il recevait ses directives et les fonds nécessaires à son action. Il devait plus tard affirmer être devenu membre à part entière du Parti communiste en automne 1922.

En Belgique, il s'enrôla pour une courte période à l'Université du Travail à Charleroi, une école technique du degré supérieur. En Allemagne, il fut le fondateur d'une section berlinoise du PCC; on dit aussi qu'il y travailla dans la mine et qu'une jeune Allemande lui donna deux fils dont il semble s'être peu soucié. Celle-ci exceptée, on ne lui connut pas de liaison féminine. Il épousa à son retour en Chine une jeune militante rencontrée plusieurs années auparavant à Tientsin – vingt ans plus tard à Chungking, elle était encore à ses côtés. À la fin de 1922, rentré à Paris, il y mit sur pied un petit groupe de jeunes communistes dont la plupart allaient faire une carrière brillante à ses côtés – parmi lesquels Teng Siao-ping, le vieillard de 92 ans récemment décédé. C'était l'époque où Lénine avait lancé la NEP (Nouvelle politique économique). La mode à Moscou était à la collaboration, le Komintern y réclamait des «fronts unis». À Canton, le besogneux Kuomintang de Sun Yat-sen végétait, à la recherche d'une grande alliance des «éléments démocratiques» pour s'emparer du pouvoir et rénover la patrie. La conjoncture se dessinait clairement.

Chou En-lai devait y jouer un rôle décisif. En 1924, le Komintern l'avait renvoyé à Canton pour poursuivre sa tâche dans la mouvance de Sun Yat-sen et de Borodine, son conseiller russe. Curieusement, il y était devenu secrétaire du comité militaire du Parti communiste, entamant ainsi une carrière similaire à celle de Trotski à Moscou. Dorénavant le

---

* Il y avait deux mille étudiants chinois en France, plusieurs centaines en Belgique, en Allemagne, en Grande-Bretagne.

destin du «général» Chou En-lai était lié à l'épopée de Sun Yat-sen, de Chiang Kai-shek et bientôt de Mao Tsê-tung, leur brève alliance, leur rupture, la guerre civile, la *Longue Marche* des communistes, l'installation de ceux-ci à Yen-an – le tout broché sur la trame de l'invasion japonaise.

Tel était l'homme avec lequel j'avais dîné ce soir-là. Notre conversation avait débuté par l'évocation de ses voyages en Europe. Son français était excellent, il parlait de Paris de 1920 avec gaieté. Il paraissait avoir été sensible à la beauté de la ville, évoquait avec poésie Notre-Dame, les reflets du soleil sur la Seine aux matins de printemps, les conversations aux terrasses des cafés. Mais rien n'indiquait qu'il eût pris une part active à la vie tumultueuse de l'intelligentsia cosmopolite du Paris de l'après-guerre. Quand on mentionna Picasso, Foujita, Stravinski, on n'éveilla aucun écho; son monde n'avait pas été celui des arts ou de la bohême, même révolutionnaires. La conversation s'anima quand il fut fait allusion à l'Université de Bruxelles; Chou mentionna le nom d'Émile Vandervelde, un des pères fondateurs de l'Internationale socialiste, qui y avait été professeur et dont il avait suivi les cours. Quelqu'un fit remarquer que Vandervelde avait compté parmi les plus ardents défenseurs des libertés démocratiques et avait été, de ce fait, au sein du mouvement socialiste, un des artisans de la rupture entre révolutionnaires et réformateurs. Il soupira: «J'aurais aimé être des siens»; puis, d'un ton plus haut, soudain avec intensité: «En Chine, nous avons à nous battre sur trop de fronts à la fois pour être autorisés à la mesure. Nous avons à opérer une mutation complète pour sortir du Moyen Âge; pour la réussir, il faut transformer jusqu'à notre mode de pensée.» La Russie de 1918 était certainement un de ses phares, il la citait souvent en exemple. Il y avait fait plusieurs voyages, il s'étendait sur des comparaisons, rappelant Kerensky brisé par ses hésitations, la guerre civile encouragée par les grandes puissances hostiles à toute politique de progrès social, leur insatiable avidité, leur refus ou leur incapacité à s'abstenir de la violence. Malgré la modération du ton, c'était un discours proche du marxisme-léninisme.

Une dizaine de jours plus tard, je retrouvais Chou En-lai à l'ambassade d'Australie. Nous n'étions, ce soir-là, que quatre; notre invité, l'ambassadeur de France, Pechkov*, l'Australien Officer et moi. À table déjà, la conversation avait porté sur l'avenir de la Chine. Comment Chou le voyait-

---

* Le général Zinovi Pechkov était un personnage hors série. Né russe, fils adoptif de Gorki, il était le frère de Yakov Svertlov, un des plus proches collaborateurs de Lénine, responsable, dit-on, de l'exécution de la famille impériale. Zinovi, engagé volontaire en 1914 dans la Légion étrangère, allait poursuivre, après l'armistice, sa carrière dans l'armée française; colonel en 1940, il avait rejoint les Forces françaises libres. Le général de Gaulle l'avait fait ambassadeur de France en Chine et ultérieurement au Japon.

il? Il s'étendit avec chaleur sur le thème, patriotique autant que communiste, qu'il avait déjà développé. La Chine avait été un des grands foyers de la civilisation, elle s'était ensuite enfoncée dans un long sommeil; depuis vingt-cinq ans, elle secouait la torpeur des siècles, décidée à reprendre la place qui était légitimement la sienne. « Dans ce but, le PCC était prêt à toutes les alliances, à l'intérieur avec le Kuomintang ou d'autres partis, à l'extérieur avec tous les pays qui se montreraient compréhensifs. Toutefois, si une collaboration s'avérait impossible à l'intérieur ou à l'extérieur, nous nous en passerons. Les sacrifices seront plus grands, la tâche plus difficile à accomplir, voilà tout. » À l'exemple encore de la Russie des Soviets! La guerre victorieuse que menait celle-ci contre la formidable Allemagne révélait la mesure de sa réussite; la Chine pouvait faire aussi bien. Le ton de Chou était moins sobre qu'il ne l'avait été jusque-là; une note de lyrisme paraissait s'inspirer du national-communisme de Lénine, inventé lorsque celui-ci avait identifié l'intervention des États bourgeois contre la Révolution russe avec la lutte des classes du décalogue marxiste.

Après le dîner, nous nous étions installés dans des fauteuils confortables en face d'une cheminée où brûlait un feu vif. Keith Officer souligna le facteur saisissant qu'était, avec le déclin de l'Europe, l'énorme puissance nouvelle des États-Unis. Il cita leurs chiffres de production gigantesque, souligna le caractère décisif qu'y avait représenté la Chine pour l'opinion publique. Il prédit la fermeté avec laquelle l'Amérique imposerait un règne de droit et de liberté, à l'opposé des anciens impérialismes européens. Fumant un mauvais cigare local, j'avais le regard rivé sur la patricien communiste. Sans répondre directement, il posait nombre de questions, en particulier sur Roosevelt. Elles dénotaient une vive curiosité, une fascination même, mêlée, semblait-il, de sympathie. Il n'avait des États-Unis qu'une connaissance superficielle, ce qui n'étonnait pas puisque, depuis 1924, il vivait dans le maquis. Toutefois, il était conscient de leur force et nous surprit par l'intensité de l'intérêt qu'il leur portait. Le chef communiste aurait beaucoup aimé faire un voyage d'études aux États-Unis où il ne s'était jamais rendu. Déclaration de conséquence – mais pas nouvelle –, elle allait naturellement être rapportée à l'ambassade des États-Unis dès le lendemain*.

---

* Déjà, en 1938, au cours des entretiens que Mao Tsê-tung avait eus avec le journaliste américain Edgar Snow, il avait manifesté de la curiosité à l'égard du président Roosevelt qu'il considérait comme un « antifasciste »; il pensait, rapporta Snow, que la « Chine pouvait coopérer avec un tel homme ».

L'amiral Leahy, proche de Roosevelt, confirma que Mao Tsê-tung et Chou En-lai projetèrent de se rendre à Washington pour rencontrer le Président; les Américains ne donnèrent pas suite à ce projet. Il faut rappeler qu'à cette époque, Mao ne s'était jamais rendu en URSS[5].

Il était fort tard quand nous nous séparâmes. Avant de m'endormir, je restai longtemps éveillé, dans mon lit étroit et dur, à réfléchir au destin de la Chine. Un tête-à-tête avec Roosevelt aurait-il fait changer de voie Mao Tsê-tung? Quoique les craquements prémonitoires qui résonnaient dans le K.M.T. fussent de plus en plus audibles, il était inconcevable de le voir supplanté complètement et à bref délai par le PCC. Pour parvenir au pouvoir, la route de celui-ci paraissait passer par le gouvernement de coalition. Mais quelles étaient les chances d'un accord durable entre les deux factions antagonistes, entre les deux empereurs Mao et Chiang? Auraient-ils pu, tout au moins pour un temps, communier dans une volonté de progrès et un souci d'efficacité technocratique? Spéculation vaine. Ce qu'on comprenait de Chiang, ce qu'on devinait de Mao, rendaient improbable leur coexistence au sein d'un même régime. Et plus encore la haine sauvage qui les opposait.

La séduction qu'exerçait Chou En-lai en perdait toute signification politique. Au surplus, quand seront révélés les forfaits affreux de Pékin, la liquidation sans pitié des derniers serviteurs de l'ancien régime, la sauvage conquête du Tibet, la guerre inutile en Corée, les folies meurtrières du Grand Bond en Avant et de la Révolution culturelle, on ne pourra pas ne pas se demander si la sympathie pour l'émissaire de Mao Tsê-tung avait été justifiée. On sait qu'il s'opposa souvent à son maître: mais jamais assez pour l'arrêter ou le quitter. De tant de sang versé, de tant de larmes, pendant tant d'années, peut-il être tout à fait absous?

Au moment où se terminait l'année 1944, les avant-gardes japonaises avaient dû se replier après avoir atteint un point proche de l'artère vitale joignant Chungking à Kumming et au monde extérieur. L'automne avait transformé le lœss de la terre chinoise en boue gluante où s'enlisaient hommes et véhicules. Les pluies incessantes imposaient une sorte de trêve. Le général Hurley, nommé ambassadeur en titre, avait repris ses discussions avec communistes et nationalistes; Chou En-lai poursuivait en sa présence de longues négociations avec le Kuomintang dont on nous tenait plus ou moins au courant. Nous avions aussi conscience du dilemme des Américains. Une note d'un des principaux conseillers de leur ambassade – publiée ultérieurement – le définissait avec courage: «Si les Russes entrent dans la guerre du Pacifique, nous devons faire un effort énergique pour capturer les communistes chinois plutôt que de les laisser aller aux Russes, à la suite de notre immobilisme. Un gouvernement de coalition dans lequel les communistes trouveraient une place satisfaisante est pour nous la solution la plus désirable... Si Chiang Kai-shek et les communistes sont irréconciliables, nous devons alors décider quelle faction supporter... Gardant à l'esprit un facteur fondamental: le pouvoir en Chine est sur le point de passer aux Communistes[6].» L'analyse était impeccable, mais c'était un jugement d'expert. Ses recommandations par leur précision même perdaient tout réalisme.

Au début de février 1945 eut lieu la décisive Conférence de Yalta. Comme Chiang Kai-shek n'y fut pas représenté et que le communiqué final ne faisait pas mention de la Chine, elle ne suscita à Chungking qu'un intérêt modéré. Pourtant, ses suites furent trop dramatiques pour la passer ici sous silence. L'Union soviétique était restée neutre jusque-là dans la guerre d'Asie; Staline y avait promis son concours à ses Alliés et convenu de se battre contre le Japon dès la fin des hostilités en Europe. En contrepartie, le président Roosevelt s'engageait au retour à l'URSS de toutes les possessions et droits spéciaux qu'avait détenus la Russie tsariste en Extrême-Orient avant 1905, plus les îles Kouriles, anciennes possessions du Japon. Le Généralissime n'allait en être informé qu'en juin et s'inclinerait; non sans grincer des dents, signant avec Moscou en août un traité d'alliance de trente ans. Aurait-il pu dire non? Les accords de Yalta ont fait l'objet de débats véhéments mais probablement dépourvus de pertinence. Ceux qui l'attaquent oublient son volet d'Extrême-Orient. L'intervention des Soviets paraissait capitale contre les millions de soldats qu'y alignait le Japon – alors qu'était encore inconnue la puissance colossale des bombes atomiques. Était-il concevable que les Alliés retournassent leurs armes contre l'URSS au moment d'engager le fer en Asie?

Et puis c'est l'Indochine qui retient notre attention; elle la retiendra pendant quarante ans. Un jour, nous apprenons que les troupes japonaises qui occupent le Tonkin, l'Annam et la Cochinchine sont tombées sur les garnisons françaises aux ordres de Vichy et ont mis fin à la fiction de l'administration française. Le 9 mars, le haut-commissaire et son général en chef étaient arrêtés. Les troupes françaises étaient de 50 000 hommes, dont 12 000 Européens, mal armés, sur un territoire immense. Comme l'écrit le général de Gaulle, «Dieu était trop haut et la France trop loin»; 4 000 hommes avaient été tués, 6 000 – la plupart des Européens – avaient pu s'échapper et s'étaient réfugiés dans le Yun-an, les autres étant faits prisonniers. À l'ambassade de France, du reste bouleversée par les récits des tragédies qui montaient d'Indochine, des craintes diffuses acquéraient une nouvelle vigueur. En octobre 1942, Chungking avait provoqué et financé la création d'une «Ligue révolutionnaire du Viêt-nam». Dirigée tout d'abord par une créature falote, elle l'était, depuis le printemps de 1943, par un personnage qui, pendant plus de vingt-cinq ans, allait contribuer à sculpter l'histoire de l'Asie, Hô Chi Minh («celui qui éclaire»). Sorti à cet effet des geôles chinoises, il était bien connu des services français. Quel étonnement de voir ce communiste notoire, «agent de carrière» du Komintern, refaire surface dans l'emploi du Kuomintang! Chiang Kaishek faisait dire qu'il contribuait à la résistance aux forces japonaises.

L'ambiguïté de la situation rendait ces réponses assez faciles. Il n'y avait pas de doute non plus que Hô entretenait des relations avec l'OSS, le service secret américain. Des armes légères lui avaient été livrées en petite quantité et sous condition – bien difficile à faire respecter – qu'elles ne seraient pas utilisées contre les Français. Le conseiller de l'ambassade de France dans un entretien, au début de l'année, avec le général Hurley, lui avait transmis officiellement la décision du général de Gaulle de tout mettre en œuvre pour rétablir la souveraineté française en Indochine. Hurley avait répondu avec brutalité qu'il était adversaire de l'impérialisme et que la présence française y constituait une violation de la Charte de l'Atlantique.

Avril est derrière nous dans la tristesse de la mort subite du président Roosevelt. Aux Chinois comme aux étrangers, elle causa une vive émotion et les rues de Chungking révélèrent pour quelques heures un vrai chagrin. Malgré certaines incompréhensions, il a été un des grands chefs d'une croisade héroïque, pour tant d'hommes et de femmes le principal porte-drapeau de la liberté. Son triomphe était tout proche et le destin ne lui donna pas le bonheur d'en jouir. Il incarnait pour des foules innombrables, en Asie peut-être obscurément, en Europe très clairement, l'espoir d'un monde moins cruel, plus généreux et plus paisible.

Le 8 mai, le jour de la victoire en Europe, notre joie fut immense. Avec le suicide de Hitler dans son bunker de Berlin, l'affreux cauchemar commencé en 1933 était enfin dissipé, mais au prix de quelles souffrances! Il nous fallait ce réconfort pour ranimer un moral très fatigué. Les jours allaient s'égrener dans la touffeur de la chaleur moite que ramenait l'approche de l'été, de la poussière, des moustiques.

Hurley poursuivait des négociations interminables aux fastidieux détails. À Moscou, il obtenait de Molotov la promesse de ne consentir aucune assistance au gens de Yen-an. Comme, dès son retour en Chine, il s'en vanta à gauche et à droite, ceux-ci en furent vite informés. Leur confiance en l'Amérique n'avait pu qu'en être aigrie.

Le général Wedemeyer conduisait par ses menées aux mêmes malentendus [7]. À son arrivée, obéissant à ses instructions, il avait projeté d'armer des corps communistes à placer sous ses ordres; puis il avait été question d'unités mixtes, de commandement unique, de diverses formules de coopération. L'hostilité du Kuomintang avait vite fait abandonner ces beaux projets. Wedemeyer n'y avait probablement jamais cru; élève de l'École de Guerre allemande où il avait suivi entre autres les cours de Haushofer, le théoricien nazi de la géopolitique, il était un général politique. Convaincu que Mao Tsê-tung était un agent obéissant à ce qu'il appelait «la conspiration bolchévique mondiale centrée à Moscou», il allait reconnaître dans ses mémoires avoir glissé délibérément, de même que Hurley, dans le camp nationaliste [8]. Il avait concentré toute son énergie à la mise sur pied de 39 divisions chinoises modernes, la « Nouvelle Armée » qu'il aurait commandée en personne sous l'autorité suprême du Généralissime. En l'ignorance des arrangements de Yalta et de l'existence des bombes atomiques, il avait préparé de vastes offensives terrestres dont les communistes auraient été écartés et qui l'auraient élevé au rang des plus grands – à l'égal d'Eisenhower ou de MacArthur.

À la mi-juillet, au rendez-vous de Potsdam, Truman, Churchill et Staline – mais sans Chiang Kai-shek – s'étaient réunis en la dernière conférence de la guerre. À Chungking, on en retenait surtout un ultimatum, réclamant une dernière fois la reddition inconditionnelle de l'Empire du Soleil-Levant. Sans suite. Rejetée par Tokyo, la guerre continuait. Ce n'était pas une perspective fraîche et joyeuse – loin de là. Personne au sein du haut commandement américain ne doutait du résultat ultime; on y connaissait l'état de délabrement du Japon, il avait perdu la guerre. Mais si toute issue victorieuse lui était fermée, on savait que ses millions d'officiers et soldats étaient prêts à mourir en combattant. Le général Marshall estimait à dix-huit mois la durée des opérations, à cinq cent mille tués ou blessés les pertes américaines. Jamais l'Amérique, au cours de son histoire – sauf pendant la guerre de Sécession – n'avait souffert pareille hécatombe; on comprend l'horreur qui la frappait. Quant aux bombes atomiques fiévreusement préparées dans le secret, presque personne ne connaissait leur existence, même parmi les généraux. Et personne encore ne savait quelle serait leur efficacité.

Un soir, je dînais avec quelques collègues dont l'attaché naval américain, le capitaine Jarrell. Au cours du repas, un officier marinier fait irruption dans la salle à manger, s'approche de Jarrell, le salue et lui remet un pli. Notre attention vaguement attirée, nous regardons notre ami; tout pâle, il se lève, le bruit des conversations s'éteint. Dans un silence complet, il nous dit que le matin même, le 6 août, une bombe de conception nouvelle, de colossale puissance, a été larguée sur la ville d'Hiroshima et que celle-ci et ses trois cent cinquante mille habitants ont été réduits en poussière. Nous nous sommes tous dressés dans le bruit et la confusion, mus, je le dis sans honte, par la joie de la paix proche – sans penser à l'avenir et aux perspectives terrifiantes des armes nucléaires.

Le 9, nous apprenons que l'URSS a déclaré la guerre au Soleil-Levant et que ses armées ont pénétré en Mandchourie. Le même jour, une deuxième bombe atomique écrase Nagasaki. Enfin, le 14 au soir, la radio annonce que le Japon se rend sans condition. La deuxième guerre mondiale est terminée, la victoire est totale. Ce fut une nuit inoubliable. La nouvelle avait fait le tour de la ville à une vitesse fulgurante et la population s'était jetée dans les rues avec d'incroyables démonstrations de joie; des cortèges s'étaient formés spontanément, agitant des placards, des lanternes de papier éclairées de bougies, des drapeaux improvisés, chinois, américains, anglais, français. Comme lors de toutes les fêtes chinoises, des pétards éclataient joyeusement dans les rues. Les étrangers étaient l'objet de manifestations extraordinaires d'amitié; nous étions assaillis par des pauvres gens qui nous lançaient des phrases incompréhensibles, nous touchaient les mains, les épaules, la tête, allant jusqu'à parfois nous embrasser, en nous inondant d'odeurs d'ail et de transpiration. Les officiers et les hommes du Quartier général américain étaient particulièrement fêtés. Les jeeps dans lesquelles ils sillonnaient les rues, faisant retentir leurs avertisseurs, étaient chargées de dizaines de jeunes gens, de jeunes filles; les uniformes étaient déchirés par des mains avides de s'emparer de leurs insignes en guise de souvenirs. Jamais depuis un an de séjour en Chine, je n'avais assisté à pareille fraternité entre Blancs et Jaunes, jamais je n'aurais cru ce peuple sceptique capable de tant d'enthousiasme.

Au lendemain de la reddition du Japon, mon chef m'a envoyé dans les grandes villes de la côte, Shanghai, Tientsin, Canton, Hong-Kong pour préparer la réouverture de nos consulats et veiller à nos intérêts les plus urgents, dont plus de mille ressortissants belges, hommes, femmes et enfants, internés dans des camps de concentration. Mon arrivée à Shanghai à bord d'un avion de la RAF, en compagnie de collègues anglais, français, hollandais, a été un épisode émouvant et un peu comique: une garde d'honneur de soldats japonais à l'aéroport, la traversée de la ville debout sur la plate-forme d'un camion réquisitionné, sous la protection d'un grand «Union Jack»; il est 6 heures du soir et une foule dense encombre les trottoirs, manifestant une joie délirante, tendant les bras et hurlant des mots de bienvenue à l'adresse des libérateurs!

Hélas, la situation s'est détériorée tout aussitôt. Le Kuomintang s'est révélé pire que l'ennemi. Fonctionnaires civils et militaires venus de Chungking se sont comportés comme des barbares en territoire ennemi. Arrestations arbitraires, extorsions de propriétés, spéculations, etc. Dans les universités, les professeurs sont mis à la porte sous prétexte de collaboration et remplacés par la clientèle des hommes au pouvoir. Les diplômes distribués depuis huit ans sont déclarés nuls et sans valeur, l'intelligentsia déjà trop rare est ainsi rejetée vers les communistes. De l'enthousiasme qui a salué en août la capitulation japonaise, de l'auréole de gloire qui a illuminé un instant le lointain gouvernement de Chungking, il reste bien peu de choses. Le prestige et l'autorité du Généralissime, remontés au pinacle pour un court moment, ne sont bientôt plus.

À la fin du mois d'août, je me retrouve dans sa capitale que j'avais espéré ne plus revoir. Avec mon ambassadeur, le corps diplomatique au complet et une foule de notables, j'y assiste à une étonnante rencontre de Chiang Kai-shek et de Mao Tsê-tung. Le spectacle se déroule dans un vaste théâtre. Ils apparaissent sur la scène, venant des ailes opposées pour se rencontrer à mi-chemin, se tourner vers le public et se serrer cérémonieusement la main avec une grimace de fausse amitié. C'est la seule fois que j'aie vu celui que Malraux a qualifié d'Empereur de Bronze, épithète que son front dégarni, ses joues flasques et son ample bedon ne justifiaient vraiment pas.

Rencontre sans lendemain – la guerre civile s'est rallumée, les longs pourparlers de l'été sont au point mort. Le général Hurley vient de démissionner avec grand éclat en accusant ses collaborateurs de sabotage et de collusion avec les Rouges. En dépit de trêves plusieurs fois répétées, communistes et nationalistes se disputent le terrain libéré par les Japonais; en Mandchourie, l'armée soviétique cède d'énormes stocks d'armes trouvés sur place aux gens de Yen-an accourus. Pendant ces mêmes mois, le général Wedemeyer apporte une aide massive à Chungking sous le couvert d'aide à la gigantesque opération de rapatriement de plusieurs millions de soldats et civils ennemis; cinquante mille «Marines» ont occupé les positions clés du Nord et de la côte, cent mille hommes de la «Nouvelle Armée» ont été transportés par des avions américains vers Nankin et Shanghai; une partie d'entre eux sont acheminés de là en bateau vers les ports du Nord. En de nombreux endroits, des combats confus ont éclaté; des incidents – encore mineurs – ont aussi opposé ici et là des patrouilles communistes aux Marines. Wedemeyer obtient de Washington la prorogation de la loi «Prêt Bail» au profit des seuls nationalistes. Sans en être tout à fait conscients et malgré leur volonté de rester neutres, les États-Unis s'engagent petit à petit à leurs côtés dans la guerre civile.

Au printemps de 1946, je reçois l'autorisation de rentrer en Belgique dont je suis éloigné depuis près de six ans. C'est avec joie que je prends l'avion qui, par-dessus les sommets enneigés de l'Himalaya, me conduit à Calcutta d'où je m'envole pour le long voyage du retour. Pendant les heures passées à survoler les immensités sans fin de l'Asie dans les pataches volantes de l'époque, je me suis laissé aller à rêver de l'Occident. Le contemplant de loin toutes ces années avec la nostalgie de l'exilé, j'ai progressivement perçu son unité profonde malgré ses cent facettes. Les mêmes Églises aux États-Unis, en France, en Allemagne, en Angleterre, en Belgique, etc., la même foi, le même mode de pensée, les mêmes émotions, la même peinture, la même musique, les mêmes sciences. Plus noble qu'aucune autre civilisation parce que, plus que toutes, vouée à la personne humaine.

Au lendemain de la Libération (Bruxelles 1946)

Ma rêverie de l'Europe vue de Chine n'était hélas, qu'un mirage. Les rues de Bruxelles, en apparence, n'avaient pas changé; si les autos y étaient moins nombreuses, les piétons s'y pressaient, les vieux tramways jaunes y circulaient à grand bruit comme avant la guerre. Aux Affaires étrangères, rue de la Loi, les couloirs étaient plus poussiéreux que jamais. Le ministre, P. H. Spaak, en exil en Grande-Bretagne pendant la guerre, avait retrouvé son bureau aux belles tapisseries flamandes; il m'avait reçu avec bienveillance mais brièvement – la Chine l'intéressait peu, il avait d'autres soucis. Le pays, on le sentait, avait été durement frappé par la guerre et l'occupation ennemie. Si l'avance foudroyante de la *Wehrmacht* avait limité les pertes en vies humaines, vingt mille civils et militaires étaient néanmoins tombés au cours des 18 jours de la campagne de 1940; trente-deux mille Belges avaient péri ultérieurement du fait de l'ennemi ou des bombardements aériens. Des dizaines de milliers de maisons avaient été détruites ou gravement endommagées, notamment par les bombes volantes allemandes – après la libération du territoire. Les chemins de fer et leur matériel roulant, les routes étaient en très mauvais état; plus de mille ponts, détruits par l'ennemi, devaient être reconstruits. La production de charbon, qui faisait tourner les usines, de 2 500 000 tonnes par an en 1939 n'était plus que de 1 100 000 tonnes au début de 1945; celle de l'acier, de 3 000 000 tonnes, n'était plus que 150 000 tonnes [9]. Nombreux étaient ceux qui avaient faim et froid; les Belges affirmaient qu'ils avaient perdu plus de cent millions de kilos!

En réalité, ils pouvaient se permettre quelque humour car ils avaient échappé au cataclysme avec moins de casse que leurs voisins. Les Pays-Bas, occupés tout l'hiver de 1944-45, avaient beaucoup plus souffert. L'Italie était dévastée. La France était dans un état critique, elle grelottait de froid et de faim. Aux pertes en vies humaines, civiles et militaires, aux environs de six cent mille, il faudrait ajouter celles de la sous-natalité, celles des victimes de l'épuration, etc. Les combats de la Libération avaient ajouté aux dégâts de 1940 et de l'occupation. Les bombardements alliés, les sabotages avaient détruit un tiers des installations portuaires, endommagé trois mille ponts et 25 000 km de voies ferrées (sur un total de 43 000 km). Le parc de locomotives, de wagons, de camions était insuffisant pour amorcer le trafic. Nombre d'usines avaient cessé de tourner; la production était tombée *au cinquième* de ce qu'elle avait été. Près de deux millions d'immeubles avaient été endommagés, quatre cent cinquante mille totalement détruits. Le produit national avait baissé de 50% – alors qu'en Grande-Bretagne il s'était élevé de 15% et de 70% aux États-Unis [10].

La patrie de Churchill, victorieuse, était elle-même fort mal en point. Après les durs combats aériens et les bombardements de l'été 1940, son industrie ne souffrit plus guère du fait de l'ennemi; les pertes en vies humaines quoique graves n'avaient pas été aussi désastreuses qu'au cours de la Grande Guerre (quatre cent vingt mille tués dont plus de soixante mille civils, comparés à sept cent quarante-quatre mille en 1914-18). Mais faute d'entretien adéquat, l'infrastructure était usée jusqu'à la corde, les transports en mauvais état, les usines délabrées. Le pays était ruiné. En mars 1941, lorsque débuta le « Prêt-Bail » américain, ses vastes investissements étrangers étaient liquidés pour plus d'un tiers, ses réserves en or pour plus de deux tiers; en 1945, quand Truman mit fin abruptement au « Prêt-Bail », sa dette étrangère s'était gonflée de 12 milliards de dollars. La plus grande partie de la main-d'œuvre, plus de cinq millions, portait l'uniforme ou était employée dans les industries d'armement; les exportations étaient tombées à moins de la moitié de l'avant-guerre, les « invisibles » (produits des services financiers) étaient taris. L'argent manquait pour assurer le ravitaillement essentiel; le rationnement, plus sévère qu'avant la victoire, ne put être supprimé qu'en 1954. La consommation, 3 300 calories aux États-Unis, était de 1 000 à 1 500. Sans les milliards de crédits ou de dons américains, la pénurie aurait été famine [11].

L'Allemagne, Empire de Mille ans promis par Hitler à ses compatriotes, n'était plus qu'un immense champ de ruines. La guerre avait fait six millions de morts; il avait fallu des mois après la fin des combats pour dégager des décombres des milliers de cadavres en putréfaction; trois millions de maisons avaient été pulvérisées. Plus que partout en Europe, la faim creusait les ventres, des milliers d'ouvriers mouraient de malnutrition. Des districts entiers étaient privés d'eau potable. C'était « *Stunde Null* », l'heure 0, un état de choses que l'Allemagne n'avait plus connu depuis la fin de la guerre de Trente Ans [12].

Cependant, cette Europe affamée, malade, pillée, épuisée, ne se laissait pas aller au désespoir. Déjà, se distinguaient les premiers signes d'une remontée qui tenait parfois du prodige. La Belgique était en tête. Par une opération draconienne, le gouvernement avait apuré l'abcès inflatoire créé par l'occupant et stabilisé la monnaie. Grâce à ses prestations aux armées alliées durant les derniers mois de la guerre, payées en dollars et en livres sterling, Bruxelles avait acquis d'importantes réserves de devises qui lui permettaient de rétablir la liberté des importations. Des biens de consommation abondants encourageaient la population à se remettre au travail avec courage; ainsi, *la production industrielle allait retrouver en moins de deux ans son indice de 1938-39.*

À Paris, le général de Gaulle, plus soucieux de prestige politique que d'efficacité économique, estimait que « c'est à l'État qu'il incombe de bâtir la puissance nationale laquelle, désormais, dépend de l'économie. Celle-ci doit donc être dirigée[13] ». C'était du Colbert; mais de Gaulle avait à ses côtés des technocrates, Jean Monnet et son équipe. Moins pragmatiques que les Belges, ils voyaient plus loin. Le 3 janvier 1946 – 17 jours avant la démission du Général – un décret avait confié à Jean Monnet la direction d'un *Commissariat général au Plan de Modernisation et d'Équipement,* qui allait être une entreprise visionnaire, une audacieuse gageure sur le destin. Avec un éventail d'investissements massifs, il devait non seulement réhabiliter la France mais en faire la puissance industrielle moderne qu'elle est devenue.

La guerre civile en Chine (Shanghai 1946-1950)

J'étais de retour à Shanghai en qualité de consul général – pour un intérim qui allait durer quatre ans. À Bruxelles où l'on s'intéressait peu à la Chine, c'étaient les ambitions de l'URSS en Europe qui occupaient les esprits; au printemps, Churchill avait prononcé son célèbre discours de Fulton sur le «rideau de fer qui s'était abattu sur le continent de Stettin à Trieste». L'éternel et harassant conflit du KMT et du PCC aurait-il vraiment pu être un volet asiatique de la grande menace exposée par Churchill? En général, ceux qui se croyaient lucides persistaient à rejeter l'hypothèse d'une collusion entre Moscou et le PCC; mais il leur devenait de plus en plus difficile d'être crus.

Le 15 décembre 1945, le président Truman avait défini dans un discours très ferme ce que voulait l'Amérique: «Une Chine forte, unie et démocratique.» Tout en confirmant reconnaître Chungking comme son seul gouvernement, il promit solennellement de mettre un terme à toute intervention de nature à influer sur la guerre civile. Le général Marshall, l'une des principales figures de Washington et l'une des plus belles, avait été chargé de reprendre la médiation abandonnée par Hurley. À la fin de février 1946, des pas décisifs paraissaient cette fois franchis, un cessez-le-feu avait été conclu, un programme de conversations politiques et militaires accepté par les deux partis. Le général Marshall, invité à Yen-an, y avait été accueilli avec chaleur par Mao Tsê-tung qui avait célébré la «coopération durable des États-Unis et de la Chine» (4 mars). Il était ensuite retourné à Washington pour y préparer un vaste programme d'aide économique aux adversaires réconciliés. À la fin d'avril, quand il était rentré à Nankin – où Chiang Kai-shek et le gouvernement national venaient de se réinstaller – les hostilités avaient repris; en fait, elles n'avaient jamais cessé. Tout était à recommencer.

L'émissaire du président Truman avait repris sa tâche avec un inlassable courage. Mais les deux adversaires le traitaient avec une désinvolture croissante. Les communistes, sincèrement ou non, mettaient ouvertement en doute son impartialité et se livraient à d'acerbes attaques contre les États-Unis. À leurs griefs anciens, nés des activités du général Wedemeyer, ils en ajoutaient de nouveaux, en grande partie fondés, il faut le reconnaître*. Le

* Le président Truman, dans ses Mémoires de 1956, déplora des discours prononcés ou des décisions prises au sein du Congrès, reconnaissant qu'en certains cas ils ont pu convaincre les communistes de la duplicité des États-Unis[14].

« China Lobby », animé par l'ambassade de Chine à Washington, avait réussi à obtenir du Congrès – malgré la colère du Président – une nouvelle mission militaire, chargée d'aider les nationalistes à poursuivre la modernisation de leurs armées ; la guerre étrangère étant terminée, il était assez naturel que Yen-an y vît une intervention directe hostile.

Si les contradictions de Washington sapaient l'autorité de son représentant auprès des communistes, paradoxalement, elles la mettaient également en cause auprès des nationalistes. L'action de Marshall irritait vivement les ultras qui croyaient à des victoires faciles; ils le défiaient en organisant des manifestations anti-américaines sur la voie publique. Nankin s'était remis à traquer l'opposition, tout particulièrement les éléments libéraux de petits partis dans lesquels Marshall avait placé beaucoup d'espoir. Ici et là, des incidents éclataient. Il y avait eu des Américains blessés ou tués. Dès lors, Marshall commença à envisager sérieusement l'échec de sa mission et la nécessité d'y mettre fin. En octobre, les nationalistes violaient les cessez-le-feu en s'emparant de la ville de Kalgan, sur la Grande Muraille, attribuée aux communistes. Le général Marshall avait instamment prié Chiang Kai-shek de renoncer à un projet qui devait entraîner – personne n'en doutait – une rupture définitive. Sans succès. Il l'avait alors informé qu'il demanderait son rappel – ce qu'il fit 24 heures plus tard.

Le président Truman a écrit qu'il eut peu de doutes: « Si Chiang Kai-shek n'avait été qu'un peu plus conciliant, un accord aurait pu être réalisé[15]. » Peut-être. Il s'était résigné à laisser les événements suivre leur cours et les États-Unis n'étaient plus intervenus en Chine que sporadiquement. Du reste, l'Europe les engageait de plus en plus; des vents glacés y soufflaient, qui annonçaient la « guerre froide ». L'Allemagne de l'Est, la Pologne, la Yougoslavie, la Hongrie, la Roumanie, la Bulgarie, l'Albanie, les États baltes devenaient les satellites ou les provinces d'un nouvel empire soviétique. Au discours de Churchill à Fulton, Staline conférait un poids grandissant par ses manœuvres en Iran et en Turquie. En Grèce, il apportait une aide importante au Parti communiste en révolte armée contre le pouvoir. Le 12 mars 1947, la « Doctrine Truman », en un avertissement solennel, faisait savoir que les États-Unis ne tolèreraient plus d'expansion soviétique en Méditerranée; la Grèce et la Turquie y était nommément désignées. Mais par la Chine.

Du reste, la guerre civile y touchait à son terme. Incapable de s'entendre avec le Parti communiste, Chiang Kai-shek se montrait incapable de le réduire à sa merci. Après quelques succès sur les champs de bataille en 1947, l'année suivante, l'« année du Rat », il était partout acculé à la défaite. En Mandchourie, des centaines de milliers d'hommes, puissamment armés par les Américains, s'étaient laissé enfermer avec une rare ineptie dans des camps retranchés où ils n'avaient pu être ravitaillés que par air

– pour finalement se rendre ou passer à l'ennemi avec d'énormes stocks d'armes et de munitions. L'Armée populaire de Libération – pour l'appeler par son nouveau nom – avait mis à profit la passivité de ses adversaires pour s'infiltrer au sud de la Grande Muraille. Avant la fin de l'année, elle occuperait plusieurs ports, des lignes ferroviaires, des centres stratégiques. Une gigantesque et ultime bataille opposera à Hsuchow environ un million deux cent mille hommes, à peu près également partagés, à peu près également bien équipés; elle devait durer jusqu'au 10 janvier 1949, date à laquelle s'y rendit un dernier bastion nationaliste.

Parallèlement s'était effondrée la situation économique. T. V. Soong avait été saqué et avec lui les technocrates qui l'assistaient (mars 1947). L'inflation amorcée à Chungking se développait à un rythme effrayant, la planche à billets redoublait de vélocité. Les experts estimaient que les dépenses militaires (de 80% à 85% du budget) étaient couvertes presque exclusivement par des émissions d'assignats inondant le pays. Des fortunes scandaleuses s'édifiaient, mais au détriment de l'État et de la population. Le malaise était profond. Les sociétés de philanthropie qui s'occupaient de l'enterrement des destitués – une des rares formes de bienfaisance de la société traditionnelle – avaient ramassé dans les rues de Shanghai vingt-cinq mille cadavres de victimes du froid ou de la faim. J'avais éprouvé un choc affreux en découvrant un matin le corps d'un jeune garçon couvert de haillons, venu terminer sa courte vie dans les jardins du consulat général. Des incidents plus ou moins graves éclataient fréquemment, les moins résignés puisant dans l'excès de leurs souffrances la force de protester. Le pouvoir devenait hargneux et méchant. Dénonçant des «complots communistes», il lançait des campagnes de répression policière particulièrement brutales. Les prisons s'étaient remplies d'étudiants et à Hankow, trois d'entre eux avaient été tués au cours d'une rencontre avec des gendarmes. Des grèves, le plus souvent violentes, avaient éclaté simultanément dans de nombreuses universités manifestant «contre la faim» et «pour la cessation de la guerre civile». En juillet 1948, Chiang Kai-shek avait décrété dans un discours à la radio *la mobilisation générale de la nation.*

Il répondait à une autre tempête sur les marchés commerciaux. Le 19 du même mois, la presse annonçait une nouvelle réforme monétaire et la nomination de Chiang Ching Kuo – un fils du Généralissime – en qualité de commissaire spécial à Shanghai. Celui-ci, pourvu de pouvoirs illimités, s'était donné à sa tâche avec une vigueur toute militaire, n'hésitant pas à procéder à des centaines d'arrestations parmi lesquelles on citait plusieurs personnalités du monde des affaires. En plusieurs occasions, on avait pu voir les condamnés débarquer de voitures de police à l'avenue Joffre au centre de la ville. La circulation interrompue, les malheureux agenouillés sur le pavé devant les passants impassibles étaient abattus d'une balle dans la nuque.

Toute l'affaire s'était terminée en fiasco, la panique s'était installée et Chiang Ching Kuo avait dû abandonner ses fonctions. En fait, son règne eut des conséquences profondes: il acheva la ruine socio-économique d'une classe moyenne qui avait constitué une des colonnes, peut-être la plus vigoureuse, du Kuomintang, celle du petit et du moyen capital, une bourgeoisie naissante en laquelle auraient pu aussi se recruter les cadres modernes de la nation. Au demeurant, il s'agissait d'une politique délibérée; au début de septembre, Chiang Kai-shek, réunissant les magnats de l'industrie et de la banque, les avait accusés du désordre et leur avait signifié qu'il comptait adopter désormais une politique économique «exclusivement chinoise». C'était encore la fuite vers le refuge du passé.

Un de mes amis, qui aime citer l'Ancien Testament et que le pompeux n'effraye pas, me dit: «Rejetés de Dieu à cause de leurs crimes, les princes d'Israël sont condamnés et leur punition est proche.» Shanghai pourrit et avec elle la Chine du Kuomintang. Les derniers mois du régime ne sont plus qu'une lente et confuse descente vers un cloaque d'intrigues où se débat vainement un pouvoir à l'agonie. Les ambassadeurs des pays signataires de l'Alliance atlantique, réunis le 29 décembre, suivent les conseils de leur collègue américain et décident de recommander à leur gouvernement leur maintien sur place – «quels que soient les événements». Pékin est sur le point de tomber et les avant-gardes de l'Armée populaire menacent la région Nankin - Shanghai. Alors seulement, le Généralissime renonce à la magistrature suprême qu'il exerce en fait ou en droit depuis vingt ans. Il se retire dans sa ville natale «pour prendre soin de la tombe de ses ancêtres et se livrer à la méditation»; rites confucéens désuets devenus des platitudes.

C'est le vice-président Li Tsung-jen qui, conformément à la Constitution, assume à titre intérimaire la présidence de la République; dès son entrée en fonction le 22 janvier 1949, il prononce un discours dans lequel, promettant les libertés démocratiques, il se déclare prêt, ô surprise!, à des négociations immédiates en vue du rétablissement de la paix civile. Mais ses ministres échappent à son autorité, il n'a pas d'armée, pas de police, pas d'argent – les réserves de la Banque centrale sont à Formose (Taiwan). Du reste, le PCC sent la victoire toute proche. En mars, Pékin, avec son général et sa garnison, s'est rallié aux communistes. Le 20 avril, à la nuit tombée, l'Armée populaire en amont et en aval de Nankin s'embarque sur une multitude de sampans et de radeaux et traverse les flots tumultueux du Yang-Tsê, large à cet endroit de 3 km. Le 22, à la toute dernière minute, Li Tsung-jen et quelques collaborateurs prennent la fuite en avion.

Quelques dizaines d'heures auparavant avait éclaté un incident aux lourdes conséquences. La canonnière britannique *Amethyst* assurait depuis plusieurs mois la navette sur le fleuve entre Shanghai et Nankin au service de son ambassade. Elle avait souvent essuyé des coups de feu isolés. Dans la nuit du 20 au 21, un obus communiste, lui détruisant le gouvernail, l'avait fait échouer. Deux puissants bâtiments de la *Royal Navy*, le torpilleur *Consort* et le croiseur *London*, s'étaient portés à son secours; après avoir eux aussi subi de gros dégâts et des pertes, ils avaient dû abandonner et rebrousser chemin. Aux Communes, malgré les protestations de Sir Winston Churchill, le gouvernement de C. Attlee s'efforça de faire oublier l'affaire. J'assistai dans la banlieue de Shanghai, aux côtés du consul général de Grande-Bretagne, à l'enterrement des marins tués sur le Yang-Tsê. Tête nue, figé sous la pluie et dans le froid, dans une désolante campagne brumeuse et plate, devant les quarante-quatre cercueils drapés de l'Union Jack, aux sons déchirants des bugles de marine qui faisaient retentir le *Last Post*, j'avais été tristement conscient d'être le témoin d'une fin d'épopée. L'Empire mondial de la Grande-Bretagne n'était plus, l'Insulinde était virtuellement indépendante, l'Indochine paraissait perdue. L'ère de Vasco de Gama, des Cortès et des Raffles se terminait. L'Afrique noire resterait encore dans la dominance de l'Europe pour quelques décennies, mais le courant était irréversible; n'était-il pas dans la logique même des idéaux de l'Occident? On ne pouvait s'y tromper, la retraite des vaisseaux de la *Royal Navy* devant l'artillerie (*made in USA*) de l'Armée populaire marquait une date de l'histoire du monde.

À l'aube du 24 mai 1948, des fenêtres du consulat général où j'ai passé la nuit en compagnie de mes deux collaborateurs, j'ai vu des myriades de petits fantassins en kaki informe, sandales de paille et casquette à l'étoile rouge, se glisser dans la rue comme des colonnes de fourmis pour occuper la mairie qui arbore un grand drapeau blanc en face de nos bureaux. Hier, un grand cortège a célébré une victoire nationaliste (*sic*). Aujourd'hui, les troupes du KMT ont disparu et celle du PCC occupent la ville – sans incident grave. Tandis que Chiang Kai-shek s'installe à Formose, Li Tsung-jen rejoint le gouvernement à Canton – avant d'en être chassé; puis à Chungking qu'il doit abandonner le 30 novembre pour se réfugier aux États-Unis. Entre-temps, le 1er octobre 1949 à Pékin, en présence d'une foule immense et dans un tourbillon de drapeaux rouges, Mao Tsê-tung, président et Chou En-lai, Premier ministre, ont proclamé la République populaire de Chine, devant la Porte de la Paix Céleste (Tienanmen), non loin des murailles pourpres et des toits d'or de la Cité interdite.

Je restai encore en Chine plusieurs mois dans le vain espoir de l'établissement de relations diplomatiques entre Pékin et Bruxelles. Londres et La Haye reconnurent rapidement le nouveau régime, Paris ne le fit pas en raison de l'aide ouverte apportée par les communistes chinois à ses ennemis en Indochine. Bruxelles, après quelques hésitations, finit par céder aux demandes du Quai d'Orsay et décida de s'abstenir – malgré nos gros intérêts dans le pays. Époque sans joie dans l'attente et le désœuvrement. Un jour, Pékin virait au rouge vif. Un autre jour, on paraissait s'y orienter vers un radicalisme tolérable. Le 1er juillet, Mao Tsê-tung parlait dans un discours de « dictature démocratique du peuple » et s'alignait sur « le front anti-impérialiste dirigé par l'Union soviétique ». Pourtant, le général Chen Yi, un des grands vainqueurs de la guerre civile, compagnon de Chou En-lai à Paris et à présent gouverneur de Shanghai, faisait appel à la « collaboration du capital et du travail », y compris des « commerçants américains ». Mais à Nankin, le vieil ambassadeur des États-Unis était assailli par des soldats dans sa chambre à coucher où, malade, il gardait le lit. Et à Moukden, le consul général américain était arrêté, accusé d'espionnage et condamné à une lourde peine de prison – avant d'être relâché et expulsé.

En même temps, la propagande anti-américaine, violente, féroce, injuste, que menait le PCC depuis trois ans était poursuivie sans répit. En décembre, Mao Tsê-tung se rendait à Moscou – pour la première fois de sa vie – où le reçut le grand Staline après lui avoir fait faire le pied de grue pendant plusieurs semaines; les deux empereurs rouges signaient un traité d'amitié, d'alliance et d'assistance mutuelle. Les dés étaient jetés.

À l'aube de l'histoire, la Chine s'était donné une société qui permit de dire qu'elle avait été en Asie « l'humanisme au sens le plus large du mot et, au sens le plus précieux, la civilisation »[16]. Mais la place qu'elle avait conférée à l'homme ne put jamais s'élargir et elle n'était pas meilleure sous Chiang Kai-shek que deux mille ans auparavant sous les Han. Pourquoi ce paradoxe?

Le confucianisme qui a modelé la vie des Chinois les a soumis à un totalitarisme résigné: dans ce système où tout est prédéterminé, il n'y a pas de choix, il n'y a pas de coupable, pas de péché. Il en est résulté des sociétés où la révolte et l'anarchie sont les seules alternatives à la sujétion.

De notre côté du monde, Moïse, le tout premier, a rencontré Jéhovah en tête-à-tête dans le Sinaï. De ce Dieu unique, tout-puissant, autonome, il a obtenu le pacte d'alliance qui établit pour toujours des liens contractuels entre les peuples et les princes les plus dominateurs. De même, Prométhée fut enchaîné par Zeus sur le Caucase pour le punir d'avoir dérobé au ciel le feu qui devait animer la figure d'argile qu'était l'homme – mais il fut délivré par Héraclès et l'homme garda le feu, c'est-à-dire son génie divin. Hébreux et Grecs ont ainsi surmonté les forces obscures et alloué d'emblée un sens à l'histoire. Les Grecs l'ont confirmé en installant la liberté dans la pensée et, pour quelques-uns, dans la cité; les Romains à la suite des Grecs ont inventé les droits civils et les institutions qui doivent les sauvegarder. Les chrétiens, en désacralisant la nature, ont donné au genre humain l'ambition de dominer le monde.

Quoiqu'il y ait eu dans toutes les sociétés une notion innée du Bien et du Mal – au contenu fort variable –, nulle part elle n'a été plus marquée qu'en Occident. L'antique tradition chinoise a préféré voir en le bien et le mal, le vrai et le faux, les diverses facettes d'un même tout. Le parcours européen ne s'est pas effectué, il est vrai, sans à-coups, sans guerres terribles, sans affreuses cruautés. Les idéologies de notre temps ont causé en cinquante années plus de morts et de misères que les invasions barbares en les siècles du haut Moyen Âge. Mais en fin de compte, l'Ouest seul a réussi à mettre en place des régimes assurant, tant bien que mal, la liberté des hommes et des femmes, une défense approximative contre les abus des plus forts et une prospérité presque générale. Le mot même *liberté*, en langue chinoise, est d'importation étrangère[17].

En deux ans, dix-huit millions de paysans aisés et de propriétaires avaient été dépossédés de leurs terres distribuées à trois cent millions de fermiers pauvres, la plus grande révolution sociale de tous les temps – avant leur collectivisation subséquente. La grande question de 1950 était de savoir si le communisme – qui venait lui aussi de l'Occident – allait délivrer le Céleste Empire d'une vision du monde et d'un mode de vie deux fois millénaires, complètement figés, y compris sa magnifique culture artistique, tôt tombée à de la répétition, elle-même devenue de plus en plus terne et vulgaire. Pourrait-il le faire entrer dans la modernité, lui rendre son génie créateur, lui apporter les bienfaits que son esprit avait manqué à lui donner, et surtout un respect insigne de la personne humaine? Était-ce une idée absurde?

II
D'un bout à l'autre de la terre

De Shanghai à Washington (1950)

M'ayant nommé en avril à l'ambassade de Washington, mes maîtres dans leur sagesse m'ont autorisé à compléter mon expérience de l'Extrême-Orient par un bref voyage d'études au Japon, dans le Sud-Est asiatique et en Inde. À Tokyo, on m'a conduit au site de l'ambassade de Belgique où se trouvaient résidence et jardins, un amas de pierres et de blocs de ciment, pas plus hauts que quelques pieds et ainsi à perte de vue. La capitale et bien d'autres villes étaient rasées pour plus de la moitié. Hiroshima et Nagasaki, des monceaux de ruines. Sans flotte, sans matières premières, sans devises pour les acquérir, l'industrie détruite, les moyens de communication ruinés, treize millions de chômeurs, des millions de réfugiés expulsés de Chine et de Corée, deux millions de soldats morts, le pays ne montre que de rares signes de redressement. Le représentant diplomatique de la Belgique, Guy Daufresne de la Chevalerie, déguisé provisoirement, comme ses collègues, en officier supérieur, m'a conduit chez le général MacArthur. Installé dans le Dai Achi, anciennement une banque de marbre et d'acier poli, un des rares édifices intacts, gardé par des sentinelles gigantesques en kaki, casque, cravate et gants blancs, le proconsul des États-Unis nous a consacré une demi-heure pour exposer sa politique en l'Empire du Soleil-Levant. De petite taille, replet et nerveux, les cheveux teints, il différait en apparence de l'image héroïque qu'il affectait en public mais du génie paraissait se dégager de sa personne – plus tard, j'allais changer d'avis.

À Saïgon, le haut commissaire de la reconquête de 1946, Thierry d'Argenlieu, l'étrange moine devenu amiral, avait été remplacé par un certain M. Bollaert – et puis par d'autres. En juin 1948, la France avait reconnu l'indépendance nominale du Viêt-nam et celui-ci avait proclamé son adhésion à l'Union française. Décisions restées fictives. Puis, en mars 1949, un accord Auriol - Bao-Daï avait donné au Viêt-nam un commencement d'autonomie militaire et diplomatique. Mais Bao n'était qu'une marionnette et quand en décembre de cette année-là, la France s'était vue contrainte de reconnaître l'indépendance de sa colonie, Hô Chi Minh se sentit en mesure de se proclamer chef de l'État. En janvier, les troupes communistes chinoises atteignaient la frontière nord de l'Indochine: le 18, la radio de Pékin annonçait que la Chine populaire reconnaissait Hô Chi Minh et échangeait avec lui des ambassadeurs. La guerre d'Indochine était entrée dans une phase nouvelle. Pendant mes quelques jours à Saïgon, j'ai vu à l'ombre des grands arbres de la rue Catinat et ailleurs se poursuivre le ballet d'une vie coloniale demeurée gracieuse; mais aux terrasses des cafés, côtoyant de ravissantes filles du pays, soldats et officiers français étaient nombreux et les conversations répercutaient l'écho anxieux des armes dans les maquis du Nord.

Singapour n'était pas encore la métropole de béton qu'elle est aujourd'hui; dans ses rues pittoresques et bruyantes ou dans les bars des hôtels bâtis du temps de la reine Victoria – dont le célèbre *Raffle's* – se pressaient, comme à Saïgon, une multitude de militaires en permission de durs combats contre des guérilleros communistes dans les jungles et les forêts qui cernaient la ville.

À Djakarta – qui venait d'abandonner son nom colonial de Batavia –, on s'essayait à la quasi-indépendance d'une Union néerlando-indonésienne établie en 1949 après bien des violences où les communistes avaient joué un rôle. J'y rencontrai à l'ambassade de Belgique l'aimable M. Hatta, vice-Président, qui me donna à penser (en néerlandais) que l'Union n'était pas destinée à durer longtemps – elle disparaîtrait en 1954. Le vrai maître du pays et des ses cent millions d'habitants était Sukarno qui en profitait pour s'assurer une dictature odieuse durant jusqu'en 1967. J'avais saisi l'occasion de mon séjour en Indonésie pour faire un saut à Bali; pendant une semaine exquise, j'y fut l'invité d'un peintre belge, Le Mayeur, qui à l'instar de Gauguin, s'était installé aux bords de la mer depuis vingt ans, avec Pollock, sa belle épouse indigène et deux ravissantes jeunes « nièces ». Tous les soirs, des villageois défilaient sur la plage de sable, en lisière du jardin, apportant des corbeilles de fruits et de fleurs à un dieu local niché dans un petit temple tout proche; tous les matins, on les voyait reprendre leurs oblations pour en faire leur nourriture et leur plaisir du jour –, une forme de révérence religieuse dont j'avais admiré le bon sens autant que la délicatesse.

Mon étape suivante, Bangkok à l'embouchure du Menam avec ses nombreux canaux, ses pagodes élégantes et ses statues dorées de Bouddha, restait la ville à l'aspect le plus oriental de l'Asie, un refuge gracieux loin des excès de la modernité. Avec son ancienne monarchie et des dictatures plus ou moins bénévoles, la Thaïlande assurait à ses 30 millions d'habitants une prospérité et une tranquillité relatives; elle ne paraissait pas être une aire de crise majeure dans le proche avenir.

J'avais consacré un mois à l'Inde, Calcutta, Delhi, Bombay: et là, les causes de soucis foisonnaient. L'«Empire indien», joyau de la Couronne britannique, s'était transformé en 1947 en deux États indépendants, le Pakistan et l'Union indienne. La partition avait été fondée sur l'implantation approximative des deux principales communautés religieuses, musulmane et hindouiste. Bâclée à toute vitesse par le dernier vice-Roi, Lord Mountbatten, pour répondre aux désirs du gouvernement travailliste de Londres, elle avait provoqué des bains de sang, le nombre de morts atteignant plus de cinq cent mille. Gandhi lui-même, le héros de la lutte pour l'indépendance, était tombé sous les balles d'un fanatique. Au moment où le *Bengal Express* me transportait vers Delhi, l'Union indienne se transformait en république, une démocratie musclée avec un président dont j'ai oublié le nom et un Premier ministre voué au socialisme, Nehru, qui resterait l'homme fort du régime jusqu'à sa mort en 1964.

Autant que des lectures préalables, de longues conversations à Calcutta et à Delhi me donnaient une esquisse du tableau indien: cinq cents millions d'habitants en pleine explosion démographique*, le traumatisme des carnages communautaires récents, les divisions irréconciables des religions et des races et celles surtout des castes qui excluaient des millions d'«intouchables» de la société et du circuit économique – pour arriver à un revenu moyen de $350 par habitant en 1990. Pourtant, l'Inde a créé avec l'hindouisme et le bouddhisme une des trois grandes civilisations du monde, parallèlement à celles de la Chine et de la Bible. Elle a donné l'envol aux mathématiques en inventant le système décimal et le chiffre 0. Elle a forgé un certain respect de l'homme en adorant Bouddha. Les Empires Maurya (321-184 av. J.-C.) et Goupta (320-550 de notre ère) ont été comparables en éclat à ceux de Périclès et des Antonins. Mais hindouisme et bouddhisme se sont embourbés.

Parmi les pesanteurs du passé qui ont freiné – qui freinent encore – le progrès matériel en Inde, l'héritage religieux a été peut-être le plus lourd. L'étude approfondie de celui-ci, l'une des spéculations les plus hautes et les plus complexes, exige (disent les spécialistes) une connaissance de la physique nucléaire qu'elle aurait en quelque sorte pressentie. Il ne peut naturellement pas en être question ici. Ce qui est plus facile, c'est d'en apprécier les effets sociologiques parce qu'ils sont évidents. Dans une large mesure, les formes de pensée indiennes, hindouisme et bouddhisme, imposent comme le confucianisme une stérilisation de l'action. En Chine, malgré une joie de vivre intense, Confucius a conduit à des disciplines millénaires qui ne laissent de choix qu'entre la révolte et la résignation;

* Plus de 850 millions en 1992.

en Inde, un désespoir cosmique – peut-être génétique – modifie l'alternative pour donner la première place à la résignation.

Dès l'époque obscure de la rédaction des Vedas, les plus anciennes Écritures, on y découvre la foi en la métempsycose: l'âme éternelle ne quitte une forme corporelle que pour s'introduire dans une autre, plus élevée ou inférieure selon les vertus pratiquées ou les péchés commis. Avec le bouddhisme au VIe siècle avant notre ère, ces «travaux forcés à l'éternité» s'accompagnent de la découverte de la souffrance humaine, l'impitoyable rançon d'appartenir au monde terrestre. Que la résurrection soit en mieux ou en pire est désormais sans importance, *la vie est mauvaise en soi*; le seul moyen de s'y soustraire implique le renoncement à toute œuvre, à tous les avantages de l'action. Il n'y a qu'une seule délivrance, «éteindre le feu de la vie», ne plus faire qu'un avec l'infini pour atteindre la paix éternelle, le Nirvana, le «merveilleux royaume du Non-Être». Le bouddhisme, après des siècles de grand succès, allait perdre son rayonnement en Inde, au IIe siècle de notre ère; mais avec la métempsycose qui le prédatait, il allait laisser sur ses rivaux et héritiers brahmanes des marques profondes qui n'ont pas toutes disparu.

On voit aisément tout ce qui distingue l'hindouisme de la pensée scientifique – du moins jusqu'aux remises en cause de Einstein, Bergson, Heiddeger, etc. Ne se préoccupant ni d'espace, ni de temps, ni de commencement, ni de fin, abolissant en lui toute conscience qui ne peut qu'être basée sur la pseudo-expérience des sens, il ramène tout à la valeur zéro pour aboutir à une complète dépersonnalisation du moi, sa fusion totale dans l'absolu [1]. C'est une attitude empreinte d'une haute spiritualité mais elle nie tout ce qu'a réalisé l'homme depuis son ancêtre de Neandertal, il y a mille siècles ou plus – y compris la magnifique envolée des arts indiens. Elle nie aussi tout avenir et les promesses qu'y décèle le génie occidental.

Tout au long de mon périple asiatique, sauf à Bali, j'avais rencontré des dieux à l'aspect terrible, aux visages grimaçants; et j'avais fini par comprendre le pourquoi du caractère désespéré de l'âme indienne. À Bombay comme à Calcutta, mes yeux s'étaient emplis du plus affreux spectacle de misère humaine. Aux millions de résidents permanents (trois millions à Calcutta, cinq à Bombay) étaient venus s'ajouter d'autres millions de réfugiés, échappés soit aux carnages de la partition, soit à des désastres naturels, tremblements de terre, inondations, famines. Hommes, femmes et enfants grouillaient dans les rues et les venelles, les plus chanceux avec des abris branlants faits de débris, bidons vides ou vieilles planches, les autres campant à même le sol des trottoirs, des temples ou des parcs. Faute de toilettes publiques, ils étaient des centaines de milliers à satisfaire leurs besoins dans les rues; en l'absence de services de voirie appropriés, des tonnes et des tonnes d'ordures s'accumulaient ici et là, attirant des myriades de rats, de cancrelats, de moustiques. En été surtout, dans la lourde chaleur humide, les maladies infectieuses proliféraient, choléra, hépatite, malaria, rage, typhoïde, tuberculose – mal ou pas soignées car les hôpitaux, médecins et médicaments étaient tragiquement insuffisants ou inexistants; 20% de la population souffraient de la faim de manière endémique. La durée moyenne de la vie humaine était de 25 ans, moins qu'en France sous Louis XIV. Au centre de ces enfers régnait Kali, la noire déesse de la Mort et de la Destruction, la fureur dans les yeux, le visage, les seins et ses quatre bras couverts de sang, un collier de serpents et de crapauds autour du cou.

Les voyages en avion offrent des contrastes frappants. Quelques heures après avoir quitté Bombay, j'étais à Rome. Malgré les quelques *avatars* du grand dieu Vichnou (ses réincarnations sous forme humaine), aux terrifiants panthéons de l'Orient, se substituaient la pitié et l'espérance chrétiennes, à la sinistre figure de Kali, le doux visage de la Vierge Marie. L'image est quelque peu caricaturale mais elle trouvait des justifications. Mussolini et le fascisme s'étaient voués à une grande tromperie de guerres inutiles et ruineuses. La Rome de 1950 et avec elle toute l'Italie n'ignoraient pas la misère, on la devinait partout et on la découvrait en bien des lieux. Toutefois, elle ne posait pas l'horreur innommable qui dévorait l'Asie, et les mendiants – qui abondaient – paraissaient eux-mêmes moins démunis que ceux d'Orient.

Sous le soleil tempéré du mois de mai, la Ville éternelle offrait toutes ses beautés. Au cours d'une longue promenade, j'avais retrouvé les sites classiques et la symétrique majesté des architectures. Un collègue de l'ambassade m'avait invité à déjeuner dans une taverne du Trastevere; il m'avait parlé de la volonté de modernisation qui s'était emparée du peuple italien, de ses fortes ambitions libérées par un régime démocratique encore menacé par Togliati et son puissant parti stalinien. Le décollage de l'économie paraissait s'amorcer. Sa confiance en l'avenir de l'Italie sous le gouvernement centriste de Gasperi était entière. Plus tard, nous avons poursuivi nos échanges péripatétiques sous les ombrages de la Villa Borghèse au milieu des colonnades de marbre en ruines, des pins parasols et des vieux hêtres parmi lesquels, dit-on, erre parfois l'ombre de Néron. Tandis que tombait la nuit et que les rossignols se mettaient à chanter, je m'étais senti très «européen».

La découverte de l'Amérique (Washington 1950-1952)

Staline mettait fin aux espoirs d'un «seul monde» où régnerait la paix. Il foulait aux pieds les engagements solennels pris à Yalta. Déjà en mars 1946, Churchill avait ému l'opinion en censurant dans le discours de

Fulton aux États-Unis « le rideau de fer » qui renfermait dans une nouvelle servitude les peuples tout récemment libérés du nazisme. Au sein de l'Organisation des Nations Unies (ONU), fondée en 1945 pour présider à des relations internationales pacifiques, les Moscovites couvraient leurs collègues occidentaux d'insultes grossières. Ils refusaient d'évacuer le Nord de l'Iran occupé pendant la guerre; ils menaçaient la Turquie. En Grèce, se poursuivraient jusqu'en octobre 1949 des combats violents dans des conditions parfois atroces contre les guérilleros communistes de l'ELIAS, téléguidés par Moscou et Belgrade. Il avait fallu l'avertissement solennel de la « Doctrine Truman » en mars 1947, pour enrayer la marche de l'URSS; initiative d'énorme portée, c'était la première fois en temps de paix – mais était-ce encore le temps de paix? – que les États-Unis s'engageaient en force dans l'Ancien monde. Les succès des communistes en Extrême-Orient renforçaient la crainte d'une conspiration marxiste mondiale.

Le Kominform voyait le jour, nouvelle version de l'effrayant Komintern des années vingt et trente. À sa séance inaugurale à Belgrade en septembre 1947, présidée par Malenkov, secrétaire du PCUS, le représentant du Kremlin A. A. Jdanov définit pour la première fois la division du monde en deux camps, le camp « impérialiste et capitaliste » dirigé par les États-Unis, et le camp « anti-impérialiste et anti-capitaliste » mené par l'Union soviétique. C'était une déclaration de guerre froide à outrance au monde occidental*.

Le « coup de Prague » la souligna avec violence. Répétant Hitler au même lieu, le Parti communiste de Tchécoslovaquie avait réussi à s'assurer en quelques heures un pouvoir absolu que n'avaient pas connu les médiévaux rois de Bohême (février 1948). Le traumatisme avait été sévère. Jan Masaryk, le ministre des Affaires étrangères, que tous ses collègues avaient connu pendant la guerre à Londres, que tous respectaient, un des derniers démocrates véritables dans le gouvernement tchèque, avait été trouvé mort, mystérieusement tombé de la fenêtre de son appartement, vêtu de son seul pyjama, sur le carreau du Palais Czernin, le siège prestigieux de son ministère – probablement assassiné. Le président de la République, l'honnête Bénès, victime des nazis en 1938 à Munich, avait été contraint, peu avant de mourir, de céder la place à un garçon de bureau de Staline, le communiste Gottwald. Déjà, 1947 avait vu l'élimination des partis d'opposition dans les pays satellites et l'abdication dramatique du roi Michel de Roumanie.

C'est en Pologne que Staline s'était le plus cyniquement moqué de ses alliés. À Yalta, il avait accepté les références pour fixer les territoires libé-

---

* Des archives publiées récemment confirment que Staline en personne contribua à rédiger le rapport Jdanov[2].

rés. Mais Varsovie perdit tout ce qui lui restait d'indépendance quand le communiste patriote Gomulka y fut remplacé par une créature du Tsar rouge et quand le maréchal soviétique Rokossowski (d'origine polonaise) y devint ministre de la Défense (novembre 1949). La zone d'occupation soviétique en Allemagne était, de même, en passe d'être transformée en un État satellite. Les procès à grand spectacle préparés par la torture qui avaient horrifié l'Europe des années trente étaient redevenus à la mode, notamment à Budapest, à Sofia, à Prague, où ils se terminaient par des aveux, de nombreuses condamnations à mort et des exécutions. À la fin de sa vie, Staline finit par croire que le maréchal Voroshilov était un espion britannique et Molotov un agent de la CIA. Les Juifs allaient devenir les cibles principales de sa psychose paranoïaque; durant l'hiver 1948-1949, les théâtres yiddish étaient fermés, leurs artistes arrêtés et déportés vers les *goulags* en même temps que de nombreuses personnalités israélites – y compris l'épouse de Molotov*. La purge contre les «conspirateurs bourgeois sionistes» allait se donner libre cours.

On sait quel espoir avait placé le président Roosevelt en un ordre mondial géré par les cinq Grands, États-Unis, Grande-Bretagne, URSS, France et Chine; on sait aussi tout ce que firent Washington, Londres et Paris dans les premières années de l'après-guerre pour satisfaire Moscou. Ils le firent parce qu'ils y croyaient, ils le firent aussi parce que c'était ce que voulaient les opinions publiques en Amérique et en Europe où les sympathies populaires pour l'Union soviétique et ses armées victorieuses étaient profondes. Ce fut la politique de Truman après celle de Roosevelt, celle des travaillistes et de Bevin, celle de Bidault et des gaullistes jusque vers la mi-1947, quand, après deux années de patientes désillusions, les écailles leur étaient tombées des yeux.

Si l'on veut attribuer à un épisode initial la psychose de guerre froide qui allait affecter pendant quarante ans la majorité des Américains et des Européens, c'est au blocus de Berlin-Ouest qu'il faut penser. En juin 1948, quand les Occidentaux, poussés par des considérations économiques urgentes, projetèrent une réforme monétaire radicale et la réunification à trois, sinon à quatre, des zones d'occupation en Allemagne, les Soviets avaient répondu par la violence; ils avaient coupé les voies d'accès à Berlin-Ouest et arrêté tout approvisionnement de la ville – y compris en électricité. Non sans de fortes pressions sur Paris, les Occidentaux avaient réussi à se mettre d'accord pour une riposte ferme et coordonnée. Les militaires américains sur place avaient envisagé de se frayer un passage de force sur l'autoroute de Berlin, à quoi Washington s'était opposé par

* Parallèlement, l'Union soviétique appuyait la création de l'État d'Israël et fut le premier pays à lui accorder la reconnaissance *de jure* en mai 1948.

crainte d'échanges de coups de feu et de toutes les conséquences qui auraient pu en résulter. On s'était alors résolu à un «pont aérien».

Ravitailler par air pendant près d'un an (juin 1948 - mai 1949) une ville de deux millions d'habitants en bravant les menaces de Staline fut une aventure sensationnelle dont les péripéties avaient été suivies, d'abord en tremblant – du moins en Europe –, puis avec une confiance croissante. Jour après jour, mois après mois, les avions britanniques et américains, militaires et civils, venus des quatre coins du monde, atterrirent sur les aérodromes de la ville bloquée, apportant des vivres, du charbon, des produits pétroliers, des machines, tout ce que requièrent les activités d'une grande cité moderne. Des avions de chasse avaient dû les protéger, des avions de bombardements à longs rayons d'action étaient arrivés dans un tapage publicitaire, – dissimulant cependant que ceux-ci n'étaient pas équipés de bombes atomiques.

L'hiver en Europe du Nord est rude, le gel et les brouillards fréquents, les vols hasardeux; il y avait eu des accidents, des dizaines d'aviateurs étaient morts, les performances s'étaient ralenties. Néanmoins, un atterrissage toutes les deux ou trois minutes devint une moyenne, le temps de toucher la piste, de décharger et de reprendre l'air, geste réduit parfois à six minutes. Au prix du dévouement héroïque des équipages et grâce à un remarquable effort d'organisation, 4 600 tonnes purent être débarquées en septembre (elles seront 8 000 au printemps); mais ce n'étaient que 40% des importations normales d'avant la crise. Dans leur ville encore en ruines, les Berlinois sous-alimentés et mal chauffés, terrorisés par la perspective d'une guerre, s'étaient serré la ceinture d'un cran supplémentaire, acceptant l'épreuve avec un grand courage – jusqu'au soir du 11 mai 1949 vers minuit, quand toutes les lumières s'étaient brusquement rallumées et que les barrières s'étaient levées – après une rencontre furtive dans les toilettes de l'ONU, entre les ambassadeurs américain Jessup et soviétique Jacob Malik, relata leur collègue britannique Sir Gladwyn Jebb [3]. Un mois tout juste après la naissance de l'OTAN! Deux cent cinquante mille vols avaient transporté en moins d'un an plus de deux millions de tonnes. Staline avait dû abandonner sa vaine politique d'intimidation, – non sans avoir rigoureusement contribué à l'éclosion d'une conscience occidentale qui allait faire désormais des Allemands, les ex-ennemis d'hier, les plus fidèles alliés.

Le 8 juin de cette année, au cours d'un long entretien secret dans les Ardennes, Bidault avait avoué à son collègue belge Paul Henri Spaak combien il s'était trompé, lui confiant «qu'on ne pouvait avoir aucune confiance en les dirigeants de l'URSS, qu'ils étaient primaires, butés et de mauvaise foi» [4]. Ernest Bevin avait parcouru le même trajet intellectuel. Enfant naturel, tôt orphelin, presque illettré, longtemps garçon de ferme, longtemps chômeur, passé au syndicalisme, il s'était distingué pour devenir un chef. Sa modération, son bon sens, sa popularité l'avaient fait ministre du Travail dans le Cabinet de guerre pour occuper ensuite le Foreign Office dans le gouvernement Attlee. Il était un des rares hommes politiques européens capables de citer Marx! À ses débuts, partisan comme la plupart de ses collègues d'une entente avec l'Union soviétique, il avait ensuite désespéré. Le 22 janvier 1948, il prononçait à la Chambre des Communes un discours historique. Énonçant la série d'actes de violence ou d'impudence commis par Staline, il l'avait accusé de vouloir «détruire et intimider l'Europe occidentale».

Sa conclusion fit grand bruit: «Les nations libres de l'Europe doivent maintenant se réunir.» À ces mots nouveaux à Westminster, Winston Churchill, le chef de l'opposition, avait immédiatement rétorqué: «C'est le meilleur moyen d'éviter la guerre.»

Quand le sort du monde se joue sur les champs de bataille, c'est le nombre de régiments dont disposent les gouvernements qui, bien naturellement, mesure leur influence. Paul Henri Spaak et son pays n'en avaient que fort peu. Pourtant l'initiative de Londres allait lui donner une occasion, attendue depuis longtemps, de plaider ses vues. Quelques heures après le discours du *Foreign Secretary*, il publiait à Bruxelles un communiqué soulignant tout l'intérêt qu'il y attachait. Le 31 janvier, il recevait ses collègues néerlandais et luxembourgeois, van Kleffens et Bech; d'un commun accord, les trois ministres manifestaient leur satisfaction et se déclaraient prêts à commencer sans tarder des négociations.

Âgé à ce moment de 49 ans, Spaak avait échappé de justesse aux horreurs de la Grande Guerre, – quoique, âgé de 17 ans, tentant de s'évader de Bruxelles occupé pour rejoindre l'armée belge, il eût été fait prisonnier par les Allemands. Né et élevé dans un milieu intellectuel aisé – un de ses grands-pères et un de ses oncles avaient été Premiers ministres libéraux, son père était directeur de l'Opéra –, il s'était rallié très tôt au mouvement socialiste qui promettait la paix par la conciliation des peuples et la prospérité des pauvres par la justice sociale. Deux idées forces qui bouleversaient dans ce temps les hommes et les femmes de sa génération, témoins scandalisés, horrifiés par la grande crise et l'incompétence d'un capitalisme sans bride. Il s'y était montré très impétueux, pas réfractaire aux slogans les plus démagogiques des gauches de l'époque. En même temps, sa foi dans le progrès, sa culture humaniste, son socialisme réformateur, le protégèrent de la tentation ultra-nationaliste si populaire au cours des années vingt et trente. Il ne crut jamais que l'Allemagne était marquée du sceau du Malin et fut de ceux qui très vite aspirèrent à l'entente des ennemis de la Grande Guerre; ardent partisan de la Société des Nations, admirateur de Briand, il adhérait aux groupements militants pour une Europe unie qu'il accusait avec chaleur de ne pas être assez actifs. Il était excédé aussi par les contradictions de ses amis socialistes, persistant à prôner la lutte des classes, un cliché en l'Ouest, tout en collaborant avec les partis bourgeois – et pour que faire? Député de Bruxelles, sa rhétorique devint tellement incendiaire qu'il frôla l'expulsion.

C'est à cette époque qu'il rencontra deux hommes qui allaient exercer sur lui une grande influence. L'un d'eux, Henri de Man, professeur à l'Université de Bruxelles, était l'auteur d'un livre remarquable quoique confus et bien oublié aujourd'hui, *Au-delà du Marxisme*, dans lequel, rejetant lutte des classes et dictature du prolétariat, il proposait une marche vers la prospérité et la justice sociale grâce à une économie dirigée – une idée alors neuve dans les démocraties. L'autre était Paul Van Zeeland, banquier et économiste, qui à la suite d'études aux États-Unis, devait beaucoup à l'exemple du *New Deal*. Tous deux, quoique venus d'horizons opposés, étaient captivés par l'enseignement de John M. Keynes, le brillant économiste anglais qui commençait à retenir l'attention. Il y avait largement dans ses idées de quoi réconcilier en Spaak les conseils de la raison et ceux de la passion. Non sans susciter des sarcasmes, il était passé de la gauche du Parti à sa droite. Engagé au *Plan du Travail* proposé par Henri de Man, la voie du pouvoir lui était ouverte. On le trouvait ministre des Communications dans un gouvernement réformateur d'union nationale formé par Van Zeeland en 1935, ministre des Affaires étrangères en 1936, Premier ministre en 1938 (le plus jeune qu'ait connu la Belgique).

Pendant la seconde guerre mondiale, les gouvernements en exil à Londres découvrirent un vaste monde que leur avait souvent caché leur provincialisme; ils virent les États-nations faire la preuve qu'ils étaient arrivés dans le fracas des batailles au terme de leur évolution, celui de l'annihilation réciproque. L'avenir appelait des politiques entièrement nouvelles; quelques-uns y pensaient. En 1941, P. H. Spaak évoquait, dans une lettre à un député anglais, une union européenne sous l'égide de la Grande-Bretagne victorieuse. Deux ans plus tard, dans les murs vénérables de l'Université d'Oxford où Thomas More, Érasme et d'autres avaient professé l'humanisme occidental, il prononçait un discours appelant en termes prudents (ceux-ci pour essayer de convaincre Eden) à la fédération des peuples de l'Europe occidentale, écartant comme irréalisables des plans plus étendus. À Alger, à peu près au même moment (5 août 1943), un Français nommé Jean Monnet (que P. H. Spaak ne connaissait que peu) rédigeait un mémoire dans lequel il disait: « Il n'y aura pas de paix en Europe si les États se reconstituent sur une base de souveraineté nationale, avec ce que cela entraîne de politiques de prestige et de protection économique. » Il projetait une « fédération ou une entité européenne ». En décembre 1944, tandis que dans les neiges des Ardennes, les Alliés brisaient la dernière offensive allemande, Spaak donnait substance à un discours prononcé au Parlement de Bruxelles; il faisait parvenir aux capitales concernées une note diplomatique importante dans laquelle il suggérait une entente régionale des pays de l'Ouest, comportant l'intégration des forces militaires, une consultation politique permanente et la coordination des programmes de développement économique. La note belge était tombée dans le vide. Ni Eden (ou bientôt, ni Attlee, ni Bevin), ni de Gaulle, ni Bidault n'avaient été intéressés[5]. Le concert des Grands restait leur objectif, Moscou le centre de leur attention.

Ce n'est pas que Spaak fût moins soucieux que d'autres de maintenir de bonnes relations avec l'URSS; ou d'éviter une dangereuse division de l'Europe en blocs rivaux. Il avait veillé à informer les Soviets de ses projets, une première fois par le truchement de Bogomolov, leur ambassadeur auprès des gouvernements en exil, une deuxième fois en février 1946 par une démarche personnelle auprès de Vychinski. À chaque occasion, il avait même proposé un traité d'amitié belgo-soviétique, similaire à ceux qu'avait signés Moscou avec Paris et Londres; aucune réponse ne lui avait été donnée – *de minimis non curat praetor*!

Malgré ces gestes de bonne volonté, l'ancien gauchiste des années vingt n'était pas dupe. Déjà au cours du bref entretien qu'il m'avait accordé en *1946*, à mon retour de Chungking, il m'avait mis en garde contre la «naïveté», pensait-il, avec laquelle j'envisageais l'avenir du communisme en Chine. Peut-être sa clairvoyance, rare à ce moment, procédait-elle précisément de ses relations de jeunesse avec des milieux révolutionnaires. En Grande-Bretagne, ce fut le socialiste Bevin qui se montra le plus lucide. Par contre, le conservateur Eden éprouvait un curieux penchant pour Staline. Il allait reconnaître dans ses *Mémoires:* «Bien que sachant qu'il était sans merci, je respectais la qualité de son intelligence et même j'éprouvais à son égard une sympathie que je n'ai jamais été capable de complètement analyser.» On a même écrit que le tsar rouge exerça sur lui la fascination psychotique d'une image paternelle[6]!

Pour Spaak, le retentissant discours de Bevin du 22 janvier 1948 avait sonné le réveil d'anciens espoirs, une réponse tardive mais positive à la note belge de 1944. Il saisissait la balle au bond et provoquait des négociations immédiates. Non sans se heurter immédiatement à des difficultés inattendues. Démentant les suggestions audacieuses de Bevin aux Communes, Français et Britanniques se montrèrent tout d'abord curieusement timides. Ils avaient signé à Dunkerque quelques mois auparavant un traité classique d'alliance défensive dirigé en principe contre l'Allemagne; ils suggéraient à présent des traités similaires avec les pays du Benelux – l'union économique contractée à Londres en septembre 1944 par les Pays-Bas, la Belgique et le Luxembourg. Aucun engagement ne devait être pris qui puisse inquiéter ou même mécontenter l'URSS. Les Britanniques, en particulier, craignaient – ou prétendaient craindre – que les États-Unis, assurés de la sécurité de l'Europe, ne soient entraînés à rapatrier leurs armées. En réalité, le Foreign Office envisageait une entente générale assez lâche, de préférence non écrite, mais appuyée par des forces américaines suffisantes pour décourager les ambitions soviétiques. Ce qui minimiserait les obligations de Londres sur le continent tout en y consolidant celles de Washington[7].

Ceci n'était pas du tout ce que voulaient les États-Unis; ils avaient indiqué clairement que leur appui dépendrait largement du degré de coopération des Européens entre eux, Britanniques compris. Le «coup de Prague» avait dramatiquement amplifié la psychose de guerre froide, l'entente des Européens s'imposait. C'est le 10 mars 1948 qu'on avait découvert dans la cour du Palais Czernin le corps du pauvre Masaryk. Une semaine plus tard était signé à Bruxelles un nouveau pacte défensif de cinquante ans contre *toute* agression, – y compris de l'URSS. Unissant Grande-Bretagne, France, Belgique, Pays-Bas et Luxembourg et très proche de la note de Spaak de 1944, le *traité de Bruxelles* se référait dans son préambule aux principes essentiels de la civilisation occidentale, respect de la personne humaine, démocratie, libertés civiques et individuelles, suprématie de la loi, etc. Pour la première fois depuis la Ligue de Delos au Ve siècle av. J.-C. était créée en temps de paix une organisation internationale permanente de coopération militaire, politique, économique – dépourvue toutefois d'autorité propre, si ce n'était celle encore bien chétive d'un conseil consultatif.

Un grand dîner à la rue de la Loi avait célébré l'événement. À la fin de la soirée, Spaak avait retenu ses préférés pour un bref échange de compliments. Trouvant un Bidault sombre et préoccupé, A. de Staercke s'était inquiété. «Si j'étais Staline, répondit le Français, j'attaquerais, et les Russes pourraient être ici en quinze jours.» «Absurde», proféra Spaak. Georges Bidault, professeur d'histoire, militant d'Action catholique, président sous l'occupation du Conseil national de la Résistance, était un inquiet et souffrait probablement d'anxiété pathologique. Son collègue belge qui l'aimait bien a reconnu qu'il avait des qualités qui auraient dû en faire un grand ministre, «intelligent, érudit, passionné, prêt à se dévouer presque au sacrifice pour les causes auxquelles il se donnait»[8]. Pourtant sa carrière fut un échec; j'allais le voir plus tard exercer la présidence annuelle de l'OTAN ou d'ailleurs dans des états fréquents de forte nébulosité, causés soit par l'alcool soit, comme l'affirmaient ses collaborateurs, par l'excès de tranquillisants. Pauvre homme, il allait disparaître en 1954 dans l'obscurité pour ne plus en sortir, un destin raté.

Staline n'attaqua pas et Paul Henri Spaak put savourer la joie d'un éclatant succès. Grâce à lui, l'Europe avait posé, selon ses mots, «la première base d'un édifice gigantesque». Certes, il n'avait pas réussi à y introduire le vote à la majorité, cet ingrédient fédéral qu'il jugeait essentiel à la coopération internationale. Mais les structures du traité de Bruxelles affecteraient tout, la Communauté Charbon-Acier, la Communauté de

Défense – avortée, hélas –, les Traités de Rome et les Communautés qui en procéderaient et même l'Alliance atlantique qui n'aurait probablement pu se faire en l'absence du Pacte à Cinq. Spaak dira lui-même que «le monde occidental entrait dans une voie nouvelle». Ce qu'il ne dira pas et ce que les historiens n'ont pas assez souligné, c'est qu'il fut l'un des premiers pionniers.

Devenu deuxième conseiller à l'ambassade de Washington en août 1950, j'y retrouvai rapidement les impressions éprouvées en 1934 alors qu'étudiant, j'avais fait un premier séjour aux États-Unis. Ce qui m'avait alors frappé était l'idéalisme de leur sensibilité politique. Jeune nation, imbue de culture occidentale et classique, pays d'immigration voué à des tensions violentes, il lui fallait un credo commun. Nombre d'Européens sont enclins à n'y voir qu'hypocrisie. C'est que pour eux, l'État, plus qu'un moyen d'assurer l'épanouissement des individus, est une entité plus ou moins métaphysique qui les transcende. Ils restent fidèles à un concept ancien de la patrie, fait d'attachement au terroir, de dévotion dynastique, instinct tribal venu du fond des âges que les grands sursauts humanistes n'ont pas oblitéré; dès lors, ils se résignent à ne voir dans la politique qu'une affaire de puissance, plus ou moins étrangère à la morale.

De manière toute différente, la nation américaine est née d'un message à vocation œcuménique. Aucun Capet, aucun Tudor, aucun Hohenzollern ne l'a façonnée à l'intérieur d'un «pré carré». Ce qui a rassemblé et uni les colons du Nouveau Monde, c'est un idéal humain issu de l'Ancien Testament, enrichi d'universalisme romain, empreint de compassion chrétienne et de tradition anglaise, nourri des Encyclopédistes. Le «*Covenant*» conclu à Philadelphie par les Pères de la République répète l'Arche d'Alliance, le monument mystérieux édifié sur les ordres de Moïse, à la fois trône de Jéhovah et réceptacle des Tables de la Loi, symbole de l'alliance du Créateur et de son peuple en même temps que du contrat dans lequel entrent les hommes pour vivre en société. Si les États-Unis sont une nation, ils le doivent à ce credo que leurs citoyens, malgré la diversité de leurs origines, continuent à révérer; sans lui, l'Union perdrait sa cohésion et sa vitalité. Certes, comme toutes les entreprises humaines, il a été entachée d'impuretés. Il y a eu et il y aura encore des requins qui se serviront de l'idéal national pour leur accomplissement personnel. Il y a eu des grotesques. Il y a eu des secteurs de l'opinion qui ont douté de sa valeur ou l'ont âprement attaquée. C'est la conséquence – et le prix – de la liberté. Mais dans l'ensemble, il a été, il reste, le ciment solide, la raison d'être de la République.

C'est là bien certainement que se situent les incompréhensions qui ont séparé si longtemps les deux grandes familles de l'Occident. Pendant les années trente, aucune entente n'avait été possible entre l'idéalisme désabusé et souvent expulsif d'outre-Atlantique et le nationalisme virulent des capitales européennes, «les capitales du despotisme», avait dit Jefferson. Après la deuxième guerre mondiale, une alliance permanente trouva des bases solides parce que l'Europe démocratique et réconciliée parut dorénavant au Nouveau Monde un partenaire digne de respect; le préambule du traité de Bruxelles avec son appel aux valeurs de l'Occident ne parut pas aux Américains un propos creux mais l'expression d'une foi commune. Le président Wilson à Versailles en 1919 avait commencé à l'imposer au monde. Le président Truman était de ceux qui y croyaient. Le jour même où les Cinq célébraient dans la capitale belge leur accord, il prononçait devant le Sénat un discours qui faisait en quelque sorte le pendant de celui de Bevin du mois de janvier. «Le traité de Bruxelles, disait-il, est un pas significatif dans la direction de l'unité de l'Europe pour la protection de sa civilisation... il mérite notre total soutien.»

Un ancien Premier ministre belge, M. Pierlot, me dit un jour de Harry Truman qu'il avait échoué en tout, sinon à être grand[9]. Ce n'était pas sot. Fils d'une famille modeste, le futur Président avait vu le jour en 1884 à Lamar, un village perdu dans l'immense plaine du Missouri au centre des États-Unis. Le bourg le plus proche était Independence, tout près de Kansas City, une localité de six mille habitants. En 1950, quand j'eus l'occasion de m'y rendre, elle en comptait quatre-vingt mille, mais elle gardait l'aspect de ce qu'elle avait été quelques décennies auparavant: un relais de poste sur les grandes pistes en direction de Santa Fe, la Californie et l'Orégon.

On pouvait imaginer l'époque où le jeune Harry y circulait entre des cow-boys à cheval. Petit, malingre, ses yeux myopes coiffés de verres épais, timide et solitaire, il n'était pas de leur trempe. Faute de ressources, l'enseignement supérieur lui avait été fermé à 17 ans. Il aurait voulu devenir officier mais sa myopie lui avait fermé les portes du Saint-Cyr américain. Après avoir été quelques mois surveillant dans des équipes de cheminots, il est employé de banque. Nouveau fiasco. En 1906, il a dû retourner à la terre. Pendant onze ans, avec son père, son frère et le cousin, Harry s'efforce au prix d'un travail journalier harassant de maintenir à flot une ferme familiale souvent aux bords de la banqueroute. La Grande Guerre mondiale l'en libéra; en 1918, lieutenant dans un régiment d'artillerie de campagne, en France, il s'y révéla un officier efficace et brave, bientôt promu capitaine et chef de batterie. Rentré à Independence, il avait épousé Bess Wallace, une de ses camarades d'enfance à laquelle il avait fait une cour assidue et apparemment exclusive depuis leur rencontre à l'école. L'épouse de Truman, sa mère et sa fille Margaret, née en 1924, furent les trois points cardinaux de son univers féminin. Sans qu'on puisse discerner une préférée, il leur voua un véritable culte, une tendresse inépuisable, un dévouement sans faille.

Après son mariage, Truman décidait, avec un camarade de régiment, de monter à Kansas City un commerce de chemises, cravates et sous-vêtements pour hommes. Une fois encore, ce fut l'échec. Il ne possédait plus rien. C'est alors qu'à bout de ressources, le boutiquier en faillite s'était tourné vers un autre camarade de régiment, un nommé Pendergast dont l'oncle Tom était un des grands «boss» (patrons) qui dominaient par des moyens souvent douteux la politique provinciale américaine. Candidat d'une clique locale du Parti démocrate et grâce à l'appui de l'association des Anciens Combattants, il avait été élu de justesse au poste de *Eastern Judge* (à peu près sous-préfet) avant d'être bientôt *Presiding Judge* (préfet). En 1934, toujours avec l'appui de Pendergast, plus résigné qu'enthousiaste, Truman était élu sénateur – petit à petit distancé de ses protecteurs corrompus sans jamais rompre avec eux.

Son dévouement pour le Parti démocrate était entier. Partisan plus que résolu du *New Deal*, ses rares – et médiocres – discours se laissaient aller à une certaine démagogie gauchiste. L'un d'eux dénonçait «la domination capitaliste du Parti républicain»... Un autre réclamait la réduction des heures de travail, la hausse des salaires, des pensions de vieillesse[10]. C'était sincère. Arrivé à la Maison Blanche, il n'allait pas abandonner sa sollicitude à l'égard des petits et des sans-grade.

Pendant la deuxième guerre mondiale, le sénateur Truman avait fondé et présidé avec courage une commission de contrôle des industries d'armement, fonction importante et difficile qui consolida sa réputation. En 1944, un coup de téléphone apprenait à l'homme politique vieillissant (il était à présent âgé de soixante ans) que le président Roosevelt le destinait à la vice-présidence. Les deux hommes se connaissaient à peine et l'aristocrate jugeait insignifiant l'ex-boutiquier. Toutefois, les pontifes du Parti démocrate avaient pensé autrement. Harry Truman (qui n'était pas candidat) leur avait paru le meilleur choix et ils l'avaient imposé. Les élections gagnées, le voici dans l'antichambre du pouvoir. Trois mois plus tard, le président Roosevelt mourait d'une embolie à l'âge de 62 ans, – pour faire de Harry Truman le 33e président des États-Unis.

C'est alors que le «petit homme du Missouri» s'avère un géant. En quelques semaines, il s'est saisi fermement des rênes du gouvernement de la principale puissance du monde. Son *Fair Deal* va poursuivre l'action généreuse du *New Deal*. S'il freine les revendications exorbitantes des syndicats, il se place très clairement du côté des réformateurs sociaux. De la politique étrangère des pays en guerre, y compris le sien, le nouveau Président ne connaît que ce qu'écrivent les journaux. Pendant ces semaines où les Soviets s'ouvrent la route de Berlin, Roosevelt ne s'est pas soucié de le tenir au courant – il n'a pas accès à la «*map room*», le centre opérationnel à la Maison Blanche où se prennent chaque jour les décisions stratégiques. Il connaît à peine Stettinius, le secrétaire d'État, il n'a jamais rencontré Harriman, l'ambassadeur à Moscou. Du *Projet Manhattan* et de la bombe atomique, il ignore à peu près tout – même son existence –, alors que se pose presque immédiatement l'option déchirante d'en faire usage au Japon.

Et pourtant en ce qui concerne le rôle des États-Unis dans le monde, «il a changé la route des étoiles dans le firmament», écrit un de ses fidèles[11]. Le président Wilson a tenté en son temps d'extirper son pays de l'isolement dans lequel il s'est complu depuis son origine; il est mort à la tâche sans réussir. Il a fallu vingt-cinq ans et les bombes japonaises de Pearl Harbor pour permettre au président Roosevelt de se remettre à l'œuvre. Celle-ci est loin d'être achevée quand Harry Truman entre à la Maison Blanche. L'opposition reste puissante dans la capitale. Dans le pays, on aspire ardemment à ne pas être mêlé aux embrouillements incompréhensibles d'Iran, de Grèce, de Turquie, de Berlin, de Tchécoslovaquie, de Corée, d'Indochine, d'Europe occidentale, etc., «des pays lointains dont nous ne savons rien», aurait pu répéter Neville Chamberlain. Nombreux sont les témoins de l'époque qui sont convaincus que l'Amérique et le monde n'auraient pas évité un retour aux folies des années trente avec un autre président.

L'amour de la paix est fondamental en l'ancien combattant de la Grande Guerre. Il voit certes en elle la consolidation des intérêts des États-Unis; elle se trouve aussi et surtout une disposition venue de son credo chrétien qui est profond et fortifiée par un optimisme naturel qui est robuste. «Il y aura nécessairement un moment où tout changera en URSS, dit-il, soit par une révolution, des troubles dans les pays satellites ou une transformation interne du Kremlin... Je n'en ai pas l'ombre d'un doute[12].» À ses débuts, le Président a mis de grands espoirs en l'ONU et il n'a pas abandonné immédiatement le principe d'un «seul monde». Son administration et lui ont été loin de l'hystérie anticommuniste de la droite du Parti républicain. Il a nommé et donné son appui à un secrétaire à la Défense qui a pratiqué des coupes sombres dans les budgets militaires. Dans le mois qui a suivi la reddition du Japon, 35 milliards de dollars de contrats de matériel de guerre ont été annulés, faisant perdre leur emploi à 2,7 millions de travailleurs. La démobilisation des armées a été immédiate. Les deux premiers chefs de sa diplomatie, Stettinius puis Byrnes, ont cru comme lui à la collaboration et à l'entente avec l'URSS.

Toutefois, Truman comprend vite que c'est une chimère. Il se plaît à dire: «Je me laisse guider par ce qui est juste (*right*).» Sûr de distinguer le Bien et le Mal, un autre trait de sa nature, il y puise cette confiance en soi, une sérénité qui sont des qualités peu fréquentes chez ceux qui atteignent les sommets. Elles n'empêchent pas toujours des nuits d'angoisse avant les choix critiques. Cependant, elles lui permettent de s'entourer sans complexe de seconds d'exceptionnelle valeur intellectuelle et morale – dont deux secrétaires d'État successifs, le général George Marshall et l'avocat Dean Acheson, qui exercent une influence décisive tout en lui vouant une affectueuse admiration[13].

George C. Marshall, soixante-six ans, était le fils d'un homme d'affaires aisé, d'une petite ville de Pennsylvanie. La famille se targuait d'origines plus aristocratiques et il semble qu'elle ait élevé le jeune George dans l'ambition d'une grande carrière. Pourtant, ses premières années avaient été banales; issu d'une école militaire relativement modeste et non de la prestigieuse académie de West Point, versé dans un régiment d'infanterie, il erra longtemps de garnison en garnison avant de devenir commandant en second d'une école d'armes. La Grande Guerre le projeta à l'état-major du général Pershing, commandant en chef du corps expéditionnaire américain en France; il avait acquis la réputation d'avoir conçu et dirigé l'offensive victorieuse de l'Argonne en 1918 qui contribua largement à la défaite finale des armées du Kaiser. L'armistice avait trouvé le commandant Marshall dans le peloton de tête du corps des officiers. En 1939, le président Roosevelt l'avait fait chef d'état-major général des États-Unis, le principal homme de guerre de l'alliance contre les puissances totalitaires.

Après la première guerre mondiale, Marshall avait servi en Chine en qualité d'attaché militaire. En 1946, le président Truman l'y avait renvoyé dans l'espoir de mettre fin à la guerre civile. Je l'y avais plusieurs fois rencontré. Dans toute autre capitale, c'eût été plus qu'improbable; à Chungking, la colonie diplomatique était peu nombreuse et ses membres ne jouissaient pas de beaucoup d'autres distractions que de s'offrir à dîner. Mon ambassadeur, M. Delvaux de Fenffe, l'avait invité, je l'avais revu ici et là. De haute taille légèrement voûtée, un long visage un peu mélancolique, des yeux très clairs, des cheveux blonds gris coupés très courts, toujours affable mais jamais familier, il offrait l'image grave d'un père respecté. « Le plus noble des Romains », disait Churchill – je n'ai pas trouvé de lui une description plus évocatrice. Elle confirmait aussi un idéalisme qui lui assura en ses dernières années le plus beau succès de sa vie; plus que sa prestigieuse carrière à la tête des armées, le salut de l'Europe imprima son nom sur le livre d'or de l'histoire. Aujourd'hui encore, on peut se demander quel aurait été l'avenir de notre continent et même celui du monde en l'absence de ce *plan Marshall* qu'il avait conçu, qu'il avait fait préparer par Dean Acheson, et qu'il avait convaincu le président Truman de faire adopter par le Congrès.

À Washington, les jeunes diplomates ne participaient pas à la vie mondaine des seigneurs. Toutefois, la coutume voulait que les ambassadeurs, appelés au Département d'État, se fissent accompagner d'un collaborateur chargé de prendre des notes. Mon chef, le baron Silvercruys, avait l'habitude de m'emmener; lui-même n'était reçu qu'exceptionnellement par le Secrétaire en personne, de telle sorte que mes rencontres avec Dean Acheson furent limitées – suffisantes toutefois pour me donner une idée de sa personnalité. Si Marshall suscitait une sympathie instinctive, il n'en était pas de même de son successeur*. Froid et hautain, non dépourvu de vanité, poussant jusqu'à l'arrogance une assurance inspirée du reste par des qualités intellectuelles éminentes, il se laissait souvent aller à l'impatience la plus désagréable envers ceux qu'il jugeait moins doués ou qui le contredisaient. Il était le fils d'une famille patricienne d'origine britannique, élève médiocre à Groton, collège de bon ton à l'image des *public schools* anglaises, qui formait maints futurs serviteurs de l'État. Après deux ans à la prestigieuse Université de Yale, il avait poursuivi ses études à l'École de Droit de Harvard.

Est-ce en ses murs qu'Acheson se pénétra de la majesté de la loi, une disposition caractéristique des élites de sa génération, très marquée chez lui? Sa dialectique était celle d'un avocat. Elle lui assurait la victoire dans la plupart des débats. Certains lui reprochaient une intelligence dure et glacée; pourtant, une passion sous-jacente en jaillissait occasionnellement. Un jour, il avait fait venir le baron Silvercruys pour morigéner le gouvernement belge dont le ministre des Affaires étrangères, Paul Van Zeeland, se montrait peu favorable au projet d'une armée européenne. Son plaidoyer pour la réconciliation de l'Occident qu'elle devait stimuler et le rôle qu'avait à y jouer la Belgique avait été empreint d'une telle ferveur que nous l'avions quitté vraiment émus. N'était-ce que rhétorique? Je ne le crois pas. Une autre question qui ébranlait son impassibilité était celle de Chine. On lui avait dit que j'y avais été en poste. Les deux ou trois brefs apartés qu'il m'accorda y furent consacrés; ses *Mémoires* de 1969 s'étendent longuement sur le sujet. Tout ce qui s'y rapportait retenait son attention – et lui répugnait. On peut le comprendre, la Chine fut la cause du seul désastre de sa carrière. Silvercruys, un célibataire, était un partenaire habituel aux soirées de bridge des Acheson; il voyait son ami Dean – qu'il admirait – comme étant partagé entre les pulsions du cœur et celles de l'esprit. En effet, moins que nombre de ses pairs, il semblait inspiré de foi religieuse; l'essence de son action fut généralement la *real politik* des diplomates traditionnels. Néanmoins, son éthique (ou sa révérence pour la loi) était exigeante et il n'y a pas de doute qu'autant que l'intérêt national, elle enflamma sa politique envers l'URSS.

La carrière du futur secrétaire d'État avait commencé en 1922 au barreau de Washington. Avocat d'affaires, il s'y était rapidement taillé une place de premier ordre tout en accumulant une coquette fortune. Financièrement indépendant, il s'était lancé dans la politique. L'École de Droit de Harvard était une pépinière de «*liberals*», c'est-à-dire en français

---

* Le général Marshall avait démissionné en 1940 pour raisons de santé; il mourut en 1959 à l'âge de 79 ans.

d'« hommes de gauche ». Le fils de l'évêque du Connecticut en était, il avait même pensé à mettre ses talents au service des syndicats. Égalitariste en principe (mais l'était-il en fait?) il s'était tôt inscrit au Parti démocrate; en 1933, alors qu'il était âgé de quarante ans, Roosevelt l'avait fait sous-secrétaire au Trésor dans son premier Cabinet de *New Deal*. Acheson n'y était pas resté longtemps; en désaccord avec le Président sur un point de droit constitutionnel, il lui avait remis sa démission pour retourner au barreau, non sans mélancolie. Les relations des deux hommes manquaient de chaleur; ce n'est qu'en 1941 qu'Acheson avait pu reprendre des fonctions publiques en qualité de directeur (*assistant secretary*) des Affaires économiques au Département d'État. Sauf deux brefs intervalles, il y était demeuré jusqu'au retour du Parti républicain au pouvoir, douze ans plus tard. Associé de tout près à la formulation et à l'exécution de la politique étrangère des États-Unis au plus haut moment de leur puissance, son rôle n'avait fait que croître, particulièrement après la disparition de la dominante personnalité de Roosevelt. Sous-secrétaire d'État, il avait été l'inspirateur du général Marshall avant d'être plus directement celui du Président lui-même.

Une excellente étude a décrit *les Six Sages*, l'équipe supérieurement douée entourant le Président. Parmi eux Averell Harriman, ambassadeur à Moscou, « Chip » Bohlen, George Kennan, tous trois spécialistes des affaires russes, esprits philosophiques qui croyaient au rôle capital des hommes dans le déroulement de l'histoire – cette fois, le leur. Comme on sait, c'est le célèbre « Long Télégramme » de Kennan expédié de Moscou au début de mars 1946 qui allait constituer le thème de la doctrine à la fois ferme et mesurée de l'*endiguement* (*containment*) qui dicterait la stratégie de Washington jusqu'au jour récent de l'écroulement de l'empire des Soviets[14].

Aussi bien, Truman eut la chance d'avoir affaire à des partenaires à sa mesure. On a vu souvent les pays d'Europe se choisir des dirigeants de valeur égale – tous plus que médiocres, sinon criminels en les années trente, tous plus qu'excellents à la fin des années quarante. Bevin en Grande-Bretagne (malgré son puéril chauvinisme victorien), Schuman en France, Gasperi en Italie, Adenauer en Allemagne, Spaak et Bech dans les pays du Benelux, ont été de grandes figures dont l'imagination et le courage ont permis de dépasser le quotidien et les soucis électoraux pour épauler le Président des États-Unis. Ils y eurent du mérite.

L'année de la Doctrine Truman, 1947, avait été précédée de ce côté-ci de l'Atlantique d'un affreux hiver, neiges, gel et tempêtes, mauvaises récoltes, inflations galopantes, grèves incessantes. En Grande-Bretagne, le Parti travailliste avait lancé la révolution humaine (la Nouvelle Jérusalem, annonçait-il) qui, en dépit de ses excès, deviendrait « l'État Providence ». Mais il s'engageait aussi dans la restauration de l'Empire et dans la nationalisation en profondeur des moyens de production; loin d'encourager la modernisation d'un appareil industriel vieilli, sa politique préparait un ralentissement de l'expansion économique. Dès 1947, elle avait déclenché une crise dans les charbonnages – une crise très grave dans un pays où «l'or noir» couvrait 90% des besoins en combustibles. Faute de ceux-ci, les usines avaient débrayé. Il y eut deux millions de chômeurs. Les journaux étaient réduits à quatre pages, la consommation d'électricité domestique sévèrement réglementée, l'usage des signaux lumineux dans les rues avait dû être interrompu[15]. Un prêt américain de juillet 1946 de 3,75 milliards de dollars (à 2% remboursable en cinquante ans – 20 milliards en valeur de 1992) était quasiment épuisé et il n'y avait pas de marchandises disponibles en d'autres devises. Et pas d'idées pour faire face à la situation. En France et en Italie, les grèves à caractère insurrectionnel, organisées par les syndicats communistes, exigeaient la mobilisation d'importantes forces armées. Tout concourait au chaos économique et politique. La crainte se répandait des deux côtés de l'Atlantique que les circonstances offraient à l'Union soviétique l'occasion rêvée d'un coup de force d'envergure sur l'Europe occidentale.

Manifestement, des subsides et des crédits épars n'étaient pas la solution. Les États-Unis avaient déjà distribué 14 milliards de dollars sans vrais résultats. Alors quoi? À la question proférée avec une anxiété croissante, Washington allait répondre par deux initiatives totalement nouvelles. L'une, à courte portée, débouchait sur le plan Marshall et la réhabilitation économique de l'Europe; l'autre, à portée plus longue, préoccupée de défense et de stabilité politique, se concrétisait dans l'Alliance atlantique. Toutes deux s'inscrivaient dans la philosophie de l'«endiguement».

Le plan Marshall, promis par le discours d'Harvard de juin 1947, s'adressait à *tous* les anciens belligérants d'Europe. Comme on sait, l'URSS commit à ce moment-là l'incompréhensible erreur de le refuser. Elle lança un «plan Molotov» rival qui créait un organe de coopération économique avec ses satellites (Comecon) et confirmait ainsi la fracture de l'économie européenne. Entré en vigueur en août 1948, le projet américain prévoyait 13 milliards de dollars pour seize pays, l'équivalent de plus de 80 milliards de 1992; presque immédiatement, un premier *Liberty Ship* avait pris la mer à Galveston (Texas), chargé de blé à destination du Havre.

En même temps, le président Truman, assisté par Acheson, abordait le terrain de la coopération militaire, un terrain semé d'embûches dans un pays voué à l'isolationnisme. Il avait discrètement encouragé les Européens à s'entendre entre eux. Spaak et Bevin, ayant réussi, avec le traité de Bruxelles, à franchir cette première étape, Truman avait prononcé son remarquable discours du 17 mars. Sur sa lancée, il offrait au Parti républicain une action diplomatique «bipartisane»; le Sénat votait, par 64 voix contre 4, la «*Vandenberg Resolution*» recommandant des accords collectifs de défense. Un geste historique qui oblitérait la fameuse « Adresse d'Adieu » du président Washington, fondement de l'isolationnisme des États-Unis depuis cent cinquante ans et qui les accrochait à l'Europe. Peut-être pour toujours.

Les pourparlers qui allaient aboutir au traité de l'Atlantique Nord avaient débuté par des rencontres ultra-secrètes au Pentagone entre Américains, Canadiens et Britanniques le 22 mars. Les Français et les autres signataires du traité de Bruxelles, conclu cinq jours auparavant, n'en furent pas informés sous prétexte qu'ils étaient infiltrés par des agents communistes. Le piquant, c'est que les Soviets seuls se trouvèrent parfaitement au courant de ce qui se passait, grâce à un secrétaire de la délégation britannique, Donald Maclean, espion de longue date au service du KGB. (Sur le point d'être démasqué et arrêté en 1951, il allait prendre la fuite pour finir ses jours tristement dans l'Union soviétique.) On peut du reste s'imaginer que ses indiscrétions ne firent pas de vagues à Moscou. Quand les délégués se séparèrent après quelques jours, rien n'était décidé, pas même leur objectif : un pacte multilatéral, des accords bilatéraux, l'élargissement du traité de Bruxelles, une déclaration solennelle, une simple assistance sur le terrain ?

Ce n'est que le 6 juillet 1948 que les entretiens allaient reprendre à l'échelon des ambassadeurs, cette fois à sept (États-Unis, Canada et les Cinq de Bruxelles). Le président Truman les suivait de près mais discrètement, évitant à ce stade de trop s'engager publiquement ; son vaste plan d'assistance à l'Europe démarrait, les élections présidentielles étaient proches, il ne fallait pas surcharger le bateau. Abandonnés à eux-mêmes, les délégués américains étaient prudents, divisés, pas très clairs. Terrifié par la perspective d'une troisième guerre mondiale, Bidault hésitait, soucieux un matin de s'y préparer, pleurant, le lendemain, de la crainte de provoquer Staline. Pas vraiment intéressé par un traité à long terme, il voulait des armes américaines tout de suite et à bas prix pour réarmer la France – mais pas l'Allemagne en laquelle on commençait pourtant à voir une alliée irremplaçable. Spaak à ce stade ne croyait guère réaliste d'espérer un pacte vraiment contraignant ; il redoutait des déclarations générales qui seraient l'occasion pour les indécis de se dérober. Il pensait surtout à renforcer l'organisation de Bruxelles dont l'échelon militaire se mettait en place. Et puis, non sans heurts, les pourparlers s'étaient cristallisés autour d'un projet de pacte de l'Atlantique Nord.

Les agissements brutaux de Staline n'avaient cessé de contribuer puissamment à la difficile cohésion des nations occidentales. Les congrès annuels des Nations Unies (ONU) étaient devenus des réunions homériques où les Soviets se faisaient remarquer par leur outrance. En septembre 1948, la troisième assemblée générale siégeait au Palais de Chaillot à Paris dans un climat de tension aggravé par le blocus de Berlin et par les événements de Chine – Mao Tsê-tung était en passe de se saisir de la Mandchourie. Aux grossières injures habituelles du représentant soviétique, le sinistre Vychinski (célèbre par son passé d'accusateur public aux purges sanguinaires d'avant-guerre), Paul Henri Spaak n'avait pu résister à répondre sur le ton exaspéré: « Monsieur, vous nous faites peur »; son discours, un des meilleurs de sa carrière, prononcé en termes dignes autant que véhéments, bénéficia d'un immense retentissement des deux côtés de l'Atlantique, illustrant l'évolution des esprits depuis deux ans.

De tout cela, les négociations atlantiques retrouvaient un nouveau souffle. Le 15 mars 1949, les quatorze articles du traité étaient paraphés: le Sénat les approuvait par 82 voix contre 13. Un triomphe de la Maison Blanche. Une semaine plus tard, Moscou se déclarait prêt à lever le blocus de Berlin. Le baron Silvercruys, un diplomate de la vieille école, un peu pompeux mais intelligent et courageux (« un vrai baron belge » (!) disaient de lui les hôtesses de Washington qui en raffolaient), se plaisait à raconter les péripéties de la longue négociation où il avait représenté son pays avec talent. Il me décrivait l'ambiance pleine d'émotion dans laquelle s'était déroulée le 4 avril 1949 la signature du traité de l'Atlantique Nord – quelques jours avant la traversée du Yang-Tse par l'Armée de Libération populaire de Mao Tsê-tung. Comme souvent aux États-Unis, il y avait eu un côté comique à la cérémonie, celui de la clique des Marines qui, entre les discours solennels des hommes d'État, jouaient, avec un sens shakespearien inconscient des contrastes, des airs de l'opérette *Porgy and Bess*, parmi lesquels *I got plenty of Nothin'* et *It aint necessarily so*!

On avait eu le sentiment de participer à un événement historique. Le traité de Washington était en effet bien plus qu'une de ces alliances éphémères du temps passé, contractées par les princes à la poursuite de gloire guerrière. Pour la première fois, les États-Unis engageaient en Europe en temps de paix leur énorme puissance. L'organisation (OTAN) à laquelle ils se donneront édifiera aux frontières de ce qu'on appellera le « monde libre », un *limes* de style nouveau qui dissuadera de toute velléité d'expansion les barbares du XXe siècle. Aux sept puissances initiales de l'OTAN allaient se joindre le Portugal, la Norvège, le Danemark, l'Islande, l'Italie en 1952 (« On ne peut pas faire attendre le pays de Dante et de Michel-Ange », avait dit Bidault), la Grèce et la Turquie en 1953, la République fédérale d'Allemagne en 1954. Leur ligue apportera simultanément pendant plus de quarante ans – elle apporte encore en 1995 – une sorte de loi fondamentale assurant à ses membres une sécurité réciproque rarement connue. Sans elle, jamais n'auraient pu prospérer des Communautés européennes qui à leur tour ont donné une abondance dans la liberté jamais égalée.

Nous avions tous eu connaissance d'un papier de Walter Lipmann, un des éditorialistes américains les plus lus de l'après-guerre, dans lequel il avait écrit en 1944: « Le destin a voulu que l'Amérique soit le centre, non plus la périphérie de la civilisation occidentale... Nous pouvons nier le fait et refuser notre destinée. Si nous le faisions, la civilisation occidentale qui est la gloire de notre monde deviendra une zone de désordre et de décadence autour de l'Union soviétique et des peuples renaissant d'Asie[16]. » Nous n'en doutions pas. Des hommes politiques, des journalistes et même des historiens dits « révisionnistes » se sont livrés à des polémiques acerbes, accusant les États-Unis de mercantilisme, cherchant dans leurs desseins des arrières-pensées sinistres, y trouvant des ambitions hégémoniques illimitées. C'est oublier, comme l'a écrit l'historien français Lacour-Gayet, « dissimulé par l'égoïsme, leur idéalisme toujours latent »[17]. Parmi les témoins du chaos asiatique, de l'épuisement européen, de la subversion acharnée des partis communistes, à ceux qui ressentirent avec acuité (à tort ou à raison) la menace d'une troisième guerre des continents, il ne paraissait personne à même de sauver un monde en perdition – sauf les hommes de Washington. Que leur exceptionnelle générosité s'inspirât aussi de sagesse politique ne faisait qu'ajouter à notre admiration. De même qu'à celle portée au maître de la Maison Blanche; sans son intuition visionnaire, sans son courage et, aussi, sans son astuce politicienne, l'histoire aurait été différente et sa réussite moins heureuse.

Le samedi 24 juin 1950 à l'aube, la République de Corée (Corée du Sud) était envahie par une offensive massive de troupes de la « République démocratique populaire de Corée » (Corée du Nord). L'ancien « Royaume du Matin Calme », plus ou moins vassal historique du Céleste Empire, annexé par le Japon en 1910, avait été divisé à Yalta sans grand débat, en deux zones d'occupation; au nord du 38e parallèle, les troupes soviétiques avaient reçu la reddition des Japonais, au sud ce furent les américaines. Elles avaient quitté le pays en 1948-1949. Après de vaines négociations, les deux zones d'occupation étaient devenues – comme en Allemagne – des États distincts et hostiles.

À l'exception des communistes et de leurs « compagnons de route », personne n'avait douté que Moscou ne fût à l'origine du coup de force des Nord-Coréens. Khrouchtchev dans ses *Mémoires* de 1970 écrivit que les Nord-Coréens déclenchèrent les hostilités avec l'approbation de Mao Tsêtung et l'accord de Staline qui leur fournit une aide matérielle importante. C'était une « guerre de classes », expliqua Khrouchtchev – donc une guerre juste. Un certain Li San cho, ancien sous-chef d'état-major de la Corée du Nord, l'a récemment confirmé, comme des documents soviétiques publiés par Séoul le 20 juillet 1994[18].

En l'absence du Président qui passait la fin de semaine chez son frère dans le Missouri mais qu'il consulta par téléphone, le secrétaire d'État Acheson prenait l'initiative de réunir d'urgence le Conseil de Sécurité, organe suprême de l'ONU. Le dimanche 25 juin (sans l'URSS qui boycottait depuis peu l'Organisation), celui-ci déclenchait le mécanisme d'assistance à l'État agressé prévu par la Charte. Sauf un arrêt spontané des hostilités par l'agresseur, c'était la guerre; une éventualité qu'accepta Truman sans hésitation mais la mort dans l'âme, témoignèrent ses familiers; il n'était pas motivé par des ambitions impérialistes inexistantes mais par la volonté de faire respecter la loi internationale, seule garantie de la paix du monde[19]. La flotte et l'aviation américaines faisaient mouvement pour défendre Taïwan et intervenir dans les eaux coréennes. Le 30, des renforts étaient transférés au Japon, les réservistes mobilisés. Simultanément était décidée la mise en ligne d'un corps expéditionnaire international sous le drapeau de l'ONU. Un conflit meurtrier allait suivre avec des pertes terribles, dont trente-quatre mille Américains, un million de Chinois et de Coréens et probablement plus de deux millions de civils.

La Belgique ayant placé un bataillon au service de l'ONU, un de ses représentants était convié à des séances d'information au Département d'État. Comme j'étais fraîchement émoulu d'Extrême-Orient, le dossier m'en avait été confié. Un gros dossier qui en plus de la Corée allait s'étendre à la Chine, à l'Indochine, à Taïwan, au Tibet. Pendant près de deux ans la tâche m'incombera une ou deux fois par semaine d'écouter, avec quatorze collègues de la coalition, des comptes rendus d'opérations ou de pourparlers rapportés par un officier d'état-major américain. Dean Rusk, secrétaire d'État-adjoint pour l'Extrême-Orient (plus tard secrétaire d'État sous Kennedy et sous Johnson), présidait ces sessions, le plus souvent limitées à la répétition de ce que publiaient les journaux ou à la triste énumération des morts et des blessés. Les Européens se bornaient en général à écouter; nous n'apprendrons que beaucoup plus tard les démarches secrètes de certains de nos partenaires, notamment des Britanniques, à Moscou, en vue d'un règlement pacifique en échange de promesses imprécises du bloc communiste. Gromyko fut impliqué dans ces intrigues qui irritèrent vivement les Américains mais que l'impassibilité du Russe rendit vaines[20].

Quelquefois, un événement dramatique venait rompre la monotonie de nos *briefings*. Un jour d'octobre, ce fut l'invasion par la Chine du pacifique Tibet; un nouvel acte d'agression que rien ne pouvait justifier. Un autre jour du même mois, ce fut la reconnaissance officielle par Pékin et Moscou de la « République démocratique du Viêt-nam » –, ce qui annonçait une assistance militaire massive aux rebelles indochinois. Que faire, sinon protester? Le fait le plus critique fut l'entrée en guerre de la République populaire de Chine en novembre, un désastre que personne, à notre niveau, n'avait prévu. Après de sévères revers initiaux en été, les forces internationales (à 90% des Coréens et des Américains) sous les ordres du général MacArthur avaient repoussé les Nord-Coréens jusqu'au 38e parallèle, puis avec l'accord du l'ONU, elles les avaient poursuivis jusqu'au Nord du pays où elles les avaient mis en pièces. À la mi-octobre, la guerre paraissait gagnée. Des heures confuses et des messages contradictoires de MacArthur avaient suivi. Les forces qu'il commandait, dangereusement dispersées, se livraient à des opérations de nettoyage dans les montagnes du Nord-Ouest quand dans la nuit du 25 novembre, elles avaient subi l'assaut de nombreuses divisions chinoises débouchant à l'improviste des montagnes de Mandchourie. Saisies de surprise, leurs liaisons étant insuffisantes et mal commandées, elles étaient forcées à une retraite précipitée, presque une déroute.

Ces semaines-là, les séances d'information au Département d'État s'étaient tenues dans une atmosphère de crise, soulignée par une proclamation d'état d'urgence (*National Emergency*). Le bruit courait à Washington que le vieux MacArthur (il avait 70 ans) s'était effondré ou, ce qui était plus proche de la réalité, qu'il voulait porter le conflit en Chine proprement dite, offensive de grande envergure, débarquement, blocus, bombardements massifs. La troisième guerre mondiale redevenait la peur lancinante des Européens – celle aussi du président Truman si on en croit sa fille. Dean Acheson, l'esprit fort de l'administration, était lui-même en proie au désarroi. Ses *Mémoires* de 1969 font mention d'un incident révélateur; le 6 décembre, les radars avancés du Canada avaient détecté des vols non identifiés en provenance du Nord-Est et se dirigeaient vers Washington. Alerte générale de tous les systèmes de défense des États-Unis d'Amérique. À la fin de la matinée, les objets reflétés sur les écrans s'étaient effacés; on attribua à des vols d'oies l'émotion des radars[21]!

Les ambassades n'avaient pas été exactement informées de ce qui se passait. Toutefois, elles étaient conscientes d'un profond malaise. Dean Rusk, pressé de questions, se montrait gêné et réticent, accroissant ainsi nos craintes. Bientôt, nous comprenions que son embarras venait surtout des âpres luttes qui dressaient l'administration contre l'aventurisme du général MacArthur et non de desseins sinistres qui n'existaient pas.

Le 30 novembre, en pleine débâcle, une conférence de presse du Président évoquait en termes ambigus l'emploi d'armes atomiques en Asie. On sait à présent que c'était une gaffe et qu'il n'en avait pas été question. Un communiqué officiel en avait rectifié la portée. Mais sa bellicosité apparente fit du bruit, surtout en Europe. Le 3 décembre, Clement Attlee, le Premier ministre travailliste de Grande-Bretagne (qualifié par Churchill «d'homme modeste avec toutes les raisons de l'être») surgissait à Washington. Que venait-il faire? Nos interlocuteurs habituels nous laissaient entendre que le voyage avait pour objet principal de rehausser son prestige aux Communes et qu'Acheson aurait pu faire sans lui; ils ajoutaient que le pèlerin de Londres avait suggéré (avec l'encouragement de Paris et de Bruxelles) l'évacuation complète de la Corée, – une reddition désastreuse dont les effets n'auraient pu être que similaires à ceux de Munich.

Il appert des mémoires d'Acheson qu'ils furent aussi une tentative d'Attlee pour ranimer la diarchie Londres – Washington du temps de la guerre et qu'elle tomba dans le vide. Ce qui est certain, c'est qu'elle s'accompagna, paradoxalement, de formules plus ou moins poussées d'apaisement en Asie auxquelles Truman avait dit non. La rencontre avait paru manquer de chaleur. Pour les Américains, « l'endiguement » devait s'appliquer au bloc communiste tout entier; l'administration n'aurait pu défier l'agression en Europe sans relever le gant en Asie. Pour l'Amérique profonde, c'était un instinct. Pour ses dirigeants, le *East Coast Establishment*, les élites de la côte Atlantique très influentes à Washington, c'était une question de civilisation mûrie en leur école et par leur foi protestante; nombre d'entre eux, même ceux d'origine modeste, étaient sortis des universités à forte tradition, Harvard, Yale, Princeton, etc., ou gardaient des liens étroits avec leur Église comme Dean Acheson, fils d'un évêque anglican, Averell Harriman, l'homme le plus riche d'Amérique, petit-fils d'un évangéliste itinérant, Dean Rusk, né très pauvre, fils d'un ministre presbytérien et bien d'autres.

Les fêtes de fin d'année furent célébrées dans l'inquiétude et nous nous retrouvions à chaque session du Département d'État pleins d'appréhension, – nos collègues américains autant que nous. Les ambassades européennes ne doutaient pas de la bonne foi du président Truman mais aurait-il l'autorité de brider le héros de la guerre du Pacifique, son hystérie anticommuniste, ses ambitions mégalomanes? De Tokyo, nos représentants rapportaient ses incroyables indiscrétions parmi lesquelles ses projets d'écraser la Chine sous des bombes atomiques et de l'envahir avec cinq cent mille hommes de l'armée de Chiang Kai-shek, réfugiée à Taïwan.

La situation sur le champ de bataille restait grave et, d'un point de vue strictement militaire, apportait un semblant de justification à ce délire. Les trois cent mille Chinois, par un froid arctique et des tempêtes de neige, avaient continué au prix de pertes terribles – dont un fils de Mao Tsê-tung, général d'aviation – à repousser les deux cent mille hommes de la coalition. Ceux-ci devaient se replier une deuxième fois au sud du 38e parallèle; en janvier 1951, ils perdaient à nouveau Séoul.

Puis était venu le reflux. Le général Ridgway, à qui avait été confié le commandement opérationnel, sous l'autorité désormais distante de MacArthur, contre-attaquait avec succès et reprenait Séoul. À la mi-juin, les forces de l'ONU étaient derechef au nord du 38e parallèle; avec la maîtrise de l'air et une puissante artillerie, elles dominaient le champ de bataille et paraissaient capables de reprendre leur marche en avant. Après plusieurs vaines tentatives de prise de contact, George Kennan réussissait à rencontrer secrètement le représentant soviétique à l'ONU, Jacob Malik (31 mai). Le 23 juin, celui-ci proposait officiellement des négociations d'armistice.

À l'époque où tout allait au plus mal, Dean Rusk m'avait fait venir pour me questionner sur mon séjour en Chine; il paraissait particulièrement intrigué par les personnalités de Chou En-lai et de K. M. Pannikar, ex-ambassadeur de l'Inde auprès de Chiang Kai-shek et, à ce moment, auprès de Mao Tsê-tung. Du premier, je lui rapportai ce que je savais. L'autre, lui dis-je, que j'avais rencontré à Shanghai et à Nankin, était un ancien Premier ministre du Maharajah de Bikaner, un familier de Nehru, intelligent mais fort ignorant des grands problèmes internationaux. Un gros homme bruyant et jovial, au teint très foncé, son nationalisme tiers-mondiste lui faisait détester la «race blanche», ce qu'il ne cachait pas, et le rangeait aux côtés du communisme chinois. Il m'amusait mais je n'avais pas confiance en lui.

En 1955, Pannikar allait publier un petit livre de souvenirs qui me ferait comprendre la curiosité de Dean Rusk. Il y racontait avoir servi d'intermédiaire secret entre Washington et Pékin; averti par Chou En-lai, alors Premier ministre, au cours de plusieurs conversations dès le mois d'octobre, que la Chine interviendrait en Corée au cas où les Américains franchiraient le 38e parallèle, il l'aurait naturellement communiqué à Washington – ce que faisait du reste la radio de Pékin en l'accompagnant de ses habituelles vitupérations contre «l'impérialisme» de l'Occident. Du récit de Pannikar, on tire l'impression que Chou était sincèrement convaincu (il était un maître diplomate) que les États-Unis projetaient d'écraser son pays pour y oblitérer le communisme, rendant inévitable une guerre sino-américaine – ce qui par ailleurs, aurait-il ajouté, ne lui paraissait pas un sacrifice démesuré pour un peuple aussi nombreux que le sien[22]!

On suit mal la logique de ce raisonnement. Comment une intervention de la Chine en Corée aurait-elle pu lui éviter une guerre avec les États-Unis? C'était plutôt le contraire. Dès lors, quels furent les véritables objectifs de Pékin? Rien n'est certain. Mais une explication fondée sur les anciennes rivalités *sino-soviétiques* en Mandchourie serait plus vraisemblable que les confidences diplomatiques de Chou; le Kremlin n'y avait-il pas récupéré, *après Yalta*, les privilèges conquis jadis par les Tsars? Un historien chinois respecté, Chen Jian, a cru pouvoir affirmer, à la suite de longues recherches, que la décision de Mao est à placer du reste dans un contexte révolutionnaire; il voulait infliger une défaite aux États-Unis pour affirmer la vitalité de la RPC[23].

Alors que la République populaire de Mao prenait ses quartiers à Pékin, un «Gouvernement populaire des Provinces du Nord-Est» avait pris les siens à Moukden sous la présidence d'un nommé Kao Kang, un rival de longue date de Mao. Traitant directement avec les Soviets, signant un traité avec eux, battant sa propre monnaie, Kao paraissait plus ou moins indépendant, une marionnette de Moscou plus que de Pékin. En 1949, il eût été inconcevable pour l'Armée populaire de Libération de s'attaquer aux clients de Staline; en automne 1950, celui-ci ne pouvait que se féliciter de voir Mao Tsê-tung sauver sa mise en Corée, même au prix de la perte de ses privilèges en Mandchourie. En 1954, Moscou y renoncera formellement. Le mystérieux Kao Kang, arrêté par les maoïstes, accusé de haute trahison, était mort en prison; «suicidé pour éviter le châtiment», annonça Pékin[24]. Mao Tsê-tung et Chou En-lai ont-ils fait la guerre aux États-Unis pour reconquérir la Mandchourie?

Dès les premiers succès du général Ridgway en mars 1951, le président Truman avait parlé d'un cessez-le-feu et du retour au *statu quo ante*. Tandis que l'approuvaient les gouvernements engagés en Corée à ses côtés, le général MacArthur en rébellion ouverte faisait le possible et l'impossible pour saboter des négociations. Un «*pronunciamiento*», s'était exclamé Acheson. La situation devenue intolérable, le président Truman s'était décidé à la révoquer – ce qu'il aurait dû faire depuis longtemps. En août 1951, le général à cinq étoiles, vainqueur de la guerre du Pacifique, apprenait qu'il était rappelé et remplacé dans ses fonctions par le général Ridgway.

Son retour aux États-Unis avait pris l'allure d'un triomphe romain. À San Francisco, une foule enthousiaste l'attendait à l'atterrissage de son avion; à l'Hôtel de Ville, il prononçait un discours enflammé, chaudement applaudi – il était un orateur de talent –, proclamant: «Ma seule politique est: "Dieu bénisse l'Amérique."» À l'aéroport de Washington, un peuple nombreux, tandis que tonnaient les dix-sept coups de canon dus à son rang. À New York, des centaines de milliers d'admirateurs, des millions, dira-t-on, manifestèrent le long de la Cinquième Avenue tandis que, debout dans une voiture découverte, il était arrosé des confettis traditionnels. Au Capitole, il était reçu en séance solennelle par les deux Chambres réunies en Congrès. Invité avec d'autres par des amis américains qui possédaient un téléviseur – encore rares à cette époque –, je l'avais vu et entendu prononcer d'un ton grave son discours fameux terminé par les mots «*Old soldiers never die, they just fade away*»*. Tandis que le vieil histrion tournait vers les appareils de prise de vues son meilleur profil au menton résolu, autour de moi des dames pleuraient. Puis, l'*imperator* disparu, l'écran avait cédé la place à la publicité; un personnage impeccablement vêtu était apparu, tenant dans ses mains un pantalon dont il avait célébré la qualité et recommandé l'achat «car les pantalons Truc Machin ne se froissent jamais». C'était l'Amérique!

---

* «Les vieux soldats ne meurent jamais, ils disparaissent dans l'ombre.»

La guerre en Corée suivait son cours brutal, l'Armée populaire se battait avec une cruauté sauvage, les soldats des États-Unis tombaient. La propagande de Pékin injuriait l'Occident sans répit avec une mauvaise foi révoltante. À nombre d'Américains, le général MacArthur avec ses discours enflammés s'était montré le vrai défenseur des valeurs morales, Truman et son entourage des «mous» préparant un nouveau Munich en Asie. Une partie importante de la presse les critiqua âprement – mais pas les journaux les plus sérieux comme le *New York Times* ou le *Washington Post*. Le Président fut brûlé plusieurs fois en effigie, dans de nombreuses villes, les drapeaux furent mis en berne. Un sondage d'opinion donnera 69% de partisans à MacArthur, 29% à Truman.

Les diplomates à Washington contemplèrent avec effarement cette subite tempête; au fait des divergences de vues entre l'administration et le proconsul du Japon, ils n'avaient jamais imaginé qu'elles pussent prendre de pareilles dimensions. Elles paraissaient surgir de l'histoire antique, comme celle de Sylla, deux fois *Imperator* après avoir vaincu Jugurtha et Mithridate, rebelle au Sénat de Rome, dictateur de la Ville, à ceci près que le pouvoir absolu avait signifié pour le Romain la paix et non la guerre. Nombre d'entre nous ne doutaient pas en effet que la démagogie de MacArthur venait de l'ambition d'accéder à la présidence – avec le dessein secret, peut-être, de mettre un terme à la *Libera Republica*. Le baron Silvercruys, familiarisé depuis longtemps avec les choses américaines, nous tranquillisait et prédisait la fin prochaine de sa carrière. Il avait vu juste. Dès que le Général parut s'acoquiner avec le Parti républicain pour concrétiser ses aspirations, il perdit son habit de lumière pour n'être plus qu'un politicien comme les autres.

Les pourparlers de paix suggérés par le président Truman dès le mois de mars 1951, amorcés par la rencontre secrète du 31 mai entre Kennan et Malik, proposés par ce dernier le 23 juin, commencés effectivement en juillet, durèrent deux ans. Nos collègues américains en décrivaient les discussions sans fin à Panmunjon entre les délégations ennemies, souvent sur des points d'extrême détail apparemment sans importance. Parfois, elles s'accompagnaient d'insultes. Parfois des heures entières ou même des jours se déroulaient dans le silence, interrompu de temps en temps par le président de séance s'informant avec politesse: «N'avez-vous rien à ajouter?», à quoi, deux ou trois heures plus tard, une des délégations, puis l'autre, répondaient: «Non, rien à ajouter.» Le président levait alors la séance après un échange de vues sur la date plus ou moins éloignée du prochain rendez-vous. Qu'espéraient obtenir les Sino-Coréens de ces pantalonnades qu'ils imposaient aux Américains? Remettre à plus tard la date de leur déconfiture? Gagner du temps pour préparer une autre offensive?

Aux événements dramatiques de l'hiver et du printemps 1951, les négociations de Panmunjon substituaient la monotone routine de la guerre froide en vitesse de croisière. Mais seules de courtes accalmies interrompaient les combats et les communistes paraissaient prêts à tout moment à se jeter sur nos troupes. L'année 1951 puis 1952 allaient s'écouler sans progrès significatifs. Dans les milieux politiques, on commençait à penser aux élections présidentielles. Truman était à présent très impopulaire, le public lassé d'un conflit larvé auquel il ne voyait pas d'issue. Le Parti républicain reprochait aux démocrates leur impuissance à définir une ligne de conduite; Eisenhower, devenu son candidat à la Maison Blanche, ne défendait pas à Foster Dulles, le futur secrétaire d'État, de préconiser publiquement une politique de refoulement (*rolling back*) plus agressive que celle de l'endiguement (*containment*). On entendait à nouveau parler de bombes atomiques sur la Mandchourie.

Pendant les mois interminables de Panmunjon, les alliés européens n'avaient pas beaucoup aidé. Tous avaient eu des avis à donner, sinon des troupes, pour accélérer les négociations, y compris Van Zeeland qui envoya l'ambassadeur au Département d'État pour une démarche futile. Les conseils étaient dictés par un public qui vivait dans la hantise d'une troisième guerre mondiale. Il se réjouissait en général d'avoir les Américains à ses côtés; mais il les accusait, un jour d'en faire trop, un autre jour de ne pas être assez fermes*. N'était-ce pas Acheson en janvier 1950 qui avait tout déclenché en donnant l'impression dans un discours imprudent que la Corée se situait en dehors du périmètre défensif des États-Unis? Au surplus, ceux-ci avaient perdu le monopole des armes nucléaires; dès septembre 1949, un bref communiqué du Département d'État avait annoncé l'explosion d'un engin atomique en URSS. À Bruxelles, m'écrivait-on, il y avait eu des jours de panique, des gens emplissant leurs celliers de provisions, d'autres achetant des propriétés au Congo – pour le regretter amèrement dix ans plus tard. Toutefois, avec le ralentissement des hostilités, les esprits s'étaient quelque peu calmés.

Joseph McCarthy, un obscur sénateur du Wisconsin, petit avocat de province après d'autres occupations médiocres, ancien pilote de guerre à la réputation douteuse, s'était un jour mis à l'anticommunisme le plus excessif, y ayant vu le meilleur moyen de se faire connaître. Nous le rencontrions parfois aux réceptions officielles et j'ai gardé le souvenir de ses poignées de main spongieuses. Il était affreux, le poil d'encre, d'épais sourcils noirs, l'œil charbonneux, mal rasé, l'apparence d'un brigand calabrais, maniant avec désinvolture le mensonge, la calomnie, le chantage,

---

* Un sondage d'opinion indique qu'en septembre 1952, 36 % des Français souhaitaient qu'en cas de guerre, leur pays prît parti pour les États-Unis (4 % pour l'URSS), tandis que 45 % préféraient qu'il restât à l'écart[25].

la fraude. La déplaisante histoire du maccarthysme est trop fameuse pour être répétée. Ce qui est moins connu, c'est combien elle fut influencée par les événements d'Extrême-Orient.

De tout temps, la Chine avait été un terrain d'élection pour des courants messianiques américains. Ni Roosevelt, ni Truman n'avaient montré de répugnance systématique à l'égard du mouvement de Mao Tsê-tung. On a vu tout ce qu'avait fait le général Marshall pour le ramener au centre de la politique chinoise; Dean Acheson avait été à Washington son principal collaborateur, il avait une connaissance complète du dossier, il n'éprouvait que mépris pour le Kuomintang. Tout indique qu'il était prêt à collaborer avec le nouveau régime.

Mais l'intervention en Corée avait soulevé une vague profonde de colère et d'indignation. Ce peuple qui depuis un siècle était l'objet de la particulière sollicitude de l'Amérique, pour lequel elle priait le dimanche dans les églises, à qui elle avait envoyé des milliers de missionnaires, pour lequel elle avait dépensé des sommes énormes, pour lequel elle avait fait la guerre, s'était détourné d'elle, faisant preuve de l'ingratitude la plus noire. Sa réaction avait été celle d'un mari trompé apprenant son infortune après des années de tendresse et de dévouement et elle fit la force du maccarthysme. Il est caractéristique qu'une grande partie de son venin s'adressa aux responsables des affaires d'Asie, les anciens membres de l'ambassade des États-Unis en Chine dont plusieurs eurent leur carrière brisée (parmi lesquels, injustement, plusieurs de mes bons amis), les fonctionnaires du Département d'État, «vendus aux rouges», Dean Acheson, et le général Marshall lui-même accusé en plein Sénat de «conspiration» et «d'infamie». La «chasse aux sorcières» organisée par l'aventurier avec l'appui d'une partie de l'opinion publique débouchera sur une telle atmosphère de suspicion et de peur que bientôt se firent rares ceux qui eurent le courage de lui tenir tête. Parmi ces derniers, hélas, ne figurèrent ni Truman, ni Acheson. Ni le président Eisenhower peu après.

McCarthy finira en décembre 1953 (peu après l'armistice de Corée) par être formellement condamné par le Sénat. Il disparaîtra alors dans une brume d'alcool et de malversations mineures, victime en partie de la télévision dont le nombre d'amateurs croissait rapidement et où son apparence sinistre trahissait sa vraie personnalité. Il mourra trois ans plus tard dans l'obscurité, à l'âge de 48 ans.

Le phénomène maccarthyste, de même que l'engouement spectaculaire pour le vieil homme de Tokyo, reflétaient un trouble de la conscience américaine. Une guerre sans victoire en Asie – et contre des pays sous-développés; des engagements politiques sans précédents en Europe, des dépenses militaires qui de 13 à 14 milliards de dollars, allaient s'élever à 50 milliards, une armée réduite à moins de 500 000 hommes après la reddition du Japon, portée à 3 000 000, des bases aux quatre coins du monde, une menace communiste planétaire comprenant des bombes nucléaires, il y avait de quoi étourdir une nation accoutumée à vivre presque seule et désarmée à l'abri de ses fossés océaniques.

Toutefois en le «grand débat» qui s'était institué, l'Amérique profonde avait tourné le dos à l'isolationnisme d'antan. Le pays, malgré des remous caractéristiques des sociétés pluralistes de l'Occident, offrait aux observateurs étrangers le spectacle d'une colossale puissance en plein développement, sûre d'elle-même et orientée vers des lendemains ensoleillés; une «république impériale», disaient les uns, «*pax americana*», disaient d'autres. Elle produisait la moitié du charbon, plus de la moitié des produits pétroliers, les deux tiers de l'électricité du monde, le dollar jouait par la force des choses un rôle principal dans le système monétaire mondial mis sur pied par la conférence de Bretton Woods (1944).

La vitalité de la nation se manifestait par son génie créateur autant que par ses succès économiques. Sans parler des sciences qui devaient à la guerre un formidable essor, on constatait une brillante effloraison des arts. En littérature, des noms déjà connus produisaient des livres nouveaux. Hemingway publia *Pour qui sonne le Glas* en 1940, un de ses chefs-d'œuvre; un autre, *Le Vieil Homme et la Mer* en 1952. Steinbeck, *Les Raisins de la Colère* en 1939, *À l'Est d'Eden* en 1952; il recevra le prix Nobel de littérature en 1962; John Dos Passos, *Le grand dessein* en 1949. De nouveaux auteurs étaient célébrés, parmi lesquels Norman Mailer pour *Les nus et les morts* (1948), un livre puissant comparé par la critique américaine à ceux de Tolstoï, Saül Bellow, Mary MacCarthy, Truman Capote, etc. Il y avait aussi de grands poètes, T.S. Eliot, un autre Prix Nobel, Robert Frost et le tragique Ezra Pound, séduit par le fascisme, qui composa *Pison Canta*s alors qu'il était détenu dans une géôle américaine, en 1948, avant d'être enfermé à Washington dans une institution pour malades mentaux. Malgré le rationnement du papier, on vendit, disait-on, 250 millions de volumes par an – pas tous des chefs-d'œuvre–, et beaucoup de réimpressions pour les troupes.

New York rivalisait avec Londres et Paris en qualité de capitale culturelle de l'Occident. La musique y occupait une grande place avec le *New York Philarmonic* dirigé par Bruno Walter, avec le *New York Symphony Orchestra* sous la baguette de Leonard Bernstein, auteur de l'inoubliable *West Side Story* et d'autres ouvrages à succès. Le *Metropolitan Opera* restait une cathédrale de la musique; mais d'autres temples lui faisaient concurrence où on jouait notamment *Le Consul* (1951) de Minotti, une tentative de rénovation de l'opéra traditionnel. Les «*musicals*», héritiers des opéras bouffes du passé, se multipliaient. Gershwin (*Porgy and Bess*) était mort en 1938; J. Berlin et O. Hammerstein avaient pris le relais, le premier avec *Oklahoma* (1943) et *Annie get your gun* (1946), le second avec *South Pacific* (1949); intégrant récit, musique, arias, ballets, leur succès et celui de bien d'autres œuvres similaires ne s'épuisaient pas. Frank Sinatra à ses débuts, Bing Crosby à son déclin, Nat King Cole, Duke Ellington, etc. enchantaient les foules en Amérique et en Europe par leurs mélodies joyeuses ou sentimentales, reproduites à des millions d'exemplaires par l'industrie du disque – on venait d'inventer les disques à microsillons. Le *New York City Ballet*, sous la conduite géniale de Balanchine, présidait à une révolution artistique en intégrant chorégraphie expressionniste et musique traditionnelle.

Au théâtre, parmi une dizaine de noms, se distinguaient deux très grands, Tennessee Williams et Arthur Miller. Le *Tramway nommé Désir* de 1947 était un drame poignant de sexualité, violence et aberration mentale dans l'atmosphère étouffante de La Nouvelle-Orléans, *La mort d'un commis voyageur* (1949) une tragédie antique au sein des êtres les plus ordinaires.

Comment résumer en quelques lignes l'épopée étrange de la peinture moderne en Amérique? Bien sûr, ses principaux héros ne seront pas tous américains et ceux-ci devront beaucoup à l'Ancien monde. Depuis le début du siècle, ils avaient suivi les courants de sa peinture; mais l'arrivée aux États-Unis des Mondrian, Léger, Lipchitz, Ernst, Dali, etc., chassés par la fureur nazie, leur donnait un puissant élan rénovateur. Peggy Guggenheim, l'épouse de Max Ernst, doit être mentionnée. Obligée elle aussi de quitter la France, elle créa la galerie new-yorkaise *L'Art du Siècle*, devenue un phare pour nombre de jeunes artistes révolutionnaires; c'est elle qui lancera Jackson Pollock, fondateur de l'expressionnisme abstrait, rendu célèbre par sa grande exposition en 1949. C'est elle aussi qui sera l'inspiratrice de la *Galerie moderne de la Peinture non objective*, devenue le musée Guggenheim à Madison Avenue, dont les plans avaient été dressés par l'architecte Frank Lloyd Wright, un autre esprit novateur.

Des multiples écoles qui fleuriront à New York ou en Californie jusqu'au Pop art, la postérité seule pourra dire ce qui devra être oublié et ce qui méritera d'être retenu d'expériences, parfois, je crois, un peu frauduleuses, parfois extravagantes, toujours fascinantes.

En septembre 1951, je consacrai une quinzaine de jours de congé en compagnie d'un collègue ami à un tour des États-Unis en auto, suivant de près un itinéraire que j'avais accompli une première fois en 1934. De Washington à La Nouvelle-Orléans à travers le «Vieux Sud» (le pays de *Autant en emporte le vent*), de La Nouvelle-Orléans à Los Angeles, trois jours dans le désert et le Far West avant de découvrir l'océan Pacifique, cinq jours sur les routes de la magnifique Californie et San Francisco, une porte de l'Asie, de là retour vers l'Est en passant par Denver, la ville de Buffalo Bill en train de devenir une métropole moderne, puis au centre des immenses plaines à blé du Middle West, Chicago et Detroit pour atteindre New York et les zones surindustrialisées de la côte Atlantique,

Philadelphie et Baltimore et retrouver Washington dans la beauté de l'«été indien». Bien des choses avaient changé depuis 1934 – sauf les paysages grandioses. Des autoroutes reliaient à présent l'Atlantique au Pacifique, des «motels» modernes hébergeaient les voyageurs à bourse mince en remplacement des «*tourists camps*» minables où j'avais logé pour un ou deux dollars la nuit. Les fermes étaient des entreprises agricoles presque toutes mécanisées, les chevaux se faisaient rares. Les universités s'étaient développées pour accueillir une population estudiantine plus que doublée. Les grandes villes tentaculaires faisaient monter vers le ciel des bataillons serrés d'énormes tours. Dans des banlieues verdoyantes, on découvrait des maisons individuelles entourées de jardins où s'installaient des classes moyennes en pleine expansion sociale; elles y disposaient de restaurants instantanés («*fast food*») à prix modestes dans un cadre luxueux, de cinémas en plein air, d'immenses centres commerciaux – et déjà de dix-neuf millions de téléviseurs.

Le président Roosevelt avait eu l'intuition que la justice sociale autant qu'un impératif moral était une nécessité matérielle imposée par la révolution technologique. En soumettant la libre entreprise à de nouvelles règles de droit, en réprimant ses excès et ses folies, il l'avait sauvée. En ouvrant la porte à une immense expansion économique et à l'enrichissement général (ou presque), il avait préparé un consensus social inconnu jusque-là dans le monde industrialisé; «Tout Américain portait dans sa giberne un bâton de maréchal», disait-on. Les cent quarante millions d'habitants, Blancs, Jaunes, Noirs, avaient vu leur revenu moyen s'élever de 50% en termes réels.

De mon séjour aux États-Unis, je gardai le souvenir d'une nation pénétrée de *cette foi fondamentale, de ce thème intégrateur* en laquelle Malraux voyait la force essentielle des sociétés. En dépit d'incertitudes, de «grands débats», de luttes politiques acharnées, d'agitation sociale ou raciale, l'Américain moyen était généralement satisfait et fier de ce qu'il appelait «*the American Way of Life*» – en gros, une version simplifiée des valeurs de l'Occident. Sans nul doute, il valait l'effort d'être défendu – les armes à la main si nécessaire. J'étais dans ce camp – comme Tocqueville en 1835 quand il écrivit: «L'Américain lutte contre les obstacles que lui oppose la nature; le Russe est aux prises avec les hommes. L'un combat le désert et la barbarie, l'autre la civilisation revêtue de toutes ses armes... Pour atteindre son but, le premier s'en repose sur l'intérêt personnel, et laisse agir, sans les diriger, la force et la raison des individus. Le second concentre en quelque sorte dans un homme toute la puissance de la société. L'un a pour principal moyen d'action la liberté; l'autre, la servitude.»

III
Hier et aujourd'hui

La patrie de la mémoire

« L'Europe est la patrie de la mémoire », a écrit le philosophe suisse Denis de Rougemont. L'idéal ancien d'un Occident uni, chrétien, humaniste ne s'est en effet jamais complètement oublié. Rome, la *Res publica romana,* a inventé l'État, le règne de la loi, une administration structurée, une vision universaliste, concepts qui continuent dans une large mesure à inspirer les sociétés les plus modernes. À ses grandes heures, son autorité s'est exercée du mur d'Hadrien à la frontière de l'Écosse jusqu'au rives de l'Euphrate avec un marché commun et une monnaie commune. Séparé de l'Empire d'Orient, ruiné à la suite des invasions barbares et plus encore de la marée arabe, le souvenir de l'Empire d'Occident fut assuré durant les âges obscurs par son intégration à la catholicité. Charlemagne le ranima en obtenant du Pape la couronne impériale à Rome en l'an 800. Ses contemporains en étaient conscients; ils mentionnaient dans leurs écrits la *Res Publica Christiana*, le *Sacrum Imperium Europa*. Un poète voyait en le Carolingien, le *phare de l'Europe*, le *Roi, Père de l'Europe*, etc. [1]

Les dynasties de Germanie des Xe et XIe siècles perpétuèrent la tradition en prétendant à l'*imperium* sur toute la chrétienté – sinon sur le monde entier comme Frédéric II Hohenstaufen, « Stupor Mundi, Vicaire du Tout-Puissant, à l'égal des Papes, le Maître de la Terre » (1194-1250). Des philosophes, des juristes, des écrivains, parmi lesquels Dante, partageaient la nostalgie d'un seul empire. Cependant, les ducs et les évêques des temps féodaux s'aggloméraient, de nouveaux princes s'imposaient à leurs vassaux. Grâce à l'invention des armes à feu et à l'élargissement du crédit qui permettait aux plus solvables de les acheter, les rois de France puis les autres purent se targuer d'être « empereurs en leur royaume ».

La Renaissance, en exhumant l'Antiquité classique, retrouva l'État, monarchique puis national, et l'idée de la souveraineté. À Rome, celle-ci n'avait pu être qu'unique puisque universelle. Morcelée entre ceux qui se disputaient la terre d'Europe, elle devenait à la fois absurde et dangereuse.

Machiavel, Bodin, Hobbes et consorts légitimèrent leurs prétentions sans titre en imaginant la *raison d'État*, une astuce pour couvrir d'un manteau légal l'absence de loi. Ils préparaient ainsi la justification de toutes les guerres des siècles futurs; paradoxalement, ce fut au nom d'une culture commune que les Européens allaient désormais s'entre-tuer.

Le Siècle des lumières présida à une troisième renaissance de l'idée d'Europe – après celles de Charlemagne et du Quattrocento. Montesquieu voyait en elle «un État composé de plusieurs provinces». Diderot, Voltaire, Bentham, et bien d'autres partageaient cette opinion. Le temps connaissait une prolifération de plans, dont celui de Kant, pour restructurer ce qui avait été sauvé du grand naufrage de Rome ou du moins pour retrouver la paix. Plus qu'à aucun moment jusque-là, les élites sinon les peuples prenaient conscience d'appartenir à une communauté culturelle distincte de toutes les autres, distincte de la russe, distincte de l'ottomane (qui occupait encore une partie d'Europe), distincte de celle d'Asie et d'Afrique, dotée d'une langue commune, le français. Une exposition à Paris, organisée en 1989 à l'occasion du bicentenaire de la Révolution, évoqua de manière saisissante les similarités de mœurs qui unissaient cette civilisation – depuis sa cuisine jusqu'à ses rites funéraires en passant par ses vêtements, sa médecine, sa peinture, sa musique, sa littérature, sa manière de combattre, etc. Et surtout ses thèmes politiques fondamentaux, de natures diverses, les uns fidèles aux monarchies absolues, les autres chantant la liberté. Mais tous transcendaient les États dynastiques anciens par leur culture commune, post-féodale.

C'est alors que les mots «souveraineté nationale, nation, nationalité», jusque-là presque inconnus, sont devenus d'usage courant. On sait quelles haines avaient soulevées les conquêtes de la Révolution et de l'Empire, comment elles avaient déclenché l'explosion de sentiments peu connus jusque-là, – la prétention de Napoléon à Sainte-Hélène d'avoir voulu être un «Washington couronné» ne peut pas être prise au sérieux. Le XIXe siècle a été dominé en Occident par l'État-nation avec toutes ses âpres rivalités et ses guerres sans fin mais aussi avec sa fantastique révolution industrielle, son épanouissement culturel, nés de la liberté, ses grands empires – et même un début de libéralisation des échanges et une monnaie commune, l'or*. Ce fut l'âge des Napoléon et des Bismarck, des Palmerston et des Léopold II; mais aussi des Proudhon et des Marx, des Montalembert et des Léon XIII, des Goya, des Beethoven, des Tolstoï, des Pasteur, etc., celui de la mitrailleuse et du sac de Pékin mais celui aussi du

* La Grande-Bretagne adopta l'étalon-or dès 1816; il gagna progressivement le monde occidental, y compris la Russie (1897), les États-Unis et les pays de l'Amérique latine (1900) pour s'effondrer avec la Grande Guerre.

canal de Suez, du chemin de fer et de l'électricité, etc., prodigieuses réalisations qui n'auraient probablement pas eu le même succès sans la rude, parfois la féroce compétitivité des régimes capitalistes nationaux.

Les historiens ont attribué à diverses causes l'épanouissement de l'État-nation – à l'heure même où le Siècle des lumières paraissait ouvrir des horizons infiniment plus vastes. Une des principales a été le subit démarrage des techniques, préparé en réalité depuis des siècles. Le Français Denis Papin avait expérimenté un bateau à vapeur en 1707, le premier brevet pour une machine à vapeur fut pris en 1769 par l'Écossais James Watt; de manière caractéristique, elles naquirent à peu près simultanément en divers points d'Europe. Permettant l'expansion du grand commerce international, les machines avaient conduit à des concentrations de capitaux plus larges que jamais; les banques se trouvaient en mesure de financer à la fois des entreprises industrielles en nombre croissant et des armées de plus en plus puissantes.

Les champs de bataille s'étaient transformés; de moins de mille mètres à Azincourt en 1415, opposant sept mille Anglais à vingt-cinq mille Français, il était de cinq mille cinq cents mètres à Waterloo, quatre cents ans plus tard, avec un total partagé d'environ cent quarante mille combattants. Puis subitement, les chemins de fer les avaient élargis à la dimension des principaux pays ou presque. L'étape normale d'infanterie de 30 kilomètres par jour depuis César (et avant lui) sautait en quelques années à 300 kilomètres. Pendant la guerre franco-prussienne de 1870, les généraux de Bismarck furent en mesure de manœuvrer avec une rapidité sans précédent et d'approvisionner de grandes unités de conscrits dans toute la moitié nord de la France.

Élargissement géographique énorme, il demeurait limité à la dimension des nations. Quoique les armes eussent multiplié l'intensité de leurs feux, la portée des plus puissantes ne dépasserait quelques kilomètres qu'avec l'apparition des chars et des avions. De même, les ressources financières. Développées à un rythme accéléré depuis le XIXe siècle, ce n'était encore le plus souvent que dans le cadre de l'État et de ses colonies. Il en était de même pour la conscience politique; le cosmopolitisme des Lumières fut un phénomène d'élites. Les agriculteurs et les classes moyennes nouvelles, en étendant progressivement leur sensibilité au-delà de la paroisse ou de la province, ne se souciaient que peu de ce qui se passait au-delà des frontières. C'était l'affaire des Condorcet, des Gibbon, des Goethe, des Thomas Jefferson, pas celle de Jacques Bonhomme ou de Monsieur Prudhomme. Ceux-ci, angoissés par le déclin des Églises qui les avaient réconfortés depuis Jésus, saisis de vertige par une société en mutation accélérée, avaient trouvé en l'État-nation une nouvelle demeure, une nouvelle famille, une nouvelle religion.

Il est difficile d'imaginer aujourd'hui le pathos avec lequel se célébrait le culte qu'il engendra, les chants, les larmes d'émotion, les acclamations que suscitaient les rites patriotiques. Le recours aux armes était non seulement une option licite; on voulait y voir une des plus nobles manifestations de la race humaine. Pour Hegel, l'État était l'expression de l'Idée divine sur terre; il faisait du champ de bataille le lieu d'accomplissement de son destin. Le philosophe rationaliste Ernest Renan écrivait: « La guerre est une des conditions du progrès, le coup de fouet qui empêche un pays de s'endormir, en forçant la médiocrité satisfaite à sortir de son apathie. » Charles de Gaulle lui-même écrivait encore dans le *Fil de l'Epée*: « Berceau des cités, sceptre des empires, fossoyeur des décadences, la force fait la loi aux peuples et elle règle leur destin. »

Au lendemain de la Grande Guerre, le traité de Versailles, en créant la Société des Nations, avait interdit en droit écrit, pour la première fois dans l'histoire, la faculté millénaire de faire la guerre où et quand bon semblait. Dans un monde épuisé par le conflit le plus cruel des temps modernes, la promesse kantienne de la « paix perpétuelle » annonçait une ère radieuse. Elle était trop nouvelle pour être respectée; les États « de tous les monstres froids, les plus froids », retournèrent vite à la jungle des intérêts égoïstes immédiats. Ce fut bientôt le temps des nationalismes exacerbés, celui des Mussolini, Pilsudski, Franco, Hitler, etc., avec les conséquences politiques et économiques désastreuses que l'on connaît – y compris la deuxième guerre mondiale.

Pourtant, plus qu'à aucun moment jusque-là, l'institutionnalisation de la paix avait préoccupé les esprits. Après Versailles et la Société des Nations, il y eut le traité de Locarno qui en 1925 amorça la réconciliation franco-allemande – sans laquelle aucune paix n'était possible. Il y eut le plan Briand qui, dans un mémorandum officiel du gouvernement français – le premier –, suggéra en 1930 une « Communauté européenne » avec des institutions communes, un système de sécurité collective, l'arbitrage des conflits ainsi qu'un « marché commun », – les termes datent d'alors. Projet prématuré, englouti par le raz de marée de la Grande Crise.

Il y eut aussi une floraison d'associations qui réclamaient la substitution du droit à la force, le désarmement, une sécurité collective efficace, les États-Unis d'Europe. Certains groupaient des socialistes, d'autres des néo-chrétiens, des conservateurs, des écrivains, des philosophes. Parmi les principales, animés par des noms célèbres de la politique ou de l'intelligence, de droite comme de gauche, se distinguaient l'Union paneuropéenne du comte Coudenhove-Kalergi, un ancien diplomate de l'Autriche-Hongrie, fils d'une Japonaise et d'un descendant d'une vieille famille d'origine flamande. D'autres réunissaient des banquiers, des industriels. Trop oublié, Émile Mayrisch, président de la vaste entreprise sidérurgique luxembourgeoise *Arbed*, encouragé par Briand et Stesemann, avait mis sur pied en 1926 *L'En-*

tente Internationale de l'Acier. Associant les entreprises intéressées de France, d'Allemagne, Belgique, Sarre et Luxembourg, elle préfigurait quelque peu le «*pool*» du Charbon et de l'Acier de Robert Schuman.

En l'an 1940, la sinistre croix gammée était plantée sur l'Europe. Malgré quelques déclarations de la propagande nazie en faveur d'un «ordre nouveau» européen, son nationalisme s'était déchaîné en ses manifestations racistes les plus affreuses. États-Unis et Grande-Bretagne, engagés tout entiers dans la conduite de la guerre, pensaient peu à l'avenir; quand ils s'y adonnaient, c'était le plus souvent dans la perspective d'un «seul monde» dont ils seraient les rois. À Londres, une grande figure se livrait à des spéculations à la fois plus hautes et plus réalistes, celles de Winston Churchill. Déjà en *février 1930,* il avait publié dans le *Saturday Evening Post* de New York un article appelant à la création des États-Unis d'Europe. Il était resté fidèle à l'idée et en entretenait souvent son entourage; pénétré de la grandeur du Vieux Continent, il voyait en lui, selon ses mots, «le père des nations modernes et de la civilisation». Toutefois, il disait aussi à son médecin: «J'aime la France et la Belgique mais nous ne pouvons pas être réduits à ce niveau.» Le génie du vieil homme lui permettait d'imaginer ce que serait l'avenir en gestation; il allait constituer un thème fréquent de ses discours, notamment de celui de Zurich en 1946, de celui de Strasbourg en 1950 qui suggérait une armée européenne, de celui de la Chambre des Communes en 1951 à la veille d'élections – où il parla même d'«abrogation de la souveraineté nationale». Leur lecture attentive laisse peu de doutes: il incluait parfois la Grande-Bretagne dans son Europe unie – contrairement à ce qui a été avancé. Néanmoins, il était aussi l'ex-lancier, héros de la charge de cavalerie qui à Omdurman en 1898 avait rendu le Soudan à l'Empire. Trop de forces s'employaient à obscurcir la clarté de sa vision, le passé, les traditions, le Foreign Office, l'armée, la *Royal Navy*, tous ceux qui comptaient, unis dans la fidélité à l'Empire ou Commonwealth. Et surtout, Anthony Eden, ce que celui-ci regretta après le fiasco de Suez dans une lettre peu connue adressée à la suite de sa démission à son successeur MacMillan [2].

Quelques gouvernements alliés en exil dans la capitale britannique avaient pris l'habitude en 1942 de se réunir pour parler de l'après-guerre dans des perspectives communautaires parmi lesquels Sikorski, le Premier ministre de Pologne et son conseiller intime Rettinger. La mort de Sikorski dans un accident d'avion en 1943, l'hostilité des Soviets, les dissensions entre participants, avaient mis fin à ces conversations. Le gouvernement belge était alors à peu près le seul à prôner une entente régionale sous l'égide de la Grande-Bretagne; Paul Henri Spaak multipliait les occasions de se faire entendre à Chatham House, à la BBC, etc. Il parlait de fédération (avec prudence), de liens étroits avec les États-Unis. Mais Londres était lent à s'intéresser. Attlee, qui avait remplacé Churchill en 1945, se méfiait des étrangers. Avec Bevin, Dalton, Morrison, etc., l'équipe travailliste, aussi passéiste que celle des conservateurs, se consacrait à perpétuer la politique impériale de leurs rivaux. Elle avait aussi à compter avec une aile gauche de son parti, enflammée par l'idéologie marxiste.

La quatrième Renaissance

« L'Europe est un monceau de débris, un charnier, un champ de pestilence et de haine », avait constaté Churchill en 1947. À mon retour à Paris en juillet 1952, il n'en était plus ainsi. Ruinés et prostrés au lendemain de la guerre, ses peuples ne s'étaient pas résignés. En 1950, ils amorçaient, selon les mots de l'historien J. B. Duroselle, une quatrième Renaissance. Une fois de plus, ils faisaient la preuve de cette invincible résilience qui, à travers les siècles, leur permit si souvent de traverser les ouragans barbares pour se redresser plus forts et plus riches que jamais.

Le plan Marshall avec son ambitieux Programme de Développement européen avait déclenché le renouveau. En bref, il s'inspirait de deux idées principales, politique et morale. Les Américains avaient jugé la prospérité économique des Européens d'intérêt vital à la sécurité des riverains de l'Atlantique, à la fois pour enrayer l'idéologie marxiste et pour en faire des adversaires solides de l'impérialisme soviétique; une occasion unique avait paru s'offrir, celle de convaincre les Européens de la valeur du message américain, celle de renoncer aux égoïsmes nationaux, politiques et économiques, cause des deux guerres mondiales et aux malheurs de la Grande Crise des années trente.

Le président Truman en avait confié la tâché à Averell Harriman en le mettant à Paris à la tête des services de l'aide Marshall. Fils de très riches financiers, un des rares millionnaires à s'être placé dans le camp de Roosevelt, il avait été un des principaux administrateurs du *New Deal* avant de devenir le « représentant spécial » du Président à Londres pendant la guerre, puis ambassadeur à Moscou, et à nouveau à Londres. Une personnalité remarquable dans le cercle remarquable des proches collaborateurs de Truman, que j'ai eu le privilège de rencontrer souvent, notamment à Paris quand il y négociait la paix en Indochine; j'ai gardé de lui le souvenir respectueux d'un cœur généreux et d'une âme noble. Il s'était employé avec la vigueur et la foi qui soulèvent des montagnes à marier les quinze États membres de l'OECE (plus l'Amérique), leurs quinze économies, leurs quinze marchés, leurs quinze monnaies.

Washington avait parlé d'*unification*, d'*intégration*, d'*union douanière*. Celles-ci auraient mis fin à la zone de préférence économique impériale créée par un Statut de Westminster en 1932. Londres avait dit non. En janvier 1948, Bevin, motivé par les menaces soviétiques, avait prononcé le retentissant discours à l'origine du Pacte de Bruxelles. On sait à présent qu'il avait dépassé sa pensée. Pour le Foreign Office, le traité projeté ne pouvait avoir d'autre objectif que la défense; les dispositions économiques que Spaak avait obtenu d'y faire insérer (et que Bevin avait appuyées) étaient restées des clauses de style.

Un compromis avait fait adopter le concept imprécis de *coopération*. Il n'y eut donc pas de programme intégré, chaque État demeurant sur son quant-à-soi – il n'y en a pas encore aujourd'hui –, et pas de pouvoir commun pour le gérer. On eut toutefois l'*Organisation européenne de Coopération économique* (OECE) où le Conseil, prenant ses décisions à l'unanimité, confirmait un droit de veto à chacun de ses membres mais où le poids massif des dollars compensa quelque peu l'égoïsme des gouvernements.

Même ici, les partisans d'une administration forte (France et Benelux, appuyés par les États-Unis) étaient bloqués par ceux (Britanniques et Scandinaves) qui ne voulaient pas céder un pouce de leur liberté d'action, soucieux de ne pas se séparer de la Grande-Bretagne, ses partenaires s'étaient derechef inclinés. Néanmoins, l'OECE, en réunissant de manière quasi permanente ministres et hauts fonctionnaires, acquérait une certaine autorité propre. Un Secrétaire général particulièrement doué, le Français Robert Marjolin, y contribuait; si bien que le Cabinet Attlee-Bevin tenta de se soustraire à la discipline communautaire, quelque limitée qu'elle fût, en prétendant à une place privilégiée au sein de l'organisation. Il n'y renonça qu'à la suite d'une vigoureuse réaction américaine. Et lorsque Washington voulut confier à Paul Henri Spaak une présidence de l'OECE qui aurait été indépendante des gouvernements, Bevin y discerna une menace de fédéralisme et y mit le holà; «Pas de superman», télégraphia-t-il à Washington[3]. Le ministre belge fut président et le baron Snoy son suppléant – mais sans pouvoir exécutif.

Quoique partielle encore, la collaboration à l'OECE, après des siècles d'âpres rivalités et au lendemain d'une guerre terrible – l'Allemagne de l'Ouest y avait été tôt associée –, doit être vue comme un grand succès contrastant avec les égocentrismes acharnés d'après la première guerre mondiale. Ses objectifs avaient été achevés bien avant la date prévue, la production agricole ou industrielle atteignant ou dépassant les niveaux d'antan. Toutefois, sans les entraves mises par Londres à la libération des échanges (sauf exceptions, dont une efficace mais éphémère Union des Paiements) et plus encore à la genèse d'un pouvoir politique, le concert européen aurait peut-être réalisé avec les Britanniques ce qu'il allait faire sans eux à Messine dix ans plus tard.

Malgré la myopie de dirigeants européens, malgré l'action forcenée des partis communistes pour déstabiliser le monde libre, l'économie de marché et la démocratie libérale avaient été sauvées. Avec l'OTAN qui assurait la paix et l'OECE qui préparait la prospérité, l'Europe s'était trouvée prête à la réconciliation des anciens ennemis et à la société d'abondance – deux espérances inséparables. On frémit encore en imaginant ce qu'aurait été l'alternative.

Que la Grande-Bretagne y contribuât puissamment, notamment par son courageux effort militaire, est certain. Mais il n'est pas douteux non plus qu'à l'heure décisive, elle manqua à un grand destin en s'entêtant à négliger l'Europe pour la préservation illusoire d'un héritage anachronique. Mise à part l'influence prépondérante des États-Unis, les premières années de l'après-guerre avaient été siennes. L'Allemagne et l'Italie se remettaient à peine de leur défaite, la France empêtrée en Indochine, déchirée entre la gauche et la droite, communistes et gaullistes, était trop affaiblie pour s'imposer. Une magnifique aventure s'offrait aux Britanniques. Leur ascendant en Europe de l'Ouest était alors immense. Je me souviens d'un ministre belge, un certain M. Delfosse, qui évoqua l'entrée de son pays dans le Commonwealth. L'idée était saugrenue et fit sourire mes compatriotes; elle ne les scandalisa pas. Le Foreign Office, naturellement, ne lui prêta pas attention. Les Européens ne lui paraissaient pas sûrs, erratiques, et selon les mots d'un de ses chefs, «prêts à tomber dans la subversion communiste, franchement, ils ne constituaient pas un monde auquel il était désirable de s'attacher – en contraste avec le Commonwealth et les brillantes perspectives qu'il offrait» [4].

Le manifeste électoral du Parti conservateur proclamait en 1950: «L'Empire et Commonwealth sont l'accomplissement suprême du peuple britannique.» L'un et l'autre – on ne distinguait pas – offraient certes des bénéfices commerciaux et financiers immédiats, une zone préférentielle pour les exportations du Royaume-Uni (de 1950 à 1954, plus de la moitié d'entre elles, la part vendue aujourd'hui à la Communauté européenne), une source quasi illimitée de crédits en livres à bon marché grâce au système de «la zone sterling». Mais l'Europe ne songeait pas à le combattre et des compromis auraient pu être trouvés entre les intérêts d'outremer et les futures communautés; ne le furent-ils pas pour les colonies africaines de France et de Belgique?

Des 3 500 navires de guerre et des 55 000 avions britanniques de 1945, une grande partie avait été désarmée en 1947. Néanmoins, la sauvegarde de l'Empire requérait des forces démesurées, plus nombreuses que celles stationnées le long du rideau de fer (respectivement 24 et 18 bataillons, plus des réserves dans la métropole). En Malaisie, il fallait réprimer une insurrection communiste de grande envergure par une véritable guerre. Des incendies moins graves éclataient un peu partout, à Bornéo, en Afrique noire où la révolte des Mau-Mau du Kenya exigeait un autre effort militaire d'importance. En Iran, en Égypte, à Chypre, à Aden, au Honduras, à l'île Maurice, des nationalismes locaux battaient en brèche d'anciens intérêts impériaux. Et j'en oublie. Il y eut la tragédie de l'Inde et bientôt la genèse de celle en Palestine – elle sera évoquée plus loin. Superpuissance en apparence quand on avait sonné le cessez-le-feu en 1945, la Grande-Bretagne ne l'était plus en 1947, une année sans charbon et de peu de vivres où seuls de généreux crédits américains avaient évité la banqueroute. Tandis que le souci de préserver les apparences d'une puissance évanouie autant que le froid arctique épuisaient les dernières réserves du Trésor.

Rares à Londres furent ceux qui songèrent sérieusement à un réexamen des options diplomatiques fondamentales. Le «prix de la victoire», remarqua Jean Monnet; pourquoi en effet réformer un système qui avait fait la preuve de sa valeur à travers l'épreuve la plus grave d'un long et glorieux passé? Le gouvernement Attlee s'était donc accommodé du principe d'un «seul monde», engendré pendant la guerre et géré naturellement par ses grands vainqueurs. Le Premier ministre, qui y croyait, y trouvait au surplus le moyen de concilier les tendances divergentes du Parti travailliste. Il s'était imaginé que la Grande-Bretagne socialiste pourrait servir de pont entre les États-Unis capitalistes et l'URSS communiste, une troisième force[5].

Plus prompt qu'Attlee, Bevin, à la suite d'un tête-à-tête avec Molotov dès décembre 1947, avait compris l'inaccessibilité de Moscou[6]. L'ancien ministre du Travail de Churchill était une âme simple, «un taureau avec de nombreuses qualités taurines», disait de lui son collègue conservateur Harold MacMillan, qui le faisait foncer quand des intérêts britanniques, les seuls valables, étaient en cause. Patriote à l'ancienne mode, il n'aimait pas les Juifs, les catholiques lui inspiraient une peur superstitieuse, il détestait les Allemands, il craignait les Russes, il regardait avec hauteur les autres Européens. Il se méfiait aussi des Américains mais il sentait – pouvait-il en être autrement? – que, sans leurs ressources, son pays aurait été bien démuni. Seules des relations anglo-américaines privilégiées lui promettaient la sécurité sur la Manche tout en lui assurant le lustre d'une place au plus haut rang des puissances du monde. C'était d'ailleurs l'attitude que lui recommandaient avec force les chefs professionnels du Foreign Office, de l'Échiquier, des états-majors. On sait l'influence qu'exerçaient les «mandarins» – le surnom date d'alors – dans l'État et en particulier sur Bevin, que son manque d'instruction et ses maux physiques rendaient plus que d'autres ouvert à leurs conseils. Son collègue radical Anlurin Bevan (qui n'était pas de ses amis) le qualifiait de «gros bourdon pris dans une toile dont il se croit l'araignée». C'était exagéré, mais pas tout à fait inexact.

En réalité, l'«*establishment*» presque tout entier vivait un rêve illuminé de gloire. Quand le Commonwealth s'accrut de l'Empire des Indes devenu indépendant en 1947, Londres y vit non pas une fin mais un commencement, « le début d'une ère de paix et de stabilité (*sic*) pour un quart de la civilisation du globe ». Il pensait qu'en accélérant le développement de ses colonies africaines, la Grande-Bretagne rendrait les États-Unis dépendants d'elle et « mangeant dans sa main en quatre ou cinq ans ». En 1947, ce fut l'année de la disette et du froid, ce fut celle aussi où le gouvernement travailliste décida la mise en chantier de ses premières bombes atomiques – à l'insu du Parlement[7].

Les Français Libres à Londres s'étaient distancés des petites puissances. Le général de Gaulle aspirait, lui aussi, au rang de « Grand » : Washington et Londres faisant montre de peu d'enthousiasme à l'aider, il se tournait du côté des Soviets. Déjà en août 1941, un de ses agents secrets était entré sur ses ordres en contact avec S. Vinogradov, ambassadeur des Soviets à Ankara, pour l'entretenir – à l'insu des milieux officiels de Londres – d'une « alliance continentale ». En juin 1942, A. Bogomolov, son collègue auprès des gouvernements en exil, rapportait au Kremlin que le Général, se plaignant amèrement des « Anglo-Saxons », envisageait le transfert de son mouvement en Russie. À partir de ce temps, le chef de la France Libre entretint des relations assidues, souvent occultes, avec le Kremlin, soit par le truchement de l'ambassade de Londres, soit par des émissaires civils et militaires. Ceux-ci prenaient aussi contact avec les dirigeants du Parti communiste français réfugiés en Russie, Thorez, Duclos, etc., importants par une puissante influence en pays occupé. En décembre 1944, alors qu'il est devenu président du gouvernement provisoire de France, on trouvait de Gaulle en URSS, accompagné de Bidault et d'une nombreuse délégation. Visant à un tête-à-tête avec Moscou, il se refusait à une résurrection de la « Triple-Entente » de 1914 que suggérait Londres et obtenait une alliance bilatérale, non sans peine et non sans avoir dû consentir, seul des Alliés, à la reconnaissance *de facto* du régime communiste polonais parrainé par Staline. Ce dernier le traita avec désinvolture ; que valait une alliance avec une France exsangue ? Consultant secrètement Washington et Londres – ses seuls alliés valables alors qu'on se battait encore sur la Vistule et dans les Ardennes –, il refusa la paix carthaginoise que voulait en Allemagne son visiteur[8].

Nombreux sont ceux qu'ont intrigués les paradoxes de la politique allemande de Charles de Gaulle. Penchés sur son enfance et sa jeunesse, ils l'ont vu se baignant dans l'atmosphère monarchiste et catholique d'un milieu où Maurras et l'Action française exercent une forte influence – particulièrement sur sa mère à laquelle l'unissent des liens très étroits. Né à Lille en 1890, ses années formatives au collège et puis à Saint-Cyr, autant que le cercle de famille, l'ont préparé à la germanophobie et à l'esprit de revanche passionné causés en France par la terrible humiliation de 1870. Bien plus tard, il a mentionné dans ses *Mémoires de Guerre* le désespoir de petite fille de sa mère à la vue des ses parents en larmes à l'annonce de la capitulation de Bazaine. C'est l'époque où, dans toute l'Europe, le culte de la Nation atteint un paroxysme; comme en la plupart des Français, il imprime en lui l'image de la Germanie, ennemie fatale. Le jeune officier est âgé de 24 ans, un homme fait, quand il est emporté par le maelström de la Grande Guerre. Deux fois blessé, capturé par l'ennemi en mars 1916 près de Verdun, gisant inanimé, la cuisse déchirée par un coup de baïonnette, il traverse les années suivantes en divers camps ou forteresses, tentant plusieurs fois de s'évader et consacrant ses loisirs forcés à l'étude de l'Allemagne, de ses idées et de sa langue. La découverte de ses qualités accroît le respect qu'elle lui inspire – mais sans lui faire renier la crainte de sa puissance et de ses ambitions.

«La guerre fait naître et mourir les États. Dans l'intervalle, elle ne cesse pas de planer sur leur existence», écrit encore de Gaulle dans *Les Mémoires d'Espoir* de 1970. Il est un pessimiste mais un pessimiste rebelle, il ignore la résignation. Dans les livres qu'il publie entre 1920 et 1930, flambe la vision nietzschéenne qui a rationalisé ses émotions de jeunesse. «La force des choses, accrue du poids de l'Histoire», lit-on aussi dans son *Armée de Métier*. Voyant entre la Gaulle et la Germanie une adversité due au destin, irréparable, Versailles a été pour lui une désastreuse démission; il a souhaité une paix bien plus intransigeante qui, il le répète souvent, aurait gardé à la France la rive gauche du Rhin et détruit la puissance allemande. Société des Nations, Locarno, sécurité collective sont de dangereuses illusions. Briand et ses lâches admirateurs dénaturent la politique étrangère de leur patrie. Dans son style inimitable, il écrit quelque part que «la frontière franco-allemande est la lèvre d'une blessure»[9]. La fureur hitlérienne inspire ses campagnes pour la modernisation de l'armée française. Munich, qu'il condamne avec indignation, lui apporte la conviction prophétique de proches et grands malheurs, ceux de 1940.

En 1944, l'homme à la croix de Lorraine n'avait rien abandonné de ses convictions. Autant que naguère, il jugeait impératif de saisir l'occasion manquée après la Grande Guerre, d'annihiler la puissance politique et économique du Reich de Bismarck ou de Hitler. À cet effet, il réclamait de le remplacer par une confédération ou une fédération lâche de ses anciens États (Bavière, Prusse, Bade, Saxe, etc.) sous une autorité centrale faible ou inexistante. Il fallait en détacher pour de bon, d'une manière ou d'une autre, la Rhénanie; le Rhin devant «être occupé en permanence d'un bout à l'autre par la force française, au moins jusqu'à Cologne inclus» – ce qui aurait fait des Pays-Bas et de la Belgique une presqu'île dans sa mouvance. Il exigeait aussi d'annexer à la France l'économie de la Sarre devenue indépendante, de placer la Ruhr sous une autorité internationale où l'influence française (et peut-être soviétique) aurait été forte – plus ou moins la politique des frontières naturelles de Louis XIV. La situation appelait-elle un règlement aussi dramatique? Même en ces temps pré-atomiques, il était clair que l'Allemagne, amputée de ses vastes provinces orientales destinées à devenir russes ou polonaises, avait cessé d'être la menace permanente que de Gaulle prétendait redouter; du reste, il ne modifia pas son attitude après Hiroshima quand il devint évident que l'arsenal nucléaire de l'Amérique changeait radicalement les données de la puissance dans le monde. Peut-être fut-il lent – comme beaucoup d'autres – à le percevoir. L'archaïque alliance à revers, la «belle et bonne alliance» avec la «chère et grande Russie» lui paraissait le principe premier de la domination française. Et rien ne pouvait la rendre plus solide qu'une complicité dans la vassalisation du Reich vaincu. Il y avait quelque chose d'admirable mais aussi d'absurde dans cet orgueil démesuré qui prétendait restituer l'hégémonie napoléonienne du temps de Tilsit à un pays épuisé, sans armes et sans argent – le taux d'inflation était cette année-là de 60%!

Le général de Gaulle songea aussi à reconquérir le Liban-Syrie et il envisagea d'y envoyer un corps expéditionnaire pour chasser les forces britanniques qui y étaient stationnées. Du côté de l'Italie, il voulait s'agrandir du Val d'Aoste occupé par des troupes américaines; il fallut une lettre indignée du président Truman pour lui faire replier les forces qui s'y installaient et éviter de justesse une échauffourée entre Alliés. «Ce qui a empêché le gaullisme de devenir un nationalisme, c'est sa faiblesse», aurait dit Malraux au Général – il n'a pas mentionné sa réponse[10].

Spaak a écrit dans ses mémoires: «Avec la France, les relations de la Belgique ne sont jamais faciles.» Pourtant, comme la plupart des Belges francophones et même comme nombre de Flamands, il lui était profondément attaché. Adolescent, c'est dans les manuels de l'Université de France qu'il avait appris l'histoire. Avocat, c'est le droit français qu'il pratiquait. Homme politique, il était un produit de 1789 et il voyait en la République démocratique et laïque un grand exemple. Il était pleinement conscient de tout ce qui était dû à son génie et ne concevait pas l'Europe auquel il aspirait sans une France forte; ce qui, du reste, s'ajoutait aux intérêts anciens de l'État belge. Envers le général de Gaulle, ses sentiments étaient plus complexes. Les deux hommes venaient peut-être d'horizons trop éloignés pour se retrouver sur une même longueur d'ondes. Un jour Spaak me dit: «Il est doué d'une grande vision mais il regarde dans le mauvais sens»; pourtant, il n'a pas cessé, sa vie durant, d'éprouver une grande admiration pour la composante héroïque du rebelle du 18 juin. Si celui-ci avait voulu s'en donner la peine, il aurait pu trouver dans le ministre belge un vrai ami; mais aurait-il encore été de Gaulle?

Quoi qu'il en soit, le gouvernement belge de Londres et Spaak en tout premier s'étaient employés à entretenir les meilleures relations avec la Croix de Lorraine. Dès octobre 1941, il noua avec elle des relations officielles. Quand, en mars 1944, elle devint à Alger le «gouvernement provisoire de la République», les Belges furent les premiers à reconnaître celui-ci en cette qualité, malgré les hésitations des Britanniques et leurs conseils de prudence. Mais ces gestes ne furent pas suivis de mesures concrètes. Les nombreuses conversations officieuses, à partir de 1944, entre Français et Belges à différents niveaux, laissaient deviner les difficultés futures. À Alger, le général de Gaulle reprochait au comte de Romrée, ambassadeur de Belgique, que «Spaak mettait d'abord les Anglais dans le coup (?)». Massigli, le chef de sa diplomatie, manifestait de la mauvaise humeur de conversations, du reste vaines, entre Britanniques et Belges. Vingt-cinq ans plus tard, à un dîner à Paris, il allait m'étonner en me faisant part encore de son amertume. Un de ses collaborateurs, le comte de Hauteclocque, n'hésitait pas à dire à un membre de l'ambassade: «Le moment est venu pour vous de faire un choix entre l'Angleterre et la France.» Les diplomates échangeaient ces étonnants propos tandis que dans la neige et les frimas de Haute Belgique, les armées anglo-américaines repoussaient la *Wehrmacht* par des derniers et durs combats.

Les gouvernements néerlandais, belge et luxembourgeois avaient conclu en 1944, encore en exil à Londres, les accords douaniers et financiers jetant les bases du *Benelux*. Ce n'est qu'en mars 1945 que, rentrés dans leur capitale, ils purent signer avec la France un accord économique de consultation mutuelle. S'il établissait une coopération limitée en plusieurs domaines techniques de grande urgence, il n'allait pas beaucoup plus loin. Le Quai d'Orsay aspirait incontestablement à une union douanière avec le Benelux – on y songeait même à *Fritalux* ou *Finebel*, une union étendue à l'Italie –, mais il insistait sur des conditions politiques déjà entendues à Alger que ni Bruxelles, ni La Haye ne pouvaient accepter: la vassalisation de l'Allemagne et l'exclusion de la Grande-Bretagne[11].

Comme on sait, le chef de la France Libre avait cédé le pouvoir en janvier 1946 pour être remplacé en succession accélérée par Félix Gouin, Georges Bidault, Léon Blum, Paul Ramadier, Robert Schuman, etc. La IVe République s'était désintéressée des ambitions les plus excentriques du Général. Les Français, déplorait-il, se souciaient plus de la «pénurie de sardines» que d'agrandissement territoriaux. Néanmoins, il n'avait pas abandonné; animateur du *Rassemblement du Peuple français* (RPF), un nouveau parti, il demeurait une force importante. Le sort de l'Allemagne était au centre de sa démarche, il touchait au vif les cœurs français. Bidault, après le départ du Général, avait poursuivi sa politique implacable, en partie parce qu'elle correspondait à ses sentiments, en partie aussi parce qu'elle jouissait d'un réel appui populaire. C'était celle à peu près du Bloc national des années vingt qui avait contribué à l'effondrement de la République de Weimar.

Après 1945, se heurtant rudement à la stratégie fondamentale des États-Unis, elle préparait une nouvelle banqueroute – pas moins périlleuse qu'après 1919 parce que la menace d'une troisième guerre mondiale accroissait l'urgence de se concilier les Allemands. En septembre 1946, le secrétaire d'État américain avait annoncé la fin de la «période punitive» de l'occupation en Allemagne. L'année suivante avait été celle du plan Marshall au bénéfice des vaincus autant que des vainqueurs. Peu avant le blocus de Berlin, au printemps de 1948, une des multiples et vaines conférences pour régler son sort avait confirmé l'opposition de béton de Staline à une Allemagne réunifiée et démocratique. États-Unis, Grande-Bretagne et France, celle-ci non sans résistance, s'étaient alors accordés pour fusionner leur zone d'occupation et l'ériger en un État distinct. Une assemblée constituante serait réunie – elle allait proclamer en mai 1949 la République fédérale. Une nouvelle monnaie était d'emblée mise en circulation, le *Deutsche Mark*, par une banque d'État commune qui allait préparer un incroyable renouveau économique. Staline avait répondu par le blocus de Berlin.

Les Soviets prenaient dans l'imaginaire des peuples (sauf des minorités communistes) l'image des Bolcheviks de la Révolution de 1917, un couteau ruisselant de sang entre les dents, les ennemis de la civilisation. Simultanément, leur rhétorique révolutionnaire, leur idéologie universelle, leur volonté historique d'expansion, entraînaient une transformation radicale des relations internationales encore mal comprises du public. La Chine, passant au rouge, paraissait progressivement ajouter à celle de l'URSS une menace de guerre hyperbolique. «Il n'y a plus de concert européen, il n'y a plus qu'un concert mondial», écrivait Raymond Aron avec lucidité dans son *Grand Schisme* de 1948.

À la suite de causes diverses, parmi lesquelles l'apparition des armes nucléaires n'était pas la moindre, le conflit États-Unis - Union soviétique coiffait en effet tous les autres. Une mutation qui signifiait la fin de la puissance ou même de l'autonomie pour le plus grand nombre des États-nations. Un traumatisme déchirant, dramatique pour l'Europe et surtout pour la France et la Grande-Bretagne dont les empires avaient dominé le monde. Dans cet affrontement planétaire, la République fédérale devait nécessairement constituer l'enjeu. Celui qui le gagnerait dominerait l'Europe; celui qui dominerait l'Europe serait le maître du monde – état de choses qui allait se perpétuer jusqu'à la ruine de l'univers communiste.

Lentement, péniblement, la plupart des gouvernements européens en étaient devenus conscients. À leur tête, les pays du Benelux, par des notes séparées mais similaires, s'étaient déclarés en faveur d'une politique de réconciliation dans le cadre d'une Europe unie. Pour la Grande-Bretagne, il n'était pas possible de s'opposer vigoureusement aux États-Unis sur un point crucial. Elle avait suivi, on l'a vu. La France s'était trouvée isolée. Mais vers où se tourner? Vers Moscou?

Si Georges Bidault avait perdu rapidement l'espoir de compter sur les Soviets pour subjuguer l'Allemagne, il les craignait trop pour se ranger fermement aux côtés des Américains. Ses velléités contradictoires le conduisaient à l'incohérence; on disait de lui qu'il voulait des voisins outre-Rhin assez forts pour contenir l'URSS mais tenus en échec par le Luxembourg; Washington n'en appréciait pas l'humour. En juillet 1948, tandis que commençait le blocus de Berlin, Bidault avait dû abandonner le Quai d'Orsay.

Au lendemain de la guerre, une cinquantaine d'associations, dont une allemande, s'étaient groupées sous la présidence du Néerlandais Henri Brugmans en une Union européenne des Fédéralistes. Une section française comptait dans ses rangs Léon Blum, François Mitterrand, Yvon Delbos, le syndicaliste Léon Jouhaux. Le discours de Winston Churchill à Zurich en 1946 avait conduit son gendre Duncan Sandys à créer le grand *Mouvement pour l'Europe unie*. Les *Nouvelles Équipes internationales* rassemblaient à partir de 1947 les démocrates chrétiens. En Belgique, Paul Van Zeeland était l'initiateur d'une *Ligue européenne de coopération économique*. Coudenhove-Kalergi avait repris son activité d'avant-guerre avec *l'Union parlementaire européenne*, etc. Partout, on parlait des États-Unis d'Europe. dans un sondage de décembre 1947, 61% des Français s'en déclaraient partisans.

En mai 1948 se réunissait à La Haye le «Congrès de l'Europe», groupant sous la présidence de Churchill un millier de représentants venus des mouvements européens les plus divers, dont vingt-neuf ministres ou anciens ministres, tous les grands noms des Parlements européens. Spaak ne put y assister mais Churchill y prononça un magnifique discours dans le style passionné de celui de Zurich; avec son éloquence lyrique et son immense prestige, il déclenchait un de ces rares moments où les assemblées les plus sceptiques se laissent emporter soudain par une inspiration prophétique. Quoique le Congrès révélât déjà les divergences de vues qui séparaient «fédéralistes» et «fonctionnalistes», les audacieux et les timides – ils ne sont pas réconciliés en 1995 –, ils réussirent à s'entendre sur un «Message aux Européens» qui suggérait une «union ou fédération», représentée par une assemblée élue au sein des Parlements nationaux. Elle serait investie d'une triple mission: assurer l'indépendance et la sécurité de l'Europe, réintégrer l'Allemagne dans le concert des nations et, avant tout, ancrer dans la société rénovée le progrès économique et social.

Ce furent des moments exaltants. Devant la *Ridderzaal*, la gothique Chambre des Chevaliers où siège le Parlement néerlandais, une foule composée surtout de jeunes gens applaudissait Churchill, ses compagnons et leurs grisantes promesses. Jamais d'aussi larges cercles ne s'étaient intéressés avec autant d'enthousiasme à la reconstruction de l'Europe – cent mille membres se rassemblaient dans l'Union européenne des Fédéralistes. De France aussi venait à nouveau un grand souffle d'idées originales. Aux gaullistes et communistes, répondait une troisième famille politique, menée par la démocratie chrétienne et par le socialisme réformateur. Elle suggérait une union européenne qui seule pouvait réconcilier les passions nationalistes. À Georges Bidault, un chef de plus en plus contesté, le message de La Haye parut le moyen de se dépêtrer de ses contradictions. Le 19 juillet 1948, il signait un mémorandum proposant la création d'une assemblée et d'une union économique. Un mois plus tard, Robert Schuman qui avait pris sa place aux Affaires étrangères, s'emparait du projet et en saisissait d'emblée Paul Henri Spaak.

Les premières Communautés européennes

Qui était Robert Schuman? Dans un de ses beaux livres, *Les Figures de Proue,* René Grousset a décrit les «hommes chefs, ceux que le dieu des forts a touché de ses ailes. Profitant du flottement de la troupe qui les suit, répondant à sa muette interrogation, ils l'ont chaque fois entraînée sur de nouveaux versants et le destin des hommes, souvent pour des siècles, s'est trouvé une fois de plus irrévocablement engagé». Si on discerne mal en le terne Schuman l'orgueil d'une figure de proue, son action en 1950 correspondait néanmoins aux mots de Grousset. En réalité, le personnage était mystérieux et difficile à pénétrer [12].

En octobre 1971, je fus de ceux conviés à l'inauguration de son buste dans sa petite propriété de Scy-Chazelles, toute proche de Metz, l'ancienne capitale d'Austrasie, terre des ancêtres de Charlemagne. La demeure était modeste mais amicale. Son jardin sans prétention, ses deux ou trois pièces aux murs nus et aux meubles simples, les livres en grand nombre rangés partout avec soin, le serein paysage lorrain qui l'entourait et d'où se distinguait au loin la silhouette de la cathédrale de Metz, évoquait une image de celui qui en fit sa retraite pendant une grande partie de sa vie: celle d'un anachorète détaché des biens terrestres et adonné dans sa thébaïde à une existence d'étude et de méditation. Il a été cela; et cependant, il a été aussi plongé dans le siècle, avocat industrieux, politicien rusé, parlementaire compétent fermement attaché à la réussite des tâches qui éveillaient son intérêt, dur et implacable quand l'occasion l'exigeait. Cette double nature, faite de mysticisme et d'ambition, de rêve et d'action, n'est-elle pas poussée chez Schuman tout près du paroxysme, une des qualités qui distingue l'Homme Occidental? N'est-ce pas elle qui a lancé Jason, à l'aube de l'histoire grecque, à la recherche de la Toison d'Or, épreuve spirituelle autant que passion de richesse et de puissance? Ou qui a conduit Parsifal à poursuivre le Saint-Graal, le calice sacré qui doit permettre de communier avec le Créateur? Ou qui a encouragé Christophe

Colomb dans son aventure sur les infinis liquides de la mer Océane? Elle encore qui a entraîné Stanley, Savorgnan de Brazza et tant d'autres à l'exploration des fleuves géants et des forêts pestilentielles de l'Afrique tropicale?

Si Robert Schuman descend de cette race, il est aussi, on l'a souligné, un homme de la frontière, moins prêt que d'autres à céder aux séductions des nationalismes. Né à Luxembourg en 1886 quand Bismarck est chancelier de l'Empire allemand et Jules Grévy président de la jeune République française, fils unique, ses parents sont Allemands, le père après avoir été français – mais de souche germanique – jusqu'en 1871, la mère luxembourgeoise jusqu'à son mariage en 1884. Le petit Robert, dès lors, est sujet du Kaiser. Au domicile familial, on parle le patois luxembourgeois à prédominance germanique; le français, appris à l'école, est la langue des gens aisés, et l'allemand celle de l'administration et de l'Église. Le futur ministre de la IVe République ne perdra jamais un fort accent. Son enfance est banale mais heureuse, entourée des soins attentifs de parents aimants. Il perd son père à l'âge de 14 ans, ce qui renforce encore les liens très étroits qui l'unissent à sa mère. À l'école communale – de langue allemande –, il est bon élève, sérieux, travailleur. À dix ans, il est admis à l'athénée de Luxembourg où les cours sont dispensés en allemand dans les classes inférieures, en français par la suite; il y bénéficie de l'enseignement classique, y compris grec et latin, que reçoivent les élèves à cette époque dans toute l'Europe. Il quitte l'athénée peu avant l'âge avec le certificat de maturité le plus élogieux.

Dès ce moment se distingue dans le jeune Lorrain l'intensité d'une foi chrétienne qui sera sa raison d'être, une vraie patrie spirituelle. Fils de catholiques pratiquants, il a une mère très jeune. Avec un mari de vingt-sept ans son aîné, elle a peut-être trouvé dans l'amour de Dieu de quoi combler un besoin de tendresse insatisfait; il est évident aussi qu'elle a œuvré à le faire rejaillir sur son fils. Celui-ci, comme tous ses petits compagnons, a bénéficié d'un enseignement religieux intensif d'abord à l'école primaire, ensuite à l'athénée. Très tôt, il révèle un sens théologal hors du commun. «Nous sommes des instruments – bien imparfaits – d'une Providence qui s'en sert dans l'accomplissement de grands desseins qui nous dépassent», écrit-il à un ami; et plus tard: «Toujours nos regards doivent être tournés vers l'avenir qu'en toutes circonstances nous avons le devoir d'assurer de notre mieux. Nous ne sommes pas faits pour nous replier sur nous-mêmes[13].» Des mots d'une résonance un peu ecclésiastique mais dont on ne peut mettre en doute la sincérité.

La seule patrie terrestre de Robert Schuman est sa région, les vertes collines de la vallée de la Moselle, sa paisible rivière, ses coteaux de vignobles, les clochers de ses anciens villages. La nation ou l'État semblent n'avoir occupé qu'une place secondaire dans son cœur – à une époque où les âmes simples pleuraient au défilé d'un régiment, tambours en tête. Quand il quitte l'athénée, il est décidé à devenir avocat. Il doit choisir où faire ses études. Le Luxembourg, qui n'a pas d'université, est pays de droit français; il peut faire ses études en France ou en Belgique, peut-être à l'Université catholique de Louvain. Mais né allemand – quoique la loi lui donne le droit d'opter pour la France –, c'est vers l'Allemagne qu'il se dirige. Résolu à s'établir à Metz qui offre des perspectives d'avenir meilleures que Luxembourg, il s'y inscrit en 1903 au Lycée impérial qui prépare aux universités d'outre-Rhin. De Bonn, il passe à Munich, à Berlin où il acquiert aussi un certificat de philosophie, et enfin à Strasbourg. En 1912, il est reçu docteur en droit avec la plus grande distinction et inscrit à Metz au barreau d'Alsace-Lorraine. Dès son séjour à Bonn, selon la coutume, il s'inscrit à une corporation estudiantine, l'*Unitas*, très catholique, qui, à la différence des corporations nationalistes, interdit le barbare duel initiatique. La vocation du jeune Schuman s'est affirmée; l'*Unitas* est en effet un groupement d'action religieuse, doctrinale et politique très militante qui entretient des relations avec le *Zentrum*, l'important parti catholique du Reich. Il a songé à entrer dans les ordres, en particulier en 1911, quand il a eu le grand chagrin de perdre sa mère, morte prématurément des suites d'un accident de voiture; toutefois, il se décide à un apostolat laïque. Peut-être y voit-il le moyen d'associer sa foi et des ambitions secrètes. En tout cas, le jeune avocat se mêle tôt aux activités de multiples associations catholiques patronnées par l'évêque de Metz, un bénédictin allemand attaché au courant social du *Zentrum*. Restant prudemment à l'écart des querelles qui opposent en Lorraine les francophones et les germanophones, il amorce une carrière de politicien local qui doit vraisemblablement le conduire un jour au Reichstag.

Les «canons du mois d'août» 1914 l'interrompront. Schuman, réformé pour raisons médicales, n'a pas fait de service militaire. Il doit néanmoins revêtir l'uniforme *feldgrau* d'un simple soldat, commis aux écritures dans les services auxiliaires de l'armée allemande avant d'être démobilisé en 1915 – on ne sait dans quelles circonstances. Selon les mots connus de Romain Rolland, il est resté «au-dessus de la mêlée»; dans des lettres échangées durant la guerre avec des amis ou un cousin belge, il se définit comme un «cosmopolite», indifférent à la victoire de la France ou de l'Allemagne.

Après l'armistice de 1918, l'Alsace-Lorraine est redevenue française; le militant catholique passe sans peine du IIe Reich à la IIIe République. Il y apparaît comme le représentant d'un particularisme puissant, solidement ancré dans l'Église. En octobre 1919, il est élu député à la majorité absolue sur une liste régionale, *l'Union républicaine lorraine*. Vingt années dans le tumulte de la IIIe République à son déclin pendant lesquelles Schuman ne se distingue que peu. À la Chambre, son groupe s'insère dans la mouvance des principaux partis de la droite, conservateurs, nationalistes, catholiques. En 1931, il quitte ceux-ci pour rejoindre le *Parti démocrate populaire* (PDP) où son inclination centriste et sociale le trouve mieux à l'aise. En 1939, il abandonne le PDP auquel il reproche son hostilité au général Franco qu'il admire. Pourtant, il se distingue de la droite fascisante en réagissant publiquement contre l'antisémitisme qui est un de ses thèmes principaux. Que lui dictent ces apparentes palinodies? L'intérêt politicien ou la recherche d'un groupe idéal introuvable? Peut-être un peu des deux. En tout cas, elles ne lui apportent rien de bien tangible; ce n'est qu'en mars 1940, à présent âgé de 56 ans, qu'il est appelé par Paul Reynaud aux modestes fonctions de sous-secrétaire d'État aux Réfugiés – dans le même gouvernement éphémère où le colonel de Gaulle devient sous-secrétaire à la Défense. Il y reste quand le maréchal Pétain succède à Reynaud. En juillet 1940, il accorde son vote au scrutin de la Chambre des Députés qui, réunie à Vichy, confère les pleins pouvoirs à l'ancien vainqueur de Verdun.

Quand tout est perdu, à la fin du mois d'août, le député de la Moselle rentre à Metz avec l'autorisation des Allemands; le 14 septembre, il est arrêté. Il écrit au *Gauleiter* pour demander sa libération en soulignant qu'il n'a jamais rien fait contre l'Allemagne; des amis, parmi lesquels des autonomistes alsaciens-lorrains ralliés au IIIe Reich, interviennent en sa faveur en affirmant qu'il est un collaborateur potentiel. Au printemps de 1941, il est relâché pour être assigné à résidence dans un hôtel de Neustadt, une petite ville du Palatinat. Au cours d'une entrevue, le *Gauleiter* lui demande de mettre sa plume au service de la collaboration franco-allemande, ce qu'il décline. Un an plus tard, avec l'aide d'un réseau de la Résistance, il réussit à s'évader; muni d'une fausse carte d'identité, il franchit la frontière à pied à travers la montagne et, peu après, la ligne de démarcation qui sépare le sud de la France de la zone occupée par les Allemands. Court intermède de relative liberté pendant lequel il reprend contact avec des associations de réfugiés lorrains. Quand la *Wehrmacht* envahit la zone dite libre en novembre 1942, il est à nouveau aux abois. L'Église lui vient en aide et il réussit à échapper aux poursuites en se réfugiant d'abri en abri dans des monastères et des institutions religieuses. Pauvre Schuman: à peine délivré des Allemands, la Libération le trouve soupçonné par les autorités gaullistes d'avoir servi Vichy. Un an s'écoule avant que la Haute Cour prononce un non-lieu en sa faveur. En octobre 1945, il peut reprendre sa carrière parlementaire; bientôt, il rejoint le nouveau *Mouvement républicain populaire* (MRP).

On espère trouver dans ce long itinéraire une explication du personnage que l'histoire de sa jeunesse n'a pas apportée et on est déçu. Au cours de la Grande Guerre, il ne s'est montré ni vraiment allemand, ni tout à fait français. Il a été partisan de la politique «dure» de Poincaré (un autre

Lorrain) envers l'Allemagne mais a été absent de la Chambre le jour où elle a approuvé la décision de s'emparer de la Ruhr. Quand Briand a donné le signal de la réconciliation avec la République de Weimar, il l'a approuvé et il a voté en faveur des accords de Locarno; mais il a gardé un complet silence pendant le débat qui a précédé le scrutin. Il n'a pas participé aux activités des catholiques progressistes qui font campagne pour la Société des Nations ou pour une Europe unie. Lors de la réoccupation illégale de la Rhénanie par les troupes du IIIe Reich, il a appuyé l'attitude bruyante mais passive du président du Conseil Sarraut. Mais il a dit non au pacte franco-russe contracté par Laval pour contenir Hitler. Au cours de la longue crise qui aboutit au sacrifice de la Tchécoslovaquie, il s'est placé dans le camp de l'apaisement et s'est réjoui des accords de Munich. Toutefois, il a donné sa voix aux demandes de crédits militaires formulées par Daladier. Dans d'autres domaines que les relations internationales, il n'a pas été moins indécis, ou craintif, ou scrupuleux, on ne sait. Il veut assurer la protection des humbles; favorable en principe à une démarche sociale moins égoïste que le libéralisme darwinien des années trente, il ne s'est pourtant engagé ni du côté de la gauche radicale ou socialiste, ni du côté des catholiques de gauche et a été très hostile au Front populaire.

Une seule passion qui éclaire un peu son secret habite de toute évidence Robert Schuman, mais alors complètement: sa foi chrétienne. Toutes ses activités, je crois, lui ont été subordonnées et il n'est sorti de l'usage courant que lorsqu'elle lui a paru mise en cause; n'a-t-elle pas été aussi à l'origine d'une sorte de révélation qui, un jour, a magnifié cet homme au demeurant peu enclin à dominer? Elle est en lui le fruit de sa raison autant que de sa sensibilité. Licencié en philosophie aussi bien que juriste, lecteur assidu, il consacre la plus grande partie de ses loisirs à l'étude des philosophes de l'Église. Il voue une admiration particulière à saint Thomas d'Aquin; on dit qu'il est un expert en l'œuvre monumentale du «docteur angélique». On peut croire que l'homme aussi bien que l'œuvre l'attirent; l'œuvre associant Christ et Aristote est toute de rigueur intellectuelle, l'homme, un héritier de grands féodaux cousins de l'empereur Frédéric II Hohenstaufen, a renoncé aux biens du monde pour une vocation monacale de recherches théologiques. Mais comme l'atteste sa stricte obéissance aux rites, la foi de Schuman venait de profondeurs plus grandes que l'intelligence. Sa vie durant, il a célébré la messe chaque matin au lever du jour, avec une discrétion qui exclut tout souci de publicité; pendant ses fréquentes retraites conventuelles, il participe avec les moines à tous les offices, même à ceux de la nuit. Sa vie privée en rend aussi témoignage. Il ne s'est jamais marié et on ne lui connaît aucune liaison amoureuse d'aucun genre. Il ne conçoit la sexualité que dans le mariage; mais ceci n'explique pas son célibat. Est-il dû à l'ardeur de son apostolat, au souvenir des liens qui l'ont uni à sa mère, à une frayeur des femmes causée par de la timidité? Que celle-ci soit intense n'est pas douteux. Ses gestes, sa manière de parler, ses maniérismes le révèlent. Sans avoir jamais eu l'occasion d'un entretien sérieux avec lui, je le rencontrais aux réunions ministérielles nombreuses qui occupaient mes journées aux débuts de la fédéralisation européenne; je me souviens d'un geste amusant qui lui était familier, une sorte de minauderie d'écolière, qui lui faisait porter la main à la bouche avec un sourire gêné quand un de ses collègues exagérait quelque peu. Un «curé en vêtements civils», un «moine déguisé», a-t-on dit. Avec un «sourire franciscain», a-t-on ajouté avec plus de gentillesse.

L'après-guerre retrouvait Robert Schuman approchant la soixantaine et reprenant imperturbablement ses activités routinières de jadis, courtois, appliqué, modeste. Puis, tout à coup, le destin le prenait par la main et le projetait au sommet. Après la démission inattendue du général de Gaulle, le MRP lui avait confié la présidence de la Commission des Finances de l'Assemblée. En juin 1946, un peu par hasard, il était ministre des Finances, en novembre 1947, il accédait à la présidence du Conseil. C'était l'année de l'hiver arctique. Les communistes, chassés à la suite de leurs excès des gouvernements où ils avaient siégé depuis la Libération, paraissaient prêts au coup d'État; on se mettait au lit le soir en craignant l'arrivée des Cosaques dans la nuit. À peine installé à Matignon, le nouveau chef du gouvernement avait à faire face à des grèves révolutionnaires organisées à l'instigation évidente de Moscou: trois millions de grévistes immobilisaient la très précaire économie française, des incidents violents éclataient, faisant des morts et des blessés.

En Belgique, déjà en 1944, le Parti communiste avait tenté une «marche sur Bruxelles» qui avait exigé une mobilisation des forces armées. Était-ce à présent le «Grand soir»? Les services de renseignements l'affirmaient, nombreux étaient ceux qui s'en effrayaient, dont Vincent Auriol, le socialiste président de la République. C. Sulzberger, le directeur du *New York Times* en Europe, organisait un dispositif de secours et préparait l'évacuation des familles de ses collaborateurs en France, Belgique, Italie, Espagne «pour le cas où les communistes tenteraient de prendre le pouvoir»[14]. Ils n'étaient pas seuls à s'inquiéter. Mais Robert Schuman réagissait avec une énergie inattendue chez cet homme plus que placide. Au Parlement, où les députés communistes se déchaînaient aux cris de «Voilà le Boche», il faisait voter une loi protégeant la liberté du travail; quatre-vingt mille soldats étaient mobilisés. Le ministre de l'Intérieur, Jules Moch, un socialiste lui aussi, donnait l'ordre d'ouvrir le feu si nécessaire. Les grèves brisées dans une atmosphère de guerre civile, le président du Conseil sortait grandi de l'épreuve.

En juillet 1948, devenu ministre des Affaires étrangères, son heure avait sonné. Il faisait immédiatement approuver par le gouvernement le mémorandum de Bidault qui reprenait les suggestions du Congrès de La Haye; le 23 août, il écrivait à Spaak pour lui proposer de collaborer à la préparation d'une assemblée européenne. Les deux ministres, se retrouvant à Paris, s'étaient mis d'accord sur une «initiative franco-belge» qui allait conduire à la création du *Conseil de l'Europe*. L'institution siège encore à Strasbourg où elle réunit aujourd'hui trente-deux pays. Elle aurait dû constituer une autorité politique à compétences limitées mais dotée de vrais pouvoirs destinés à s'élargir avec le temps; Londres s'y était refusé. Bevin, en particulier, ne voulait pas de liens fédéraux avec le continent: «Menacé par des armées russes, dit-il à un collègue, un parlement fédéral européen voterait la capitulation sans un coup de fusil.»

Après de longs mois de négociations où les pays du Benelux s'étaient rangés sans succès aux côtés de la France pour en faire un organe puissant, le Conseil de l'Europe fut inauguré le 10 août 1949. Cinquante mille personnes se pressaient à la place Kleber pour applaudir les hommes d'État, Churchill et Spaak en tête, les haranguant du haut d'un balcon. L'optimisme des premiers jours ne dura pas. Composé d'une assemblée consultative sans pouvoirs aux membres désignés par les gouvernements et d'un Conseil de ministres statuant à l'unanimité, le nouveau Sénat de l'Europe fut d'emblée la «boutique à paroles» voulue par Bevin.

Paul Henri Spaak avait dû quitter le gouvernement belge en août 1949 à la suite des remous qui conduisirent à l'abdication du roi Léopold III et à l'avènement de son fils, le futur roi Baudouin. Élu à la présidence de l'Assemblée de Strasbourg, sur proposition de Churchill et de Reynaud – après avoir été président de son comité de ministres –, il s'était donné à plein temps à la cause européenne.

Pétri de culture classique et française, l'ex-avocat bruxellois était un homme de 1789, mariant en son âme les élans de la raison et de la foi. Sauf en de rares heures de pessimisme, il croyait en le progrès, une lente et dure ascension de la barbarie vers une organisation plus rationnelle des sociétés; il y ajoutait les prérogatives de la compassion. Un peu absurdement, des historiens ont affirmé, notamment en Grande-Bretagne, que Spaak veilla surtout aux intérêts de sa patrie; c'est qu'il ne les distinguait pas de ceux de l'Europe[15]. Des rivaux l'ont accusé aussi d'avoir voulu briller au-delà des frontières de la petite Belgique. Pourquoi pas? Aussi bien, si ses ambitions ont été grandes, elles n'ont pas été vulgaires. Il avait de la politique une idée noble et une pudeur qui lui interdisaient toute flagornerie de l'électeur.

Des historiens contemporains qui n'ont pas vécu les horreurs des conflits mondiaux sont enclins à méconnaître le puissant idéalisme que par réaction ils ont engendré. «Plus jamais cela» fut la solennelle promesse des hommes d'État après 1945 et leurs peuples les suivirent avec ferveur. «Cela», c'était la misère et la guerre, les cinquante millions de morts, victimes surtout de la fatale logique nationaliste, nos terres trempées de leur sang. Paul Henri Spaak n'avait pas pu ne pas être de ceux qui se consacrèrent à la création d'un monde nouveau. En 1931 déjà, le retour des chauvinismes l'avait fait s'écrier: «Les cadres des vieilles patries sont brisés, nous n'en avons plus qu'une, l'Europe.» «Pour moi, le socialisme a été une réponse au grand cri de souffrance qui montait des foules», expliqua le député gauchiste[16]; plus tard, il comprit combien le progrès social était lié à une expansion économique, irréalisable dans le cadre de l'État-nation.

Spaak n'ignorait pas que la réussite en politique exige des compromis nombreux; par contre, il n'était pas prêt à céder sur ce qu'il croyait l'essentiel, cette notion du bien et du mal inscrite dans le thème des sociétés occidentales, renforcée peut-être chez lui par l'enseignement de la loi – il était avocat de formation. Il n'avait jamais accepté Karl Marx qui heurtait son pragmatisme et sa viscérale horreur de la violence. Lorsqu'on lui disait qu'en dépit de son rationalisme il était chrétien, on l'amusait. Pourtant, il était imbu d'une religion de l'homme qui était très proche de celle du Christ. À l'époque de Strasbourg, il contribua à la publication d'une revue mensuelle, *Synthèse,* dans laquelle il écrivit: «Au-delà des divergences de la foi, croyants et incroyants peuvent se partager le legs d'une communauté de convictions intellectuelles, morales et sociales.» C'était sur les valeurs de la tradition judéo-gréco-chrétienne et celles du Siècle des Lumières que Spaak basait son hostilité au despotisme soviétique; il ne crut jamais à l'idée, alors en vogue dans des milieux de gauche, d'une «troisième force» à interposer entre celle de Moscou et celle de Washington. Il trouvait au contraire dans le pays de Roosevelt et Truman un exemple (alors rare) de relations presque aisées entre le capital et le travail, à la présence de ses armées en Europe un facteur de stabilisation réduisant les rivalités nationalistes persistantes, particulièrement celles de France et d'Allemagne. L'homme d'État belge était convaincu que le message, renforcé par Washington, pour une Europe unie, démocratique, sociale, prospère, était seul capable d'offrir une alternative valable aux chants de sirène du Kominform et une dissuasion irremplaçable à l'impérialisme militant de l'URSS. Doué d'un talent oratoire exceptionnel et de beaucoup d'habileté diplomatique, il s'était fait une figure de proue des causes européenne et atlantique; il n'envisageait pas l'une sans l'autre.

Certains qualifiaient Spaak d'«homme des Américains». En un sens, il l'était – comme du reste celui de la IVe République, mais seulement parce qu'il partageait une même vision. De l'aide efficace qu'il apporta à leur diplomatie, ils manifestèrent leur reconnaissance. Dean Acheson dans ses mémoires mentionna sa «chaude amitié» pour le ministre belge; Sulzberger, le représentant du *New York Times*, écrivit «l'homme politique le plus sage peut-être de l'Europe»[17]. Parmi les ministres français, Antoine Pinay, Robert Schuman, Christian Pineau, Félix Gaillard, Maurice Faure et d'autres entretinrent avec lui des relations étroites et amicales. Adenauer, Hallstein, Brentano, Erhard, etc., ainsi que les Italiens, eurent pour lui une vive estime et parfois de l'amitié.

Il n'en était pas tout à fait de même avec les Britanniques. Ses années d'exil à Londres avaient rempli le ministre belge d'admiration pour leur courage, leurs institutions, leurs contributions au patrimoine de l'Occident. Il avait gagné l'estime de Churchill, l'amitié d'Eden et de bien d'autres. Mais ses relations avec les travaillistes, curieusement, avaient été moins aisées. Bevin et lui s'étaient trouvés d'accord pendant les négociations de 1948-1949; ils ne l'étaient plus en 1950. Le pacte de Bruxelles s'était vidé de sa substance. Conséquence même de son succès, ses structures militaires s'étaient fondues dans l'OTAN où la présence américaine apportait des moyens militaires introuvables jusque-là. Ses compétences économiques, demeurées du reste en léthargie, étaient reprises par l'OECE où l'Amérique aussi jouait un rôle décisif grâce au plan Marshall. Le Conseil de l'Europe à Strasbourg demeurait alors le seul terrain d'où aurait pu s'élancer l'Europe. Mais ici aussi, la ténacité et les talents de son président étaient mis en échec, à son vif chagrin, par le blocage mental des élites d'outre-Manche.

Dans son excellent livre d'histoire orale, *The Price of Liberty*, le Britannique Michael Charlton a recueilli en 1983 une étonnante série de témoignages qui exposent le dédain de ses pairs pour une Europe de l'Ouest où ils jouissaient alors d'un prestige et d'une autorité sans précédent. Sir Gladwyn Jebb, futur ambassadeur à Paris, un des conseillers de Bevin, avoua que nombre de ses collègues voyaient dans les idées de Spaak un «tas de bêtises» (*a lot of nonsense*); lui-même les qualifiait de «tintamarre émotif mal réfléchi» (*ill considered and emotional hulabaloo*). Sir Guy Millard, futur ambassadeur à Rome, secrétaire principal d'Eden, reconnaît plus aimablement que le ministre belge était considéré comme «quelque peu visionnaire» (*a bit of a visionary*). Sir Con O'Neill, futur ambassadeur auprès des Communautés, rappelle des articles qu'il publia dans le *Times*, dont celui du 15 mai 1947 qui affirmait que «le moment n'était pas venu encore d'abandonner comme irréalisable l'idéal d'un Seul Monde», – ce que pensaient aussi Sir Gladwyn et bien d'autres[18]. En réalité, ils rationalisaient des mythes chers à leurs cœurs, la Couronne, l'Empire (ou le Commonwealth), la Mère des Parlements, la *Royal Navy*, la *City*, etc. Et aussi le traditionnel équilibre des forces sur le continent qui devait permettre de s'en distancer en un superbe isolement. C'était l'État-nation ou, plus exactement, l'État impérial au zénith de sa gloire, réduit à présent à un brillant mirage mais imprimé dans l'âme collective du pays.

L'était-il du reste autant qu'il le paraissait ? Au Congrès de La Haye de mai 1948, vingt-sept députés travaillistes y avaient participé en défi à l'interdiction de leurs chefs. À Strasbourg, une motion fédéraliste introduite par le travailliste MacKay et le conservateur Boothby avait recueilli les signatures de deux cents députés également partagés entre les deux partis. Le Congrès annuel du Labour avait approuvé une résolution préconisant des États-Unis d'Europe. Ensemble d'indications qui permettent de croire qu'Attlee et Bevin l'auraient emporté s'ils avaient voulu orienter leur énergie dans la direction où les poussaient Schuman et Spaak – les conservateurs inspirés par Churchill s'y seraient-ils opposés en masse[19] ? Mais Gaitskell, le chef du Labour venu à Bruxelles rencontrer Spaak, n'avait laissé aucun espoir.

Le 9 mai 1950, les journalistes se pressaient sous les ors du Salon de l'Horloge pour « une communication importante ». Curieusement, le service de presse du Quai d'Orsay avait oublié de convoquer cinéastes et photographes pour une occasion historique qu'il avait voulue particulièrement solennelle. À 6 heures de l'après-midi, Robert Schuman, assis sous la fameuse horloge à la tête d'une longue table, lisait de sa voix sans timbre un texte commençant par ces mots : « Cinq ans, presque jour pour jour après la capitulation sans condition de l'Allemagne, la France accomplit le premier acte décisif de la construction européenne et y associe l'Allemagne... Le gouvernement français propose de placer l'ensemble de la production franco-allemande de charbon et d'acier sous une haute autorité commune. » L'allocution se terminait par une allusion à « une fédération européenne » ouverte aux pays d'Europe.

C'était, inouï, le déblocage des problèmes diplomatiques divisant l'Occident, la fin du mythe séculaire de l'incompatibilité des Gaulois et des Teutons. On parla de Charlemagne ou même d'une nouvelle Rome ; exagérait-on ? Gardé secret jusqu'au 9 mai – le gouvernement français lui-même n'en avait eu connaissance qu'au matin –, le projet était néanmoins le fruit d'une longue gestation. Avec le blocus de Berlin (1948-1949), la psychose de la guerre froide avait atteint un paroxysme ; face à la République fédérale instaurée en septembre 1949, Moscou avait créé une République démocratique d'obédience communiste qui se donnait une puissante « force de police » équipée d'armes de guerre. Ancrer la première dans le camp occidental était une nécessité urgente – presque à tout prix. Problème publiquement posé par Washington, par Londres, par tous les anciens Alliés – à l'exception de la France. Il était aussi posé par le chancelier fédéral, Konrad Adenauer, élu par les démocrates chrétiens du *Bundestag* à *une voix de majorité* et dont le régime était disputé par les socialistes de Kurt Schumacher ; celui-ci, amputé d'un bras pendant la première guerre mondiale, d'une jambe pendant la seconde, emprisonné et torturé par les nazis, était un Prussien marxiste, nationaliste, pacifiste, très méfiant vis-à-vis des Soviets; mais en même temps, un peu trop enclin à leur montrer une compréhension qui, croyait-il, les encouragerait à favoriser la réunification d'un grand Reich socialiste et neutre.

En France, malgré des haines persistantes contre «l'ennemi héréditaire», malgré l'entêtement partisan des gaullistes et des communistes, le bon sens poussait à ne pas répéter les désastreuses fautes commises à l'égard de la République de Weimar après la première guerre mondiale. Un autre facteur y contribuait: le formidable redressement économique de la République fédérale. Le plan Marshall avait eu pour objectif de faire retrouver à l'Europe son équilibre industriel d'antan; l'Allemagne l'avait atteint dès 1950. Accepter que l'ennemi d'hier redevienne à bref délai le principal producteur d'acier de l'Ancien Continent était intolérable pour la France, imposer des limites discriminatoires artificielles à l'industrie allemande était inacceptable pour la nouvelle République fédérale. Les pathétiques efforts de Paris pour gagner du temps, pour obtenir quelques charbons d'Amérique ou de Pologne, pour contrôler la Ruhr et la Sarre, étaient voués à l'échec dès lors que l'Allemagne était destinée par la nature des choses à prendre une place majeure dans la grande alliance de la guerre froide. Seule une internationalisation des problèmes offrait une solution.

L'idée n'était pas neuve. Étudiée par les hauts fonctionnaires du Quai d'Orsay, elle avait été évoquée au Conseil de l'Europe par Paul Reynaud et d'autres. Konrad Adenauer, avant même de devenir chancelier, avait suggéré «une coopération internationale dans le domaine du charbon et de l'acier... hautement souhaitable pour la compréhension franco-allemande»[20]. Il avait parlé en plusieurs occasions d'une union douanière européenne. Il était même allé beaucoup plus loin, suggérant en mars 1950 dans une entrevue avec un journaliste américain, la fusion complète de la France et de l'Allemagne, de leurs économies, de leurs Parlements, de leurs nationalités. Il se déclarait prêt à tout accord qui respecterait l'égalité des droits de la jeune République fédérale. Mais à Paris, la majorité parlementaire se cristallisait autour de la mise sous contrôle français de la Ruhr et de la Sarre. Les Français avaient eu plus ou moins satisfaction pour la Ruhr placée sous un contrôle international. Mais la Sarre demeurait au centre de passions avivées par le souvenir de rivalités historiques. Territoire autonome, rattaché économiquement à la France à titre provisoire, il était dominé par un personnage excessif, Gilbert Grandval, qui y jouait au proconsul impérial. Ni le chancelier Adenauer, ni le président Bidault ne paraissaient en mesure de faire la sourde oreille aux clameurs qui s'élevaient au Bundestag ou à l'Assemblée nationale.

Pour Jean Monnet, commissaire général au Plan de Modernisation et de l'Équipement, sans doute le plus influent fonctionnaire de la République, le problème central était le renouveau de l'industrie française, et non pas le sort d'une province frontière; par ailleurs, depuis très longtemps, il était convaincu que l'avenir de l'Europe était lié à la fédéralisation de ses États. Il en avait entretenu Spaak lors de leurs premières rencontres à Washington et à Londres durant la guerre; toutefois, il ne la croyait possible qu'au terme d'un long processus d'intégration par secteurs économiques qui aurait créé, selon ses mots, «des bases sûres et durables de communautés d'intérêts». Suivant une tactique qui lui était familière, il avait cherché parmi les puissants du jour l'homme susceptible de l'écouter et de se faire le bras séculier de ses idées; il l'avait découvert en Robert Schuman qui ignorait le chauvinisme et dont la prudence écarterait ce que son inspirateur appelait des «formules magiques», un lyrisme de l'Europe qu'il croyait improductif.

Au début de 1950, le moment du choix était arrivé; les Français ne pouvaient plus dire non à tout. Monnet a raconté dans ses mémoires en termes curieusement neutres comment, en ces semaines décisives de sa vie et probablement de l'histoire de l'Europe, s'était déclenchée sa décision. Quittant Paris et ses dossiers pour une retraite dans les Alpes et une course solitaire en montagne, sa méditation sur les hauteurs lui avait précisé le spectre menaçant d'une troisième guerre mondiale dont l'Allemagne serait fatalement l'enjeu. Pour l'écarter, un seul moyen, la lier à l'Occident et, avant tout, à la France, par des liens indestructibles. La question essentielle était évidente: «Comment enraciner dès aujourd'hui un intérêt commun entre les deux pays[21]?»

Rentré à Paris les premiers jours d'avril, il réunissait ses collaborateurs, Hirsch, Uri et Reuter, pour rédiger l'avant-projet du mémorandum dont allait surgir le *pool* charbon-acier. Soucieux de ne pas exciter les oppositions, l'équipe travailla dans le secret, réfugiée dans les chambres de l'hôtel *Bristol* réquisitionné, ses papiers épars sur des lits et dans les salles de bain. Au Quai d'Orsay, seul le Secrétaire général Parodi fut mis au courant; au gouvernement, seuls de vieux amis de Monnet, René Pleven qui avait été son adjoint à Alger et René Mayer. Ainsi que le président du Conseil à qui fut remis le 28 avril un exemplaire du mémorandum sous pli scellé. Or Bidault, tout agité, cherchait noise peu après à Monnet pour ne pas avoir reçu le document. Était-ce comédie pour se dérober à des responsabilités risquées; ou ne l'avait-il vraiment pas vu? En tout cas, ayant donné libre cours à son mécontentement, il laissa aller les choses.

Monnet n'en demandait pas plus. Il avait fait de Schuman son homme. Fait bizarre celui-ci non plus n'avait pas eu connaissance du projet. Le découvrant fortuitement, Clappier, son directeur de Cabinet, s'était précipité à la gare de l'Est pour lui en remettre une copie alors qu'il prenait place dans un train à destination de sa maison de campagne. C'était un vendredi; le lundi suivant, 1er mai, à peine descendu de son wagon, il disait à Clappier venu l'accueillir: «Je marche.» Le plan Schuman était lancé et avec lui les futurs communautés qui en procédèrent. Surprenant comportement, le coup de dés d'un homme politique dont la réputation était toute d'extrême prudence et de circonspection et qui au surplus ne s'était pas fait remarquer jusque-là par de l'enthousiasme pour l'idée européenne. Comment comprendre les êtres humains?

Trois points du projet offraient des caractéristiques destinés à changer profondément l'Europe:

1) Plaçant des États sous une autorité indépendante, limitée mais supérieure, qui pouvait leur imposer légalement des décisions, il ouvrait une large brèche dans le principe de la souveraineté qui régissait leurs relations depuis des temps immémoriaux – ce que n'avaient pu achever ni le Pacte de Bruxelles, ni le Conseil de l'Europe.
2) Créant une Haute Autorité supranationale et confiant à celle-ci la gestion de deux secteurs essentiels de l'industrie de l'époque, il retirait aux États membres une partie de leur autonomie économique. En même temps, il leur enlevait la clé des arsenaux où se forgeaient les armes en ce temps pré-atomique. Une guerre franco-allemande devenait improbable, sinon impossible.
3) Attelant le couple France-Allemagne à un même char fédéral, le projet enchaînait l'un à l'autre ses deux coursiers tout en promettant à l'Europe de l'Ouest une dimension capable de l'adapter aux conditions économiques, financières et stratégiques du monde nouveau.

Pour l'homme de la Charente à la moustache en brosse, «le petit Monnet», disait de Gaulle, qui avait commencé sa carrière en qualité de marchand de cognac et qui se prétendait économiste et pragmatiste, c'était une envolée d'une rare audace, une grande vision politique, plus encore, un idéal de civilisation. Qu'il en ait été conscient n'est pas douteux; il devait dire un jour à l'irritation des industriels: «Je me fous du charbon et de l'acier: c'est l'Europe que je veux.»

Rares furent ceux qui s'y étaient trompés et les réactions avaient été vives. Le général de Gaulle, dans un de ses discours sarcastiques, s'attaqua au «méli-mélo de charbon et d'acier, suggéré par la IVe République sans savoir où elle allait». Ses partisans avaient abandonné leur rêve irréalisable d'une Allemagne politiquement anéantie et faisaient à présent campagne pour une «Europe des Patries», confédérale, qui respecterait strictement les souverainetés; c'est-à-dire une Europe soumise au plus fort. À l'autre extrémité de l'arc-en-ciel, le PCF, aligné sur le Kremlin, mobilisait ses forces contre un projet dont il dénonçait la prétendue agressivité antisoviétique. Son chef, Maurice Thorez (déserteur de l'armée française en 1939, condamné par contumace, réfugié à Moscou pendant la guerre), faisait appel au patriotisme populaire en s'indignant de l'attentat à l'indépendance nationale qu'il impliquait; les syndicats communistes le suivaient, mais pas les autres. Le patronat était le plus souvent hostile parce qu'il voyait la fin des cartels qui lui avaient permis de manipuler les marchés. Toutefois, les bons esprits n'étaient pas rares qui comprenaient l'immense portée politique de l'entreprise. L'opinion publique en général leur emboîtait le pas et ne paraissait pas se liguer contre elle. À l'étranger, la conférence de presse du 9 mai avait fait sensation. Le chancelier Adenauer, informé le matin par un émissaire personnel du ministre français, était enthousiaste et le proclamait. C'était l'essentiel, prometteur de lendemains exaltants. À Rome, de même, Alcide de Gasperi appuyait Paris (ils étaient de belles figures; mais n'étaient-ils pas aussi les chefs de pays vaincus que le projet français réhabilitait?). À Luxembourg, la puissante *Arbed* ne pouvait que se féliciter de la création d'un vaste marché commun de l'acier et le Premier ministre Joseph Bech était un «européen» convaincu. À La Haye, on se montra prudent. L'industrie lourde, pas encore très développée, y était protectionniste et les diplomates s'effarouchaient de rapports franco-allemands trop intimes.

À Bruxelles, même réserve. Le pays était dans les affres de «l'affaire royale», le Parlement en pleine confusion. Aux Affaires étrangères, Paul Van Zeeland avait succédé à Paul Henri Spaak. Technocrate venu à la politique à travers la banque, il avait été avant la guerre, très jeune, un brillant Premier ministre, ayant guéri son pays de la Grande Crise par des remèdes novateurs inspirés du *New Deal* de Roosevelt. Son intelligence était forte, son jugement solide mais son caractère l'était moins, de même que son indépendance. Il entretenait des relations avec le monde de l'industrie et de la grande banque qui y était lié et qui se montrait peu favorable aux propositions françaises; Paul Van Zeeland était sensible à ces pressions. Au surplus, il appartenait à un gouvernement très conservateur dirigé par un Monsieur Pholien qui ne voyait que «sornettes» en des institutions supranationales. Hésitant entre les signaux de sa raison et ceux de ses intérêts, le successeur de Spaak naviguait en louvoyant[22]. Robert Murphy, ambassadeur des États-Unis dans la capitale belge, disait de lui en privé: «Quand il marche tout droit, il se perd»; aussi favorisait-il les zigzags. Mais il était impensable que les pays du Benelux ne collaborassent pas à la principale initiative de rapprochement franco-allemand et ils s'inclinèrent sans trop rechigner.

À Londres, ce fut une autre affaire. Jean Monnet était résolument anglophile depuis ses années d'apprentissage de 16 à 18 ans dans les maisons de commerce de la *City*, depuis ses années de la Grande Guerre sur les bords de la Tamise au service des conseils interalliés de coopération économique. Il s'y était fait de solides amitiés jusqu'à des échelons élevés. C'est lui qui avait convaincu Churchill en juin 1940 de lancer le projet sensationnel de la fusion de la Grande-Bretagne et de la France, rendu caduc par la victoire momentanée d'Hitler. Ces amitiés, il les avait mises à profit en 1949 pour essayer d'établir entre les deux pays une étroite coopération économique; ses sentiments et ses ambitions aspiraient à en faire le noyau de «l'Europe unie» dont il rêvait. En mars de cette année, après divers contacts, il s'était rendu dans la capitale britannique pour en entretenir son homologue Sir Edwin Plowden (plus tard Lord Plowden); reçu par le chancelier de l'Échiquier, Sir Stafford Cripps, il avait cru brièvement avoir retenu l'attention d'un des plus influents ministres d'Attlee, un riche mais austère protestant strictement végétarien. Il en était résulté quatre journées d'échanges de vues entre hauts fonctionnaires français et anglais à Montfort-l'Amaury dans la maison de campagne de Jean Monnet. Après quoi, une lettre décevante de Plowden était venue lui expliquer que *Whitehall* n'avait pas l'intention de s'engager sur le continent. La fière Albion croyait avoir retrouvé son rang. Sûre de sa défense que garantissait l'OTAN depuis un an, grâce à son expansion commerciale en voie de redressement depuis 1948, elle pouvait se consacrer à nouveau au grand large en se souciant peu du continent à quarante kilomètres au sud de la Manche. Bevin était applaudi comme le plus grand ministre des Affaires étrangères depuis Palmerston; mais la myopie de sa vision limitait ses qualités d'homme d'État. Pas plus qu'au temps de Baldwin et de Chamberlain, l'Europe n'était figée dans un équilibre illusoire: les Soviets se pressaient à ses frontières orientales, leurs regards avides fixés sur l'Ouest. Ce n'est qu'alors que Monnet se tourna dans la direction de Bonn.

Les trois «Grands», Ernest Bevin, Robert Schuman et Dean Acheson, avaient décidé de se rencontrer à Londres le 10 mai pour s'entretenir de l'Allemagne. La veille, le 9, jour de la sensationnelle conférence de presse au Salon de l'Horloge, Bevin, blême de colère, avait reçu son collègue américain au Foreign Office avec une sortie mordante l'accusant en termes plus que vifs de conspirer avec les Français, dénigrant Schuman et son plan dont il venait d'apprendre l'existence. En réalité, Acheson lui-même n'en avait été informé que le lundi 8, presque par hasard, alors qu'en compagnie de sa femme, il passait le week-end à Paris avec les Bruce, à l'ambassade des États-Unis; Robert Schuman, venu prendre le thé, s'était senti obligé de lui exposer son projet – sous le sceau du secret parce que son propre gouvernement n'en aurait connaissance qu'au lendemain matin. Le jeudi 11, Bevin répétait son éclat, cette fois en présence de Schuman; Acheson, très irrité, le calmait quelque peu en lui rappelant que Londres avait récemment dévalué la livre sterling de 30% sans prévenir Paris.

Si ces criailleries intempestives n'eurent pas de suite durable, elles révélaient que Bevin n'était plus l'homme qu'il avait été. Il venait de quitter l'hôpital après y avoir subi une pénible opération. Il souffrait aussi d'une affection cardiaque qu'aggravait l'abus d'alcool; elle l'obligerait à démissionner avant de l'emporter à 70 ans, moins d'un an plus tard. Il se savait condamné et son humeur s'était altérée; devenu nerveux et irascible, les médecins le bourraient de tranquillisants et on le voyait souvent somnoler au cours des discussions. Son intelligence avait perdu son agilité d'antan et il ne voyait pas que son obstination faisait perdre à la Grande-Bretagne son prestige sur le continent – sans renforcer ses liens avec les États-Unis. Bien au contraire: Dean Acheson dans ses *Mémoires* de 1969, allait écrire que le rejet du plan Schuman par Londres fut «sa plus grande erreur de l'après-guerre, une erreur dont les fruits amers ne sont épuisés ni pour la Grande-Bretagne, ni pour l'Europe»[23]. Rares sont les témoins du moment qui ne partagent pas cette opinion.

C'était l'époque où je m'étais installé à Washington. Presque immédiatement, on s'y était pris d'enthousiasme pour une suggestion que l'ambassadeur Bruce qualifiait dans un de ses télégrammes de «la plus imaginative et à la portée la plus étendue depuis des générations dans le règlement des différends fondamentaux entre la France et l'Allemagne». Acheson faisait ouvrir à la France un crédit de dix millions de dollars destinés à l'achat d'armes pour ses opérations en Indochine*. À mon niveau modeste, j'entendais partout les louanges de Schuman et de Monnet; je me souviens d'un jeune collègue américain qui se piquait d'histoire et qui les comparait au Talleyrand du Congrès de Vienne, réhabilitant son pays vaincu en se faisant le champion de «l'ordre public européen». Bidault était moins estimé; on essayait d'oublier une de ses dernières foucades, le projet d'un «Haut Conseil atlantique» qui aurait coiffé les diverses organisations de coopération occidentale et où la France aurait été au rang le plus élevé, «celui d'une puissance victorieuse aux responsabilités universelles», a écrit un de ses diplomates[25]. Mais pas l'Allemagne.

J'avais découvert la complexité de ces «relations spéciales» que les Britanniques se plaisaient à vanter – bien plus volontiers que les Américains. Certes, des affinités culturelles séculaires facilitaient le dialogue entre les deux gouvernements, renforcées par le souvenir des épreuves subies côte à côte durant la guerre. Néanmoins, elles étaient limitées par la désinvolture qu'y attachaient leurs anciens maîtres – «Athéniens de la Rome d'outre-mer», disait sans modestie le futur Premier ministre MacMillan. C'est un autre Britannique, Palmerston, je crois, qui constatait que «les États n'ont pas d'amis permanents, seulement des intérêts permanents». À cette époque, les intérêts les plus pressants des États-Unis se situaient à Paris aux côtés de Robert Schuman et bien plus encore à Bonn aux côtés de Konrad Adenauer. La Maison Blanche se heurtait à la Grande-Bretagne, en plusieurs points du globe, parfois avec sévérité, notamment au Moyen-Orient et en Asie. Sur le sort de l'Europe, la mésentente

---

* Première tranche de 2,5 milliards de dollars qui allaient être attribués à cet effet[24].

était grave, les sénateurs américains commençaient à afficher de l'humeur. En avril 1950, «Chip» Bohlen, le conseiller du Département d'État, envoyé au Foreign Office pour y préparer la visite d'Acheson, avait tancé les diplomates de Londres pour leur résistance à une communauté européenne. Mais sans succès. À présent, le secrétaire d'État rappelait qu'elle était un objectif principal de la diplomatie américaine; le président Truman donnait publiquement son approbation à «l'initiative française». Ajoutant les actes aux paroles, Washington allait faire bénéficier la future CECA de vastes crédits.

On a dit que Schuman et son inspirateur agencèrent leur plan de telle sorte que Londres dût nécessairement refuser d'y adhérer. Rien dans ma longue expérience des affaires communautaires n'est jamais venu me le confirmer. Il est vrai que le fiasco de Strasbourg après bien d'autres accroissait à l'égard des Britanniques le scepticisme des partisans de l'intégration européenne. Jusque-là, ils leur avaient cédé en pensant qu'il valait mieux «un peu d'Europe avec eux que beaucoup d'Europe sans eux»; à présent, ils en arrivaient à croire qu'il valait mieux «une Europe sans eux que pas d'Europe du tout». Ce fut certainement le cheminement de la pensée de Spaak et de Monnet et, j'imagine, celle de Schuman, guidé aussi par la quasi-certitude qu'un jour les fils d'Albion finiraient par les rejoindre.

C'est dans cet esprit que Monnet et ses collaborateurs furent appelés à Londres le 14 mai par leur ministre pour une dernière tentative de rallier la Grande-Bretagne. Des historiens d'outre-Manche ont critiqué Monnet pour avoir rendu impossible toute négociation en exigeant en préalable un accord sur les grandes lignes de son projet. Ce n'est pas faux; mais celui-ci comportait deux points essentiels, un marché commun et une autorité indépendante, sans lesquels il perdait toute signification. Et c'étaient précisément ces deux points, surtout l'autorité indépendante, la pièce maîtresse destinée à lier l'Allemagne à l'Europe, qui répugnaient à *Whitehall*. Des jours et puis des semaines s'étaient écoulés en discussions préliminaires stériles.

Le 1er juin 1950, le gouvernement français faisait savoir qu'il était prêt à entamer des négociations et qu'il souhaitait pour le lendemain soir une décision des pays prêts à y participer. Un ultimatum, s'écria-t-on à Londres. Le soir, la note de Paris avait été montrée à Herbert Morrison, le chef par intérim du gouvernement, qui dînait au restaurant avec plusieurs collègues; après un bref colloque dans une arrière-salle, Morrison avait eu le mot historique qui marquait la dimension de son intérêt: «C'est impossible, les mineurs de Durham (ses électeurs) n'en voudraient pas.» Attlee, souffrant d'un ulcère du duodénum, était alité; Bevin avait repris le chemin de l'hôpital (où il fut consulté) pour son angine de poitrine et une fistule. D'autres parmi les principaux ministres étaient en vacances. Le

Cabinet, réuni sans eux le 2 juin, avait refusé «de signer un chèque en blanc»[26].

Les Britanniques avaient fermé les yeux et les oreilles. Le conservateur Harold MacMillan disait à un journaliste que Monnet était un homme charmant mais avec un faible pour des plans constitutionnels sans portée pratique: il ne fallait pas le prendre trop au sérieux[27]. Lorsque Sir Stafford Cripps, un travailliste, s'enquit auprès de lui de ce qu'il ferait si Londres s'abstenait et qu'il l'entendit clairement répondre qu'il irait de l'avant, son émotion n'avait pas été grande. Ni lui, ni ses collègues n'avaient apprécié la dynamique de l'idéal européen; pas plus n'avaient-ils cru qu'il avait une chance sérieuse de progresser sans eux. Le 13 juin, l'exécutif du Parti travailliste publiait un manifeste préparé par Denis Healey (le futur ministre) et approuvé par Attlee, Bevin et d'autres; il soulignait les difficultés pour un gouvernement socialiste de se soumettre à des disciplines capitalistes, il confirmait son opposition à toute forme d'autorité supranationale et concluait: «Nous sommes plus près de l'Australie et de la Nouvelle-Zélande que de l'Europe par la langue, les institutions, les conceptions politiques et les intérêts.»

IV
Crise en Occident

La terreur de l'An mil (Paris 1952-1954)

Le 20 juin 1950 s'était ouverte à Paris la conférence des Six ralliés au plan Schuman, France, Allemagne de l'Ouest, Italie, Pays-Bas, Luxembourg et Belgique; la Grande-Bretagne n'y participait pas, pas plus que les pays de l'Europe de l'Est, invités eux aussi – mais sur ceux-ci personne n'avait compté, au contraire. Cinq jours plus tard, la Corée du Sud était envahie par les armées rouges. La guerre froide devenait volcanique.

Tandis que les diplomates, assistés de sidérurgistes et de charbonniers, s'attaquaient sous la présidence de Monnet aux textes qui devaient créer la CECA (il n'avait pas voulu en confier la négociation à des experts), l'agression communiste en Asie posait, avec une acuité nouvelle, le problème de la défense. Comme l'avait lancé Spaak à Vychinski, l'Europe avait peur, peur de la subversion intérieure, peur plus encore de l'invasion. «Une panique presque égale à la terreur de l'An mille», notait à Paris le représentant de la Belgique au Conseil atlantique [1]. Une peur plus viscérale qu'aux temps sombres, encore récents du IIIe Reich quand les hommes de ma génération avaient eu à endosser leur uniforme presque chaque année. Une inlassable logomachie l'entretenait, celle diffusée par la radio du Kremlin qu'on n'écoutait guère et celle des partis communistes et de leurs «compagnons de route» qu'on ne pouvait éviter. Il est difficile d'imaginer aujourd'hui les fables absurdes, les calomnies extravagantes, les injures allant jusqu'à l'obscénité, qui nourrissaient cette propagande, nouvelle version de celle de Goebbels. Elle ne connut plus de frein après la fondation du Kominform lorsqu'avait cessé la participation de ses adeptes aux gouvernements de la Libération. Le classique thème marxiste d'un monde divisé en deux camps ennemis en était redevenu la rengaine, rabâchant la fatalité historique d'une guerre capitaliste et impérialiste, guerre que devait gagner la patrie du prolétariat mais au prix de grandes souffrances. Les États-Unis, enrichis de l'exploitation des peuples, étaient la cible principale des attaques communistes. Le Parti français demeuré parmi les plus staliniens, se distingua quand le général américain Ridgway vint à Paris en mai 1952 prendre le commandement de l'OTAN abandonné par Eisenhower; accusé (faussement) de guerre bactériologique en Corée, Ridgway «la Peste» fut l'objet d'une vaste manifestation hostile qui fit un mort et des centaines de blessés. Le siège du PCF dans la capitale française voulait souligner ce qu'avait de sinistre la lutte des classes: il était en pleine ville une sorte de forteresse de béton aux portes doublées de rideaux de fer percées de meurtrières et gardées par des hommes en armes; son chef Maurice Thorez et ses autres dirigeants ne se déplaçaient qu'en voitures blindées, escortées de sbires au revolver chargé.

La question se posait pour les trois quarts de la population: Staline répétait-il Hitler? L'alliance des démocraties était bien meilleure qu'au cours des années trente – alors quasi inexistante – mais beaucoup moins munie de moyens militaires. Les services de renseignements alliés estimaient – Dieu sait comment ils s'y prenaient avant les satellites et la photographie infrarouge – que l'URSS alignait 170-175 divisions actives, dont 27 en Allemagne de l'Est. Les Occidentaux n'avaient à leur en opposer qu'une dizaine, mal équipées, principalement des forces d'occupation – quatre françaises, quatre britanniques, une belge et *une* américaine – ce qui, soit en passant, mesurait la prétendue agressivité des États-Unis dénoncée par le Kremlin. On juge aujourd'hui que le nombre de divisions soviétiques était plus proche de 95-100 que de 170-175, mais ceci ne change pas grand-chose au déséquilibre des forces conventionnelles en présence. Seule pouvait le compenser la capacité nucléaire américaine. Car si Moscou avait réussi à faire exploser un projectile nucléaire dès septembre 1949, il lui faudrait plusieurs années encore pour le rendre opérationnel. Les États-Unis en possédaient une douzaine (non assemblés)* et des bombardiers à long rayon d'action pour les utiliser; deux escadrilles de B29 arrivèrent en Angleterre en 1948. Toutefois, rares encore étaient les cerveaux capables de comprendre l'ampleur de la révolution en l'art de la guerre déclenchée par les armes atomiques – plus rares parmi les soldats (peut-être par déformation professionnelle) que parmi les hommes politiques; un jour, à Spaak qui tentait de la lui faire comprendre, un chef militaire belge eut un mot magnifique: «Mais alors, il faut ramener la guerre à l'échelle humaine.» À un général américain, on doit une autre remarque qui paraissait résumer la situation: «Ce qu'il faut aux soldats russes pour occuper Brest, ce sont de bonnes paires de bottes.» Et une protection (inexistante) contre les bombes A.

---

* Washington entreprit en 1948 d'en mettre en chantier une cinquantaine et de fabriquer des engins thermonucléaires bien plus puissants, dont le premier serait expérimenté en 1951.

À l'ONU, quarante gouvernements avaient voté avec les États-Unis pour dénoncer l'agression nord-coréenne et déclencher le mécanisme de sécurité collective de la Charte. Tous n'avaient pas réagi avec des mesures de réarmement massif. Mais aux États-Unis, les forces, réduites à cinq cent mille hommes après la capitulation du Japon, étaient rappelées sous les armes. Dès le mois d'avril 1950 (avant l'agression coréenne), avait été adopté par le président Truman en personne un vaste programme de résistance à l'impérialisme soviétique (Rapport NSC68). Il portait les dépenses militaires annuelles de 13,5 milliards de dollars à 50 milliards. En Grande-Bretagne, deux cent vingt-cinq mille réservistes devaient rejoindre leur régiment. Malgré d'énormes difficultés financières et des résistances au sein du Parti travailliste, le Cabinet entérinait les prévisions des experts. Y compris la possibilité d'un conflit majeur avec l'URSS. Y compris les dépenses pour y faire face. Ou celles nécessaires à de vastes opérations coloniales. La Belgique elle-même s'engageait à mettre sur pied deux divisions d'infanterie et une division blindée – qu'équiperaient les États-Unis.

Restait la France dont les traditions faisaient une des principales puissances militaires. Son budget militaire absorbait 8% du produit national, un pourcentage très élevé (moins de 4% en 1992). En réalité, le gros de ses forces était dans les jungles et les marécages d'Indochine ou en Afrique du Nord où se faisaient entendre des grondements présageant d'autres révoltes qui exigeraient plus d'hommes encore. Les Européens voulaient une «stratégie de l'avant», c'est-à-dire une ligne de défense aussi à l'Est que possible, sur l'Elbe ou plus loin. Pourtant, seule décidait la puissance militaire des États-Unis et Washington jugeait impossible de s'engager au-delà du Rhin, peut-être même au-delà de la Manche, sans les énormes ressources potentielles de l'Allemagne. Dès l'échec de la conférence des quatre Grands à Londres en décembre 1947, la question avait été évoquée entre les trois (France, Grande-Bretagne, États-Unis). Depuis le blocus de Berlin, elle prenait une gravité croissante. Elle n'avait cessé de hanter les esprits pendant les négociations du Pacte atlantique.

Pour Londres et surtout Paris, la perspective de réarmer l'Allemagne restait un cauchemar. Comment s'en étonner? Le miracle fut la sagesse de se résigner; car une chose était d'accepter bon gré mal gré une réconciliation progressive avec l'ennemi détesté, une autre était de lui remettre sur-le-champ des armes et des avions. Pas rares non plus, et pas seulement à gauche, étaient ceux à Londres comme à Paris qui se souciaient de gagner du temps afin de poursuivre le dialogue avec Moscou – sans idée claire de son discours. Pourtant, rien n'était possible sans les États-Unis, et à Washington l'impatience grandissait. Comment se soustraire à des pressions auxquelles s'ajoutaient aussi celles de Bonn, en passe de devenir rapidement un acteur principal*?

Les Nord-Coréens avaient tranché le déchirant dilemme. Tandis que leurs troupes déferlaient à travers le 38e parallèle, Dean Acheson, le 26 juin, parlait avec émotion devant une commission du Sénat de «mobiliser d'urgence les forces européennes». Il était de ceux qui avaient vu dans l'agression de Corée une vaste manœuvre de diversion; c'était l'Europe qui devait être l'objectif principal de l' offensive des Soviets. Le cauchemar hantait visiblement les hautes autorités militaires. Le maréchal britannique Montgomery, le chef d'état-major américain Bradley, les généraux français dont l'influent maréchal Juin, tous crurent capital d'associer immédiatement la République fédérale à la défense. Le 11 août 1950, Sir Winston Churchill prononçait à l'Assemblée de Strasbourg un discours retentissant, applaudi avec ferveur; il faisait approuver par 89 voix contre 5 et 27 abstentions une motion réclamant la création d'une armée de l'Europe sous l'autorité d'un ministre commun de la Défense.

Strasbourg, disait Bevin, n'était qu'une «boutique à paroles». Néanmoins, quand celles-ci sortaient de la bouche d'un Churchill, elles résonnaient. À la mi-septembre, en marge d'un Conseil des ministres atlantiques réunis à New York, Dean Acheson rencontrait Robert Schuman et Ernest Bevin pour leur dire, carrément cette fois, leur fait. La RDA (l'Allemagne communiste de l'Est) levait une puissante «police nationale», elle donnait substance à la possibilité d'un coup soviétique. Le secrétaire d'État était prêt à se rendre aux prières de Paris et de Londres et à s'engager plus avant sur l'Ancien Continent en y renforçant les troupes américaines. Toutefois, le Congrès ne l'accepterait que dans le cas où y participeraient des Européens, Allemands en premier lieu; car aucune défense n'était plausible sans ceux-ci. Acheson lui-même était opposé à la création d'une armée nationale qui eût pu conduire à la résurrection d'une *Wehrmacht*. Mais pourquoi ne pas intégrer les unités allemandes dans l'OTAN? La proposition était presque un ultimatum, si même formulée en les termes les plus courtois.

Au Conseil plénier réuni le 26 septembre 1950, la Grande-Bretagne, le Canada, les Pays-Bas, l'Italie et la Norvège se ralliaient aux Américains. L'insaisissable Paul Van Zeeland était resté vague, au vif regret du baron Silvercruys, l'ambassadeur de Belgique à Washington, et de ses collaborateurs qui voyaient l'immense bienfait d'une puissance américaine sur l'Ancien Continent – de même, je crois, que Henri Bonnet, l'ambassadeur de France, et son bras droit, Jean Daridan, un ex-collègue de Chine avec qui j'échangeais souvent des confidences. Robert Schuman, complètement isolé, ne s'était

---

* Le chancelier Adenauer dans une interview à un journaliste américain le 3 décembre 1949 avait déjà suggéré la mise sur pied «d'un contingent allemand dans le cadre d'une armée de la fédération européenne»[2].

plus opposé à la publication d'un communiqué ambigu mentionnant la mise à l'étude d'une «participation allemande à une force intégrée consacrée à la défense des libertés européennes». Acheson eut l'habileté de laisser à Paris l'initiative de propositions plus concrètes.

Dans le secret de nos cœurs, nous remerciâmes Staline. Grâce à lui et aux Nord-Coréens, le Conseil atlantique de New York avait jeté les bases de l'ordre européen des quarante années à venir. Sous l'autorité des suppléants des ministres siégeant à Londres – avant de se transformer en un conseil permanent installé à Paris – un état-major intégré placé sous un commandement suprême américain (dont le général Eisenhower fut le premier titulaire) avait été chargé d'organiser et de mettre en condition les forces alliées. C'était ce qu'avait souhaité Londres et, en somme, ce dont avait rêvé Paris depuis le début du siècle, une sorte d'Entente cordiale élargie à l'Amérique. Simultanément, l'OTAN s'était engagée à garantir l'Allemagne de l'Ouest; celle-ci retrouvait, sinon sa souveraineté complète, du moins une identité internationale reconnue. Les servitudes qui lui avaient été imposées au lendemain de la victoire étaient relâchées; elle était autorisée à lever des polices régionales – mais pas nationale. D'un pays vaincu et occupé, les vainqueurs étaient en passe de faire un principal allié.

Jean Monnet en vacances à l'île de Ré avait observé avec angoisse les événements de Corée. Lui aussi était hanté par la crainte d'une nouvelle guerre mondiale; ou sinon par celle de décisions hâtives qui auraient conduit au retour rapide du militarisme allemand – donc à la fin de son rêve d'une Europe unie. Rentré à Paris en septembre (pendant que Schuman à New York freinait encore vigoureusement le réarmement de l'Allemagne), il interrompait sa présidence à la Conférence Charbon - Acier pour saisir son porte-plume. Entouré de ses collaborateurs habituels, il jetait les bases d'un plan, inspiré de la CECA, préparant le réarmement de l'Allemagne sans armée nationale. René Pleven, le président du Conseil, le faisait sien. Le 24 octobre 1950, il s'adressait à l'Assemblée nationale pour lui proposer la création d'une armée européenne sous l'autorité d'un ministre européen de la Défense, responsable devant un Conseil des ministres et une assemblée commune. La Chambre approuvait le «plan Pleven» par 349 voix contre 235.

Prenant mon poste de représentant adjoint à l'OTAN et à la CED en juillet 1952, je rêvais de l'avenir avec quelque optimisme. En Asie, les féroces combats des années précédentes s'étaient enlisés dans les interminables négociations de Panmunjon. En Occident, les États-Unis bâtissaient, non sans parfois errer, mais en général avec patience et sagesse, une «*pax americana*» qui n'a pas épuisé ses vertus en 1995. En Europe, le *limes* s'édifiait quelque part entre le Rhin et l'Elbe; le Conseil de l'OTAN à Lisbonne en février 1952 avait décidé la mise sur pied de cinquante divisions – chiffre qui ne sera du reste jamais atteint. Le processus de fédéralisation initié par Paul Henri Spaak et Jean Monnet progressait, quoique bien lentement et non sans résistances. La situation économique était égale à celle de 1938 et dans bien des cas meilleure. Les arts et les lettres retrouvaient une nouvelle vigueur, souvent voilée de noir mais tout à fait remarquable si l'on tient compte de l'abîme dont sortaient les Européens.

La Grande-Bretagne ne participait que peu à ce renouveau, sauf dans les sciences, hissées à un haut niveau au cours de l'effort de guerre; ses succès en médecine, biochimie, physique nucléaire, radio-astronomie, électronique, lui valaient de multiples prix Nobel. C'est à Cambridge en 1952 que deux chercheurs, l'Anglais Crick et l'Américain Watson, inventèrent la biologie moléculaire et la science génétique – autant que la physique nucléaire, une des principales révolutions scientifiques du siècle. Mais savants et politiques étaient étrangers les uns aux autres; ne parlait-on pas de «deux cultures» [3]? Émotionnellement, la grande île au-delà de la Manche (ou du moins ses élites) aspirait à retrouver la douceur de vivre d'antan. Politiquement, elle persistait à s'isoler, se distançant du plan Pleven comme elle l'avait fait du plan Schuman. Les continentaux s'habituaient à ne plus voir en elle le phare qu'elle était depuis 1940. La France prenait sa place, l'ampleur de ses idées inspirait les capitales. Washington prenait peu de décisions sans consulter le gouvernement de la République.

J'en pris conscience dès mon arrivée à Paris en assistant en spectateur le 24 juillet à une dernière réunion des ministres, créateurs de la Communauté Charbon Acier. Ce n'avait pas été une des meilleures; d'âpres discussions empreintes des égoïsmes nationaux habituels la marquèrent encore, dans le choix des dirigeants, de l'emploi des langues, du siège de l'organisation, – des détails mesquins qui faisaient contraste avec l'envolée de l'entreprise. Van Zeeland s'était fait remarquer en refusant l'installation de la CECA à Bruxelles. Pour d'obscures raisons de politique partisane, il voulait Liège, qui n'avait qu'un cinéma désaffecté à offrir aux délégués; de guerre lasse, ce fut Luxembourg qui l'emporta. Aux côtés de Gasperi, d'Adenauer, de Stikker, de Bech et de Van Zeeland, Robert Schuman dominait la scène. «Que cet homme réservé et même timide ait pu s'imposer à l'Europe» – je cite Spaak – «jusqu'à en être considéré pendant des années comme le conducteur, est une chose étrange. Grâce à lui, le prestige de la France allait s'affirmer. Elle allait être l'incontestable chef de file [4].» Son rayonnement se percevait de haut en bas. À la conférence qui mit en œuvre la première Communauté, *tous* les comités, sous-comités, groupes de travail, etc., furent dirigés par des Français. À sa tête, Monnet fut investi à l'unanimité.

De même pour le plan Pleven. Le traité qui en aurait été la charte, signé au Quai d'Orsay en mai 1952, parut un triomphe pour la diplomatie française. Un autre Français, l'ambassadeur Hervé Alphand, y avait présidé avec habileté, fermeté et persévérance. La CED (Communauté européenne de Défense), aux structures inspirées de la CECA, prévoyait pour cinquante ans une armée commune avec un budget commun, gérés par un commissariat indépendant sous l'autorité d'un Conseil des ministres des Six. Assemblée parlementaire et Cour de justice auraient été partagées avec celles de la CECA. L'intégration des unités serait réalisée au niveau de « groupements » de douze mille hommes – douze groupements allemands, quatorze français, plus des Belges, Néerlandais et Italiens –, le tout placé sous le commandement suprême de l'OTAN. La France – et la France seule – aurait retenu des forces terrestres et aériennes non intégrées, destinées en principe à la défense de ses possessions d'outremer – ce qui lui conférait une supériorité militaire discrète en dépit de l'égalité des droits officiels.

Washington, après quelques doutes, avait puissamment contribué au succès de difficiles négociations, notamment en s'engageant à faire de la future CED la principale bénéficiaire des énormes équipements américains prévus pour la défense de l'Europe. David Bruce, ambassadeur des États-Unis à Paris, une des figures dominantes du Département d'État, avait été déchargé de ses fonctions pour se consacrer entièrement aux Communautés. Il suivait leur progrès de très près, s'était fait de nombreux amis parmi leurs partisans, suscitait à l'occasion des coups de pouce de Washington pour surmonter les obstacles. C'est dans ce contexte qu'en janvier 1952, j'avais accompagné mon ambassadeur à *Foggy Bottom* (surnom du site des Affaires étrangères) ; j'y avais entendu de la bouche même de Dean Acheson la mercuriale, évoquée plus haut, à l'adresse de Paul Van Zeeland qui défendait avec un zèle intempestif une « souveraineté » nationale, reléguée désormais par les faits au rang des mythes – de même que celle des Pays-Bas. Le ministre américain avait fait appel en termes enflammés à la responsabilité de la Belgique. Silvercruys m'avait fait rédiger un télégramme très ferme qui contribua, peut-être, à ramener Bruxelles – et dès lors La Haye – au sens des réalités.

J'ai gardé un souvenir enchanté de cet été de 1952. Installé au *Relais Bisson*, un petit hôtel agréable aujourd'hui disparu, au Quai des Grands Augustins, le matin en m'éveillant, je voyais de ma chambre les tours de Notre-Dame, baignées du clair soleil d'août. La circulation sur les quais était encore peu dense ; le soir, les amoureux s'y promenaient, s'embrassant dans la pénombre au pied des grands platanes. Paris avait retrouvé son aspect des meilleurs jours. La plupart des règlements imposés, souvent par démagogie, au lendemain de la guerre, étaient abandonnés. Les dévaluations de 1948-1949 avaient stabilisé le franc – pour un bref moment; le "miracle Pinay" – président du Conseil depuis mars – rétablissait en France une confiance bourgeoise. Les boutiques étaient bien achalandées, leurs vitrines pleines de tentations.

Dans la ville que je connaissais mal encore, je découvrais par de longues promenades, les fins d'après-midi ou le samedi et le dimanche, les parcs magnifiques, les nobles palais, et ici et là des quartiers villageois, vestiges du temps passé. Dans Proust, Jules Romain, Roger Martin du Gard et le Baedeker, je relisais les portraits de Paris. En ce mois de vacances, j'avais des loisirs; mon nouveau chef, André de Staercke, s'était envolé vers sa maison de campagne au bord du lac Majeur.

Conformément aux usages, je m'étais empressé dès mon arrivée à rendre visite aux chefs de délégation et à leurs principaux collaborateurs. Arrivé chez les Allemands, j'étais un peu nerveux. Les origines francfortaises de ma famille n'étaient pas très éloignées, mon père avait été passionnément partisan après 1918 d'une complète réconciliation des ennemis de la Grande Guerre; j'avais pensé comme lui. Puis était venu Hitler. Le IIIe Reich avait été la Bête immonde à écraser; à présent, il n'était plus. Aucun État puissant n'a évité des crises d'ambition mégalomane. Avant sa convulsion nazie, l'Allemagne avait apporté sa part égale au patrimoine européen. Je croyais donc, et sans réserve, que le devoir de ma génération était d'aider à son rétablissement; singulièrement les Belges: s'ils avaient un rôle à jouer, c'était celui, dicté par la géographie et leur double culture, d'honnêtes courtiers pour rapprocher Allemands et Français.

Pour importante qu'elle fût, l'entente gallo-germanique n'était pas la seule perspective qui s'ouvrait dans l'immense panorama de l'avenir occidental. Hitler, un accident de l'histoire, conséquence pathologique de circonstances uniques, avait voulu effacer la vision rationnelle du monde que poursuivait l'Europe depuis la Renaissance et le Siècle des lumières. Staline avait poussé l'hégémonie de la raison aux confins de la folie. Dans les éclairs et le tonnerre, l'un et l'autre avaient ramené les hommes aux fureurs guerrières, bref à un retour des temps obscurs. La conjoncture présente la mutation des techniques, le déclin des passions nationalistes, les incertitudes mêmes devaient donner l'occasion d'œuvrer pour un Occident libre, sans guerre et sans misère.

C'est dans cet état d'esprit que j'étais allé frapper à la porte de mes nouveaux collègues de la République fédérale. Mon entrevue avec leur chef, Theodor Blank, un député démocrate-chrétien, ancien syndicaliste au passé politique sans tache, fut brève et agréable sans plus. Après quoi, on me conduisit à son adjoint, un nommé Hans Speidel, professeur à l'Université de Tübingen. Bavardant avec moi – son français était excellent –, il me dit avoir été attaché militaire à Paris en 1936; je compris subitement qu'il était le *général* Speidel, le divisionnaire, dont les hommes m'avaient fait prisonnier assez rudement pendant la campagne de mai 1940. Malgré mes bonnes résolutions, ce fut un choc; il me fit mieux comprendre de combien de pierres était semé le chemin de la réconciliation.

En vérité, Speidel était quelqu'un de très bien. Esprit philosophique, l'horreur de l'expérience nazie, autant que celle des champs de bataille, lui avaient fait abjurer tout impérialisme germanique, tout penchant ancien à des mystiques irrationnelles. Il déplorait l'ineptie de la jeunesse allemande, y compris la sienne, qui s'était laissé débaucher par les promesses charlatanesques d'ordre et de grandeur d'Hitler. Chef d'état-major de Rommel à la fin de la guerre, il s'était jeté avec son supérieur dans le complot de Stauffenberg de juillet 1944 qui avait été à un cheveu d'abattre le monstre. Condamné à mort par un «Tribunal du Peuple», détenu avec d'autres dans une geôle de Berlin, il avait entendu chaque matin, pendant huit mois, les coups de feu des pelotons d'exécution dans la cour de la prison. Un matin, la porte de sa cellule brusquement ouverte, il avait cru sa dernière heure arrivée; c'était un officier de l'armée américaine venu lui rendre la liberté. Avec Speidel et plusieurs de ses compatriotes qui pensaient comme lui, Kessel, Plehwe, Herwarth, Blankenhorn, Inga Haag, Carstens (plus tard président de la République fédérale), etc., la délégation belge, sous la conduite vibrante d'André de Staercke, entretenait avec eux des relations cordiales et confiantes. Ils étaient des nôtres; parfois dînant avec eux et leurs épouses dans les restaurants raffinés de Paris, nous nous demandions, pleins d'étonnement, quel démon avait pu faire retourner les Européens à la sauvagerie barbare de leurs combats.

Le traité de la CECA avait été approuvé à l'Assemblée nationale, non sans de vives discussions, fin 1951, par une bonne majorité, de même au *Bundestag* – à La Haye, Bruxelles, Rome et Luxembourg par des majorités massives. Celui de la CED s'enlisait dans un marécage de difficultés. Il était clair pour tous ou presque tous (à l'exception des communistes et de leurs associés) que la menace soviétique exigeait de fourbir les armes, que la logique réclamait impérieusement, comme le disaient les Américains, «d'associer les Allemands à la défense de l'Allemagne». Pourtant, fusionner en groupements anonymes des régiments fameux, amener des drapeaux couverts de gloire ancienne, objets sacrés des liturgies nationales, et cela moins de sept ans après les avoir repris à l'ennemi, cela représentait un effort de bon sens et d'abnégation proche de l'héroïsme. Belges et Néerlandais, après quelques hésitations, s'y étaient résignés; leurs dirigeants pensant à Rappalo, ce traité retentissant de 1922 qui avait jeté les bases d'une alliance entre la République de Weimar et l'URSS, étaient éminemment soucieux d'ancrer à l'Ouest une République fédérale au destin moins sûr alors qu'il ne parut plus tard. En France, ce fut plus difficile; des mémorialistes français (dont

Jacques Fauvet, Alfred Fabre-Luce, Pierre Gerbet), plusieurs ambassadeurs distingués (dont David Bruce et Douglas Dillon), avaient estimé que la population aurait suivi son gouvernement si celui-ci l'en avait pressé. C'était aussi l'opinion de la délégation belge et les sondages d'opinion le confirmaient; en 1952, 48% des Français se disaient favorables à une armée européenne, moins d'un tiers émettaient un avis négatif et 22% n'avaient pas d'opinion*. Qui avait vu juste? Personne ne peut le dire. Ce qui est probable néanmoins, c'est qu'en retrouvant le pouvoir, le général de Gaulle aurait mis fin à l'entreprise.

Le Grand Débat dont on a beaucoup dit qu'il fut une nouvelle affaire Dreyfus et qu'il déchira la France, c'est surtout à Paris, dans le sérail politique, qu'il parut agiter les esprits. Depuis le 6 mars 1952, Antoine Pinay était président du Conseil. Tout à fait acquis à la réconciliation franco-allemande, il était trop intelligent pour ne pas voir clairement les paramètres de la situation. Mais les socialistes avaient refusé de participer au gouvernement – pour la première fois depuis 1945 –, l'obligeant à les remplacer dans sa majorité par vingt-sept députés gaullistes, dissidents mais hostiles à la CED. Si le traité put être signé le 27 mars en une séance solennelle au Salon de l'Horloge en présence d'Eden et d'Acheson, Robert Schuman commit l'erreur de sa vie en acceptant de le remiser dans son tiroir au lieu de le soumettre sur-le-champ au Parlement.

Les mois s'étaient écoulés, le traité avait été approuvé par le *Bundestag* et par les Parlements du Benelux à des majorités confortables**. Rome n'attendait que la ratification française pour suivre. À Paris, «cédistes» et «anticédistes» continuaient à s'empoigner sur la place publique. Les hésitants (même au sein du gouvernement) faisaient d'une participation de la Grande-Bretagne le prétexte de leurs atermoiements. Si celle-ci avait été membre à part entière de la CED, il y a peu de doutes que le tandem Pinay-Schuman l'eût emporté. «*Une* division britannique aurait fait l'affaire» allait affirmer le président Laniel. Peut-être; mais il n'en était pas question. Churchill et Eden avaient succédé à Attlee et à Bevin. Le grand Churchill, âgé à présent de 78 ans, de l'opinion générale, y compris celle de son médecin, avait perdu de sa vigueur[5]. Ses relations avec son dauphin étaient tendues, leurs vues souvent divergentes. Il n'avait plus la force de braver un rival ambitieux trépignant de prendre sa place et fortifié par les «mandarins» du Foreign Office. Au vif désappointement de

---

* En Belgique, 59 % étaient favorables à la CED; 13,5 % s'y opposaient.

** Le *Bundestag* avait approuvé le traité de Paris en même temps que les «accords contractuels» de Bonn qui y étaient liés et qui devaient remplacer le statut d'occupation de l'Allemagne de l'Ouest par 224 voix contre 165.

ses admirateurs, même en son pays, le vieil homme avait renoncé à ses plus audacieux élans.

D'Anthony Eden, j'ai tracé dans un autre livre le portrait d'un être plein de séductions et de talents, gâtés hélas par une composante narcissique extrême. Il se voyait le centre de toutes choses, il étendait cette vision à son entourage, à son pays, à son Empire – non sans dédain pour ce qui leur était étranger. Retrouvant le Foreign Office en 1951, il n'avait rien perdu de ses tendances franchement nationalistes, responsables déjà de ses erreurs dans les années trente. De surcroît, un homme malade, il allait subir à bref délai une opération grave où il fut très près de perdre la vie. Ses souffrances et peut-être les drogues, notamment amphétamines et morphine, que lui administraient généreusement les médecins et dont il semble s'être intoxiqué, aggravaient une inquiétude foncière, le menaient souvent à des accès d'incontrôlables colères qui le dressaient contre ses conseillers et obscurcissaient son jugement[6]. Tacticien plus que stratège, dépourvu de l'imagination lyrique d'un Churchill, son esprit était mal éveillé à la majesté de la civilisation qui l'avait nourri. Seul comptait l'Empire britannique, puissance mondiale à l'égale des États-Unis et de l'Union soviétique, et même plus que ceux-ci par son génie. Il l'exprima lui-même dans un discours à New York en janvier 1952: «Je parle de la suggestion fréquente de faire entrer le Royaume-Uni dans une fédération européenne continentale. Ceci est une chose que nous ne pourrons pas faire, nous le sentons dans nos os (!) (*We know in our bones*)... Car l'histoire et nos intérêts s'orientent loin au-delà du continent européen. Mes pensées vont au-delà des mers vers les multiples sociétés dans tous les coins du monde dans lesquelles notre peuple joue son rôle. Ceux-ci sont nos liens familiaux. Ceci est notre vie...[7]»

Dans cette perspective, le futur Premier ministre de Grande-Bretagne ne se souciait que modérément du défi idéologique lancé par le marxisme-léninisme et il n'excluait pas complètement un rapprochement avec les Soviets. Leurs menaces contre les intérêts britanniques, en particulier les pétroles du Moyen-Orient, le préoccupaient certes; mais à celles-ci répondait l'OTAN qui, engageant les énormes ressources américaines au sud de la Manche, élargissait la liberté d'action de Londres partout ailleurs. Eden voyait l'Alliance reposant sur trois «piliers»: les États-Unis, la Grande-Bretagne et le reste de l'Europe – une Europe pas trop «unie»: confirmation de la diarchie du temps de guerre qu'avait déjà tentée Bevin. C'était méconnaître l'idéalisme des Américains, leur attachement à l'éthique universelle qui présidait à leur société. C'était aussi ignorer leurs intérêts matériels en un monde transformé par les idéologies, l'apparition des armes nucléaires, l'éveil en Asie et en Afrique de forces nouvelles. En Amérique, l'OTAN (bientôt complétée par d'autres alliances au Moyen-Orient et en Asie) ne se concevait qu'à «deux piliers», les États-Unis et l'Europe

– unie et solide. Comment Washington aurait-il pu privilégier la Grande-Bretagne sans discriminer la France et l'Allemagne, sinon l'Italie? Comment dans ce cas aurait-il pu jouer le rôle messianique de protecteur de l'Occident et de sa civilisation qui justifiait ses sacrifices?

À plusieurs occasions, Acheson en entretint Eden avec une irritation croissante. Mais les deux hommes n'étaient pas fait pour se comprendre, l'Américain inspiré par l'aube du temps moderne, le Britannique par une ancienne gloire. Répétant sa tragique faute de 1936 lors de la réoccupation de la Rhénanie par la *Reichswehr*, le chef du Foreign Office voulait se dérober à tout engagement militaire ou politique sur le continent. Petit à petit, obligé de céder aux pressions croissantes de son collègue américain, il s'était résigné à promettre de maintenir des troupes en Allemagne «aussi longtemps que nécessaire»; puis, encore sur l'intervention d'Acheson, le 27 mai 1952, après bien des hésitations et visiblement de mauvais gré, il signait des accords de coopération avec la CED et souscrivait à une déclaration franco-anglo-américaine garantissant son unité et son intégrité. Schuman avait souhaité plus au moins une participation, peut-être partielle – mais en vain. Plus qu'elles n'unissaient le Royaume-Uni à la France et à l'Europe, ces tractations insuffisantes et pas claires soulignaient les contradictions des parties contractantes.

C'est alors qu'à Paris se déchaîna l'offensive contre la CED en un crescendo idéologique et passionnel rendant aléatoires tous compromis raisonnables – défenseurs d'une Europe du passé aux souverainetés rivales contre une nouvelle *Res publica romana*. Le président de la République, Vincent Auriol, menait le combat à la tête d'une coalition hétéroclite allant des communistes à gauche jusqu'aux gaullistes à droite, trouvant des alliés ici et là dans presque tous les partis. Son hostilité à la CED procédait à la fois d'une haine viscérale des Allemands et du vieux rêve socialiste de réconciliation avec la patrie du prolétariat – ou avec la «chère Russie», il ne distinguait pas clairement. Pour cet autre socialiste, Jules Moch, Allemands et nazis étaient synonymes. Son fils, membre de la Résistance, avait été assassiné par la Gestapo dans des conditions particulièrement atroces. Pour le radical Édouard Daladier, la réconciliation signifiait un nouveau Munich – dont il avait été un principal conspirateur. Le gaulliste exalté Michel Debré disait au Sénat que le traité était «pitoyable et aberrant». Il promettait la Haute Cour à Hervé Alphand, il vouait au peloton d'exécution son vieil ami l'inspecteur des Finances Thierry de Clermont-Tonnerre –, le tout sans rire. Il y avait aussi des opportunistes, parfois anciens munichois ou collaborateurs, comme P.E. Flandin, qui comptaient se réhabiliter ou satisfaire des ambitions en affichant un «patriotisme» vibrant. En Georges Bidault et d'autres, les diverses tendances s'enchevêtraient. Et Édouard Herriot, à l'âge où l'on radote: «La CED, c'est la fin de la France.»

Qu'en pensait alors le reclus de Colombey-les-Deux-Églises? Il n'avait rien changé à ses idées fondamentales, exprimées à la première page de ses *Mémoires de Guerre* de 1954: «La France n'est réellement elle-même qu'au premier rang.» Mais si sa stratégie était immuable parce qu'elle procédait de sa nature, sa tactique s'adaptait aux circonstances. N'excluant plus la possibilité d'une troisième guerre mondiale déclenchée par l'URSS, il avait compris ce qu'avait d'irréaliste son rêve d'une Allemagne politiquement anéantie; il s'était consacré à cette *Europe des Patries*, une Europe confédérale, où la France assurerait un magistère en encadrant l'ancien Reich. Dans cette perspective, l'Europe égalitaire à vocation fédérale et, plus que tout, son armée «apatride» étaient frappées d'anathème. «Une fumisterie», s'exclamait le Général, une «monstruosité». Certains de ses adeptes et non des moindres n'hésitaient pas à en entretenir l'ambassadeur des Soviets à Paris, nous révèlent les archives récemment ouvertes à Moscou. L'ambassadeur Chauvel écrivit même: «Le RPF s'était mis à proprement saboter le fonctionnement des institutions de la IVe République[8].»

À toutes ces vitupérations, Robert Schuman n'avait pas répondu. Son silence fut-il uniquement de la rouerie parlementaire? Dans les archives des Affaires étrangères de Belgique figure un document curieux, daté du 20 décembre 1952; il relate un entretien de Jules Moch, ancien ministre de la Défense, avec le ministre belge Paul Van Zeeland au cours d'une traversée de l'Atlantique à bord du paquebot *Liberté*. Moch avait eu des conversations avec Gromyko – confirmées à bord par Vychinski – qui avaient aggravé ses inquiétudes; il en aurait fait part à Schuman en le priant de retarder la ratification de la CED jusqu'en 1953, dans l'espoir d'un accord général de désarmement rendant inutile le traité de Paris; Robert Schuman le lui aurait promis en l'autorisant au surplus à un informer Moscou[9].

Ce même mois de décembre 1952, nouvelle crise ministérielle à Paris. Le radical René Mayer prenait la place d'Antoine Pinay qui avait pris celle d'Edgar Faure, qui avait pris celle de René Pleven, qui avait pris celle d'Henri Queuille, qui avait pris celle de Pleven, de Bidault, etc. Dans cette ronde interminable, René Mayer paraissait quelque peu différent. Issu du milieu des affaires, ami de Jean Monnet, il avait la réputation d'être énergique et partisan sincère de l'intégration européenne. Mais pour s'assurer une majorité, il avait dû prendre dans son gouvernement des gaullistes dissidents, «anticédistes» jusqu'à la moelle, et remplacer Schuman par l'incertain Bidault*. Néan-

---

* Les élections de juin 1951 avaient conduit à l'Assemblée nationale 103 communistes; les gaullistes étaient 118, laissant aux «partis de gouvernement», socialistes, républicains populaires, radicaux, droite classique, etc., une majorité confortable mais irrémédiablement divisée entre eux par haine de l'enseignement laïque et partisans de l'enseignement catholique.

moins, dès son entrée à l'Hôtel Matignon, le nouveau président du Conseil soumettait le traité CED au Parlement – enfin. Il lui promettait aussi, promesse vaine, une plus étroite coopération de la Grande-Bretagne; des partenaires de la France, il comptait obtenir des « protocoles additionnels » assurant dans la CED l'unité de l'armée et de l'Union française.

Dans les édifices provisoires de bois et de plâtre du Palais de Chaillot où siégaient les diplomates, l'atmosphère était trouble. Ils ne connaissaient pas toutes les rivalités qui déchiraient le Parlement. Mais rares étaient ceux qui ignoraient les ambitions de Bidault à la présidence de la République (les élections devaient avoir lieu en décembre 1953) et combien il comptait sur les votes gaullistes pour l'obtenir. En public, il déclarait qu'il voulait « faire l'Europe sans défaire la France », ce qui n'expliquait pas grand-chose. La bizarrerie de son comportement, aggravée par l'abus d'alcool ou de médicaments, lui faisait perdre la confiance dont avait bénéficié Schuman. À la mission américaine, l'ambassadeur Bruce et ses principaux collaborateurs ne cachaient plus leur mécontentement. *Plus de deux ans s'étaient écoulés depuis qu'avait été reconnue l'urgence de réarmer l'Allemagne.* De même à Bonn, à La Haye, etc.

La délégation belge restait plus calme. Son chef André de Staercke était de ces hommes assez rares qui concentrent le principal de leur énergie sur les idéaux qu'ils se sont donnés et n'y renoncent pas facilement. Brillant élève des jésuites, pétri de culture classique, curieusement bien informé des civilisations asiatiques, l'Europe de Jean Monnet était pour lui (comme pour moi) bien plus qu'une nécessité économique ou stratégique; elle était un thème de civilisation, plus noble que tout autre parce que plus humain. Pour en réaliser l'essentiel, il était prêt à sacrifier l'accessoire; les « protocoles additionnels » n'étaient pas l'essentiel; s'ils pouvaient faciliter l'approbation parlementaire de la CED, il était prêt à les soutenir. Ce qu'il fit avec ardeur et habileté.

L'ambassadeur de France avait remis à ses cinq collègues les projets des protocoles en les accompagnant de la promesse formelle du président du Conseil de faire ratifier le tout. Nous nous étions immédiatement mis à les étudier. Il était entendu que les protocoles ne pouvaient en aucun cas *modifier* la substance du traité, seulement *l'interpréter* de manière à ne pas exiger de renvoi aux Parlements; en aucun cas, ils ne pouvaient porter atteinte à l'égalité des droits des parties contractantes, principe fondamental de toute l'entreprise européenne.

Préserver l'unité de l'armée française tout en versant une partie de ses régiments dans un corps de bataille européen – et sans discriminer personne – équivalait à peu près à réussir la quadrature du cercle. Nous y arrivâmes à force de bonne volonté et grâce aussi à l'habileté de nos juristes dont Yves de Vadder n'était pas le moins astucieux. Dès la fin de mars, les protocoles étaient paraphés. Deux mois plus tard, craignant de le voir réussir, les gaullistes contraignaient René Mayer à la démission. La ronde reprenait.

Au matin du 6 mars 1953, la radio de Moscou a annoncé: «Le cœur de Joseph Vissarionovitch Staline, compagnon d'armes de Lénine et génial continuateur de son œuvre, guide sagace et éducateur du Parti communiste et du peuple soviétique, a cessé de battre.» Depuis quelque temps, le bruit courait que sa santé se dégradait; la presse soviétique donne une bruyante publicité au complot des «blouses blanches», les médecins presque tous juifs qu'elle accuse du meurtre de Jdanov (l'homme du Kominform) et d'autres machinations contre le régime. Staline a déclenché une campagne antisémite qui rappelle celles d'Hitler. Parmi les victimes se trouve, on le sait, l'épouse de Molotov. Ce qui est moins connu, c'est que son mari a été obligé de signer lui-même le décret d'internement au goulag. Ce qu'il a fait; pourtant, dit-on, il l'aime. Tout cela est sauvage et absurde. Après tant d'autres actes de cruauté et de violence inexplicables, on se demande si le dictateur du Kremlin a toute sa raison. Le récit par Khrouchtchev de ses derniers mois, publié en 1971, a décrit un homme atteint de paranoïa pathologique[10]. Condition effrayante dans un pays sans institutions, sauf celles de l'État qui est entièrement dominé par son chef. À présent, il n'est plus. Partout les drapeaux sont à mi-mât. La terre entière lui rend hommage; Eisenhower, président des États-Unis depuis peu, Vincent Auriol, président de la République française, la jeune reine Élisabeth d'Angleterre, le général de Gaulle, tous les chefs d'État du monde, font parvenir à Moscou des messages de condoléances. De même qu'Hitler, il a été un des plus grands criminels du temps, riche en forfaits affreux. De même qu'Hitler, il rappelle le Richard III de Shakespeare: «Des gouttes de sueur froide se figent sur ma chair... Est-ce que j'ai peur de moi-même? Le parjure, le parjure au plus haut degré, le meurtre cruel, au plus atroce degré, tous les crimes poussés au suprême degré, se pressent à la barre, criant tous: Coupable! Coupable! Coupable![11]» Pourtant, Staline a régné sur les cœurs de myriades d'êtres, pourtant son fantôme a hanté les rêves et non seulement des moins civilisés. En Italie, en France, pendant un demi-siècle, un quart des électeurs ont voté librement pour ses suppôts. Des esprits parmi les plus distingués se sont faits les chantres de son féroce totalitarisme; ou parfois sans complètement l'adopter, ils en ont été des thuriféraires zélés, les «compagnons de route».

Dans *L'opium des intellectuels* de 1955, Raymond Aron a décrit leur étrange intoxication dont je fus, ici et là, un témoin effaré. Jean-Paul Sartre était leur chef de chœur, déjà célèbre, de même que sa compagne Simone de Beauvoir, par une œuvre littéraire qui me paraît aujourd'hui bien démodée. Ils régnaient sur une jeunesse intellectuelle profondément troublée par les malheurs de la société, souvent proche du désespoir. À

Paris, on pouvait les voir presque chaque jour au *Café de Flore*, l'ancienne scène de Maurras à Saint-Germain-des-Prés, fumant et buvant d'abondance, entourés d'une cour de disciples des deux sexes aux cheveux ébouriffés et aux vêtements pas très propres. Ce que trouvaient ceux-ci en *l'existentialisme* de Sartre et ce qui les enthousiasmait, c'était le complet refus des valeurs traditionnelles, fondé sur la notion pour eux factice d'un absolu métaphysique et moral. Ni Dieu, ni vertu. Greffé sur le marxisme – «l'horizon indépassable de notre culture» – l'enseignement du Maître leur promettait des libertés sans limite, légitimées par le déterminisme historique de Karl Marx. «Une panne des Lumières», disait-on.

Quoique indigné de voir le prophète de Saint-Germain-des-Prés et ses disciples condamner tout un héritage culturel fondé sur la raison et la morale en l'accusant de représenter des «valeurs bourgeoises», je ne leur reprochais ni leur propagande révolutionnaire, ni leurs opinions communistes; des années de despotisme nazi ou vichyssois avec sa prétention hypocrite à la vertu, sa cruauté, sa corruption expliquent dans une large mesure pourquoi ils se rejetèrent vers l'extrême gauche. Beaucoup plus difficile à accepter sont la mauvaise foi (ou l'extrême naïveté), les mensonges (ou la suprême crédulité) avec lesquelles les sartriens pratiquèrent leur «engagement» aux côtés de l'Union soviétique en manifestant une implacable haine des États-Unis. Dans leur revue *Les Temps Modernes* de janvier 1950, je trouve: «Dans aucun pays du monde, la dignité du travail n'est plus respectée que dans l'Union soviétique... L'exploitation de l'homme par l'homme est depuis longtemps abolie... Dans les pays capitalistes, les travailleurs sont traités comme des esclaves par leurs maîtres capitalistes.» Ou le 22 janvier 1953, dans une lettre aux Américains publiée dans *Libération*: «... le mépris et l'horreur que vous nous inspirez, nous refusons d'en faire de la haine... C'est un lynchage légal qui couvre de sang tout un peuple et qui dénonce avec éclat la faillite du Pacte atlantique et votre incapacité à assumer le leadership du monde occidental... En tuant les Rosenberg, vous avez tout simplement essayé d'arrêter les progrès de la science par un sacrifice humain*... Ne vous étonnez pas si nous crions d'un bout à l'autre de l'Europe: attention, l'Amérique a la rage, tranchons tous les liens qui nous rattachent à elle, sinon nous serons à notre tour mordus et enragés.» Comment un lettré aussi sophistiqué que Sartre pouvait-il publier de pareilles insanités - en faisant mine d'oublier le procès du comité antifasciste juif, terminé en août 1952

* Sartre se référait au procès des époux Rosenberg, accusés d'espionnage au profit du Kremlin, condamnés à mort par un tribunal fédéral et exécutés. Exécution qui fit grand bruit parce que très rare en Occident en temps de paix pour les crimes d'espionnage.

par l'exécution de nombreux accusés? Et celui des blouses blanches qui tous deux paraissaient relancer en URSS l'holocauste inachevé d'Hitler?

L'auteur de *L'Être et le Néant* n'était pas seul de son école mais il était le plus excessif. Il y avait Simone de Beauvoir et Albert Camus (pas pour longtemps), Roger Vailland et maints autres moins talentueux; parmi les poètes, Aragon; au théâtre, Henri Bernstein qui parlait de «pessimisme et d'angoisse, d'un sens presqu'universel d'insécurité et de mortel péril». Même quelques catholiques «progressistes»; en avril 1953, la revue *Esprit* dont j'avais admiré avant la guerre la lutte contre les totalitarismes écrivait: «Notre combat a le même sens qu'en 1938... au lendemain de Munich... l'Europe contre la double hégémonie des blocs et d'abord notre Europe d'Occident contre l'hégémonie américaine et son relais allemand.»

Le phénomène trouvait son foyer à Paris mais il n'était pas seulement français, il était général. Dans les Allemagnes, si le peuple retrouvait la joie de vivre, les intellectuels le plus souvent se laissaient emporter par les mêmes courants pessimistes venus de la gauche et très souvent influencés par Sartre. En littérature, il y avait le *Gruppe 47* avec Heinrich Böll, Günther Grass et d'autres. Il y avait le sculpteur Joseph Beuys, au cinéma Werner Herzog et de l'autre côté du rideau de fer, Bertolt Brecht, Peter Politzsch, etc.; tous exprimaient l'*Angst* germanique exacerbé par le traumatisme hitlérien. En Belgique, pays d'entre-deux, point de rencontre des cultures du nord et du sud, la tendance dominante était similaire. Michel de Ghelderode, dont le théâtre en langue française faisait penser aux cauchemars de Jérôme Bosch, Hugo Claus, de langue flamande, cinéaste, écrivain, poète, peintre, en étaient deux des principaux.

En Grande-Bretagne, après le court triomphalisme de la victoire, ce fut l'heure des «*angry young men*», des jeunes gens en colère. Il y avait le romancier Evelyn Waugh, un «chantre des faillites» dont les rêves romantiques de la jeunesse s'étaient dissipés pendant la guerre en amères désillusions, y compris celle de l'Église romaine où il avait cru trouver refuge. «Je ne pouvais comprendre pourquoi Dieu avait créé le monde», déplore un des personnages de son *Decline and Fall*. Il y avait Graham Greene, un autre converti au catholicisme qui, poussant à l'extrême la merci de Dieu, finissait pas abolir toute notion de valeur et tout pardonner – même le terrorisme. En 1955, dans son *Quiet America*, un prétendu refus de juger le poussait aux confins du communisme: typique «compagnon de route». La même année, avec *Lolita* de l'Anglo-Russe V. Nabokov, publié à Paris parce que censuré en Grande-Bretagne, s'attaquait avec le talent d'un grand écrivain aux tabous sexuels les plus sacrés. L'Irlandais S. Beckett dans *En attendant Godot* se faisait le poète de l'absurdité à l'état pur, etc. Il y avait maints autres iconoclastes mélancoliques en littérature, au théâtre, au cinéma aussi bien qu'en musique ou en peinture – parmi ces derniers le nihiliste Francis Bacon, de la lignée des Jérôme Bosch et des Goya. Un important philosophe, Bertrand Russel, était communiste; deux des principaux penseurs originaux étaient les néo-libéraux Karl Popper et Friedrich Hayek d'origine viennoise tous deux.

En Italie, le *Kaputt* de Curzio Malaparte, les œuvres de A. Moravia, faisaient preuve de sensibilités similaires. Elles aussi reflétaient dans l'angoisse – comme en d'autres temps dans la confiance – l'unicité dans la diversité de la pensée européenne.

Si le talent des bardes désespérés était admiré, souvent à juste titre, dans des cénacles artistiques et des salons d'avant-garde, il ne réussissait pas à conquérir les masses. Sartre et ses amis se voyaient les animateurs d'un nouveau Siècle des Lumières, les éclaireurs voltigeurs d'une gigantesque révolution. Mais qu'advint-il de leur retentissantes prophéties, qu'ont-ils achevé, que subsiste-t-il aujourd'hui de presque un siècle de bolchevisme? En Grande-Bretagne et aux États-Unis, en Allemagne, en Suisse, aux Pays-Bas, en Belgique, en Scandinavie, presque personne ne vota pour les partis affiliés au Kominform. En France et en Italie, ceux-ci contribuèrent surtout au désordre. Et les ouvriers qui leur apportèrent des voix répondirent à des promesses démagogiques de plus grand bien-être et de merveilleuse justice sociale et non à la suggestion de la prise du pouvoir par le prolétariat.

À l'exception de l'extrême gauche et de l'extrême droite (celle-ci bien désaffectée depuis l'effondrement des fascismes), les deux familles politiques les plus florissantes furent le socialisme démocratique et la démocratie chrétienne. Les premiers avaient vieilli sans produire beaucoup d'idées nouvelles et sans dissiper, ni leur ambiguïté quant à la violence, ni leur anticléricalisme – fermant ainsi leurs portes à la plupart des classes moyennes. Les seconds, nouveaux arrivés dans les arènes politiques, trouvaient leur origine dans le catholicisme romantique de Lamennais et Lacordaire, inspirateurs lors des dernières décennies du XIXe siècle d'une importante fraction du parti catholique. En Belgique, conduite par l'admirable abbé Daens. Et puis en 1919 ceux de la *Democrazia Cristiana* fondée par le prêtre Luigi Stuzo. Celui-ci aurait sans doute joué un rôle politique capital si le coup d'État de Mussolini ne l'avait obligé à se réfugier à Paris; il allait aussi bien y poursuivre son action en symbiose avec la revue *Esprit* et la philosophie «personnaliste» de Jacques Maritain. Autour de leur pensée gravitèrent Robert Schuman et Konrad Adenauer; mais leur principal disciple fut Alcide de Gasperi, une autre victime du fascisme.

Personne, peut-être, n'a contribué plus que celui-ci à la résurrection de l'Europe, à la fois par son action personnelle à la tête du gouvernement en Italie de 1945 à 1953 et par la très considérable influence qu'il exerça sur Adenauer. Né en 1881 dans le Trentin, alors province de l'Empire des Habsbourg, fils d'un gendarme, de formation germanique autant que latine, adonné très tôt à l'action politique, journaliste au *Reichspost*, un quotidien catholique autrichien, député au Parlement de Vienne, il était devenu citoyen italien à la suite des traités de paix de 1919. Profondément imbu de foi chrétienne, ouaille fidèle de l'Église romaine, il avait poursuivi un itinéraire très semblable à celui de Robert Schuman, plus marqué encore. Son allégeance première allait à son Dieu; dès 1902, on l'entendit dans un discours condamner «la religion de la patrie... l'idolâtrie de la nation». Le fascisme lui avait paru l'antithèse de la conception chrétienne de l'État et avec Sturzo, il l'avait combattu pour être bientôt jeté dans la sinistre prison de *Regina Coeli*. Il n'avait dû la liberté et probablement la vie qu'à l'intervention du pape Pie XI qui l'abrita pendant quatorze ans à la Bibliothèque vaticane.

Consternés par les problèmes sociaux qu'avaient posés avec tant d'acuité jusqu'en 1939 un capitalisme sauvage et la déplorable condition prolétarienne, les démocrates chrétiens avaient espéré imposer le message de fraternité et d'amour du Christ. S'inspirant des encycliques de Léon XIII, *Rerum Novarum*, et de Pie XI, *Quadragesimo Anno* (1931), ils se plaçaient à mi-chemin de l'individualisme égoïste des libéraux et du collectivisme étouffant des socialistes. Ils professaient la *solidarité* des hommes et des peuples en même temps que la décentralisation des pouvoirs, ce qui en faisaient de fervents fédéralistes. Dès avant la deuxième guerre mondiale, ils avaient préconisé une Europe unie et un marché commun.

Après 1945, la Démocratie Chrétienne joua un rôle majeur dans les Parlements d'Occident, notamment en République fédérale d'Allemagne, en Italie, en France, en Autriche, dans les pays du Benelux. Elle y fut souvent le principal parti politique et y gagna parfois des majorités absolues. Associée au mouvement syndical (en Belgique, *la moitié* des syndiqués sont d'obédience chrétienne), elle apporta du réalisme aux revendications les plus excessives des organisations ouvrières de gauche en même temps que plus de justice au «chacun pour soi» des partis de droite. Adenauer, Schuman, de Gasperi furent des titans et dominèrent pour un temps la vie politique de l'Ancien Continent. À tel point que leurs adversaires crurent pouvoir dénoncer ce qu'ils appelèrent *l'Europe vaticane*. Ceci était absurde. Ludwig Erhard, le futur successeur d'Adenauer, qui donna au corps de doctrine des démocrates chrétiens une dimension pratique sans égale, «l'économie sociale de marché» (le *New Deal* de l'Ancien Continent), était un luthérien fort éloigné du Vatican. Comme l'en étaient Jean Monnet, Paul Henri Spaak et bien d'autres. Comme les Américains protestants, Truman, Acheson, Harreman, Bruce, etc. à qui l'Europe doit tant. Par contre, ce qui ne paraît pas douteux, c'est que tous, catholiques ou protestants, croyants ou non croyants, puisèrent leur inspiration dans une religion de l'homme plantée dans le terreau chrétien. Comme toutes les entreprises, le temps et le succès ont corrompu le mouvement des Daens et Sturzo; certains de ses dirigeants se sont laissé gagner par le cynisme le plus vil. Pourtant l'étape franchie dans les années cinquante a apaisé l'âpre lutte des classes de l'avant-guerre, probablement de manière irréversible. Un nouveau contrat social plus solidaire qu'à aucun moment jusque-là, un début de fédéralisation des nations européennes jamais tenté jusque-là, sont deux belles pages à mettre au livre d'or de la Démocratie Chrétienne.

René Mayer avait été renversé en mai 1953; en juin lui succédait Joseph Laniel, un honnête homme sans grand éclat, disposé à la conciliation; prisonnier des mêmes équations parlementaires que son prédécesseur, il avait pris des gaullistes dans son gouvernement. Il n'eut pas la vie facile. De plus en plus, la France s'engageait en Indochine dans une guerre sans issue. En Afrique du Nord, la situation se dégradait sensiblement. En août, le pays fut sans transports, sans eau, sans gaz, sans électricité, à la suite de grèves étendues, motivées cette fois par les fautes d'une politique économique à base de prix cartellisés qui raréfiait la production, accroissait démesurément les profits et empêchait le relèvement des salaires. En ce qui concerne la CED, les députés livrés aux mêmes combats, brandissaient les mêmes arguments, souvent sommaires et tendancieux, particulièrement ceux de nos adversaires qui n'avaient pas beaucoup de données rationnelles à leur disposition – mais quelle passion!

La mort de Staline au printemps, quelques gestes conciliants de Malenkov, le nouveau président du Conseil à Moscou, donnaient à croire à ceux qui voulaient le croire, que la fin de la guerre froide était proche. Et en effet, un armistice était enfin signé en Corée (après trois millions de morts – civils et militaires), mettant fin aux interminables négociations de Panmunjon (juillet 1953). Mais Molotov avait gardé les Affaires étrangères, le policier Beria restait à l'Intérieur et tout indiquait qu'au Kremlin, pas grand-chose n'avait changé. Néanmoins, il était à nouveau question d'une conférence à quatre pour réunifier les Allemagnes, en partie tactique pour satisfaire les opinions publiques, en partie par acquis de conscience. À l'initiative de Paris, de Londres et de Washington, des notes étaient échangées dès l'armistice de Corée. Dulles n'y croyait pas plus qu'Acheson. Mais les Européens hésitaient. Bidault n'abandonnait pas l'espoir ancien d'une alliance à revers ou, du moins, celui de lancer un pont entre l'Est et l'Ouest, la troisième force. À Londres, si le Foreign Office ne voulait pas se distancer de Washington, le vieux Churchill se croyait prédestiné avant de rejoindre son Créateur à rendre la paix au monde par un tête-à-tête avec Malenkov – à la vive irritation d'Eden qui détestait les conférences au sommet où les chefs de gouvernement se couvrent des lauriers dus aux ministres des Affaires étrangères. Quelles contradictions!

Après les allées et venues de leurs adjoints, les trois Grands, Eisenhower, Churchill et Laniel, s'étaient réunis aux Bermudes du 4 au 8 décembre pour une consultation planétaire. La Communauté européenne de Défense y provoqua le débat le plus vif. Laniel atteint de pneumonie s'étant mis au lit, il appartint à Bidault de plaider le point de vue français. Le Premier ministre britannique l'avait durement tancé, soulignant en termes brûlants que le monde libre attendait une décision de la France *depuis trois ans* sur ce dossier central. Reculer maintenant aurait des «conséquences incalculables». Il n'y aurait d'autre alternative que l'entrée de l'Allemagne dans l'OTAN le plus rapidement possible. Le Président américain, avec plus de diplomatie, mais non moins de clarté, lui avait emboîté le pas, parlant lui aussi de la CED comme étant «d'importance bouleversante» (*cataclysmic importance*); s'il ne pouvait en annoncer la ratification au Congrès avant le mois de mai, il n'excluait pas une réduction de 50% de l'aide des États-Unis aux Européens et une remise en question de la politique atlantique à la «lumière de la sécurité exclusive des États-Unis». Toutefois, il promit à la France la première place en Europe (*leadership*) si elle ratifiait la CED. Bidault eut beau jeu de rétorquer en rejetant sur l'abstention de Londres la cause de la fronde au Palais Bourbon. Quant à l'entrée de l'Allemagne dans l'OTAN, il ne pouvait en être question; la France ne renoncerait pas à son rôle de puissance mondiale, etc. Dulles lui répondit par des mots à la fois rassurants et comminatoires. Puis Churchill évoqua en termes prophétiques l'avenir du monde libre: un repli des Américains hors d'Europe pour une stratégie périphérique entraînerait une révision simultanée de la politique de Londres; «La Grande-Bretagne ne pourrait faire autre chose que se défendre jusqu'au bout dans son île.» Plus tard, Lord Moran, son médecin, l'entendit grommeler: «Foutues grenouilles (*bloody frogs*)!»

De leur côté, Américains et Britanniques s'empoignaient au sujet de l'Asie. Eisenhower parla d'user d'artillerie atomique si les hostilités reprenaient en Corée; d'autre part, il voulait l'émancipation à bref délai des colonies européennes, plongeant Eden, selon les mots de son secrétaire, «dans une dramatique mélancolie». Malgré les barbelés qui maintenaient les journalistes à l'écart du *Mid Ocean Club*, l'hôtel du bord de mer où se déroulaient ces conversations ultra-secrètes, nous en avions appris l'essentiel par la presse parisienne, y compris les pantalonnades des grands hommes de l'Occident; mais je perçus mieux le drame qu'ils avaient vécu en lisant peu après une émouvante dépêche d'André de Staercke qui transmettait à Bruxelles les informations recueillies à l'OTAN: il y montrait Churchill et Eisenhower forcés par l'implacable tyrannie des faits à assaillir le malheureux Bidault, échevelé et hagard, défendant pied à pied au bord d'un abîme les plus précieux joyaux d'un Empire à l'agonie[12]. Une décision avait été prise: convier à Berlin au 25 janvier une conférence des quatre Grands.

Elle ne pouvait être qu'un autre mirage. Un plan Eden (préparé de concert à Washington, Londres et Paris, rédigé au débotté par deux jeunes diplomates du Foreign Office, Frank Roberts et Michael Palliser) proposait la réunification d'une Allemagne redevenue souveraine et la conclusion d'un traité de paix à la suite d'élections libres; il était repoussé en bloc sans discussions par un Molotov, plus fidèle que jamais à sa qualification de «Monsieur Niet». Sur un point seul, un accord s'était réalisé, non sans grincement de dents de Dulles: une rencontre à Genève en avril 1954 avec la Chine populaire dont Bidault espérait l'appui – non sans naïveté – pour mettre fin à l'interminable guerre d'Indochine.

Pendant ces longs mois, diplomates et militaires siégeaient au Palais de Chaillot, sur la rive de la Seine à Paris. Au Conseil de l'OTAN, les représentants permanents étaient plongés dans une consultation multilatérale presque incessante; fait nouveau dans la diplomatie, les petits pays étaient informés et entendus. Sous la houlette de Lord Ismay, Secrétaire général de l'organisation, on y administrait les multiples problèmes posés par une alliance politico-militaire sans précédent. Le général Eisenhower, au cours de ses dix-huit mois en Europe, avait jeté les bases du SHAPE (*Supreme Headquarters Allied Powers in Europe*), le général Ridgway avait repris le fardeau avec efficacité. Les affaires n'y allaient pas mal.

D'autre part, au sein du Comité intérimaire de la CED, peu de progrès politiques; de sous-comités techniques usinaient les textes nécessaires à la mise en œuvre de la future armée commune, par exemple un Code pénal militaire qui aurait probablement conduit à l'harmonisation des lois pénales de l'Europe. Ou des schémas raisonnés des dépenses militaires nécessaires à l'établissement d'un budget commun. On dessinait avec zèle les uniformes des officiers de la future armée européenne; comporteraient-ils ou non un ceinturon de cuir (*sic*)?

Aussi bien, notre grande œuvre était la communauté politique (CPE), dérivée d'un article 38 de la CED et prévue pour animer celle-ci du souffle puissant dont manquait l'organisation militaire. Accueillie avec faveur, reprise avec enthousiasme par l'Assemblée de la Communauté Charbon Acier (CECA) à sa première session, le 11 septembre 1952, Paul Henri Spaak, son président, avait pu en soumettre l'idée *deux jours plus tard* à une «assemblée *ad hoc*»*.

* Spaak avait abandonné avec éclat en 1951 la présidence de l'Assemblée du Conseil de l'Europe pour manifester sa déception du manque de combativité de celui-ci.

Après six mois de travail acharné, le 10 mars 1953, celle-ci avait adopté un projet de traité, première ébauche d'une charte européenne à vocation pleinement fédérale; le lendemain, Spaak l'avait remis en grande cérémonie au Conseil des ministres de la CECA. Des discours chaleureux avaient été échangés, les ministres s'étaient réciproquement couverts de compliments; puis, trouvant le projet trop ambitieux, ils l'avaient renvoyé à une commission de fonctionnaires, les mêmes, du moins pour la Belgique, que ceux du Comité intérimaire.

Les délégations, y compris celle d'Hervé Alphand, pratiquaient avec sérieux l'adage de Guillaume le Taciturne: «Il ne faut pas réussir pour persévérer.» En réalité, nous n'avions pas perdu l'espoir. La CECA débutait avec succès. Les sondages d'opinion restaient favorables à la CED quoiqu'en légère baisse, 43% pour, 23% contre[13]. Ne connaissant pas la même publicité qu'aujourd'hui, ils n'influençaient guère le Palais Bourbon. Cependant, les démocrates chrétiens du MRP restaient solides et les socialistes de la SFIO avaient retrouvé leur cohésion (en apparence) à la suite d'un vote de blâme aux rebelles, reconstituant ainsi (en apparence également) une majorité pour l'armée européenne. Un gouvernement résolu devait être en mesure de le faire approuver par le Parlement.

Mais où était-il? Depuis la mort de Staline et l'arrivée des divisions américaines en Allemagne, la crainte d'un coup de main soviétique s'était affaiblie. Ce qui continuait à inquiéter, c'était le destin à long terme de l'Allemagne. Le chancelier Adenauer avait tout misé, sa carrière, la fortune de son parti, l'avenir de son pays, et sans doute celui de l'Europe sur une politique dont la CED était la pierre angulaire; les Allemands en majorité, bouleversés, expatriés, malades de leur passé immédiat, s'étaient laissé séduire par sa promesse de réhabilitation au sein du monde démocratique. Toutefois, le Parti socialiste le menaçait, soulignant la futilité des promesses alliées, la perpétuation du statut de pays occupé, la remise aux calendes grecques des «accords contractuels» (liés à la CED) qui devaient y mettre fin. Il avait beau jeu. Si le charismatique Schumacher était mort en août 1952, ses successeurs continuaient à faire campagne pour la réunification des Allemagnes dans le cadre d'une entente avec l'Union soviétique. Ce qui impliquait leur désarmement, leur neutralisation, la fin de toute alliance avec l'Ouest. C'est-à-dire, à coup sûr, l'apparition de l'Armée rouge aux frontières de la France, des Pays-Bas et de la Belgique. Lorsque John Foster Dulles envisagea le 14 décembre 1953 dans un discours d'ailleurs plein de louanges pour l'Europe, une «révision déchirante» (*agonizing reappraisal*) de sa politique, il nous effara par sa brutalité. Mais la plupart de mes collègues partageaient son émotion. Tant d'années s'étaient écoulées depuis l'annonce du plan Pleven et l'horizon restait bouché.

Il est vrai que le réarmement de la République fédérale n'était plus tout à fait l'angoissante impasse qu'elle avait été; des solutions de rechange se dessinaient. Londres et les capitales du Benelux étaient prêts à accepter l'entrée du pays d'Adenauer dans l'OTAN; même de Gaulle et le RPF y paraissaient moins hostiles – mais à quelles conditions? Une grande affaire persistait: le principe même de la construction européenne. C'est-à-dire l'avenir. Un soir, au cours d'un dîner en ville, j'avais écouté une conversation plus qu'animée entre le général Speidel et l'ambassadeur Parodi, Secrétaire général du Quai d'Orsay, anticédiste décidé: «Monsieur l'Ambassadeur», lui avait dit Speidel, «la France a donné un beau rêve aux Allemands; si à présent vous le brouillez, il se transformera en un cauchemar qui sera aussi le cauchemar des Français.»

Le non de Mendès France (Bruxelles 1954)

Des élections avaient eu lieu en Belgique au mois de mars 1954, les socialistes et les libéraux avaient constitué un gouvernement sous la présidence d'Achille Van Acker où Paul Henri Spaak retrouvait le portefeuille des Affaires étrangères. J'étais devenu son chef de Cabinet, le meilleur poste dont je pouvais rêver aux côtés d'un ministre dont le renom dépassait déjà les frontières de la Belgique, et à qui je me sentais prêt à me dévouer. Je rentrais donc à Bruxelles où j'étais né et où j'avais grandi, mais où, depuis quinze ans, je n'avais plus goûté qu'en de brèves visites son ciel mouillé. Une joie perdue était celle de mes journées exaltantes avec les membres civils et militaires de la délégation – dont son chef André de Staercke. Celui-ci était de ces «grands commis», personnages mal connus du public, ombres un peu obscures qui occupent l'arrière-scène de l'histoire où, trop ignorés des chroniqueurs, ils exercent souvent, par leurs connaissances et leurs talents discrets, une influence prépondérante à travers une emprise sur les grandes vedettes. Âgé alors de moins de 40 ans, Staercke bénéficiait du plus étonnant réseau d'amitiés où figuraient des hommes aussi différents que Churchill, Salazar, Spaak, plusieurs dignitaires de l'Église romaine, un ambassadeur d'Israël, etc., qui tous entretenaient avec lui une correspondance assidue. Nos relations, fondées sur une amitié fraternelle que n'ont pas émoussée les décennies, m'ont beaucoup appris et en particulier le *jus resistentiae*, le droit (et les moyens) de résister aux conformismes et aux ministres intempestifs!

Un sombre bureau aux meubles disparates, contigu à celui du ministre, m'était dévolu dans le vieil hôtel des Affaires étrangères, édifié rue de la Loi sous le règne de l'impératrice Marie-Thérèse. Tandis que je m'y mettais au travail, une «Convention de Coopération entre le Royaume-Uni et la Communauté européenne de Défense» était enfin signée à Paris le 3 avril 1954. Document important, il répondait à peu de choses près aux demandes françaises formulées depuis des années par des gouvernements successifs: participation d'un ministre britannique au Conseil de la CED, association d'un autre Britannique aux travaux du Commissariat, maintien de troupes britanniques sur le continent pour la défense commune, plus une division blindée dans un corps d'armée européen, participation d'escadrilles de la RAF aux futures formations européennes de l'OTAN. Quant à la durée des engagements, Londres proclamait l'Alliance atlantique «d'intérêt essentiel» pour le Royaume-Uni et de «durée illimitée» – au-delà des vingt ans prévus dans sa charte. Peu après, le président Eisenhower, dans une déclaration publique, prenait au nom des États-Unis des engagements similaires, annonçant de même que l'OTAN était d'une «durée indéfinie»[14]. L'initiative connut un grand retentissement; le *Times* de Londres en particulier s'en était réjoui, jugeant que jamais les «signes n'avaient été meilleurs». Laniel lui-même avait été impressionné et il fut sérieusement question (la seule fois) de fixer une date pour un débat de ratification. Mais l'opposition restait irréductible, les voix des députés socialistes indispensables à la majorité et le congrès de leur parti était repoussé au 29 mai. À ce moment-là, le gouvernement vacillait; le 9 juin, il était renversé.

Appelé par François Coty, le nouveau président de la République, Pierre Mendès France devenait chef du gouvernement et ministre des Affaires étrangères, investi par une large majorité où figuraient, étonnamment associés, gaullistes et communistes – pour la première fois depuis 1947 – mais non les socialistes, ni les républicains populaires. Son éloignement des combinaisons politiques, ses critiques d'une action économique à laquelle il reprochait de trop dépendre des États-Unis, son opposition à la guerre d'Indochine, en avaient fait une sorte d'homme providentiel apportant l'espoir d'une grande croisade, un renouveau de la République. Son court séjour à Matignon, moins de huit mois, allait finir dans la tristesse. Ses trois points centraux en étaient la guerre d'Indochine, l'état de l'économie et l'armée européenne. Il dépêtra la France des marécages d'Asie, il assainit pour un temps la situation économique. Mais il se perdit dans l'obsédant imbroglio de la CED.

Déjà avant l'arrivée de Mendès à Matignon, la Conférence des Bermudes avait exposé le degré d'exaspération des partenaires de la France. Rencontrant Dulles à Paris en tête-à-tête, le 24 avril 1954, en marge d'un conseil de l'OTAN, Spaak avait mesuré l'intensité de son inquiétude: un vent de révolte soufflait au Congrès, un nombre grandissant de ses membres inclinaient à voir un inutile gaspillage dans les sommes énormes investies par les États-Unis en Europe, dix milliards de dollars depuis deux ans, l'équivalent d'environ soixante-dix milliards de 1992. Washington se tournait vers des décisions hâtives, défense périphérique ou alliance bilatérale avec l'Allemagne. Le secrétaire d'État en sentait les périls, il voulait les conjurer, obtenir du Parlement français qu'il se prononçât à bref délai. Spaak pouvait-il y aider[15]? L'anxiété à Londres n'était pas moindre – le ministre belge avait pu le constater au cours d'une conversation avec Eden à Genève. Le 1er juin, l'ambassadeur américain David Bruce, en mission spéciale auprès des Communautés, était à Bruxelles accompagné d'André de Staercke, et derechef le 18, après la démission du gouvernement Laniel. Ce fut au cours de ces conversations et en consultation avec Bonn, La Haye et Luxembourg – *et avant l'investiture de Pierre Mendès France* – qu'avait été adoptée une ligne de conduite; elle prévoyait la convocation par les États du Benelux d'une conférence à Six, donc *avec* la France, pour placer celle-ci devant ses responsabilités et obtenir la ratification de la CED attendue depuis si longtemps. Elle envisageait aussi en cas d'échec de réunir les pays ayant ratifié le traité – donc *sans* la France, mais avec les États-Unis et la Grande-Bretagne – pour renforcer «*l'endiguement*» en y associant la République fédérale d'Allemagne. C'était un avertissement plus qu'une intention, car il était presque impensable qu'un homme aussi intelligent que Mendès ne finisse pas par prendre conscience de l'isolement qui menaçait son pays. C'est ce que concluait le résumé de nos conversations rédigé le soir du 18 juin. Voilà pour le «complot» contre sa personne que Mendès et ses admirateurs allaient dénoncer ultérieurement!

En réalité, loin de «conspirer» contre son collègue, Spaak se réjouissait en ces premiers jours de le voir à la tête des affaires. Pendant les années d'exil à Londres, il avait admiré son courage physique dans une escadrille de bombardement, il avait pour son expertise économique et financière la vive estime d'un profane; quoique l'un fût socialiste et l'autre radical, pas grand-chose n'aurait dû les séparer idéologiquement. Le nouveau maître de la France avait à Bruxelles des amis influents, parmi lesquels Camille Gutt, ministre des Finances libéral dans le gouvernement belge de la Libération avec lequel il avait préparé à Londres le plan d'austérité qu'allait lui refuser le général de Gaulle en 1945 et qui en Belgique jugula l'inflation. Spaak en avait reçu une lettre qui lui recommandait en termes pressants d'apporter son concours à un des hommes «les plus solides et les plus capables» du Palais Bourbon. Venant de Gutt, c'était un message qui comptait. Ce fut donc de bonne humeur que le ministre belge, accompagné de son directeur de Cabinet, prit place dans le *TransEurop Express* de Paris au matin du 30 juin 1954 pour y rencontrer son collègue.

Mendès France était alors à un point décisif de son éphémère magistrature. Quelques semaines auparavant, le 7 mai, un désastre avait frappé les armées françaises en Indochine. À la suite de violents combats, le camp retranché de Diên Biên Phû, une clé de la frontière chinoise, était tombé aux mains du Viêt-minh communiste, équipé par les Chinois et les

Soviets, le pays tout entier s'ouvrait à l'invasion. Poursuivre la lutte aurait exigé le transfert de forces importantes hors d'Europe, créant au bénéfice de l'Allemagne une supériorité potentielle intolérable. Abandonner aurait sonné le glas de l'Empire français en Asie. Tragique alternative, elle avait plongé le monde politique dans l'affolement. *Avant* la reddition de Diên Biên Phu, le gouvernement Laniel - Bidault avait tenté de manière velléitaire d'impliquer les États-Unis dans le conflit; n'était-il pas un autre front de la guerre froide? La Maison Blanche n'avait pas dit non; de 1950 à 1954, elle assuma 80% du coût total de l'assistance économique et des opérations militaires en Indochine. Mais elle ne pouvait (ou ne voulait) s'engager sans l'accord du Congrès et celui-ci ne prétendait le donner que dans le cadre d'une opération internationale en association avec les Britanniques. Londres s'y était refusé. Fut-il néanmoins question aux derniers jours du drame de passer outre et d'user d'armes atomiques américaines sur le champ de bataille? Des documents publiés par la CIA en juillet 1993 paraissent le confirmer[16].

Dans ces circonstances s'était ouverte le 27 avril 1954 la Conférence asiatique de Genève, réunissant Eden, Molotov, Bidault et pour la première fois Chou En-lai. Dulles y était aussi, de mauvais gré mais conscient que sans son aval aucune concession ne pouvait être espérée des Sino-Soviétiques. Au début de mai, les Français avait cru être près d'un armistice qui devait partager le Viêt-nam en deux zones, Nord et Sud; la position de la ligne de démarcation restait âprement discutée. Des élections libres au scrutin secret auraient lieu en 1956, le Laos et le Cambodge deviendraient des États indépendants reconnus par le Viêt-minh. Conditions qui donnaient en vérité l'Indochine au communisme à plus ou moins long terme mais que Bidault avait pensé pouvoir améliorer et vendre aux Français aussi bien qu'aux Américains; privé de toute autorité, plongé dans les exhalaisons méphitiques de la défaite de Diên Biên Phû, le gouvernement avait mordu la poussière pour céder la place ce pilote inspiré que parut brièvement représenter Mendès France. Dans son discours inaugural, celui-ci avait promis solennellement de mettre un terme en 28 jours (c'est-à-dire avant le 20 juillet) à cette guerre de huit ans qui avait coûté à l'armée près de cent mille morts de toutes les nationalités, épuisé la France et excédé sa population. Un pari avec le destin.

Sans assistance américaine, la France n'aurait pu défendre l'Indochine; d'autre part, sa guerre la rendait impuissante à l'Ouest. L'Europe, sinon les États-Unis, jugeait qu'elle devait se débarrasser d'un fardeau insupportable pour reprendre le rôle directeur qu'elle assumait depuis Robert Schuman à la satisfaction générale. L'Asie était perdue, Diên Biên Phû l'avait prouvé, comme l'affaire de *l'Amethyst* sur le Yang-Tsê en 1949, comme la débâcle de Shangai, la même année. L'Empire des Indes s'était écroulé, les Néerlandais rejetés de l'Insulinde. Dès lors, on applaudissait

Mendès France en formant des vœux pour son succès. C'est dans ce contexte que se déroula le 30 juin 1954 la rencontre agréable encore que floue des chefs de la diplomatie français et belge flanqués de leurs directeurs de Cabinet respectifs. Les entretiens débutèrent au déjeuner dans le somptueux décor de l'Hôtel Matignon, par l'évocation, sur un ton familier, des jours d'exil à Londres. Notre hôte nous informa des négociations de Genève qui, en l'absence des ministres, se poursuivaient au niveau des experts; il lui restait peu de temps pour accomplir sa promesse de les mener à bien avant le 20 juillet, mais il pensait réussir. C'était pour lui une «priorité absolue». Au café, servi sur la terrasse ensoleillée d'un pavillon au fond du parc, il répéta avec emphase que rien ne pourrait le distraire de sa tâche en Indochine, que l'avenir de son gouvernement en dépendait – de même que celui de la CED.

Il en était partisan: ne l'avait-il pas appuyée dans un débat à la Chambre en 1954 (c'était exact)? Mais il n'y avait pas de majorité pour l'approuver telle qu'elle était. Même si se trouvait une petite majorité à laquelle il ne croyait pas, celle-ci serait insuffisante pour l'imposer. Dès lors, elle requérait des accommodements et il appartenait aux Français de les trouver; après quoi, le traité serait soumis au Parlement. Spaak souligna qu'il ne pouvait être question pour Paris de modifier unilatéralement des textes signés en commun. Mendès parut surpris; n'y avait-il pas réfléchi? Pourtant il était avocat. La discussion s'était poursuivie dans l'après-midi, Mendès faisant preuve de quelque flexibilité. Il se disait conscient de l'urgence du problème allemand; mais nous n'obtînmes aucune précision sur ce qu'il entendait pas «accommodement» ou «compromis». Il allait les mettre à l'étude et promit d'en tenir informé André de Staercke par son directeur de Cabinet. Un communiqué conjoint annonça que nous nous étions mis d'accord pour une Conférence des Six dès que le gouvernement de la République aurait pu préciser sa position – en tout cas avant que son Parlement ait été amené à se prononcer.

Tard dans la soirée, je terminai un compte rendu de la journée, préparé à la demande de mon ministre et qu'il signa lui-même le lendemain matin – ce qu'il faisait rarement[17]. J'en ai une copie sous les yeux. Dès le début de l'entretien dans le parc, Spaak n'avait laissé aucun doute sur un point essentiel, déjà souligné à l'époque des «protocoles additionnels» de René Mayer: malgré toute sa bonne volonté et son désir de faciliter les choses, il serait impossible de soumettre une deuxième version du traité aux Parlements qui en avaient adopté déjà le texte primitif, c'est-à-dire ceux de Bonn, La Haye, Luxembourg et Bruxelles.

«L'URSS veut la paix à aucun prix», raillait le diplomate américain Chip Bohlen. Pendant les longs colloques de Genève, des relations humaines moins raides que précédemment s'étaient établies entre Molotov et ses collègues français et britanniques; plusieurs fois, ils s'étaient même retrouvés à dîner avec les épouses dans une atmosphère progressivement plus détendue. Le 21 juillet, avant de reprendre l'avion de Paris, l'accord de cessez-le-feu en Indochine dans sa poche, Mendès France était allé prendre congé de son collègue soviétique dans sa belle villa au-dessus du lac Léman. Au cours d'un long entretien, les deux hommes parlèrent de l'Europe et de l'Allemagne; répondant à une vive diatribe contre la CED en laquelle le Russe prétendait voir une menace, le Français lui aurait recommandé de «faire un geste», de «prendre une initiative constructive nouvelle», etc.[18] Trois jours plus tard était déclenchée une «offensive de paix» – une de plus; les chancelleries occidentales recevaient une note soviétique, à la vérité pas très différente de toutes les précédentes, proposant une conférence – une de plus – consacrée à la sécurité du continent. On y vit presque partout une manœuvre dilatoire – une de plus – contre la CED. Pourtant Mendès «ne voulait pas fermer la porte» aux suggestions soviétiques. Le 12 août, Spaak apprenait des ambassadeurs britannique et américain les démarches qu'il faisait dans ce sens à Londres et à Washington – où elles étaient fort mal reçues.

Pendant ce temps, le président du Conseil savoure la joie du triomphe, celui d'avoir mis fin à une guerre de huit ans, celui aussi d'un règlement en Tunisie. Il est au pinacle de sa carrière. Il charge deux membres du gouvernement, un gaulliste et un radical, l'«anticédiste» Koenig et le «cédiste» Bourgès-Maunoury, de concilier leurs différends. Mais ils ne peuvent que constater leur opposition. Mendès confie alors à un groupe de diplomates et de hauts fonctionnaires – dont Alphand, le seul vrai expert, est exclu – la tâche de lui préparer le protocole qu'attendent ses partenaires européens[19]. Comme promis, André de Staercke a eu des rencontres avec Philippe de Seynes, un collaborateur du chef du gouvernement – mais sans être vraiment tenu au courant. Peut-être le temps a-t-il manqué; car soumis au Conseil le 13 août et approuvé non sans peine par les ministres le 14 (à l'exception de trois gaullistes qui démissionnent), un résumé étendu du protocole paraît le même jour en première page du *Monde*. Le comte de Vaucelles, conseiller de l'ambassade de France, vient m'en remettre officiellement le texte le surlendemain 16 août. Une catastrophe!

Mardi 17 août. Veille de la Conférence des Six. Spaak, d'humeur sombre, ce qui est rare, a convoqué dans son bureau, pour une évaluation du protocole français, les principaux fonctionnaires du Département avec André de Staercke appelé de Paris et le colonel Hartéon, notre expert militaire. Premières réactions, unanimement négatives, sauf celle du Directeur politique – un maurrassien hostile à toute l'entreprise. Du point de vue formel, nos deux jurisconsultes, Yves de Vadder et Jean Poorterman, sont catégoriques: le protocole apporte une révision substantielle sinon fondamentale du traité primitif et aucun des gouvernements concernés n'est en mesure de l'accepter sans le soumettre à son Parlement. En supprimant en fait l'intégration des troupes, en abolissant toute autorité supérieure à celle des États, il vide le traité de Paris de sa substance. Bien plus, en renonçant à son article 38, le protocole français étouffe l'ébauche de la Communauté politique. Du point de vue pratique, il se heurte à d'énormes difficultés. Les trois pays du Benelux se sont ralliés à la révolution européenne proposée par la France en se laissant convaincre que des institutions supranationales constituent la meilleure sauvegarde de leurs droits existentiels. Va-t-on devoir leur expliquer qu'ils ont été trompés? À La Haye en particulier, où le sens de l'État est plus vif qu'à Bruxelles ou au Luxembourg, les résistances seront vigoureuses. Pourtant, et c'est le plus grave, l'Allemagne est particulièrement visée; le nouveau système, en limitant l'intégration des troupes aux unités stationnées dans une *zone de couverture*, exclut de l'armée européenne le gros des troupes françaises. La République fédérale eût été la seule des principales puissances de la Communauté à être privée d'armée nationale! Le traité de Versailles a été moins dur envers la République de Weimar en autorisant les cent mille hommes de la *Reichswehr*. Peut-on imaginer que le chancelier Adenauer se soumette à ce nouveau *diktat* neuf ans après la fin des hostilités et que le *Bundestag* le ratifie? Par contre, sans CED, l'Allemagne peut redevenir une puissance militaire de premier ordre – Konrad Adenauer n'est pas le dernier à s'en inquiéter!

Paradoxalement, au fur et à mesure que se déroule l'examen de l'épais document français, nous retrouvons une certaine assurance. Mendès France ne peut sérieusement croire que ses partenaires et singulièrement Adenauer puissent l'accepter; ses revendications sont trop excessives pour être plus qu'une base de marchandages. Spaak met fin à la réunion en déclarant qu'il faut se préparer à une négociation difficile mais que rien n'est perdu. Il va lui-même rédiger – une rare occurrence – des contre-propositions; elles contourneront l'infranchissable obstacle des Parlements en substituant une *Déclaration commune* aux lourdeurs juridiques d'un *Protocole*.

Mercredi 18 août. Nous déjeunons à 12 h 30, Spaak, Staercke et moi, dans un bistrot avec David Bruce et son adjoint Tomlinson. Comme nombre de leurs compatriotes, ils sont fédéralistes d'instinct; de là aussi, leur sincère dévouement à l'Europe unie. Ils sont en passe de devenir de vrais amis. Aujourd'hui, l'ambassadeur des États-Unis auprès des Communautés est très tendu. L'insistance que met Mendès France à rouvrir des négociations avec les Soviets au moment où ceux-ci se livrent à la plus virulente des campagnes contre les États-Unis et la CED fait à Washington la plus mauvaise impression.

À 14 heures, j'accompagne mon ministre à la gare du Midi pour accueillir le président du Conseil et sa nombreuse suite au train de Paris; un petit groupe de badauds applaudissent les fanions tricolores des automobiles et crient «Vive la France». Tout se passe bien. Rentré à la rue de la Loi, Spaak y reçoit Walter Hallstein, le *Staat-Sekretär* de la République fédérale (Adenauer est son propre ministre des Affaires étrangères), entretien dans lequel notre ami confirme qu'il ne peut être question pour le Chancelier de retourner au Parlement; il dit aussi que son chef se refuse à rencontrer son homologue français seul à seul.

À 16 heures, la ronde reprend. D'abord à l'ambassade de France pour y saluer le chef du gouvernement français. Entretien cordial qui répète brièvement celui du 30 juin: «Il n'y a pas de majorité pour la CED, il faut m'accorder ce que je demande. Puis, on verra.» De là, à l'ambassade d'Allemagne où je vois Adenauer pour la première fois. Quelle face, toute couturée à la suite d'un accident d'automobile! En même temps que sa haute taille, elle lui donne l'aspect farouche, souvent décrit, d'un vieux chef sioux. Spaak l'a rencontré pendant les sessions à Strasbourg; la barrière des langues empêche l'intimité mais les deux hommes sont sur la même longueur d'ondes, leur entente est aisée. Le grand vieillard se sent ce soir à un moment critique de sa carrière, il le dit. Il se méfie de Mendès; rejetant les conseils de Spaak, il confirme le refus de le voir seul. En aucun cas, il ne pourrait soumettre son protocole au *Bundestag*.

Jeudi 19, les ministres sont reçus en audience par le roi Baudouin au Palais de Bruxelles. La conférence commence peu après onze heures à la rue de la Loi, dans la tristesse; la radio a annoncé la mort d'Alcide de Gasperi, le grand européen d'Italie. Ophuls, l'ambassadeur de la République fédérale, nous dit que le Chancelier est bouleversé. Ses liens avec Gasperi datent d'avant la guerre et ont été étroits; se rencontrant à Rome, les deux compères avaient l'habitude d'une soirée en tête-à-tête à Frascati pour boire du vin blanc et chanter des refrains germaniques du temps passé. À la délégation française, on s'agite parce que la presse parisienne a publié des articles de Robert Schuman et du socialiste André Phillip dans le *Figaro* et le *Franc Tireur*, affirmant respectivement que le MRP et la SFIO ne voteront pas le protocole de Mendès France; celui-ci, paraît-il, est blême de colère.

Spaak, élu président sur proposition d'Adenauer, tient la conférence dans son bureau en un conclave restreint, deux délégués par pays. Il est assisté d'André de Staercke et, quand l'occasion le requiert, du colonel Hartéon. Adenauer est flanqué de Hallstein, les autres ministres de leur ambassadeur à la CED. Les ministres radicaux Maurice Bourgès-Maunoury et Edgar Faure sont aux côtés de Mendès France, le premier que nous pensons être dans notre camp, le second probablement non. Mais Hervé Alphand est absent, ce qui nous inquiète.

Dans le bureau contigu, mon rôle est celui d'un officier de liaison entre les conclavistes et les ambassadeurs de pays étrangers, principalement le Britannique Sir Christopher Warner ou David Bruce qui viennent aux nouvelles à intervalles rapprochés. « Un cardinal camerlingue », me qualifie drôlement Magistrati, le principal collaborateur de Piccioni, ministre des Affaires étrangères d'Italie. Ce qui n'est pas tout à fait exact car le camerlingue siège au Sacré Collège et j'en suis exclu ! Du reste, les ambassadeurs ont l'occasion, pendant les suspensions de séance, de s'entretenir directement avec les ministres, y compris Mendès France. Ils ne s'en privent pas.

La séance du matin est consacrée à un exposé du président du Conseil qui commente non sans habileté les grandes lignes de son protocole. L'après-midi commence par les répliques. Celles de Beyen avec la rudesse d'un Hollandais, d'Adenauer avec fermeté et modération, de Piccioni avec souplesse, de Bech avec sa gentillesse coutumière. Toutes négatives. Adenauer indique que ses experts ont relevé 65 modifications au traité, dont 47 exigent d'être soumises au *Bundestag*. Il a consulté les cinq chefs de la majorité gouvernementale et regrette de dire qu'ils ne les voteront pas. Paul Henri Spaak pense venue l'heure d'intervenir; il propose de substituer au protocole une Déclaration solennelle qui esquive l'approbation parlementaire: sur des points particuliers, elle pourrait si nécessaire engager les Six à conclure un accord formel *après la mise en vigueur du traité*. Idée aussitôt rejetée par Mendès France; il affirme que rien dans son protocole n'exige de retourner devant les Parlements. Impasse. Sans que les conclavistes en soient à ce moment conscients, la conférence a échoué.

Vers 17 heures, tandis que nos maîtres discutent de procédure, mon bureau s'est empli de quelques collègues étrangers, plus ou moins désœuvrés et avides de nouvelles, parmi les plus brillants desquels l'Italien Robert Ducci et les Français Paul Delouvrier et Jean Sauvagnargues; je leur offre une tasse de thé et un entretien s'amorce à bâtons rompus sur les problèmes qui nous séparent. Petit à petit, sans l'avoir vraiment espéré, nous trouvons un point fondamental, une formule qui paraît débloquer l'imbroglio. J'ai oublié sur quoi elle a porté. Mais c'est sans importance; car le soir, à un dîner à l'ambassade de France, lorsque Spaak qui s'y est rallié tente d'en entretenir son collègue, celui-ci se dérobe avec irritation.

Vendredi 20. Arrivé tôt le matin à mon bureau, je vois s'y présenter Sauvagnargues. Il est venu s'excuser de ne pouvoir donner suite à notre conversation de la veille. Son ministre, absolument furieux, lui a interdit de me revoir; il n'a pas voulu obéir sans me prévenir en prétextant de récupérer sa pipe oubliée la veille – détail amusant, il ne fume pas la pipe*.

Les ministres avec un zèle forcé se sont attaqués à l'examen, paragraphe par paragraphe, du volumineux document français; les heures s'écoulent dans une confusion et une mauvaise humeur grandissantes. Spaak reprend alors sa suggestion de déclaration solennelle, formulée la veille;

il en distribue un nouveau texte, préparé par les experts belges. Le préambule consiste en un rappel touffu des péripéties de la CED depuis l'annonce du plan Pleven en 1950. Vif éclat. Mendès y voit un réquisitoire contre la France et réclame avec indignation qu'il soit détruit. «Veuillez vous abstenir de vos remarques émotives et injustifiées», s'exclame Beyen. Finalement, le calme revient et on déchire le préambule!

Le débat reprend l'après-midi sur un ton plus amène. Peu après 17 heures, nouvel incident: je reçois un billet d'André de Staercke: «PMF laisse entendre que son protocole a reçu l'assentiment de Foster Dulles; pouvez-vous vérifier?» Je téléphone à David Bruce qui d'emblée entre en contact par fil transatlantique avec Washington. Avant 18 heures, il est dans mon bureau (son ambassade est à deux pas de la rue de la Loi) et il me donne cinq copies d'un télégramme de Dulles à Mendès – télégramme très dur qui rappelle l'appui sans réserve des États-Unis à la CED. Je les fais passer à Staercke, qui les distribue discrètement à ses quatre collègues. Apparemment, le destinataire principal doit en recevoir l'original par l'ambassade de France. Les négociations se poursuivent tard dans la soirée, harassantes et parfois vaines[21].

Samedi 21 août. Le conseil suspend ses travaux pendant la matinée et l'après-midi pour permettre aux experts de trouver des formules de conciliation sur les points litigieux. À 20 heures, les ministres reprennent leurs discussions: quelques différends trouvent encore des solutions. Vers 23 heures, courte suspension de séance. Les participants s'égaillent dans les salons où sont servis des rafraîchissements. Je m'apprête à les rejoindre quand un clignotant s'allume sur ma table de travail. C'est un appel de mon ministre. Il est debout, André de Staercke à ses côtés, tous deux bouleversés. Il me dit: «Mendès vient de m'annoncer qu'il va mettre fin à nos travaux, il m'a montré un projet de déclaration annonçant leur échec.» Dans ses mémoires publiés en 1969, Paul Henri Spaak a écrit: «J'étais stupéfait. À quoi correspondaient dès lors les efforts que nous faisions depuis trois jours, les longues heures fatigantes passées à discuter minutieusement les points soulevés par les Français et les concessions importantes que nous avions faites?... Je restais complètement désemparé... C'était sûrement un document soigneusement préparé dont chaque terme était pesé.» Pourtant, après avoir consulté le vieux et sage Joseph Bech qui recommande d'oublier l'incident, il décide de persévérer.

L'aube est proche quand se termine l'examen systématique du papier Spaak. Le moment de conclure est arrivé. Le ministre belge résume les

---

* L'épisode ne fit pas obstacle à la carrière de mes collègues. Sauvagnargues sera ministre des Affaires étrangères de Giscard d'Estaing et plus tard ambassadeur de France à Londres. Paul Delouvrier sera délégué général en Algérie sous la Vème République[20].

débats en énumérant les concessions faites aux Français. Elles sont considérables et quelques-unes, dont l'abandon de la communauté politique prévue à l'article 38 du traité, constituent de vrais sacrifices de la part des Cinq. Aller au-delà ne peut qu'aliéner ceux mêmes qui à Paris soutiennent l'intégration européenne. Spaak termine son exposé en soulignant tout ce qu'a obtenu pour livrer bataille au Palais Bourbon et la gagner le chef du gouvernement français. C'est alors que celui-ci donne lecture du document qu'il a montré quelques heures auparavant à son collègue belge. Résumé: il rentre à Paris les mains vides, sans aucun espoir, dit-il, de faire approuver la CED. Les délégués se séparent.

Dimanche 22 août. Un bref communiqué des Six est rédigé pour être remis aux nombreux journalistes qui se pressent au ministère. Il annonce l'échec; moins mauvais qu'on ait pu craindre, il comprend une profession de foi européenne, un espoir pour l'avenir. Autre bonne nouvelle: cédant aux objurgations de Spaak, Adenauer a accepté de rencontrer Mendès France sur le terrain neutre de la rue de la Loi. L'entretien s'est déroulé en strict tête-à-tête – Mendès parle allemand –, et il n'en existe pas, à ma connaissance, de compte rendu écrit. Toutefois, les collaborateurs du Chancelier nous rapportent que leur maître s'est adouci. Son interlocuteur lui a dit que sa mère est alsacienne, qu'on parle allemand à son foyer (ce qui n'est pas vrai) et qu'il est tout acquis à l'idéal européen. Il soumettra honnêtement le traité à l'Assemblée nationale, a-t-il annoncé. C'est quelque chose, quoique mince. Lorsque je boucle mes dossiers, un grand chagrin m'envahit. Va-t-on revivre les folies de l'entre-deux-guerres?

Paris et Bruxelles ont publié un compte rendu commun de la conférence et il serait sans intérêt d'en répéter ici les détails fastidieux. Toutefois, Mendès France a donné en 1986 des mémoires dans lesquels il s'est plaint amèrement de ses partenaires. «L'atmosphère était atroce», a-t-il dit à l'historienne Georgette Elgey... «ils étaient cinq contre moi... cela a été effroyable... j'étais hors de moi», etc. Plusieurs de ses admirateurs, entre autres Pierre Rouanet, Alain Gourdon, Jean Lacouture, s'en sont servis pour concocter des récits imagés qui ne correspondent que de loin à la réalité. Ils y ont parlé de «complots», de «traquenards», de «procès», etc. Jean Lacouture a même été jusqu'à faire mention du «guet-apens de Bruxelles» ou de «pressions frisant le chantage». Ces accusations sont imméritées. Lacouture a omis de mentionner ce qu'a rapporté Jean Chauvel, l'ex-Secrétaire général du Quai d'Orsay: *dès avant la conférence de Bruxelles, Mendès reconnaissait ne pas douter de sa «conclusion négative»*[22].

Aussi bien, Bruce, attaqué autant que Spaak, s'était entretenu avec chacun des ministres, y compris Mendès France. Contrairement à ce que celui-ci écrivit plus tard, il n'y eut aucune réunion sans les Français; Spaak, un joueur, détestait perdre; il allait jusqu'à irriter ses amis par sa propension à exaucer son collègue français. Après la conférence, *sans consulter ses partenaires*, il s'aventura, par deux fois, à charger d'ultimes tentatives de conciliation le baron Guillaume, son ambassadeur en France, et André de Staercke. Mendès les avait très mal reçus. Toute l'équipe belge était francophile et ardemment désireuse d'un accord. Mais pas au prix d'une répétition des tragiques erreurs des années vingt. Soumettre l'Allemagne à un régime de discrimination fondamentale ne pouvait, dans les circonstances du moment, que la conduire soit à rechercher une alliance bilatérale avec les États-Unis, soit à se laisser séduire par Moscou.

L'entourage de Pierre Mendès France a beaucoup insisté sur la constante anglophilie de sa politique étrangère. Fut-elle des plus solides? Il avait certainement établi avec Eden pendant la récente Conférence de Genève des relations aisées. Peut-être aussi les journées de Bruxelles lui avaient-elles fait voir le dangereux isolement vers lequel il poussait la France. En tout cas, le dimanche 22 août, en quittant la capitale belge, avant même de rentrer à Paris, il s'était précipité en Grande-Bretagne. Churchill le reçut, Eden à ses côtés, avec cordialité en sa propriété de campagne. Le vieil homme taquina la prédilection pour le lait et expliqua (sans rire) que lui aussi se résignait à des goûts simples: il ne buvait plus que du champagne et du cognac et ne fumait plus que des cigares! Mais il ne concéda rien sur la CED, le pressant vigoureusement d'user de toute son autorité pour la faire adopter à la lumière des interprétations de Spaak. Faute de quoi une autre solution devrait être trouvée dans les deux mois – avec ou sans la France. Mendès, apparemment fort secoué, lui promit de soumettre le traité à l'Assemblée nationale la semaine suivante; toutefois, le gouvernement ne l'autoriserait pas à poser de question de confiance et il serait rejeté. Beaucoup plus amène qu'à Bruxelles, il se déclara prêt à envisager l'accession de la République fédérale à l'OTAN et la restitution sans délai de sa souveraineté politique[23]. Tandis que Churchill relatait par téléphone à André de Staercke son entretien avec Mendès France, les journaux de Paris à la dévotion de celui-ci célébraient sans vergogne son prétendu triomphe à Chartwell en contraste avec la prétendue humiliation subie à Bruxelles.

Une semaine plus tard, la Communauté de Défense était morte et avec elle l'espoir de la Communauté politique et de tout ce qui devait changer l'Europe. Comme on sait, elle fut tuée dans l'hémicycle du Palais Bourbon à la suite d'une séance confuse, au cours de laquelle le président du Conseil refusa de prendre position et par un vote sur un point de procédure qui évita un vrai débat – de telle sorte que ni René Pleven, ni Robert Schuman eux-mêmes ne purent défendre leur traité – occurrence unique paraît-il dans l'histoire du Parlement français. Dérision extrême: les députés communistes s'étaient levés après le scrutin pour entonner la *Marseillaise*. Dans les chancelleries, ce fut la consternation. «Le champ européen ne fut plus que décombres», écrivit l'ambassadeur Chauvel. Et le correspondant du *Times* de Londres, parlant de Mendès: «Pour le moment, son style et son évidente détermination assurent sa popularité... (mais) le MRP ne lui pardonne pas le crime du 30 août... le bruit des couteaux affûtés est à peine perceptible... il va devenir aigu et menaçant[24].» Quant à Spaak, il était effondré. On a raconté qu'il pleura; je n'ai pas vu ses larmes, mais avant son départ pour l'Italie où il allait se réfugier quelques jours dans la thébaïde de son ami Staercke, je fus témoin d'un des accès de désespoir qui le frappèrent deux ou trois fois dans sa carrière en présence d'un grand désastre; beaucoup plus tard, sa veuve me lut une de ses lettres écrite de Cannobio qui exprimait son horreur d'un vide nietzschéen de l'existence. Il s'était remis. Rentrant peu après par Domodossola et le wagon-lit de Paris, il y avait revu Jean Monnet à l'appartement d'André de Staercke pour décider de reprendre la lutte dès que les circonstances le permettraient.

Qu'avait espéré à son arrivée à Bruxelles le «pacificateur» de l'Indochine? Quels était les objectifs de sa politique? Près de quarante ans se sont écoulés, la plupart des archives diplomatiques sont ouvertes aux chercheurs, Mendès lui-même a publié d'abondants souvenirs; pourtant, il reste impossible de répondre avec certitude à ces questions. Maintes voix se sont élevées pour l'accuser d'avoir acheté à Genève la paix en Asie en la payant d'une promesse de mise à mort de la CED. Il aurait eu certes l'occasion de conclure un pacte secret au cours de ses diverses rencontres avec Molotov ou Chou En-lai; à quoi ses défenseurs ont rétorqué avec à propos qu'il était trop intelligent pour se risquer à un marché aussi explosif et qu'au demeurant aucun document n'existe pour le corroborer. Ce qui est vrai; mais les diplomates n'ignorent pas que ces sortes d'ententes peuvent résulter d'allusions furtives et se passent généralement d'écrits. Divers indices semblent le confirmer*. Autrement, le comportement du président du Conseil n'aurait pas eu de sens, si ce n'est de sacrifier l'armée

* Parmi lesquels un paragraphe final du document officieusement distribué le 13 août par Ph. de Seynes qui reportait *au mois d'octobre 1954* la date de l'approbation de la CED par le Conseil de la République (Sénat) «de manière à donner à Moscou l'occasion d'une réponse satisfaisante au sujet d'une conférence à Quatre». Ceci paraît impliquer que Mendès se gardait la faculté de faire capoter la CED au Sénat, même après une éventuelle ratification par l'Assemblée. Il est à noter que ce paragraphe avait disparu dans la version officielle du document français. Je n'étais pas seul à soupçonner des relations secrètes entre les mendésistes et Moscou. Spaak n'y croyait pas mais elles inquiétaient Dulles et Washington. *Cf.* Irwin M. Wall, *L'influence américaine*, Paris, 1989, p. 434.

européenne à une nouvelle *Wehrmacht* – aberration qu'il n'aurait certainement pas pu faire approuver par l'Assemblée nationale. Car personne en cet été ne pouvait prévoir le compromis presque déchirant auquel allaient se résigner les Britanniques en automne. Les députés staliniens avaient apporté à Mendès leur vote au scrutin de son investiture – il les avait refusés mais ceci ne voulait rien dire. Avait-il donc concédé à leurs congénères du Viêt-minh à Genève plus que ceux-ci n'avaient espéré? Et si le Parti communiste français allait lui faire mordre la poussière en février 1955, n'était-ce pas simplement qu'il ne se souciait plus de l'homme qui avait permis l'entrée de l'Allemagne dans l'OTAN – de surcroît un caractère indépendant et capricieux, difficile à contrôler? Françoise Giroud et *l'Express*, qui furent très proches de Mendès, ont certes interprété sa politique européenne comme une manœuvre en vue d'un accord final avec l'Union soviétique. Ne reconnut-il pas lui-même, dans ses mémoires, qu'il «n'aimait pas la CED... et qu'il déplorait... son aspect d'une construction hostile à l'Europe de l'Est»? Son ami Mitterrand a rapporté que «la petite équipe qui l'avait accompagné à Bruxelles respirait le bonheur à son retour à Paris»[25].

En vérité, le choc à Bruxelles entre le chef du gouvernement français et son principal interlocuteur, dépassant son objet, avait été celui de deux modes de pensée, peut-être celui de Condorcet et celui de Saint-Just. D'un côté, le socialiste Spaak, un optimiste, un ami des hommes, attaché à l'idéal d'une nouvelle Rome associée à la puissance américaine pour la défense de valeurs humaines transcendant les frontières des vieux États. De l'autre, un pessimiste misanthrope se disant socialiste aussi, mais d'un style très différent. Indifférent à la spéculation philosophique (ou du reste à la création artistique), son esprit se voulait prosaïque et, selon ses propres mots «donnait le pas à la technique». Des dogmes de la IIe Internationale dont il s'était nourri pendant ses jeunes années, il retenait plusieurs sensibilités. L'une d'elle était un mondialisme très différent des tendances eurocentriques de son collègue belge – ce qui, entre parenthèses, lui faisait accepter la décolonisation sans déchirement. Une autre venait de cette «Grande Lueur à l'Est», célébrée dans les livres de Jules Romains, qui fit briller les yeux éblouis de tant d'hommes et de femmes. Et en particulier ceux de Georges Boris, le principal Nestor et le plus intime ami de Mendès. Sans être inscrit au Parti communiste, le conseiller du président du Conseil ne voyait pas moins en la «grande Révolution d'Octobre» l'annonce d'une ère glorieuse de justice, de liberté et de progrès. Aussi bien l'avait-elle attiré dans la patrie du prolétariat en 1934 à un voyage d'études, à la suite de son chef de file Herriot, un autre admirateur de Staline. On rapporta aussi qu'il pensait que «ce n'était pas à un Juif de réarmer l'Allemagne»[26].

Plus que des archives incomplètes, la personnalité de Pierre Mendès France doit aider à la compréhension de son itinéraire. Il vit le jour en 1907 au sein d'une famille de négociants relativement aisés. Son enfance et son adolescence eussent été quelconques si elles n'avaient été marquées par une volonté précoce d'être toujours le premier; il le fut souvent. À l'école communale, il obtint le bachot dès quinze ans; quoique résolu à dépasser son état, il était curieusement indifférent au choix d'une carrière et ce fut sa mère qui le poussa à devenir avocat, ce qu'il fut à vingt ans, le plus jeune de France. À l'Université de Paris, il avait été un étudiant peu communicatif, penché sur ses livres, acharné à des études multiples, le Droit bien entendu, mais aussi les Sciences économiques, discipline encore neuve. Il ne se laissait que peu distraire par la «musique exquise de l'existence», la littérature, les arts, les sports, la nature, les filles. Par contre, il s'était tôt lancé dans la jungle politique, militant dès sa fondation en 1924 au sein d'une *Ligue d'action universitaire républicaine et socialiste*, groupement de lutte contre les cénacles d'extrême droite très en vogue dans les universités. C'était l'époque du Cartel des Gauches présidé par Édouard Herriot, prophète d'un radicalisme anticlérical, rué à l'assaut du «Mur d'Argent» – la formule est de lui. Le jeune étudiant, séduit par son éloquence enflammée, s'était inscrit au Parti radical. Très ambitieux, entré en politique comme d'autres entrent en religion, croyant en sa «mission», héritier spirituel, a-t-on dit, de Robespierre et de Saint-Just – pas exactement les figures les plus attrayantes de la Révolution. Un jacobin, mais familiarisé avec les doctrines économiques originales de John Maynard Keynes, décidé à lutter contre la puissance du capital et partisan de l'État providence, préconisant pour ce faire des mesures très socialistes, stricte planification appuyée sur un secteur public très développé, contrôle serré du secteur privé, nationalisation du crédit, taxation des patrimoines, etc.

La grande affaire: il était juif. Dès ses premières années, il en fut conscient et tout porte à croire qu'il le demeura toutes les heures de sa vie. Cerf-David, son père respecté, était républicain, démocrate de gauche, laïque et, bien sûr, dreyfusard. Palmyre, sa mère tendrement aimée, pratiquait occasionnellement quelques rites (anciens) du judaïsme sans y attacher trop d'importance. Bref, une famille sans Dieu comme bien d'autres en France, riches de tout ce que leur avait apporté 1789, ce qui incluait pour elle l'émancipation des Juifs, unique en Europe à cette date.

Français et juif, juif et français, deux identités qui s'exarcerbaient l'une de l'autre en déchirant l'âme tourmentée du jeune Pierre. Mais, sinon une religion, qu'était pour lui sa judéité? Lisons ses propres mots: «Je ne suis pas religieux, ni pratiquant. Par contre, je sais profondément que je suis juif... C'est une sensation, c'est une sensibilité très vive que j'éprouve et donc une réalité.» Il déclara aussi que «l'antisémitisme a donné aux juifs le sentiment qu'ils constituent une communauté particulière et que, par conséquent, la judéité est un produit de l'antisémitisme». Il en fut ainsi pour lui dès ses jeunes années; élu député radical, laïque, gauchiste en 1935, il fut une cible favorite de l'opposition d'extrême droite, nationaliste «intégrale», raciste, antisémite. Le polémiste d'*Action française*, Pierre Gaxotte, écrivait avec cruauté: «Mendès France? disait-on au Quartier latin, ce n'est pas un nom, c'est une adresse. Les autres Mendès s'appellent Mendès Bessarabie, Mendès Bukhovine ou Mendès Poznanie au hasard de leur résidence secondaire.» Il ne l'oublia jamais[27]. Ce patronyme insolite qu'il portait avec fierté semble avoir contribué à modeler son esprit. Pendant des années, il consacra beaucoup d'efforts, de temps et d'argent à des recherches généalogiques pour en découvrir l'origine – très heureux d'apprendre qu'il le devait à de lointains aïeux portugais, Mendès Franco ou Mendès Franc ou Mendès de França qui, chassés de leur pays au XVIe siècle par l'Inquisition, s'étaient réfugiés dans le royaume plus libéral des derniers Henri, Valois ou Bourbon, notamment à Bordeaux où l'un d'eux aurait été honoré au XVIIIe siècle de la dignité de «bourgeois», ce qui donnait droit au port de l'épée[28]. Enquête qui ne s'explique que par l'ardent désir de trouver un enracinement ancien, le besoin presque physiologique de se prouver à soi autant qu'aux autres d'appartenir à la patrie.

Nous étions alors en cette «Nuit de Sept Ans» 1932 – 1939, quand soufflait sur l'Europe la haine des Juifs ravivée par le nazisme. Aux attaques féroces contre les *métèques*, le jeune Mendès répondit par les démonstrations du patriotisme le plus ardent et sans doute le plus sincère, du reste naturel chez le petit-fils d'un engagé volontaire de 1870, fils d'un vétéran de la Grande Guerre qui avait été promu sous-lieutenant sur le champ de bataille, abondamment décoré et très cocardier. Pendant la deuxième guerre mondiale, Mendès le Jeune, officier aviateur, avait été arrêté au Maroc pour désertion, alors qu'il y rejoignait son unité sur ordre de ses chefs; jugé par une Cour martiale obéissant à Vichy et injustement condamné à la dégradation militaire et à six ans de prison, il s'était senti, non sans raison, un nouveau Dreyfus atteint par ses ennemis politiques au plus profond de son cœur. Une fureur inexpiable peut résulter de pareilles blessures; Mendès la concentra sur le IIIe Reich. Une audacieuse évasion lui avait permis de reprendre sa place dans une escadrille de la France Libre; il s'y était distingué dans le bombardement en rase-mottes qui exige le plus grand acharnement et le plus rare courage.

Il est possible que la judéité de l'ex-officier aviateur entretînt après 1945 son antipathie pour ce qui était allemand; ses plus proches familiers, Georges Boris et Simon Nora, ne pardonnèrent jamais à la République fédérale les crimes du IIIe Reich. Reconnaissant la colère anxieuse du chef du gouvernement et sa passion d'appartenir, un de ses panégyristes allait écrire que «Mendès France comme de Gaulle eût fait le meilleur disciple de Maurras... si n'avait été aussi sincère et fervente sa vénération pour Marianne au bonnet phrygien». On en découvre l'expression dans nombre de ses écrits ou discours et j'en relève ici une phrase touchante dans sa naïveté: «La France est pour moi un objet d'admiration... Je chérissais son image et je pensais qu'un homme bien né ne pouvait pas avoir d'autres pays d'élection[29].» Durant la Conférence de Bruxelles de 1954, il allait certainement faire preuve de la désinvolture la plus complète à l'égard des sensibilités et des exigences de ses collègues étrangers moins «bien nés».

Peut-être l'exotisme de son apparence, son teint foncé, son poil d'encre, son allure distante de prince arabe déguisé en député français ont-ils contribué à faire du fils de Cerf-David un aubain dans la maison, un solitaire dans la foule indifférente ou hostile. Altier et mélancolique, il était impopulaire parmi ses pairs; il en éprouvait de l'amertume sans pouvoir faire d'effort pour plaire. Françoise Giroud a écrit: «La moindre marque d'affection le bouleverse, la moindre réserve lui fournit un échafaudage d'hypothèses sur les raisons pour lesquelles "il ne m'aime pas, je vous l'assure, il ne m'aime pas".» Je crois bien qu'à Bruxelles en 1954, cet écorché vif s'était vraiment imaginé être victime d'un complot; un curieux lapsus lui fit mentionner au Palais Bourbon ses «adversaires» au lieu de ses «partenaires»*. Le général de Gaulle disait: «Il doit toujours être le cocher, il n'accepte pas d'être attelé.» De sa seconde épouse qui l'a adoré – la seule femme, si ce n'est sa mère, qui semble avoir beaucoup compté dans son existence –, on a l'explication de son bizarre comportement: «Il était têtu comme une mule: il voulait toujours avoir raison...» Mme Mendès France l'ayant un jour vexé par inadvertance, il avait saisi une paire de ciseaux, ouvert un placard pour y prendre le vêtement qu'elle préférait et le taillader. Il lui avait dit: «Dorénavant, tu sauras qu'on ne me met pas devant le fait accompli[29].» Dans *Ajax furieux*, Sophocle a montré son héros massacrant un troupeau de moutons devant Troie en croyant s'attaquer aux Grecs qui avaient offensé sa vanité...

André de Staercke, qui le connut mieux que moi, affirme que son extrême sensibilité lui défendait d'accepter des idées qu'il n'avait pas lui-même conçues. Les Communautés n'en étaient pas, pas plus que l'OTAN. Il fut en congé de l'Assemblée nationale au moment du scrutin qui approuva le traité de l'Atlantique. S'il ne s'opposa pas à la Communauté Charbon-Acier, il trouva vingt prétextes pour voter contre les traités de Rome à la base du Marché commun et d'Euratom. J'ai rencontré d'autres socialistes en Belgique et ailleurs, d'esprit simple et démocrates de bon aloi, qui ne pouvaient pas plus renoncer à l'idéal chauvin de la patrie au centre «d'un seul monde»; ils n'appartenaient évidemment pas à l'école

---

* Philippe Baudet, perdu de vue, puis rencontré à Paris quatorze ans après l'événement, allait encore me reprocher le «traquenard» de Bruxelles.

de Paul Henri Spaak et de ses amis. En ce qui concerne l'armée européenne, Mendès pouvait au surplus lui reprocher d'être l'œuvre d'un rival détesté, René Pleven, le ministre des Finances dont le général de Gaulle avait approuvé les plans monétaires en avril 1945 de préférence à ceux trop sévères de l'ancien aviateur bombardier – son ministre de l'Economie qui avait démissionné avec éclat.

Voilà Pierre Mendès France, une de ces tragiques figures, souvent pleines de talent, qui rôdent aux portes des palais royaux, tenaillés par un mal existentiel, à la quête du pouvoir suprême, qui seul peut le guérir en leur permettant au nom d'une haute vertu de «changer la vie». En 1937, à l'âge de trente et un an, il a été sous-secrétaire au Trésor pendant trois semaines. À partir de 1943, à trente-six ans, il a été ministre de l'Économie pendant vingt mois. En 1954, âgé de quarante-sept ans, il est au sommet de la IVe République pendant deux cent quarante-cinq jours avant d'être trahi par les communistes et abandonné par un tiers des siens. Quatre mois encore comme ministre sans portefeuille avant de quitter le gouvernement en 1956. Et puis vingt-six ans dans le désert, pour mourir seul, un jour d'octobre 1982, terrassé à sa table de travail, le téléphone à la main, par un infarctus foudroyant.

Le retour des Allemands

Les succès et les malheurs de Pierre Mendès France ont permis à la gauche d'en faire ultérieurement la figure héroïque qui manquait à sa légende. Mais en septembre 1954, il avait brisé quelque chose de rare et de beau, un idéal qui rendait espoir et vigueur aux Européens, en particulier à la jeunesse, et qui n'a pas été retrouvé. En ces jours sombres, les télégrammes venus de nos ambassades s'accumulaient pour nous apporter des messages d'anxiété. L'édifice de paix, laborieusement bâti au lendemain des hostilités, se lézardait; nous avions la sensation très forte que le temps nécessaire à le consolider était mesuré – sinon épuisé. De Bonn, on nous disait que le chancelier Adenauer était en proie à un «grand découragement»; dans une interview célèbre au *Times* de Londres le 3 septembre, il déplorait en termes sévères l'action diplomatique de Mendès France[30]. En droit, la République fédérale demeurait un pays vaincu et militairement occupé, à la souveraineté limitée. Au *Bundestag*, les partis au pouvoir réclamaient avec emphase le rétablissement immédiat de son indépendance et la liberté de réarmer sans restriction. L'opposition socialiste redressait la tête, toujours emplie du rêve de la réunification dans le cadre d'une entente avec l'URSS, toujours hostile au «capitalisme américain», toujours soucieuse, peut-être en souvenir de 1919, de se montrer plus nationaliste que les nationalistes.

À Washington, le Parti républicain dominait le Congrès. En son sein, une aile influente poussait à un âpre nationalisme, teinté d'isolationnisme; en même temps, elle entretenait la terreur de la «conspiration mondiale centrée à Moscou». Le sénateur de l'Ohio, Robert A. Taft, était son principal chef de file; il était partisan de la «forteresse Amérique», c'est-à-dire d'une défense continentale ancrée sur des avant-postes au Japon et en Grande-Bretagne. Le sénateur Knowland (le fidèle de Chiang Kai-shek) réclamait un blocus total des côtes de Chine. Un autre proposait le transfert au Congrès des pouvoirs diplomatiques de l'Exécutif, accusé d'abriter des complices secrets du Kremlin. Beaucoup plus grave, le Sénat accusait les Européens, et en particulier la France, de coupable passivité. Il envisageait de les punir en réduisant de manière draconienne l'aide militaire des États-Unis. À Moscou, on triomphait. Toutefois, le 9 septembre, une note brutale aux Occidentaux indiquait avec clarté que la mort honteuse de la CED ne changeait rien à la guerre froide. Si Mendès France avait cru apaiser les Soviets, il y avait manqué.

Exacerbé par les palinodies européennes, le repli des États-Unis vers une «défense périphérique» ou dans une «forteresse Amérique» se faisait chaque jour plus alarmant. Foster Dulles (qui y était opposé) l'avait évoqué une fois de plus au cours d'une conférence de presse très rude le 31 août. Paris n'y croyait pas – du bluff, disait-on au Quai d'Orsay. Mais au Foreign Office, il hantait les esprits et on y voyait la Grande-Bretagne plus ou moins abandonnée en face de l'URSS, aux côtés d'une Allemagne et d'une France divisées, peut-être livrées au communisme et pour le moins incertaines. L'alternative d'une alliance bilatérale Bonn-Washington n'était pas plus séduisante.

Dès avant l'été, envisageant l'échec éventuel de la CED, on avait esquissé ici et là des solutions de rechange sans qu'aucune ne fût satisfaisante; la difficulté majeure consistait à réarmer l'Allemagne tout en la soumettant aux contrôles qu'exigeaient les opinions publiques – en particulier en France –, mais sans l'humilier par un régime discriminatoire permanent: une des trouvailles de la CED. Des fonctionnaires britanniques, dont Christopher Steel et Frank Roberts, avaient imaginé au Foreign Office plusieurs formules; une d'elles suggérait la transformation du pacte à Cinq de Bruxelles de 1948 en un traité d'assistance mutuelle à Sept en y englobant l'Italie et l'Allemagne. L'idée était imaginative et audacieuse car, on s'en souvient, le pacte de Bruxelles était une alliance défensive contre cette dernière. Mendès France y avait-il lui-même songé comme il devait l'affirmer dans ses mémoires? Si c'est vrai, aucune trace n'en a subsisté dans les archives; au contraire, incertitudes et illusions paraissent avoir embrumer le Quai d'Orsay. Curieusement, Anthony Eden de son côté a voulu s'attribuer la paternité du projet, inventé, prétendit-il, au matin du 5 septembre alors qu'il prenait son bain! En fait, le projet britannique fut une œuvre collective: Roberts a raconté lui-même comment au lendemain du vote désastreux de l'Assemblée nationale, il avait sorti ses papiers du coffre-fort où ils étaient serrés – toutes solutions de rechange devaient rester secrètes jusqu'au dernier souffle de la CED – pour les présenter à son ministre qui avait retenu l'idée du pacte de Bruxelles[31].

Mil neuf cent cinquante-quatre a été l'année glorieuse d'Anthony Eden, la Fortune le guida à chacun de ses pas. Au printemps à Genève, il avait largement contribué au règlement d'Indochine, en été il s'était assuré plusieurs succès au Moyen-Orient dont un excellent traité avec Nasser, le nouveau dictateur d'Égypte. À présent, il voyait soudain, après tant d'années de myopie chauvine, que Londres seul avait une chance de prévenir la chute de l'Europe dans l'inconnu. De cette année-pivot, septembre fut le mois le plus bénéfique, bourré d'initiatives et de décisions puissantes. Eden s'était lancé dans la brèche avec un sens aigu de la manœuvre, aidé en vérité par un dernier éclair dans l'intelligence du vieux Churchill.

Le 1er septembre, le Foreign Office parlait à notre ambassade d'une conférence à Londres des Six, plus la Grande-Bretagne et les États-Unis – sans préciser son ordre du jour. Le 2, Sir Gladwyn Jebb, son ambassadeur à Paris, sondait Mendès France au sujet d'une conférence à Neuf – le Canada avait été ajouté à la liste des participants. Le même jour, le représentant britannique à Bonn saisissait le Chancelier du projet de conférence. Il lui remettait aussi une lettre personnelle de son Premier ministre. Rédigée «en termes incantatoires», m'avait écrit A. de Staercke à qui Churchill l'avait fait communiquer, elle suggérait un «acte d'abnégation» (*a volontary act of self abnegation*) qui ferait prendre par la République fédérale l'initiative de s'imposer à elle-même les restrictions à sa liberté militaire qu'avait prévues la charte de la CED; «initiative qui hausserait Adenauer au rang des grands leaders du monde libre», promettait la lettre de Churchill. Un trait lumineux, qui débloquait un problème jusque-là insoluble. Le Chancelier avait répondu «en relevant favorablement la méthode d'autolimitations en corrélation avec une promesse de statut égal et honorable» (*sic*), également annoncée par Churchill[32]. Peu après, il avait confirmé aux Britanniques son accord. «C'est trancher l'œuf de Colomb, asseoir le nœud gordien», plaisanta Spaak ravi, quand je lui montrai le message de mon collègue.

Les jours s'écoulaient dans la fièvre, les diplomates couraient à gauche et à droite, les télégrammes et les lettres s'entrecroisaient. Spaak jouait un rôle important; rares étaient les décisions prises à Londres, à Washington, à Bonn, dans les capitales du Benelux, à Rome, sans le consulter. Mais à Paris, on se montrait distant. Le 11 septembre, Eden accompagné du seul Roberts commençait à Bruxelles un périple européen éclair pour y rencontrer à la rue de la Loi les trois ministres des Affaires étrangères du Benelux.

Les entretiens révélèrent une convergence des inquiétudes et le ralliement sans réserve aux moyens préconisés par Londres pour y répondre. En trois heures, tout était réglé. Eden répétant avant de partir que si les Français se refusaient à toute solution raisonnable, il n'y aurait plus que celle de «la chaise vide»[33]. Je n'avais pas pu assister aux conversations, mais quand je reçus copie de leur compte rendu, j'y découvris avec surprise combien il était aisé de faire du pacte de Bruxelles *contre* l'Allemagne vaincue l'instrument de sa réhabilitation; chose étrange, le texte convenait et n'exigeait que quelques retouches mineures pour accomplir sa nouvelle tâche. Vivent les juristes!

Réconfortés par leur succès de Bruxelles, Eden et Roberts reprenaient immédiatement l'avion pour Bonn où ils trouvaient le Chancelier «dans un complet désespoir». Il était comme cela! Mais les Anglais purent le tranquilliser et ils le quittèrent après une très longue discussion, emportant son complet accord. De Bonn à Rome; ils y recueillaient de même l'appui de Piccioni, d'autant plus ferme que l'Italie bénéficierait largement de leurs idées. Le 15 septembre, ils affrontaient Paris, encouragés par la collaboration qui leur avait été partout promise. Et furieux contre Foster Dulles. Celui-ci sans prévenir ou consulter s'était précipité dans un avion et volait vers Bonn. Bizarre équipée; il rencontrait le Chancelier, prononçait un éloge dithyrambique des Allemands et provoquait l'ire de Mendès France, blessé au surplus par son refus de passer par Paris. Le tout sans raison bien claire. Eden avait néanmoins obtenu des Français un «accord officieux»(mais écrit) qui mentionnait ce qu'il avait voulu: l'adhésion de l'Allemagne de l'Ouest à l'OTAN et au traité de Bruxelles révisé.

Le chargé d'affaires britannique, venu à la rue de la Loi pour y déposer une copie de «l'accord officieux», me conta combien avaient été difficiles les conversations; tout paraissait bouché quand mystérieusement, le dramatique Mendès avait changé soudain d'attitude – ce que confirma Eden[34]. Celui-ci, rentré à Londres le 17, très satisfait de son pèlerinage, y avait retrouvé Foster Dulles; quoique peu de sympathie ait uni les deux hommes, trop souvent *prime donne* rivales sur les mêmes scènes, il enjôlait son collègue et en obtenait la promesse de participer à sa conférence.

Le 18, recevant à dîner en aparté M. et Mme Mendès France, l'ambassadeur de Belgique tirait de la soirée une impression favorable. Mais le même jour, le comte de Vaucelle, chargé d'Affaires de France, remettait à notre Secrétaire général deux documents accompagnés d'un commentaire oral fort peu rassurant. Il n'y était nulle part question de l'entrée de la République fédérale dans l'OTAN, si ce n'est un rappel (verbal) du président du Conseil soulignant combien l'opinion française y était opposée. Les notes françaises exigeaient aussi avec un *pool d'armements* des systèmes de contrôle très sévères des industries de guerre allemandes, du style des années vingt; ils auraient, de plus, conféré à la France en ce domaine un monopole de fait des productions – ce qu'avaient vite décelé les fonctionnaires belges soucieux des intérêts de leur pays. Cependant, nous entendions de nos collègues allemands qu'ils interprétaient la position de Paris comme acceptant formellement le principe de l'Allemagne de l'Ouest dans l'OTAN. Tout cela paraissait contradictoire et confus.

La Conférence de Londres s'ouvrit le 28 septembre à *Lancaster House* dans une « atmosphère tendue », écrira Spaak; dans un « climat de profonde méfiance », avouera Eden à Massigli[35]. Trois projets étaient en les mains des plénipotentiaires, un plan Eden rédigé en termes souples, une note de Paris, pleine de mesures de contrôle irréalistes et sans mention de l'adhésion de la République fédérale à l'OTAN. Et une note de Bonn qui en faisait un point capital. *Toutes* les délégations, à l'exception de celle de France – au sein de laquelle se remarquait la silhouette énigmatique de Georges Boris –, sympathisaient avec le Chancelier dont on sait qu'il était prêt à bien des sacrifices. *Toutes* les délégations, à l'exception de celle de France, dont on doutait, étaient acquises à la participation pleine et entière de l'ex-ennemi à l'Alliance atlantique. Mendès se retrouvait dans la situation de complet isolement dont il avait tant souffert à Bruxelles le mois précédent – mais, cette fois, face aussi aux États-Unis, à la Grande-Bretagne et au Canada. On ne pouvait pas ne pas admirer son courage. Pourtant, était-il nécessaire dans les circonstances présentes?

Dans la vaste salle de bal aux lambris dorés de *Lancaster House*, les Français étaient assis en face des Belges et je voyais leur chef, ses larges épaules courbées sur la table, inquiet, ramassé, paraissant prêt à bondir. Vêtu de sombre, il portait sous son veston un gilet de laine blanche dont il s'obstinait en un tic bizarre à tirer les manchettes comme pour couvrir ses mains. « Dans une discussion, il ne cédait jamais, argumentant pied à pied..., il pouvait discuter des heures sont faire l'ombre d'une concession », lit-on dans le livre que lui a consacré sa veuve[36]. C'est ce qu'il fit ce jour-là; à la fin de l'après-midi, on n'était nulle part. P.H. Spaak était intervenu plusieurs fois avec son habileté coutumière pour rationaliser les débats mais en vain. La mauvaise humeur de ses collègues était telle qu'ils évitaient de rencontrer Mendès et ne communiquaient plus avec lui que par l'intermédiaire des fonctionnaires – même Eden qui présidait avec une infinie patience. Le soir, à un dîner des délégués à l'ambassade de France, il avait prétexté un refroidissement pour ne pas paraître; peu après, on apprenait qu'il avait pris son repas dans son appartement avec Georges Boris et des amis. La crainte s'était fait jour d'un nouveau fiasco qui aurait inévitablement conduit à des solutions extrêmes – sans la France. Très mauvaise affaire pour ses voisins de Belgique.

Le 29 septembre, la Conférence avait repris dans les mêmes conditions; les délégués siégeaient en murmurant, distraits et découragés.

L'après-midi, coup de théâtre! À la suite d'une courte suspension de séance pour la tasse de thé traditionnelle, Foster Dulles qui jusque-là n'avait pas ouvert la bouche, soudain demandait la parole pour brandir le soutien de Washington aux propositions britanniques. Après avoir rappelé la vague de désillusion qui avait submergé l'Amérique en raison de la faillite de la CED, il promettait que certaines garanties accordées par le président Eisenhower à celle-ci en avril dernier pourraient être transférées à une organisation issue du traité de Bruxelles pour autant qu'elle atteigne une «unité et cohésion» satisfaisantes. Faisant contraste avec l'attitude boudeuse affichée jusque-là par le secrétaire d'État, sa déclaration ranimait les délégués somnolents. Immédiatement, Anthony Eden enchaînait. Remerciant avec chaleur son collègue américain, il annonçait solennellement que le gouvernement de Sa Majesté était prêt à prendre l'engagement, sauf circonstances exceptionnelles outre-mer, de maintenir sur le continent les quatre divisions britanniques qui y étaient stationnées, y compris leurs unités d'appui tactique aérien; l'engagement aurait valeur pendant les cinquante années du traité de Bruxelles et serait soumise à la volonté de la majorité des États membres. En phrases churchilliennes, il soulignait que l'histoire du Royaume-Uni était celle du peuple d'une île à la pensée intensément marquée par la géographie et entêtée dans sa tradition, malgré les conditions stratégiques modernes. Personne ne devait sous estimer un événement «formidable» qui rompait avec une politique plusieurs fois séculaire, dit-il*.

Eden n'exagérait pas, lui surtout, qui avait sauvé la Conférence alors qu'elle semblait condamnée. Et avec elle la Grande Alliance de l'Europe et de l'Amérique, peut-être une civilisation. «Vous avez gagné», avait dit Spaak à Mendès France avec une profonde satisfaction – un pari aux risques démesurés. Pourtant son collègue français, pas convaincu, avait repris ses interminables marchandages, obsédé d'obtenir plus encore, tout à fait indifférent aux intérêts les plus légitimes de ceux qui l'entouraient, suscitant un rare accès de colère d'Eden à la présidence. En réalité, il n'était plus en mesure de s'obstiner, aucun Français ne l'eût compris: Massigli, alors ambassadeur à Londres, un homme froid peu enclin à des démonstrations, allait serrant les mains, le visage mouillé de larmes de joie. Mendès France avait finit par se rendre, mais sans grâce. Le Chance-

* Depuis le début du mois, Eden avait préparé Churchill et le Cabinet à une décision que tous détestaient profondément. Il s'était résolu à la réclamer dans la nuit du 28-29 septembre après avoir compris que la Conférence courait à l'échec; il s'était alors confié à Dulles pour arranger avec lui la dramatique séance du 20. Sa sagesse était d'autant plus inattendue que moins de cinq semaines auparavant, il avait refusé avec rudesse l'engagement que lui demandait Mendès France[37].

lier y avait largement contribué; un des derniers à prendre la parole, son élévation de sentiments avait mis un point final aux discussions. Reprenant la suggestion de Churchill, il s'était dit prêt à s'engager spontanément à soumettre les forces armées de la République fédérale à la plupart des restrictions prévues dans la CED; en substance, il renonçait aux armes dites ABC (atomiques, bactériologiques, chimiques). Les pays du Benelux l'avaient suivi sur ce point en un geste quelque peu symbolique, mais de nature à l'aider.

J'ai rarement participé à un événement diplomatique plus émouvant, en particulier pour les hommes de ma génération, conscients que l'action ferme adoptée par Churchill et Eden en 1956 aurait vraisemblablement évité à deux fois la guerre mondiale en1914 ou en 1939. J'ai dit un «événement diplomatique». Mais le 29 septembre fut en réalité bien plus: la date d'un épisode historique d'importance majeure. Dans un monde dominé encore par le mythe des souverainetés égoïstes défendu bec et ongles par Mendès France, la soumission des Britanniques et des Allemands à un ordre supérieur, encouragée par les Américains, applaudie avec ferveur par Spaak et ses collègues du Benelux et d'Italie, quelque limitée qu'elle eût encore été, représentait en apparence une envolée superbe découvrant des horizons immenses. Bien des illusions furent ultérieurement perdues. Toutefois, la participation de la République fédérale à la défense commune, la présence américaine en Europe qu'elle consolida créèrent les conditions irremplaçables de quarante années de paix et de prospérité.

Cinq jours plus tard, le 3 octobre, la Conférence de Londres s'était séparée après avoir adopté un Acte général qui résumait les principaux points d'accord: fin du statut d'occupation de la République fédérale, élargissement du pacte de Bruxelles, devenu l'Union de l'Europe occidentale (UEO) pour y incorporer l'Italie et l'Allemagne, adhésion de celle-ci à l'OTAN, création d'une agence de contrôle des armements, déclaration de solidarité des États-Unis et du Canada. Le 21 octobre, les ministres des Neuf se retrouvaient à Paris; un jour suffisait pour leur faire approuver les textes préparés par les diplomates. Le 22, le Conseil atlantique ouvrait ses portes à l'Allemagne de l'Ouest. Le 23, le tout devait être signé. Mais non, à la dernière heure, nouvel éclat. Mendès France annonçait qu'il ne signerait rien avant d'avoir obtenu satisfaction «au préalable» de la Sarre. Il la voulait autonome – dans la mouvance française, Adenauer la voyait allemande. Au soir, après dîner à l'ambassade de Grande-Bretagne, Eden avait poussé les deux hommes dans la bibliothèque où tard dans la nuit, ils s'étaient mis d'accord pour une Sarre «européenne» semi-autonome dont le statut serait soumis à un référendum des habitants. Le 23 septembre 1954, les traités étaient solennellement signés – à peu près un mois après la faillite de la CED. Somme toute, un étonnant succès.

L'approbation des traités par les Parlements était obtenue sans difficulté à Bonn et à Rome; les capitales bénéluxiennes avaient décidé d'attendre. À Paris, ce fut plus compliqué. Un premier scrutin au Palais Bourbon votait contre l'article 1er du projet qui posait la question fondamentale du réarmement de l'Allemagne. Mais Mendès France jetait cette fois dans le débat tout le poids de son autorité. Mettant en cause l'existence même de son gouvernement, le 30 décembre 1954, il arrachait à l'Assemblée nationale un vote favorable, 278 pour, 256 contre et 74 abstentions. Le grand débat vieux de cinq ans était clos.

Ainsi, pour se garder de militaires allemands intégrés dans une armée commune, le nationalisme français le plus fervent s'était appliqué de toute son énergie à bâtir une armée nationale allemande autonome – qu'elle avait crainte et passionnément voulu éviter. Tandis que l'insularité britannique, pour s'être employée de toute son orgueilleuse obstination à ne pas être impliquée dans les affaires du continent, s'était laissé entraîner à y affecter nombre de ses régiments pour une durée de cinquante années – ce qu'elle avait voulu empêcher à tout prix. Telle est souvent la capricieuse logique de ces hommes qui se disent d'État.

V
Un printemps européen

La Conférence de Messine

À l'Est des barbelés électrifiés et des champs de mines qu'on appelait le rideau de fer, l'ombre ne s'éclaircissait pas; on n'y distinguait clairement que les éclairs fulgurants d'explosions nucléaires annonçant la fin proche de l'hégémonie des États-Unis. En août 1953 avait éclaté la première bombe H (à l'hydrogène) soviétique, de 25 à 1000 fois plus puissante que la bombe A d'Hiroshima – on ne savait trop. G. Malenkov devenu Premier ministre, Khrouchtchev était promu Premier secrétaire du Parti communiste de l'URSS à la place de feu Staline. En décembre, Beria, l'affreux policier, exécuteur des hautes œuvres, était passé par les armes à la suite d'un «procès» à huis clos. En février 1955, le duumvirat Khrouchtchev - Boulganine succédait à Malenkov sans qu'il fût possible de deviner lequel était le vrai maître. On ne savait pas plus ce qui se passait derrière les hautes murailles du Kremlin, ni dans quelle direction s'orientaient ses locataires.

L'angoisse en Occident d'une nouvelle guerre mondiale, si vive depuis 1948, se dissipait lentement; mais les mystères et les hurlements de Moscou entretenaient l'horreur de tout ce qui y touchait de près ou de loin. Le conflit Est - Ouest devenait surtout idéologique, presque mystique. L'amiral Leahy, chef d'état-major du président Truman, soulignait que le communisme était «une religion pour laquelle des hommes étaient prêts à mourir.» Sir Archibald Clark-Kerr, ambassadeur de Grande-Bretagne en URSS, écrivait au Foreign Office: «Croire à un revirement de la politique soviétique est aussi vrai que d'imaginer que le pape Jules II aurait pu abandonner le catholicisme pour un impérialisme du Vatican.» En 1954, alors que le sénateur McCarthy était blâmé par ses pairs (surtout en raison de ses attaques contre eux), un clergyman baptiste du nom de Billy Graham réunissait des millions et des millions d'auditeurs en Grande-Bretagne autant qu'aux États-Unis. De nationalité américaine, âgé d'une trentaine d'années, les cheveux blonds soigneusement peignés et les vêtements impeccables, il prêchait en termes calmes et polis contre « le grand et sinistre mouvement organisé par Satan qui a déclaré la guerre au Dieu chrétien ». Il promettait à certains de ses fidèles « une rencontre personnelle avec Jésus »[1].

En France et en Italie, la vitalité persistante des partis communistes (un Français sur quatre votait pour le PCF en 1951 et en 1956, à peu près de même en Italie) entretenait des inquiétudes similaires au sein d'une majorité hostile mais moins cohérente et moins sûre d'elle-même qu'outre-Atlantique. Le Vatican sous la crosse pastorale quelque peu désuète de Pie XII luttait avec vigueur contre des tendances contestataires jusque dans l'Église, notamment celle des prêtres ouvriers [2]. Toutefois, la démocratie chrétienne, représentée par le MRP, était accusée à gauche et à droite d'être le parti du capital ou celui des Américains; à gauche, les socialistes ne parvenaient pas tous à rompre des liens affectifs avec la « patrie du prolétariat », à droite les gaullistes ne renonçaient pas tous au vieux rêve de la « grande et belle alliance ». Au surplus, un anticléricalisme qui datait de 1789 divisait les partisans de réformes sans révolution. D'où un fort courant neutraliste, surtout parmi des intellectuels, inspiré par le meilleur journal de Paris, *Le Monde*.

En Belgique où l'Église était une puissance, le cardinal Van Rœy, un Flamand madré, naviguait au plus près entre les directives de Pie XII et celles des encycliques qui ne suivaient pas toujours le même tracé. Le Parti social-chrétien, le principal, groupait diverses tendances, dont *la Relève* où se retrouvaient des fidèles du *Monde*, admirateurs secrets de Maurras et affichés du général de Gaulle; l'un d'eux, jeune diplomate, disait: « Moscou ou Washington, c'est du pareil au même – leurs affaires ne sont pas notre affaire. » Ses amis s'attaquaient à la « double hégémonie ». Quelle sottise! Pouvait-on comparer Truman et Staline? Ou craindre au même degré les menaces qu'ils vouaient à nos libertés? En réalité, ce neutralisme occasionnel était sans importance car Paul Henri Spaak dominait la scène; ses aspirations réformatrices, son hostilité morale au communisme, sa répugnance pour l'anticléricalisme – et son habileté manœuvrière – le plaçaient au-dessus des partis. Parmi les socialistes, seule une petite faction lui résistait mollement, réunissant quelques nostalgiques de l'Internationale prolétarienne, quelques chauvins (dont le Premier ministre Achille Van Acker) et quelques envieux. Ceux qu'on allait appeler ultérieurement « la majorité silencieuse » votaient massivement pour lui; son autorité en politique étrangère était à peu près incontestée.

En République fédérale d'Allemagne, où le nombre des communistes était infime (2% aux élections de 1953), la peur des foules demeurait physique plus qu'idéologique; car tous les matins en se réveillant, les Allemands percevaient à leurs frontières de l'Est les sentinelles de l'Armée rouge montant la garde derrière les barbelés qui protégeaient les myriades d'hommes des troupes russes au-delà de l'Elbe. Konrad Adenauer était dans une classe à part. Élu en 1949 par le *Bundestag* à une voix de majorité, le premier Chancelier de la nouvelle Allemagne accédait pour la première fois, âgé de soixante-treize ans, à une fonction gouvernementale; quand il fut contraint en 1963 de se retirer (de très méchante humeur à plus de quatre-vingt-six ans), il avait fait d'un pays anéanti par la plus terrible des guerres une des principales puissances économiques du monde (le revenu réel par tête d'habitant tripla de 1950 à 1970), d'un peuple hébété par l'immensité des crimes de ses chefs, une société libre et respectueuse des lois, d'un ennemi haï, un allié loyal et honoré.

Les débuts du jeune Konrad dans le Cologne du tout récent Empire bismarckien avaient été modestes et pénibles. Il était troisième fils d'un fonctionnaire subalterne de l'ordre judiciaire, un pauvre et un humble, et l'argent avait manqué pour lui permettre, après ses deux frères, des études universitaires; il s'était fait employé de banque. Écrasé d'ennui et privé de perspectives d'avenir, il avait réussi à obtenir une bourse d'études; six années aux Universités de Fribourg, de Munich et de Bonn l'avaient fait docteur en droit, assesseur au tribunal de Cologne et un peu plus tard, avocat. Rien en particulier n'avait distingué ses années d'étudiant désargenté, si ce n'était une grande ardeur au travail, pas de visage féminin, peu de distractions à l'exception d'un voyage en Suisse et en Italie du Nord qui lui avait peut-être ouvert les yeux aux merveilles de la civilisation européenne. On le trouve (de même qu'Alcide de Gasperi, Robert Schuman et Antoine Pinay) marqué par un milieu familial très catholique – un de ses frères fut chanoine de la cathédrale, un de ses fils devint jésuite – austère jusqu'au stoïcisme, ordonné, avide d'achèvement personnel, mais aussi pétri du devoir de solidarité. Des photographies de l'époque montrent le jeune homme mince et élancé, le dos raide, vêtu de sombre mais avec soin, le col amidonné, le visage sérieux ombragé d'une vaste moustache, les cheveux très courts, soigneusement coiffés. En 1904, il avait épousé une jeune fille d'un niveau social très supérieur au sien, rencontrée au club de tennis; elle était la cousine d'un bourgmestre (maire) de Cologne, et sa famille entretenait des relations dans les cercles politiques centristes (le *Zentrum* catholique et le parti libéral) très influents en Rhénanie. En 1906, Adenauer déjà affilié au *Zentrum* (le même parti où Schuman de dix ans son cadet allait militer dans la Metz allemande) était élu conseiller municipal; en 1912, il était premier adjoint du maire. En 1917, celui-ci devenu sous-secrétaire d'État à Berlin, il prenait sa place, fonction qu'il ne devait plus quitter – malgré son caractère insupportable, notait-on – jusqu'à sa révocation par Hitler en 1933 [3].

Avec le succès étaient venues de dures épreuves, la Grande Guerre, la mort prématurée de sa femme, le choc dévastateur d'une défaite inattendue, le reflux des armées en déroute, des drapeaux rouges partout, le séparatisme rhénan (avec lequel le maire de Cologne flirta brièvement), la brutale occupation de la Ruhr par les troupes franco-belges, des années de violence, de deuil, de chômage, d'hyperinflation, de misère. Puis l'ordre était rétabli, les accords de Locarno (1926) conduisaient à la première réconciliation des ennemis de la guerre. À Berlin, la République de Weimar avait paru rejoindre le peloton de tête des puissances démocratiques.

À Cologne, le maire s'était révélé un brillant administrateur, faisant de sa ville une des principales du pays avec une nouvelle université (l'antique université où avait professé saint Thomas d'Aquin avait été supprimée par l'occupant français en 1798), une foire d'importance européenne, un grand port fluvial, des parcs et des jardins, etc. Il s'était aussi remarié avec une jeune protestante convertie au catholicisme. Il était l'une des figures dominantes du *Zentrum*. La chancellerie du Reich lui avait été offerte, mais il n'avait pas réussi à former le Cabinet qu'il souhaitait et était rentré à Cologne.

En janvier 1933, Hitler s'était emparé du pouvoir. Quoique le *Zentrum* eût voté la loi fatidique qui confia à celui-ci la dictature, Adenauer était révoqué dès le mois de mars en raison de « sa fidélité à Rome ». Le temps des épreuves était revenu. Accusé de malversations – et reconnu innocent –, il avait craint d'être assassiné. Interdit de séjour à Cologne et sans ressources, il s'était rendu à Berlin où il subsista quelques semaines grâce à l'aide financière de Danny Heinemann, un industriel américain richissime d'origine juive qui habitait Bruxelles et jouait dans les coulisses un rôle discret de médiateur européen. N'ayant rien obtenu, sinon des menaces de Gœring, il s'était réfugié chez les bénédictins de Maria Laach, près de Bonn, qui le cachèrent près d'un an; sa femme et ses enfants étaient restés à Cologne. Dans la solitude du monastère blotti au creux de collines boisées au bord d'un lac, un de ces sites d'Occident où la terre transpire une haute spiritualité, l'homme politique avait mis à profit une riche bibliothèque et l'enseignement d'un abbé érudit et libéral pour une méditation que sa vie active ne lui avait jusque-là pas permise. Un de ses fils a relaté que la retraite forcée de son père à Maria Laach contribua fortement à le préparer au rôle qu'il allait jouer dans l'épopée européenne[4].

Au printemps de 1934, la Gestapo avait dépisté le proscrit. À nouveau en fuite, il était arrêté à Berlin en juin, le « jour des longs couteaux » où Hitler fit assassiner les chefs de ses milices et des centaines d'autres rivaux. Relâché après quelques jours, il avait repris une vie errante pour se fixer en fin de compte à Rhöndorf, le village en terrasse dominant le Rhin près de Bonn qui allait être sa résidence privée pour le reste de sa vie. Des années s'étaient écoulées dans le calme relatif d'une existence villageoise, consacrées à l'étude et à l'éducation de ses sept enfants. Fait étrange, la municipalité de Cologne lui payait sa pension! Âgé de soixante-huit ans, inscrit sur une liste noire, craignant pour sa famille, Adenauer s'était tenu à l'écart des mouvements de Résistance. Le 20 juillet 1944, le colonel von Stauffenberg tentait de tuer Hitler. La Gestapo avait fouillé la résidence de Rhöndorf sans rien trouver; pourtant, le 23 août, elle arrêtait Adenauer en même temps que des milliers de suspects pour l'enfermer dans un centre de détention. Évadé, il était repris pour finalement être relâché en novembre en très mauvais état physique. Quelques jours plus tard, Rhöndorf était libéré par les Américains; quelques jours encore et ceux-ci étaient revenus pour le réinstaller à la mairie de Cologne. Tâche gigantesque dans une ville rasée par les bombardements qui de sept cent mille habitants avant la guerre n'en avait plus que trente-deux mille. Dix mois plus tard, un général britannique irascible l'avait révoqué pour «inefficacité» et interdit de séjour en sa ville natale. Et sans s'en douter, ouvert la route du sommet - l'élément comique dans le drame de sa vie.

Les Géants de la mythologie grecque sont fils de la Terre et du Ciel. Cette filiation ne reflète-t-elle pas la personnalité de Konrad Adenauer, bâti de marbre dur, conscient pour lui et pour ses administrés de la valeur des biens matériels? En même temps, la tête très haute dans les cieux, motivé toute sa vie – malgré une perception pessimiste de la nature humaine - d'un idéal de paix et de fraternité? Il est né et a grandi dans l'Église de Rome, elle est sa maison, elle est son soutien. En son enfance, et durant son adolescence, il a été le témoin scandalisé du *Kulturkampf*, le «combat pour la civilisation» mené par Bismarck contre les catholiques avec brutalité pour accroître le pouvoir impérial et prussien – l'archevêque de Cologne, et avec lui de nombreux prêtres, avaient été jetés en prison. Il a appris à détester la Prusse et se méfier de l'État qu'elle a créé: «Les Allemands en ont fait une idole», écrivit-il, «et l'ont placée sur un autel; la valeur et la dignité de l'individu ont été sacrifiées à cette idole[5].» C'est la doctrine de l'abbé Sturzo et d'Alcide de Gasperi, presque les mots de celui-ci. C'est aussi l'enseignement des encycliques de Léon XIII et de Pie XI; car Adenauer n'est pas conservateur, il aspire à l'enrichissement des masses par l'expansion économique, l'idée très moderne qui a fait le succès de la démocratie chrétienne.

Il n'est pas non plus bigot, quelques-uns de ses meilleurs (et rares) amis sont protestants ou juifs, mais il est passionnément occidental; il insiste sur l'adjectif, car il voit dans l'orthodoxie de l'Est une religion différente. Dans sa jeunesse, ses regards se sont fixés sur la France dont la civilisation latine doit pallier en son pays les courants barbares venus de Prusse. Le paganisme totalitaire d'Hitler lui a répugné dès avant ses pires crimes, celui du «communisme athée» de Staline l'ont horrifié; ajouté à l'impérialisme de l'URSS, il n'est pas loin de voir en celle-ci l'Empire du Mal. On dit qu'il est «gothique»; âme simple, il croit que son destin est de guider l'Allemagne dans une mission rédemptrice à la tête d'une Europe unie, prospère et inspirée de valeurs chrétiennes, seule à même de défendre la civilisation. Le Parti démocrate chrétien (CDU) dont il a été le fondateur et où, pour la première fois dans son pays, se sont associés catholiques et protestants, a été à ses débuts un mouvement idéologique autant que politique pour combattre les chants de sirène ennemis. En même temps, il a pu se résigner sans peine au partage de l'Allemagne qui confère à ses coreligionnaires un poids égal dans la République fédérale à celui de leurs rivaux protestants.

Konrad Adenauer a été calculateur, rusé et souvent sans bonté; avec le succès et les années, son souffle s'est raccourci et la fin de sa magistrature a été moins heureuse que ses débuts. Mais il a su ce qu'il voulait – qualité plus rare qu'on ne le croit – et il a apporté à le réaliser une volonté métallique. Il a été l'anti-Bismarck, l'anti-Hitler, l'anti-Staline. Hanté par sa vision, il a été trop souvent enclin à craindre la trahison, soit de ses alliés, soit de son propre peuple. Plusieurs fois, je l'ai entendu se plaindre à Spaak des Français, des Britanniques, des Américains – ou de ses compatriotes. Il l'admonestait avec passion: «Il faut lier les Allemands à l'Ouest par tant de liens d'intérêts et de sentiments que jamais plus ils ne regardent vers l'Est. Et il faut le faire au plus vite, tant que je suis là – avant qu'il ne soit trop tard.» Thèse qui a été le point premier de toute sa démarche. Occasionnellement, elle a irrité par son opiniâtreté. Cependant, elle a éloigné le pays de Wagner et des Niebelungen de la sombre magie de son passé et elle l'a guidé vers un destin plus rationnel qui n'a jamais été prédéterminé; c'est *une seule voix*, celle d'Adenauer lui-même, qui a complété la majorité au scrutin parlementaire du 15 septembre 1949 et qui a placé la branlante République fédérale sur la route du stable État de droit qu'elle est devenue. Le vieil homme de Rhöndorf n'a eu que peu d'idées. Mais sa prière occidentale a été prophétique et elle n'a rien perdu aujourd'hui de sa valeur.

Derechef, des voix chagrines parlaient de décadence. Mais pouvait-on se laisser aller au découragement quand on voyait les populations d'Europe acharnées au travail pour redresser leurs ruines? Spaak, s'adressant aux pessimistes, s'était servi dans un discours des mots de l'Apocalypse: «J'ai ouvert devant toi une porte que nul ne peut fermer.» Peut-être Dieu, ou le destin, ou les circonstances avaient-ils ouvert la porte; mais elle aurait facilement pu claquer aux vents et bloquer le passage si quelques hautes figures d'élite ne s'étaient pas organisées pour empêcher cela et pour mener vers le pays de Canaan des peuples, sans doute troublés et incertains. Mais non sans ressort.

De cette caste de chefs, le ministre des Affaires étrangères de Belgique avait pris la tête. Avec la création de l'Union de l'Europe occidentale (UEO) qui sauvait le plus urgent, il avait retrouvé son énergie un instant perdue; toutefois il ne voyait pas clairement vers où se diriger. L'automne et l'hiver connurent une période de stagnation. À Bruxelles et ailleurs, les experts rédigeaient des notes plus ou moins pertinentes. Le 12 janvier 1955, un mémorandum de Paris suggérait la création d'un «pool des armements». Idée intéressante, déjà avancée à *Lancaster House*, elle s'enlisait dans un égocentrisme qui eût conduit à un quasi-monopole français des industries de guerre, inacceptable pour Londres et les capitales du Benelux. Comment Mendès France pouvait-il signer pareille proposition? Pensait-il y rallier Rome et Bonn où effectivement il effectuait des visites à grand tapage[6]? Et puis, soudainement, il était mis en minorité au Palais Bourbon dans la nuit du 2 au 3 février et acculé à la démission. La soif de revanche des parlementaires europhiles y avait contribué. Toutefois, le vote était causé principalement par la détérioration de la situation en Algérie*; un de ses députés, le radical René Mayer, avait été le matador chargé d'administrer le coup mortel.

Pendant des années, à la suite des circonstances, les énergies des bâtisseurs de l'Europe s'étaient concentrées sur la Communauté de Défense et la Communauté politique. Celles-ci anéanties, il n'y avait plus qu'un seul terrain où agir: l'économique. Jean Monnet, une fois de plus, allait être un des inspirateurs de ce qu'il appela la «relance de l'Europe». Il connaissait les limites de ses talents, il n'ignorait pas qu'il était piètre orateur, qu'il était allergique à l'administration, deux faiblesses qui excluaient une carrière publique. Par contre, il produisait des idées et, une fois formulées, n'y renonçait pas. Il s'était donc résolu à abandonner la présidence de la Haute Autorité pour se consacrer à une action personnelle en profondeur sur ceux qui décidaient, syndicalistes autant que patrons, fonctionnaires autant que parlementaires. De là, le fameux *Comité d'Action pour les États-Unis d'Europe*, le «lobby» le plus ambitieux du Vieux Continent, car il voulait transformer des structures ancestrales.

Monnet avait l'allure d'un rond-de-cuir et les passions d'un héros d'Homère. On savait, parce qu'il se plaisait à le raconter, qu'à l'âge de quarante-deux ans et célibataire, il avait dîné un soir à Paris avec un couple italien et qu'il était tombé amoureux sur le champ de l'épouse, la très belle Silvia, de vingt ans sa cadette. Amour réciproque: ils avaient voulu se marier; hélas, Silvia était italienne, ce qui interdisait le divorce. Après de longues recherches, il était apparu qu'en URSS seule il était possible; ils avaient sauté dans un train pour Moscou et, de là, mariés à Shanghai où ils séjournèrent quelque temps. Un jour, leur union civile fut bénie par un évêque ami de la famille. Cinquante ans plus tard, Monnet parlait encore dans ses mémoires d'un «amour partagé et indestructible».

---

* La guerre d'Algérie avait virtuellement commencé. Du 1er novembre 1954 au 1er février 1955, 514 attentats furent commis en Algérie, causant la mort de 41 civils, de 46 membres des forces de l'ordre et de 147 rebelles; 5202 de ceux-ci étaient incarcérés[7].

À un caractère aussi ferme, peu de choses paraissent impossibles. À son habitude, Monnet s'était choisi une figure clé pour lui ouvrir l'accès aux gouvernements. En 1950, Schuman, puis Pleven; en 1954, Paul Henri Spaak. À Noël déjà, il l'avait revu en un hôtel de Noirefontaine, dans les Ardennes poudrées de neige où Spaak se reposait. Les deux hommes avaient confirmé leur accord d'agir de concert mais avec prudence, et seulement à un moment favorable. En mars 1955, Mendès France avait été renversé, les traités signés à Paris en septembre 1954 avaient finalement été ratifiés. Monnet était revenu en Belgique. Une de ses petites astuces était de s'assurer des appuis dans l'entourage de ses principaux complices. Il m'avait invité en tête-à-tête avant de retrouver le ministre. Comment ne pas en être flatté ? Son projet à ce stade était l'attribution de nouvelles compétences à la CECA, un « pool de l'énergie », un « pool des transports », etc. Il envisageait aussi la mise sur pied d'une communauté de l'atome; discernant dans l'énergie nucléaire un avenir révolutionnaire – ce qui en 1955 ne manquait pas d'imagination –, il jugeait impératif d'internationaliser les matières fissiles pour interdire aux Européens un nouveau champ de dangereuses rivalités. Il voulait que les initiatives viennent du Benelux; à Paris, personne à ce moment n'était en mesure de les prendre et il n'aurait convenu ni aux Allemands, ni aux Italiens de le faire.

Spaak n'avait pas hésité. Le 2 avril, il écrivait une lettre à ses collègues A. Pinay, G. Martino et K. Adenauer pour leur suggérer de soumettre les propositions de Monnet à une réunion des ministres de la CECA. Le même jour, il m'envoyait à La Haye en compagnie du baron Snoy et d'Oppuers, Secrétaire général des Affaires économiques, et d'Albert Hupperts, un diplomate des services économiques; sans instructions écrites, nous avions mission de mettre les Néerlandais au courant de nos entretiens avec le président de la Haute Autorité et de les y rallier. Reçus par nos homologues et par Johan Beyen, un de leurs ministres – protestant, il partageait curieusement le portefeuille des Affaires étrangères avec le catholique Joseph Luns qu'il avait à surveiller –, nous les avions trouvés prêts à beaucoup d'audace. À une conférence des Six à Rome en février 1953, Beyen avait présenté déjà un plan qui préparait une union économique complète. Les Français l'avaient alors rejeté; s'il y avait relance, il voulait que son plan y fût incorporé.

Jean Charles Snoy et son équipe n'avaient jamais cru pouvoir aller si loin; ils songeaient à une *zone de libre-échange*, système moins ambitieux qui abolit les droits de douane entre les États membres tout en les maintenant à l'égard des tiers. Toutefois, notre tâche n'était pas d'entamer une négociation mais d'échanger des opinions. Faisant rapport le soir même à mon ministre, je l'entendis dire, non sans m'étonner : « Beyen a raison, il faut essayer. » Ce fut une des intuitions les plus heureuses de sa carrière – si même elle répondait à la politique qu'il avait préconisée dès ses années d'exil à Londres. Il téléphona immédiatement à Joseph Bech qui lui répondit sur-le-champ: le Luxembourg était d'accord. Le surlendemain, 4 avril, une lettre de Beyen à ses deux collègues du Benelux venait formaliser ses suggestions; ainsi s'était-il inscrit aux côtés des Monnet, Schuman et Spaak sur la courte liste des pères putatifs de l'Europe. Technocrate venu à la politique à travers la Banque, polyglotte et cosmopolite, la musique était sa passion. Il n'était pas pénétré de l'ambition qui fait les conquérants, mais ses idées étaient claires et ses convictions courageuses. Les historiens ne lui ont pas attribué la part de reconnaissance qui lui est due.

Le 22 avril, Monnet était revenu à Bruxelles s'entretenir avec Spaak*. Le 23, celui-ci retrouvait son collègue néerlandais à La Haye – Bech souffrant était représenté par un de ses diplomates. Les trois délégations s'étaient rapidement mises d'accord pour prendre l'initiative d'une relance par une synthèse des suggestions globales de Beyen *et* sectorielles de Monnet. Les Néerlandais s'étaient chargés de la rédaction d'un texte qui, après quelques retouches mineures, était devenu ce « mémorandum du Benelux », thème principal de la conférence prévue au 1er juin 1955. Chargé de le faire parvenir à Jean Monnet et de l'expliquer, je le lui transmis avec un message amical au début de mai. Le rencontrant peu après, je le trouvais encore sceptique à l'union économique et, de fait, il allait rester à l'écart de la négociation qui la créa, laissant à Spaak la gloire de son succès. Non pas qu'il y fût hostile; mais il avait peine à croire que la France renoncerait à une tradition protectionniste plusieurs fois séculaire. Toutefois, il confirma son appui et l'exprima publiquement dans un discours à Strasbourg le 9 mai. Une fois de plus, j'avais été intrigué par cet homme bizarre pour lequel nous éprouvions tous, Spaak en tête, de l'admiration et de l'amitié, un provincial de terne mine qui était aussi un citoyen du monde, un petit-bourgeois naïf et maladroit qui était aussi parfois illuminé d'éclairs de génie.

Le mémorandum du Benelux, déposé à Paris, Bonn et Rome le 18 mai, était bien accueilli dans ces deux dernières villes, mais fraîchement dans la capitale française. Cependant, le Quai d'Orsay « acceptait le principe d'une conférence où toutes les données seraient examinées »[9]. Ce n'était donc pas un non catégorique. Peut-être le nouveau président du Conseil Edgard Faure se montrerait-il plus ouvert que son prédécesseur? Il appartenait à cette faune de parlementaires sans idéal et sans trop de scrupules qui vont qui viennent d'une coalition gouvernementale à l'autre et dont

---

* Pierre Uri, collaborateur de Monnet, a écrit qu'il avait préparé pour celui-ci un autre plan d'intégration économique globale dont Spaak aurait eu connaissance. Je n'en ai pas souvenir et je n'en ai pas trouvé trace dans les archives belges. Peut-être Monnet en parla-t-il à Spaak pendant leur tête-à-tête du 22 avril[8]?

le succès est dû à une acrobatique agilité mentale plus qu'à des vues politiques. On disait de lui qu'il n'était pas un «enragé de l'Europe»; mais il n'était pas non plus un enragé de l'anti-Europe.

Aux Affaires étrangères, Antoine Pinay était tissé de fibres plus solides. Industriel de Saint-Symphorien-sur-Coise près de Lyon, son père était le descendant d'une lignée de chapeliers prospères, sa mère, fille de paysans modestes; un milieu balzacien où les qualités d'ordre, de discipline et d'application au travail étaient les guides de l'existence. Combattant de la Grande Guerre, grièvement blessé, réformé, le jeune Pinay était retourné à l'usine paternelle. Marié en 1917 à la fille d'un petit industriel de Saint-Chamond, il s'y fixait pour gérer l'usine de son beau-père au décès de celui-ci. Revenu un des premiers en son bourg, il fut tout naturellement aspiré par la politique locale; maire de Saint-Chamond en mai 1929, il allait le rester – sauf pendant la guerre – jusqu'en 1977 quand à l'âge de 86 ans, il abandonna ses fonctions. Sa course aux honneurs fut banale, inspirée par les circonstances plus que l'ambition; conseiller général en 1934, député en 1939, sénateur, député à nouveau en 1946, secrétaire d'État aux Affaires économiques en 1948, ministre des Travaux publics en 1950. Et puis, soudainement en 1952, président du Conseil[10]. «Radical indépendant» avant la guerre, inscrit plus tard au groupe des Indépendants, il était de nature un conservateur libéral.

Ce fut alors ce «miracle Pinay» dont j'avais été le spectateur à mon arrivée à Paris. Après les premières années de l'après-guerre dominées par la gauche et son dirigisme socialisant, le maire de Saint-Chamond bénéficia d'un reflux vers la droite et sa prédilection pour une économie de marché; celle-ci, non sans l'aide du plan Marshall, avait favorisé une résurrection de l'économie (le taux de croissance oscillait autour de 4,6% par an – 1,1% en 1992), freinée toutefois par le marasme des finances publiques.

Pinay réussit à briser l'inflation, et, dès lors, à apaiser les revendications salariales. La confiance rétablie dans la monnaie, un vaste emprunt à 3,5% (!) relança l'expansion et le plein emploi. Avec l'«échelle mobile des salaires» indexés sur le coût de la vie (une petite révolution à cette époque), il protégea la sécurité des classes ouvrières. C'est lui qui créa le «franc lourd» en l'amputant de deux zéros. En ce «patron au petit chapeau rond qui lui donnait des sous», le Français moyen s'était retrouvé. Nul personnage consulaire depuis de Gaulle n'avait connu autant de popularité.

Tel était l'homme que, trois ans plus tard titulaire du Quai d'Orsay, les pionniers de l'Europe eurent à séduire et à convaincre. Spaak s'y était employé, un peu aidé par le hasard. L'épouse d'Antoine Pinay, la mère de ses trois enfants, avait été atteinte très jeune d'une maladie incurable exigeant son hospitalisation ininterrompue jusqu'à sa mort en 1968. Trop attaché à sa foi catholique pour songer à une dissolution du mariage, Pinay s'était résigné à vivre seul, entouré de ses enfants. Dans les années cinquante, des liens affectueux l'unissaient à Margaret Biddle, une Américaine divorcée, très riche et charmante qui, installée à Paris, y tenait un salon fréquenté par des milieux atlantiques et européens. David Bruce avait présenté sa compatriote à André de Staercke. Celui-ci avec son don étonnant de susciter des amitiés était rapidement devenu un de ses familiers; à son tour, il lui avait fait connaître Paul Henri Spaak qui la rencontrait parfois à l'occasion de ses fréquentes visites à Paris. En mai, tandis que les chancelleries préparaient la Conférence de Messine, Mrs. Biddle avait imaginé de le placer en face de son collègue français en les invitant à déjeuner dans le petit hôtel Directoire qu'elle possédait à la rive gauche. Pinay s'y était prêté de bonne grâce et un beau matin nous avions pris le train de Paris; André de Staercke nous attendait à la gare du Nord.

Le déjeuner avait été un succès: un logis ravissant de la fin du XVIIIe, des Watteau et des Fragonard décorant les murs gris Versailles, des mets délicieux servis dans des assiettes de la Compagnie des Indes, de l'argenterie marquée du poinçon d'un orfèvre de Napoléon! Margaret Biddle guidait la conversation avec le doigté discret d'une parfaite maîtresse de maison*. Pinay, qui était accompagné de son directeur de Cabinet Henri Yrissou, ne montrait que peu d'expérience des affaires internationales; son esprit était plus préoccupé de finances publiques, de taux d'intérêt et du cours de la rente que de réflexions historiques. Toutefois, on sentait en lui un homme de cœur; l'anti-communisme qui dominait sa pensée reposait manifestement sur une base morale qui incluait la paix sociale autant que la réconciliation avec l'Allemagne. Plus que d'autres hommes politiques français, il admirait les États-Unis et y discernait des exemples à suivre pour élever le niveau de vie dans la paix sociale – aussi bien qu'une puissance militaire indispensable à la sécurité du monde. Bref, il se trouvait très proche de Spaak; celui-ci n'avait pu que l'encourager en insistant sur la portée politique de ce que proposait le mémorandum du Benelux. Il développa avec brio une de ses idées favorites: il n'y a pas de progrès social sans réactions violentes si ce n'est dans des sociétés en pleine expansion économique – irréalisable dans une Europe fragmentée. Yrissou faisait des sourires approbateurs, son maître ne protestait pas, se bornant à répéter plusieurs fois: «Il ne faut pas aller trop vite.» À la fin de l'après-midi dans le *TransEurop Express* qui nous ramenait à Bruxelles, mon ministre socialiste m'avoua qu'il plaçait plus d'espoir en l'industriel conservateur de Saint-Chamond qu'il n'en avait eu en l'avocat progressiste de Louviers après le déjeuner de Matignon l'année précédente. Le mémorandum du Benelux avait peut-être une chance.

* La malheureuse allait disparaître subitement peu après, frappée d'une hémorragie cérébrale en rentrant un soir de l'Opéra.

Le 1er juin, nous sommes à Messine, Spaak, Snoy, Staercke, Hupperts et moi. Nous avons passé la Pentecôte à Rome à la Villa Doria Pamphili, siège de l'ambassade de Belgique, un magnifique palais bâti dans un parc sur le Janicule par le général Andrea Doria, condottiere de François Ier avant de passer au service de Charles Quint! Le gouvernement de Bruxelles est en pleine crise religieuse, écoles publiques contre écoles catholiques, une ancienne querelle en Belgique; les évêques, très nerveux, ne sont pas disposés au compromis et le ministre des Affaires étrangères s'est laissé convaincre d'en entretenir le Vatican. Après un tête-à-tête (qui s'avérera fructueux) avec le cardinal Tardini, secrétaire d'État, la tradition nous conduit à demander de baiser la mule du Pape. Nous nous exécutons, un peu amusés mais avec le respect qui est dû au chef spirituel d'un milliard de catholiques qui partagent notre foi en l'homme. Pie XII n'est pas unanimement admiré; mais sa haute silhouette toute de blanc vêtue, son visage ascétique, son regard brûlant, lui donnent grande allure et nous le quittons, même les agnostiques, fort impressionnés.

Notre ambassadeur a mis une voiture et son chauffeur à notre disposition; nous avons pris la route de Naples, puis le bateau du soir pour la Sicile. De Palerme, nous avons entrepris le tour de l'île. Après de courtes visites à Selinonte et à Segeste, nous faisons étape à Agrigente. Les amandiers sont en fleurs, le soleil est déjà brûlant, nous sommes unis par l'amitié autant que par un idéal commun; l'escapade est un enchantement. André de Staercke dont l'érudition et la mémoire sont sans limites nous a commenté les civilisations éblouissantes des heures grecques de l'île, anéanties par des luttes fratricides, puis celles des Romains qui en ont fait le grenier de l'Italie. En 1955, quinze cents ans de guerres et d'invasions l'ont réduite à des champs de pierres, ravagés par la Maffia, et très pauvre. Notre ami nous a déclamé les phrases sonores de Paul Valéry: « Nous autres, civilisations, nous savons maintenant que nous sommes mortelles. Nous avons entendu parler de mondes disparus tout entiers, d'empires coulés à pic avec tous leurs hommes et tous leurs engins, descendus au fond inexploré des siècles avec leurs dieux et leurs lois... » Une bonne introduction à une conférence pour préparer un nouveau printemps de l'Europe. Au soir du 31 mai, nous sommes à Taormina à l'hôtel *San Domenico*, un ancien couvent de dominicains, lieu luxueusement restauré qui contemple du haut de collines escarpées cette Méditerranée où tout a commencé.

Pourquoi la Sicile? En partie pour venir à l'aide de Gaetano Martino, le ministre des Affaires étrangères d'Italie qui la représente au Parlement de Rome et qui est en pleine campagne électorale. Surtout parce que Français, Italiens, Néerlandais, Luxembourgeois, Allemands de l'Ouest et Belges, pétris d'un même passé classique, y voient le symbole prometteur d'un nouvel avenir commun. N'a-t-elle pas été la patrie de Frédéric II, le grand empereur Hohenstauffen, cousin et protecteur de saint Thomas d'Aquin, premier pionnier d'un Occident uni après les siècles obscurs?

Le 1er juin 1955 commence par un conciliabule des délégations bénéluxiennes sur la terrasse ensoleillée de l'appartement de Bech, président en exercice de la CECA. Deux points principaux sont inscrits à l'ordre du jour: l'élection d'un nouveau président de la Haute Autorité et la relance de l'idée européenne. Une semaine auparavant, Jean Monnet est revenu sur sa décision de démissionner; mais il est clair que Paris ne veut plus de lui et les trois ministres se résignent. Quant au mémorandum Benelux, Allemands et Italiens s'y sont plus ou moins ralliés par des notes séparées. Restent les Français. Hier soir, Pinay a disparu tôt dans son appartement du *San Domenico*. Au bar, ses collaborateurs n'ont rien révélé; Yrissou s'est montré de bonne humeur, Wörmser très froid, Sauvagnargues a été muet. Aussi croit-on sage de ne pas forcer la note. Nous tenterons de faire adopter une procédure: soumettre notre mémorandum à l'étude d'un comité intergouvernemental sous la présidence d'une personnalité politique décidée à réussir. Le nom de Paul Van Zeeland est prononcé.

Vers midi, les délégations se mettent en route pour Messine toute proche en une cavalcade de voitures officielles, sirènes hurlantes, fanions au vent, entourées de *carabinieri* à motocyclette. Traversée d'une ville banale parmi des badauds sympathiques, à l'heure de la sortie des bureaux, visite aux édiles à l'hôtel de ville, suivie d'un grand déjeuner. Ensuite, ouverture de la Conférence, discours pompeux, réunion confuse des six ministres entourés de nombreux collaborateurs sous la houlette de Bech. Vers 18 heures, la séance est levée, retour à Taormina. Les diplomates sont chargés de coucher sur papier les résolutions de l'après-midi. Très vite, nous nous découvrons incapables de remplir notre tâche; à part la désignation de René Mayer à la succession de Jean Monnet, acquise sans problème, les déclarations des ministres ont été incompatibles, pas très cohérentes et impossibles à rédiger. Jean Snoy, notre cornac, est obligé de demander à Bech un nouveau colloque de ministres pour clarifier les positions. Mais nos maîtres ont disparu – ils sont au théâtre grec à l'autre bout du village où ils admirent les entrechats du ballet de Rome. Rentrés au *San Domenico* à la fin du spectacle, ils sont les commensaux d'un souper aux chandelles offert par le gouvernement italien aux délégués et aux ballerines. Il est deux heures du matin quand Bech rameute ses collègues, quatre heures quand un accord est réalisé après un aparté Spaak-Pinay. La résolution de Messine réaffirme « la volonté de franchir une nouvelle étape dans la voie de la construction européenne... de poursuivre le développement d'une Europe unie par le développement d'institutions communes, la fusion progressive des économies nationales, la création d'un Marché commun et l'harmonisation progressive de leurs politiques sociales... ». Elle accepte de mettre les propositions du Benelux, à peu près intactes, à l'étude suivant la procédure envisagée le matin. Elle décide aussi d'y inviter les Britanniques.

Un grand succès, pensent les Belges. Pleins de joie, ils se retrouvent sur la terrasse du *San Domenico* pour y attendre le lever du soleil sur l'Etna. Un de nos jeunes collaborateurs entonne: «*Tout va très bien, Madame la Marquise, tout va très bien.*» Spaak lui répond d'une voix un peu fausse par *Sole Mio*, quand une fenêtre s'ouvre au-dessus de nos têtes. Une voix coléreuse proteste: le bruit l'empêche de dormir. C'est Pinay. Heureusement, dans la lumière incertaine de l'aube, il ne nous reconnaît pas; nous nous égaillons dans la direction de nos lits en étouffant nos rires.

Sans arme ni armure (Val Duchesse 1955-1957)

Les années ont confirmé le succès de la rencontre de Messine puisqu'en définitive c'est d'elle qu'est sorti tout le système de coopération de l'Europe actuelle – bien imparfait encore, mais quel progrès après les sordides rivalités de l'avant-guerre! Paradoxalement, elle avait été pleine de réticences et de malentendus entre ceux qui voulaient fixer le point de départ d'une ère nouvelle, ceux qui désiraient se limiter à des platitudes mélodieuses et ceux qui, ne voyant pas très bien ce qui leur était proposé, s'étaient laissé porter par le courant. Ainsi, de la volonté de quelques hommes, était née dans l'équivoque et la confusion une des entreprises les plus hardies de l'histoire contemporaine, ce «Marché commun» qui dans l'esprit de ses promoteurs devait aboutir à une fédération européenne aussi sûrement qu'au siècle précédent le *Zollverein* avait conduit à l'Empire de Bismarck.

Le 9 juillet 1955, à la fin de l'après-midi, se pressaient autour d'une table ronde dans le vaste salon vert attenant au cabinet du ministre des Affaires étrangères de Bruxelles une vingtaine d'hommes politiques et de hauts fonctionnaires; sur la cheminée monumentale figurait un Atlas de bronze portant sur ses épaules une horloge en forme de globe terrestre qui égrenait les longues heures de leurs travaux. Paul Henri Spaak, appelé par ses pairs à présider le comité intergouvernemental prévu par la résolution de Messine, s'était laissé séduire après quelques hésitations – il craignait de ne pouvoir cumuler la tâche et ses fonctions ministérielles. Assisté du baron Snoy, il s'était entouré d'une équipe de collaborateurs de talent, les Français Pierre Uri et Paul Delouvrier, l'Allemand Hans von der Grœben, tous des fidèles de Jean Monnet, le Belge Albert Hupperts et moi. Dès l'abord, Spaak avait souligné que cette première phase des travaux devait se borner à définir ce qui paraîtrait à la fois *désirable et possible*; elle ne pouvait engager les gouvernements. Très vite, on avait cessé de distinguer clairement ceux qui représentaient les États et ceux qui étaient les conseillers personnels de la présidence. Certes, les chefs de délégation gardaient contact avec leur capitale; mais en même temps s'était créée entre eux une solidarité transcendant des intérêts nationaux qu'ils n'étaient que trop accoutumés en d'autres circonstances à défendre avec âpreté. Un jour, à Snoy qui lui demandait si le Quai d'Orsay approuvait ses prises de position, Gaillard avait répondu qu'il se gardait bien de le consulter[11]. Technique de conférence inusitée, elle n'a malheureusement jamais été répétée; peut-être n'était-elle possible que dans le climat d'idéal commun que M. Spaak avait réussi à insuffler.

Après quelques réunions dans les salons de la rue de la Loi, la Conférence avait poursuivi ses travaux dans un immeuble de bureaux loué pour la circonstance. L'été avait été étouffant. Seuls les chefs de délégation devaient être impliqués dans les choix politiques fondamentaux; mais comme toujours, les experts s'étaient multipliés comme des lapins dans une garenne, quatre commissions avaient été créées, les papiers proliféraient. À un conseil intérimaire des ministres réunis à Noordwyk (Pays-Bas), Spaak avait senti qu'il allait être submergé. Il avait décidé de réagir et de faire préparer sous sa responsabilité exclusive un rapport de synthèse. Uri, von der Grœben et Hupperts avaient été expédiés loin de Bruxelles et des experts, munis de ses instructions, pour rédiger un avant-projet. Réfugiés au *Grand Hôtel* de Saint-Jean-Cap-Ferrat dans le calme et le soleil de la Méditerranée, ils s'étaient mis au travail. Pendant un mois, tous les soirs, Hupperts me téléphona pour s'assurer que ses collègues et lui ne s'écartaient pas de la ligne tracée par notre ministre. Je lui transmettais ses observations; parfois, Spaak en personne les lui communiquait. Telle fut la genèse du document connu, à juste titre, du nom de *Rapport Spaak*. En avril, il était soumis aux chefs de délégations qui, après quelques retouches, le transmettaient aux gouvernements. En substance, il préconisait une *union douanière*, plus ambitieuse qu'une *zone de libre-échange*, mais seule apte à conduire à une véritable union économique. Le rapport constatait que l'intégration par secteurs serait techniquement difficile à réaliser et qu'elle manquerait de souffle politique. Toutefois, il la recommandait pour l'énergie atomique. Celle-ci connaissait à l'époque une grande vogue, vigoureusement entretenue en France par Jean Monnet. Nombreux étaient ceux qui s'imaginaient, non sans exagérer, qu'elle était destinée à se substituer à bref délai et à des prix très bas à celle produite par les centrales classiques, thermiques ou hydrauliques. Le jeune Félix Gaillard, responsable du dossier à la présidence du Conseil, était parmi ses enthousiastes. En résumé, le Rapport Spaak esquissait les grandes lignes de ce qu'allaient devenir le Marché commun et Euratom.

L'appui apporté par la diplomatie américaine à la mise en œuvre des futurs traités de Rome joua un rôle capital – aujourd'hui encore ceux qui y ont participé estiment qu'ils n'auraient probablement pas vu le jour sans l'aide persévérante de Washington. La vaste conspiration amicale qui s'était spontanément nouée dès les plans Schuman et Pleven avait retrouvé son dynamisme. À sa tête le président Eisenhower avait succédé avec un même enthousiasme – faut-il dire une foi ? – au président Truman ; Jean Monnet l'avait converti de longue date. Foster Dulles avait pris la place de Dean Acheson ; autant que son prédécesseur, il voyait en l'Europe unie plus qu'une politique, un idéal civilisateur. Républicain, il avait nommé un démocrate, l'ex-ambassadeur à Paris David Bruce, représentant des États-Unis à la CECA et observateur auprès des communautés en gestation. Au Département d'État, les postes de commande étaient occupés par des « européanistes » convaincus, en premier lieu George Ball, (un ancien collaborateur de Monnet), Livingstone Merchant, Robert Bowie, Robert Schaetzel, les frères Cleveland,... Des grands commis qui s'étaient sentis chargés d'une mission parfois presque mystique, un réseau d'éminences grises, amis fidèles, constamment en relations par lettres, par téléphone ou en contact direct avec des « complices » à Paris, à Bonn, à Rome, à Bruxelles et ailleurs.

Jour après jour, ils suivaient de près nos travaux, n'hésitant pas occasionnellement à intervenir, quoique plus discrètement qu'au temps de la CED. Foster Dulles en personne prenait fait et cause pour les nouveaux projets, en particulier pour le futur Euratom, du moins au début. Le Marché commun, jugé trop ambitieux, l'intéressa moins. Sur instruction de Spaak, le conseiller de l'ambassade des États-Unis à Bruxelles, Phil Sprouce, et Basil Boothby à celle de Grande-Bretagne, étaient tenus au courant – c'était une de mes tâches.

Les « européanistes » n'étaient pas sans adversaires. Il y avait à Washington un clan qui s'intéressait à l'Asie et à l'Afrique plus qu'à l'Europe. Il y avait aussi des traditionalistes, en particulier dans les départements techniques. Au Commerce ou à la Commission de l'Énergie atomique, notamment des voix s'élevaient pour défendre des conceptions plus terre à terre de l'intérêt national, attaquant parfois avec acerbité le prétendu manque de patriotisme du Département d'État. Le « maccarthysme » avait perdu sa virulence, mais il n'était pas mort. Toutefois, quand Spaak, au cours d'entretiens avec Bruce et même avec Dulles, admirait leur générosité, il s'entendait invariablement rétorquer que les bénéfices qu'ils voyaient à long terme pour les États-Unis en une Europe forte et unie dépassaient largement les inconvénients de sa rivalité commerciale.

La chute du gouvernement Faure - Pinay (novembre 1955) et les élections générales de janvier 1956 avaient opéré un glissement à gauche en faveur d'un Cabinet de *Front républicain**. On savait qu'il était divisé. Si

---

* Le parti gaulliste s'était effondré avec 4 % des voix au lieu de 22 % en 1951. Le général de Gaulle était resté silencieux.

son président et son ministre des Affaires étrangères, les socialistes Guy Mollet et Christian Pineau, étaient inscrits au Comité pour les États-Unis d'Europe et avaient la réputation d'être bien disposés, plusieurs autres ministres, dont l'influent socialiste Ramadier et le seul gaulliste Chaban-Delmas, ne l'étaient pas. Rien n'avait été sûr. Toutefois, en mars, P. H. Spaak, accompagné du baron Guillaume, son ambassadeur à Paris, avait rencontré à Matignon Mollet et Pineau. Noël, le chef de Cabinet du président du Conseil et moi, avions entendus nos ministres se mettre d'accord tant bien que mal pour promouvoir conjointement les deux Communautés atomique et économique. À la veille de Venise, Pineau et Spaak s'étaient retrouvés une fois encore en tête-à-tête dans un restaurant de la Grand-Place à Bruxelles. Les deux hommes se connaissaient bien et se tutoyaient. Le Français, conscient que toute procrastination était désormais impossible et qu'il aurait à dire « oui » ou à dire « non », s'était enquis de ce qui adviendrait si c'était « non » pour le Marché commun. « Dans quelques mois », lui avait-il été répondu, « vous verrez s'organiser une zone de libre-échange avec la Grande-Bretagne, mais sans clause de sauvegarde, sans association des territoires d'outre-mer, sans politique sociale. Mais sans Euratom et sans monopole commun des matières fissibles et sans finalité politique. La France serait isolée et ne pourrait s'y opposer[11]. »

Réunis à Venise dans le cadre prestigieux de l'abbaye de San Giorgio le 29 et le 30 mai 1955, les six ministres des Affaires étrangères entérinèrent en peu d'heures les 146 pages du Rapport Spaak; la Grande-Bretagne avait disparu et on ne la retrouvera pas dans les conseils européens avant quinze ans. La présidence des Six appartenait ce mois-là au ministre français. Pineau en ouvrant la Conférence avait proposé à son collègue belge de commenter son œuvre. Il ne pouvait être question de reprendre paragraphe par paragraphe un document de 146 pages, qui, du reste, était entre les mains des ministres depuis plusieurs semaines – ce que fit remarquer son auteur. Le président offrit alors la parole à la ronde. Stupeur! Contrairement à toutes les habitudes, personne ne la demanda. « Cette conférence fut un miracle », écrivit mon ami Snoy. Après quelques escarmouches d'arrière-garde de Pineau et de son jeune second, Maurice Faure, où il fut question de clauses de sauvegarde, d'harmonisation des charges sociales, du sort des agriculteurs, etc., un nouveau préalable était apparu: l'association des « territoires d'outremer », c'est-à-dire des colonies – seules la France et la Belgique étaient encore concernées. Il ne restait plus qu'à rédiger le communiqué final – avec un nouvel et vain appel des Six aux Britanniques.

Ceux-ci demeuraient un grand souci. Spaak n'avait cessé depuis ses années d'exil à Londres de les presser de s'associer à un système politico-économique continental – avec le peu de succès qu'on a vu. En premier lieu – il le disait avec force –, celui-ci paraissait la vraie façon de résoudre le problème allemand, «le moyen le plus efficace et peut-être même le seul de défendre l'Allemagne contre elle-même»[12]. Spaak était de plus ardemment désireux de faire bénéficier l'Europe du magnifique patrimoine culturel du pays de Thomas More, de Francis Bacon, de Shakespeare, de William Wilberforce et de tant de génies amoureux de la liberté. Et aussi de son potentiel économique – le principal encore en Europe. Sans oublier son rôle traditionnel en défense des petits pays de la Côte atlantique. Ses collègues de Paris (oui, de Paris), Rome, La Haye, Luxembourg, partageaient ces sentiments – de même que le chancelier Adenauer malgré une curieuse méfiance que professait celui-ci à l'égard des Britanniques. C'était donc sans restriction qu'à Messine déjà, ils avaient invité Londres à se joindre à leurs entreprises.

Le ministre des Affaires étrangères des Pays-Bas, Beyen, s'était rendu dans la capitale britannique pour y voir son homologue H. MacMillan et le chancelier de l'Échiquier R. A. Butler, le premier amène et attentif, le second glacial et distant. Néanmoins, un haut fonctionnaire du *Board of Trade* (ministère du Commerce) avait été envoyé à Bruxelles en qualité de «représentant» du gouvernement de Sa Majesté, un peu plus qu'un observateur, un peu moins qu'un délégué. Bien que Russell Bretherton se mêlât peu à la «confrérie européenne» qui se formait, je le rencontrais aux séances du Comité des chefs de délégations; homme effacé et courtois, il suçait une pipe sans arrêt, parlait peu et paraissait contempler ses collègues continentaux avec le sourire condescendant d'un instituteur en face d'écoliers bruyants et agités. Manifestement, il n'était pas une étoile du firmament londonien et sa présence n'apportait pas grand-chose à nos travaux.

En septembre ou novembre de 1955 (je n'ai pas noté la date exacte), Spaak était retourné de l'autre côté de la Manche en compagnie de ses collaborateurs habituels. MacMillan au Foreign Office, sans prendre aucun engagement, avait écouté avec attention; mais l'entretien avec Butler fut un désastre. Pendant un peu plus d'une demi-heure, Spaak répéta avec chaleur son credo politique et l'importance d'y associer la Grande-Bretagne. Butler lui faisait face sans l'interrompre, le fixant de ses yeux globuleux, une main atrophiée dans sa main valide, se raidissant à mesure de l'émotion croissante de son interlocuteur, finissant par se lever pour indiquer que l'audience était terminée. Sur le trottoir de Downing Street, avant de prendre place dans sa voiture, notre ministre s'était tourné vers nous pour demander: «Ai-je été obscène?» À notre surprise, il ajouta: «Je ne crois pas que je l'aurais scandalisé davantage si je m'étais déculotté!»

À peu près à la même époque, Beyen s'était résolu à de nouvelles démarches. Mais sans plus de résultat. Peu avant sa mort, Lord Butler (anobli en 1965) allait se livrer au plus étonnant des commentaires au sujet de cette visite: « Accédant à l'avis de quelques-uns de mes conseillers, j'avais surmonté la répugnance qu'il m'inspirait... il était très entreprenant, indiscret (*pushing*) ! Il vous disait toujours ce qu'il fallait faire. J'avais tendance à me tourner vers les grands pays et il se montrait prêt à prendre la tête des affaires (*the lead*)[13]. » Néanmoins il écrivit à Beyen, mais une lettre froide et décevante. Avant la fin de l'année 1955, le père Bretherton avait disparu; un jour, il était là à prédire notre faillite, le lendemain, il n'y était plus.

Progressivement, l'indifférence sceptique de Londres s'était muée en hostilité. On nous rapportait d'ici et de là les propos acerbes de ses ministres et de ses ambassadeurs qui reprochaient aux hommes de Bruxelles « de mettre en péril l'unité de l'Europe ». Des archives récemment publiées confirment une décision du Cabinet britannique, le 11 novembre, de tout faire pour ruiner leurs plans*. Les Allemands nous communiquaient une note diplomatique du 19 décembre 1955 de la Grande-Bretagne. Presque menaçante, elle affirmait qu'un Marché commun européen n'était pas compatible avec le Commonwealth, et bien plus, qu'il heurtait les intérêts des autres pays de l'OECE; la République fédérale devait abandonner les pourparlers de Bruxelles et se replier sur les négociations tarifaires menées au sein de l'organisation de Paris. Londres y conduisait une vigoureuse campagne contre Messine. En juillet 1956, elle suscitait un comité nucléaire qui, dans son contexte beaucoup plus vaste, donc moins intégré, devait faire concurrence à la Communauté atomique des Six de Bruxelles. J'y étais souvent envoyé pour veiller de près aux intérêts de celle-ci.

Je l'ai dit, dès avant la guerre et surtout depuis ses années à Londres, Spaak avait établi avec Anthony Eden des relations confiantes et amicales; dans une longue lettre (trop longue) écrite le 7 février, il soulevait ouvertement la question des relations des Six et du Royaume-Uni. Réitérant ses soucis du problème allemand – soucis partagés par le chancelier Adenauer, rappelait-il –, il suggérait un colloque approfondi entre les Sept au sein de l'UEO. Dans une réponse « cordiale et vague », Eden lui recommanda d'en parler à Harold MacMillan qu'il allait rencontrer à Paris à la fin du mois. Le nouveau chancelier de l'Échiquier avait la réputation d'être un « europhile »; dans l'opposition, il avait prononcé d'ardents discours préconisant une Europe unie. « Extrêmement cordial, même amical », écrivit Spaak dans son compte rendu de la conversation. « Vous avez raison, m'a-t-il dit. Je vais en parler avec Anthony. Nous devons faire quelque chose. » MacMillan a rapporté cette conversation (à laquelle je n'assistai pas) en des termes très diffé-

---

* Un document du Foreign Office subsiste où une annotation de Sir Gladwyn Jebb, alors ambassadeur à Paris, recommande « d'embrasser (le marché commun) pour le détruire » *(to embrace it destructively)*[14].

rents, attribuant au ministre belge un profond pessimisme, peu conforme à la réalité : « La France se s'exécutera pas (*implement*), lui a-t-il fait dire, et la Grande-Bretagne doit prendre la direction des affaires. »

Que non ! Spaak, rentré à Bruxelles, était resté sans nouvelles. Il avait alors envoyé le baron Snoy à Londres ; à un déjeuner intime à l'ambassade, MacMillan, retombé manifestement sous l'influence des fonctionnaires du *Treasury* et du *Foreign Office*, avait été clair : « Votre Marché commun tuerait notre commerce et nous le combattrons. » On disait qu'il le comparait au blocus continental de Napoléon[15] ! À l'OECE se développait la contre-attaque. Après le comité atomique, un autre comité y était établi, en juillet 1956 pour l'étude de liens entre les Six et les autres membres de l'organisation. MacMillan a fait mention dans ses mémoires d'un *Plan G*. Les Six y avaient décelé une tentative pour noyer le Marché commun dans une vaste zone de libre-échange, dépourvue d'institutions, sans tarif extérieur commun et sans finalité politique. Le 4 septembre, Spaak et son équipe étaient derechef dans la capitale britannique pour parler de l'Europe. Nécessairement, il y fut question du Commonwealth, les Belges s'efforçant de démontrer qu'il était possible d'accommoder ses intérêts légitimes ; aucun esprit sensé ne songeait à ébranler une institution qui pouvait contribuer à la stabilité dans le monde. La démarche fut très sérieuse, très technique. Mais vaine. Le 7 janvier 1957, Spaak était à nouveau à Londres pour y rencontrer MacMillan deux jours après que celui-ci eût succédé à Eden ; il s'entendait dire que toute négociation dans le secteur agricole était exclue. Comment faire plus ? En mars 1960 à Washington « SuperMac » menaçait encore de retirer ses troupes d'Allemagne si les États-Unis persistaient à encourager la Communauté naissante[16].

Quelqu'un a dit que le Royaume-Uni était une « copie d'ancien » (*a reproduction of antiques*). La formule n'est pas mauvaise. Aucun pays occidental n'était alors plus attaché à son passé. À l'exception des « quelques jeunes gens en colère » et d'une poignée de politiques lucides, les Britanniques, repliés dans leur île, continuaient à se révérer. Le travaillisme, mené par les Attlee, les Bevin, les Cripps, les Morrison (et les syndicats), malgré les nationalisations et les services sociaux, ne fut pas un mouvement de réformes en profondeur ; les structures de l'État et de la société étaient restées ce qu'en avaient fait les contemporains de la reine Victoria. La rhétorique patriotique des conservateurs, revenus au pouvoir en 1951, n'avait fait que renforcer la foi en la prééminence nationale. Plus rares que jamais étaient ceux qui prenaient conscience de la décadence maté-

---

* Indice de la puissance matérielle, le produit national brut (PNB) de la Grande-Bretagne était en 1950 de 71 milliards de dollars (valeur de 1964), celui de l'URSS de 126 milliards et celui des États-Unis de 381 milliards.

rielle de la mère patrie et de l'émiettement de l'Empire*. En 1953, les fêtes prestigieuses du couronnement de la jeune reine Élisabeth II furent pour la première fois filmées en couleur. L'écarlate et les ors de ces rites médiévaux sous la voûte gothique de Westminster, l'écho des trompettes et des musiques triomphales, avaient été vus et entendus dans tous les cinémas du monde. La même année, on célébra avec éclat la conquête du Mont Everest par un Britannique. À Londres, «on voyait ce qu'on croyait». Rien n'était changé, rien ne devait changer. «Le prix de la victoire», mentionna Jean Monnet.

Le petit château de Val Duchesse est l'ancienne résidence des pères abbés d'un monastère fondé par une duchesse de Bourgogne. Blotti dans un parc magnifique de la banlieue bruxelloise, il cache sous des restaurations maladroites du temps de Léopold II quelques beaux restes d'architecture de la fin du XVIIIe siècle. Le 26 juin 1956, peu après Venise, Paul Henri Spaak y avait réuni les chefs de délégations qui allaient préparer sous sa présidence les traités créant la Communauté économique européenne (Marché commun) et la Communauté européenne atomique (Euratom), signés moins d'un an plus tard à Rome.

Les hommes d'État ne peuvent accomplir grand-chose sans l'aide des circonstances. Elles n'avaient pas favorisé les bâtisseurs de l'Europe pendant la mise en œuvre de la CED. Elles furent à leurs côtés durant les mois ardents de Val Duchesse. Peut-être son cadre verdoyant sous les arbres centenaires, loin du tumulte d'une grande ville et des intrigues de ses groupes de pression, y fut-il pour quelque chose. Du reste, les gouvernements étaient particulièrement bien disposés. Les pays du Benelux devaient leur ancienne prospérité à leurs traditionnelles qualités marchandes, l'Italie demeurait un pays très pauvre qui ne pouvait que s'enrichir en développant son commerce extérieur, le chancelier Adenauer était prêt à bien des sacrifices pour concrétiser sa vision politique. Le Marché commun sinon l'Euratom leur convenait à tous.

Restait la France, dont la réputation protectionniste était solidement établie. Mais elle changeait. Robert Marjolin, un de ses principaux fonctionnaires économiques qui avait été Secrétaire général de l'OECE et qui jouerait un rôle important aux côtés de Maurice Faure à Val Duchesse, a décrit dans sa belle autobiographie le mouvement d'idées qui s'y développait, presque à l'insu du public, pour faire du «pays le moins industrialisé de l'Europe du Nord-Ouest... un État moderne à niveau de vie élevé, c'est-à-dire à haute productivité»[17]. Ceci n'était manifestement possible que dans le cadre de grands espaces. Les États-Unis dont le PIB avait doublé en dix ans n'en apportaient-ils pas la preuve? Ils représentaient l'Eldorado, un mirage populaire qui fascinait et que prenaient pour modèle – non sans les envier – la plupart des dirigeants non communistes. Ouvrir la

France à la compétition internationale par une union douanière paraissait de plus en plus une condition essentielle de sa réhabilitation économique. Marjolin et d'autres se prodiguaient en conférences et en articles. Des cercles se formaient qui la recommandaient, un *Comité d'Études pour la République* de Christian Pineau, un peu plus tard, le *Comité d'Action pour les États-Unis d'Europe* de Jean Monnet qui tissait un large réseau d'influence.

Depuis les élections de janvier 1956, la conjoncture à Paris était redevenue plus favorable à l'entreprise européenne. Mendès France, ministre d'État dans le Cabinet de Guy Mollet, avait démissionné en mai. Il retrouvait la liberté de s'y opposer avec acharnement mais il perdait son influence. Spaak avait revu le nouveau chef du gouvernement, qu'il avait trouvé « tendu mais résolu »[18]. Malgré de fortes oppositions au démantèlement de frontières douanières massives, venant principalement des petites et moyennes entreprises, l'opinion publique ne se passionnait pas pour des problèmes qu'elle comprenait mal. Celui du réarmement allemand, si brûlant, était réglé. Celui de la Sarre qui avait agité les parlements de Bonn et de Paris pendant des années allait finalement trouver une solution par le retour de la province à la République fédérale en compensation d'importantes concessions économiques à la France : dernier des différends territoriaux qui avaient déchiré l'Europe occidentale depuis la formation des États-nations.

Bien avant Messine, le plan Marshall avait amorcé le renouveau économique dans toute l'Europe. En France, la longue crise des années trente, les extrêmes privations de l'occupation ennemie, avaient excité la consommation, les indéniables grandes réformes socio-économiques de la IVe République avaient encouragé la production agricole et industrielle ; elle dépassait en 1956 le niveau de 1938 de 50%[19]. Ceci malgré de constantes difficultés financières. Aussi, lorsque le gouvernement Mollet eut l'idée de soumettre à l'examen préliminaire de l'Assemblée nationale les projets d'Euratom et le Marché commun, le premier en juillet 1956, le second en janvier 1957, les discussions s'étaient clôturées par des votes de confiance encourageants. Maurice Faure en particulier s'était distingué au cours du second débat par un discours courageux dénonçant le mythe des quatre grandes puissances ; il n'y en avait plus que deux, les États-Unis et l'Union soviétique.

Robert Marjolin a écrit : « Tout dépendait des Français... avec eux on pourrait tout faire, sans eux toutes les voies étaient fermées. » Paul Henri Spaak en était tout à fait conscient ; pendant les interminables semaines de l'automne et de l'hiver consacrées à la mise au point des textes, il allait pencher de leur côté. Il faut dire que la personnalité de Maurice Faure y aidait ; usant – et abusant - de son charme, y compris une pointe d'accent du Midi, il faisait croire (à moitié) que ses demandes – des exigences –, certaines vides de raison bien claire, d'autres des plus difficiles à satisfaire, ne représentaient que des caprices du Palais Bourbon sans réelle substance. D'une vitalité inépuisable, Faure était l'ami de tous avec qui il déjeunait ou dînait en tête-à-tête, les jours qu'il passait à Bruxelles, en particulier avec les Allemands qui détenaient les clés du coffre aux trésors. Ennobli d'une foi européenne aussi sincère que profonde, il faisait pardonner nombre des revendications françaises les plus égoïstes.

Parmi les plus complexes, il y eut celles relatives aux institutions des Communautés et celles concernant l'agriculture. Les premières, qui avaient fait couler des flots d'encre à l'heure de la CED, furent expédiées en quelques heures. Spaak, en refusant tout débat idéologique sur la supranationalité, avait épuisé le psychodrame; l'obsédante question des institutions allait être remise à la fin des négociations et réglée alors en fonction exclusive de ce qui apparaîtrait réellement nécessaire. Il en serait à peu près de même pour l'agriculture; étant entendu qu'elle serait comprise dans le Marché commun, les traités fondamentaux devaient prévoir que des règlements adéquats l'organiseraient *après* leur entrée en vigueur.

Euratom par contre souleva d'énormes difficultés. Depuis Hiroshima, l'imagination des peuples voyait en l'explosion atomique le Feu du Ciel, l'arme de la puissance absolue, la promesse du «mouvement perpétuel». En France, en Europe, le nom des Curie était célèbre; dès la fin du siècle dernier, Pierre et Marie Curie s'étaient penchés sur l'étude de rayonnements énigmatiques découverts par un certain Becquerel dans un minerai brunâtre connus sous le nom de *pechblende*. Leurs recherches les avaient menés à un de ses composés, l'*uranium*. Celui-ci ne servait pas à grand-chose, si ce n'était de colorant dans la cuisson de céramiques; toutefois, un de ses sous-produits était le *radium*. Marie Curie avait été la première femme à recevoir, en 1911, le prix Nobel pour la découverte de sa «radioactivité» et de ses vertus thérapeutiques dans le traitement du cancer. Une nouvelle industrie était née en France grâce à des minerais d'uranium acquis en Bohême, aux États-Unis et, à partir de 1915, au Congo belge.

Le radium dégage de manière continue de la chaleur, phénomène que les Curie et puis d'autres savants attribuèrent tôt à une transformation spontanée de ses atomes qui lentement se désagrègent en plomb. La question se posait: «Comment domestiquer l'énergie ainsi générée?» Parallèlement, Einstein avait inventé son équation célèbre, établissant un lien étroit entre matière et énergie. Lorsqu'après la Grande Guerre, le monde s'était remis au travail, les hommes de science de l'Occident s'appliquèrent à accélérer le processus de désintégration (une donnée fondamentale de la nature) pour accroître l'énergie qu'elle développait. En 1935, Joliot-Curie, gendre de Pierre et Marie, recevant à son tour le prix Nobel, annonçait dans son discours de remerciements: «Les chercheurs... sauront réaliser des réactions nucléaires en chaîne explosives. Si de telles transmutations arrivent à se propager dans la matière, on peut concevoir l'énorme énergie qui sera libérée[20].» Un physicien hongrois, Leo Szilard, ancien élève d'Einstein, avait pris, peu avant, un brevet à Londres pour la même idée. Ferni à Rome, Bohr à Copenhague, Hahn à Berlin, imaginaient la possibilité d'atomes se désintégrant les uns les autres. À Cambridge, toute une équipe, parmi laquelle le Soviétique Kapitska, était sur la même voie.

Le 7 mars 1939, Joliot et ses collaborateurs étaient les premiers à annoncer que la «fission» (éclatement) du noyau d'un atome d'uranium, frappé par un neutron, s'accompagnait – outre dégagement d'énergie – de l'émission de nouveaux neutrons. Que le délai entre les vagues de fissions fût très bref et on produisait une puissante explosion; si au contraire, on réussissait à les étaler dans le temps, on devait obtenir de l'énergie utilisable. Sensationnelle découverte, elle était publiée dans une revue scientifique de Londres; une semaine plus tard, Ferni et Szilard, réfugiés à New York, faisaient paraître une étude similaire. Pourquoi l'uranium? Le hasard. Identifié en Allemagne dès 1789, son destin avait été modeste; toutefois, il était cousin du mystérieux radium et, au surplus le plus lourd des corps simples présents sur terre.

En automne, le IIIe Reich se lança à l'assaut de la Pologne. En mars 1940, des savants américains constataient que l'uranium naturel est composé de deux éléments (isotopes), l'un inutile, l'autre l'U235, très rare (7 ‰ du naturel), seul susceptible de fission en chaîne. Les fondements de la science nucléaire étaient établis quand le 10 mai les chars de la *Wehrmacht* déferlèrent sur la France, la Belgique et les Pays-Bas; une centaine de savants parmi les plus brillants, de dix nationalités différentes, souvent juifs, avaient fui l'hitlérisme. La science nucléaire avait été jusque-là un apanage commun de l'Europe; elle passait désormais au Nouveau Continent.

Dans cette épopée, les Belges jouèrent un rôle. En 1915, un de leurs prospecteurs (de nationalité britannique) était tombé à Shinkolobwe au Congo oriental sur un gisement de pechblende unique au monde par la richesse de ses composés*. On l'avait d'abord exploité à ciel ouvert, puis il avait fallu forer un puits qui atteignit 150 mètres de profondeur en 1937. L'*Union Minière du Haut Katanga*, propriétaire de la mine, expédiait l'oxyde d'uranium à son usine d'Olen, près d'Anvers, où on en extrayait le radium; elle avait établi des relations étroites à cet effet avec les Curie. Il se trouvait qu'un de ses administrateurs, Edgard Sengier, avait débuté comme ingénieur; sa curiosité scientifique lui faisait suivre de près les travaux des chimistes et des physiciens. D'intelligence rare, il était aussi

* De 65 % d'uranium naturel; aux États-Unis, un minerai de 0,2 % à 0,3 % était considéré comme un bon minerai.

un esprit politique; l'avènement d'Hitler lui avait fait entrevoir une nouvelle guerre mondiale. Lié au clan Curie, il partageait l'intuition exprimée par Joliot dans son discours de 1935. Il comprit que ses minerais étaient appelés à un nouvel avenir, y compris militaire. Sengier était aussi un patriote; le 8 mai 1939, recevant Joliot à Bruxelles, il envisagea avec lui la fabrication d'une bombe atomique à expérimenter au Sahara avec de l'uranium fourni par ses mines[21]. Le 10, il prenait contact à Londres avec un représentant britannique – sans grand succès. Au contraire, à Paris, le 13 du même mois, il paraphait un contrat pour la création d'un syndicat franco-belge; plusieurs tonnes d'oxyde d'uranium étaient livrées à la France pour de premières expériences.

La guerre était aux frontières de la Belgique. Sengier, décidé à s'installer à New York, évacuait vers la Grande-Bretagne, puis vers l'Amérique, la plus grande partie des réserves d'uranium d'Olen. Ce qui y resta fut réquisitionné par les Allemands. Comme on sait, leurs savants – dont les recherches étaient pourtant parmi les plus avancées – n'avaient pas réussi à convaincre Hitler des colossales possibilités militaires de la fission. Miraculeusement, l'uranium saisi en Belgique resta inutilisé. Il serait retrouvé par les troupes américaines à la fin des hostilités.

Le gros des stocks invendu était, toutefois, resté sur le carreau de Shinkolobwe; craignant une invasion du Congo par l'ennemi, Sengier prenait la décision à la fin de 1940 de le transférer aux États-Unis où il offrit de le vendre aux autorités. À de multiples offres au Département d'État et à de hautes personnalités, aucune suite ne fut donnée; extrêmement rares étaient ceux informés des virtualités de l'uranium, le secret était strictement gardé – le secret le mieux gardé de la guerre, a-t-on dit. Pourtant, après l'invasion de la Pologne, Einstein avait écrit au président Roosevelt pour lui exposer l'état des recherches nucléaires et leurs perspectives militaires. Il avait retenu son attention; au plus haut niveau du gouvernement, on commençait à croire que les Allemands étaient sur le point de réussir à fabriquer des bombes atomiques. Après l'attaque japonaise sur Pearl Harbor, le Président avait fait pousser à fond les recherches. En juin 1942, il faisait mettre sur pied le *Manhattan Engineer District*, en bref le *Manhattan Project*. Le 17 septembre, le général Groves en prenait la direction; le lendemain, celui-ci envoyait son second à New York pour y rencontrer Sengier. Affaire conclue sur-le-champ. L'*Union Minière* vendait la totalité de son uranium au Projet Manhattan au prix modeste du marché, soit 1 dollar la livre; en prime, les résidus du minerai après extraction des matières fissiles qu'il contenait étaient restitués pour le radium. Les besoins américains étaient immenses; l'uranium du Congo belge les satisfirent à 75% permettant de gagner plusieurs mois dans la fabrication de la bombe d'Hiroshima et raccourcissant d'autant la guerre dans le Pacifique.

En 1944, Américains et Britanniques, associés en l'effort de guerre, songèrent à consolider leurs approvisionnements pour le temps de paix; ils voulaient des contrats à 99 ans. Sengier estima – à juste titre – que leur demande assumait un caractère politique et devait être réglé par les gouvernements. En septembre, des accords (demeurés secrets à la demande expresse de Washington) furent signés à Londres, quelques jours après la libération de Bruxelles. Le gouvernement belge concédait aux Anglo-Américains un monopole de dix ans sur ses mines. Washington s'engageait à rouvrir et à rééquiper Shinkolobwe, fermée et noyée depuis 1937. Beaucoup plus important, la Belgique serait pleinement associée aux applications pacifiques de l'énergie atomique, développées grâce à ses minerais – promesse rendue sans valeur en 1946 par la loi *Mac Mahon* qui entoura d'un secret absolu les activités atomiques américaines civiles autant que militaires. La veille des accords gouvernementaux de Londres, l'*Union Minière* avait conclu à New York un important contrat de vente d'oxyde d'uranium au prix courant ($1.75 la livre). Telle fut la saga du trésor atomique belge.

En France, l'invasion nazie avait arrêté les recherches atomiques au moment même où elles allaient aboutir. Tandis que Joliot décidait de rester à Paris occupé – erreur qu'il regretta –, quelques-uns de ses collaborateurs réussissaient non sans risques à s'échapper et à rejoindre la Grande-Bretagne, le Canada ou les États-Unis. Ils y avaient bénéficié largement – mais pas entièrement – des connaissances acquises par les savants anglo-américains durant les années du Projet Manhattan. Toutefois, si les États-Unis et dans une certaine mesure la Grande-Bretagne étaient devenues des puissances nucléaires, on ne pouvait en dire autant de la France. Le gouvernement provisoire du général de Gaulle ne s'en était pas désintéressé; en janvier 1946, il avait créé un Commissariat à l'Énergie atomique (CEA) sous la direction de Joliot. Mais le pays était alors accablé de soucis plus urgents et le CEA avait débuté petitement, en partie grâce aux quelques tonnes d'uranium avancées par l'*Union Minière* en 1939, cachées pendant l'occupation dans une mine désaffectée du Maroc. Cependant, l'atome à la fois militaire et civil s'imposait à une Europe qui retrouvait sa vitalité. En URSS, la bombe A, détonnée pour la première fois en 1949, devenait opérationnelle, en Grande-Bretagne après 1951. Durant l'été 1954, l'Alliance atlantique adoptait une nouvelle stratégie, celle des «représailles massives» où les explosifs atomiques devaient jouer un rôle primordial; inévitablement, elle conférait aux puissances atomiques une autorité militaire suprême. Voilà que toutes les autres se trouvaient privées en fait de la souveraineté qu'elles chérissaient depuis la fin du Moyen Âge. La France pouvait-elle s'y résigner?

Félix Gaillard, député en 1946 à l'âge de 26 ans, un ancien chef de Cabinet de Jean Monnet, secrétaire d'État à la présidence du Conseil en 1948, s'était pris d'enthousiasme pour les travaux du Commissariat à l'Énergie atomique, créé en 1946 (CEA). En juillet 1952, il avait fait adopter par le Parlement un programme ambitieux de recherches nucléaires. Paris s'était engoué. Un autre «grand commis», Louis Armand, polytechnicien, président-directeur général des Chemins de Fer de France s'était convaincu que le nucléaire était l'avenir. Les charbonnages arrivaient manifestement au terme d'une production rentable, les fournitures de combustibles liquides étaient soumis au bon vouloir des producteurs d'outremer; la guerre du canal de Suez en automne 1956, brandissant la menace d'une pénurie d'énergie, allait confirmer les craintes. Au surplus, Armand jugeait que le prix de l'électricité nucléaire allait baisser dans la prochaine décennie pour atteindre le niveau – et peut-être moins – de celui produit dans les centrales classiques. Il avait rallié à ses vues son ami Jean Monnet et son puissant réseau de fidèles. Dans la grande industrie, on caressait l'espoir de gagner la course à la production de piles atomiques à usage civil*. Nombre de généraux voulaient acquérir des armes qui seules pouvaient conférer à la France une puissance militaire absolue, «tous azimuts».

En automne 1954, le président du Conseil Pierre Mendès France avait institué secrètement une «Commission supérieure des applications militaires de l'Énergie atomique». En novembre 1957, les dirigeants de la IVe République avaient même envisagé une coopération atomique occulte avec l'Allemagne et l'Italie. Une chose faisait défaut à la France à part des capitaux en masse, l'uranium, dont tout dépendait. Il y en avait de l'autre côté du rideau de fer, il y en avait dans le Colorado, au Canada. Il n'y en avait pas en Europe occidentale ou alors en quantité infime. Le seul pays des Six qui paraissait le posséder en abondance était la Belgique dans sa colonie du Congo.

Au jeu de poker que fut la négociation des futures Communautés, Bruxelles avait donc cru posséder un atout majeur. Paris s'était montré vivement irrité par les accords belgo-américains et belgo-britanniques; si leur caractère secret en faisait exagérer la portée, ils créaient évidemment un monopole dont la France était exclue. (Michel Debré, toujours fougueux, alla jusqu'à accuser les Belges d'avoir abandonné leurs droits de souveraineté en Afrique centrale, ce qui, allégua-t-il, les transféraient automatiquement à la France en vertu d'un traité de 1884!) Une Communauté atomique où tout était mis en commun offrait seule la perspective

---

* En France, un premier réacteur expérimental fonctionna à partir de 1948, en Belgique en 1956. En 1955, le gouvernement britannique annonça la mise en œuvre d'un programme d'électrification nucléaire du Royaume-Uni.

** Les expériences françaises, faute d'uranium en volume suffisant s'étant effectuées au moyen de *plutonium*, élément fissile artificiel, produit en petite quantité lors de la désintégration des atomes d'uranium.

d'un libre accès au précieux minerai; pour la France, le Pactole, un riche appât pour l'encourager à accepter le Marché commun**. Spaak, conscient de l'avantage, n'hésita pas à en user; il était mollement soutenu par les autres pays du Benelux et par la République fédérale, pourtant plus intéressés à une collaboration atomique bilatérale avec les Américains et les Britanniques qu'avec les Français qui n'avaient pas grand-chose à offrir.

En décembre 1953, le président Eisenhower avait prononcé à l'ONU son retentissant discours *Atoms for Peace* visant à mettre des réacteurs et des matériaux fissiles à la disposition de pays tiers, à usage industriel mais non à usage militaire et seulement sous contrôle américain. Ceci ne faisait pas l'affaire des Français. Spaak crut pouvoir leur dire: «Pas de Communauté atomique européenne sans Marché commun.» Le 14 et 15 novembre 1955, à Bonn, il s'était mis d'accord en principe avec le Chancelier sur cette tactique – que les Allemands qualifièrent de «*junktim*».

En réalité, nous trompions nos partenaires, mais en toute bonne foi. Le cocasse de la situation: nos mines d'uranium, virtuellement épuisées, allaient fermer en 1958, *ce que nous ignorions*. L'*Union Minière* ne nous en avait pas informés; quand, en juillet 1956, aux fêtes de son cinquantième anniversaire, je fus son hôte à Shinkolobwe, j'y admirai une ruche mécanisée ultramoderne bourdonnante d'activité. Cependant, la ruse parut efficace. Déjà avant Venise, au cours des entretiens Spaak - Mollet à Matignon, le président du Conseil avait accepté d'établir un lien entre Euratom et Marché Commun – il s'y était résigné d'autant plus facilement qu'il était sincèrement partisan de l'un et de l'autre projets. Son ministre des Affaires étrangères, Christian Pineau, allait écrire dans un livre publié en 1992: «Le bruit fait (à Paris) autour d'Euratom servit d'écran de fumée à la discussion sur le Marché commun... stratégie décidée dans le plus grand secret... qui se révéla payante[22].»

À l'origine, pour le jaurésien Guy Mollet, une communauté atomique ne pouvait avoir qu'une vocation pacifique. Il l'avait annoncé dans sa déclaration d'investiture en janvier 1956, il l'avait confirmé de «manière tout à fait nette», écrivit Spaak après l'avoir rencontré en mars[23]. L'Italie avait renoncé aux armes nucléaires dès 1947, la République fédérale d'Allemagne et les pays du Benelux avaient suivi au cours de la Conférence de Londres de septembre 1954. Pourquoi la France ne ferait-elle pas de même? Jean Monnet, Louis Armand et d'autres le pensaient, qui considéraient les besoins de la défense de l'Europe satisfaits par le «parapluie» américain.

Si le mystère qui entourait ces discussions ne nous permettait pas d'en connaître les détails, il était tôt apparu que la France se réserverait une complète liberté d'action en matière d'armements; à Messine même, Pinay l'avait chuchoté à l'oreille de Spaak. En novembre 1956, partiellement à la suite du fiasco de Suez, Guy Mollet avait dû virer de bord et souscrire à un programme comprenant la mise en chantier de sous-marins nucléaires avec l'équipement approprié. Il s'était confié à son collègue belge sous le sceau du plus strict secret; sans armes atomiques, il n'avait aucune chance de faire approuver Euratom par le Parlement et sans Euratom, il n'y aurait pas de Marché commun.

Une négociation jusque-là relativement aisée s'était heurtée à des difficultés presque insurmontables. Comment respecter le principe de l'égalité devant la loi tout en conférant à un des États membres un essentiel privilège? C'était le vieux problème allemand (qu'aurait réglé la CED) qui revenait. Adenauer avait à combattre dans son pays une puissante opposition faite d'hostilité à toute discrimination et d'intérêts privés qui voulaient la liberté des marchés. Son ministre de la Recherche atomique, Franz-Joseph Strauss, un pilier de la Démocratie chrétienne en Bavière, favorisait une industrie nucléaire allemande, liée à la technologie et aux matières fissiles des États-Unis; il trouvait une oreille sympathisante chez son homonyme, l'amiral Lewis Strauss, président de la *Commission de l'Énergie atomique* américaine.

Le problème opposait à nouveau Paris et Bonn. Spaak, soucieux de les rapprocher, imagina des clauses subtiles favorisant la France, tout en conservant à Euratom le monopole de l'achat et de la vente des matières fissiles; ce qui aurait soumis leur commerce à un contrôle collectif. Astucieux mais jugé inacceptable à Paris. La bataille fut longue et dure, plusieurs Conseils des ministres s'étaient trouvés incapables de régler ce qui paraissait encore une fois la quadrature du cercle.

Sans les Américains, rien n'aurait été résolu. Depuis avant Messine, Monnet et Spaak recevaient d'outre-Atlantique des signaux d'encouragement. Le secrétaire d'État Dulles, quoique durement affecté par l'échec de la CED, n'avait pas renoncé. On l'entendait exhorter à «l'unité, la force et le bien-être une région qui avait été à l'origine de guerres répétées, menaçant l'existence même de la civilisation occidentale». Ce qu'on savait de lui ne permettait pas de douter de sa sincérité. En janvier 1956, le président Eisenhower avait inclus dans son *Message sur l'État de l'Union* une approbation explicite d'Euratom.

Aux discours, on l'a vu, s'étaient ajoutés les actes. Pendant deux ans, jusqu'à la signature des traités de Rome, Dulles et son équipe s'étaient employés inlassablement à venir à l'aide des «européanistes». Le secrétaire d'État usait de l'autorité présidentielle pour arrêter toute coopération nucléaire bilatérale avec Bonn. Il refrénait avec vigueur (et succès) les manœuvres de Londres contre les Communautés en gestation. Ses diplomates furent des abeilles industrieuses associées à l'édification de la ruche européenne. À la fin de 1956, des démarches pressantes de l'ambassadeur des États-Unis auprès du chancelier Adenauer en personne vinrent renforcer à un moment critique sa détermination. Franz-Joseph Strauss fut promu ministre de la Défense nationale et se tut.

En fin de compte, le 20 février 1957, à une «conférence au sommet» à Paris, la France était arrivée à ses fins grâce à des dispositions ambiguës qui lui laissaient en fait la liberté d'emploi des matières fissiles. Eisenhower et Dulles, séduits par l'espérance d'une Europe unie, avaient fait savoir qu'ils levaient leurs objections, une sage mais douloureuse dérogation à une internationalisation de l'arsenal de l'Europe occidentale[24]. Au cours d'entretiens péripatétiques d'Adenauer et de Mollet dans les jardins de Matignon, l'Allemand, faisant preuve de son habituel courage, avait décidé de donner satisfaction au Français. «Paris vaut bien une messe.» Toutefois, Euratom était vidé des meilleurs espoirs qu'il avait suscités.

L'association des «territoires d'outremer» fut une affaire à la fois moins dramatique et plus riche d'avenir. Des anciens empires de l'Occident en 1956, seuls subsistaient en Afrique l'immense domaine français et le Congo belge, quelques petites colonies ici et là et une ou deux îles néerlandaises dans les Caraïbes. Le Congo belge ne posait pas de vrai problème; extrêmement riche, il se suffisait à lui-même et du reste, l'Acte de Berlin de 1884 (complété par un traité de Saint-Germain-en-Laye en 1919) le soumettait, avec toute l'Afrique centrale, à un régime dit de «porte ouverte» et de libre-échange commercial. Restaient les colonies françaises. La question avait été soulevée par Pineau à Venise, Maurice Faure en avait tôt entretenu Paul Henri Spaak au cours d'un dîner intime à l'ambassade de France. Le jeune ministre était dans un de ses bons jours; il nous avait séduits en brossant un tableau aux brillantes couleurs d'une communauté eurafricaine qui aurait épargné au continent noir la dure étape des États-nations. Il avait aussi fait venir à Bruxelles Houphouët-Boigny, un étonnant personnage, ex-médecin, socialiste, député au Parlement de Paris, plusieurs fois ministre de la République. De petite taille, replet, jovial, le visage rond aux yeux rieurs et à la peau d'encre, orateur de talent comme nombre d'Africains, le futur président à vie et dictateur de la Côte-d'Ivoire, plaida à Val Duchesse en un discours plein de lyrisme la cause d'une Eurafrique démocratique séduite par la pensée de l'Occident. Idée remplie de promesses, elle s'accompagnait de vastes programmes d'investissements et d'aides qui allaient coûter cher aux partenaires de la France – particulièrement à la République fédérale à qui incomberait la plus grosse partie de la note. La Belgique ne demanda pour le Congo qu'une intervention symbolique.

Le délégué principal de Bonn à Val Duchesse était le secrétaire d'État Walter Hallstein – on ne voyait le nouveau ministre des Affaires étrangères H. von Brentano que dans les grandes occasions. Walter était un complice des années héroïques, amical, lettré, fervent «européen», jouissant de la sympathie générale. Pétri de qualités parmi lesquelles, hélas, ne figurait pas l'imagination. Démocrate chrétien, anticolonialiste par idéologie, il avait laissé le débat s'enliser dans des questions mesquines d'intérêts commerciaux. Ce ne fut qu'à ce même «sommet» de février 1957 qui donna Euratom à la France qu'une autre intervention du Chancelier avait fait taire Hallstein – non sans brutalité. L'association des anciennes colonies est devenue, avec le traité de Lomé, une partie intégrante du Marché commun. Elle n'a pas réalisé les beaux rêves, hélas, qu'avaient fait naître Maurice Faure et Houphouët-Boigny à Val Duchesse. Pourtant elle a encouragé le libre-échange en Afrique et elle a conduit à l'élaboration et au financement de vastes plans de développement dans le tiers monde.

Bien d'autres points figuraient à la longue liste des revendications de Paris, surtout relatives à l'harmonisation des charges sociales – on croyait, erronément, que celles en France étaient les plus lourdes –, relatives aussi à la politique agricole, relatives aux modalités d'entrée en vigueur du Marché commun, etc. Les «vaches sacrées de la République», raillaient les délégués, y compris Maurice Faure, un habile négociateur, qui associait à la ténacité beaucoup d'humour. Spaak s'était résolu, comme il disait, à «les caresser dans le sens du poil». Certaines des demandes de Paris étaient raisonnables, d'autres étaient futiles. Mais comment refuser quand Faure murmurait à l'oreille des délégués: «Celle-ci me rapportera cinq voix (ou six ou sept) au Palais Bourbon, celle-ci deux voix (ou trois)»? De longues discussions s'étaient instituées sur la nature des produits alimentaires, tels que le pain, la bière, les sardines à l'huile, les pâtes, etc.; étaient-il agricoles ou industriels? De gros intérêts étaient parfois en cause; il y eut entre autres un âpre duel entre le Toulousain Faure et Martino, le Sicilien, sur les petits pois en boîte; je ne me souviens plus dans quel camp ils s'étaient placés, mais ils le défendirent avec une passion méridionale. Un autre débat (pas éteint en 1995), accompagné de commentaires pornographiques, concernait les bananes, les Français prenant fait et cause pour les «doigts de fée» en provenance de leurs colonies, les Allemands soucieux de protéger les «Gros Michel», produits d'Amérique du Sud où ils vendaient leurs Volkswagens. Rien n'était plus effarant que d'assister aux pantalonnades de très dignes ministres ou ambassadeurs, empressés à faire prévaloir, souvent avec une parfaite mauvaise foi, des thèses dont ils prétendaient que dépendait l'avenir de leur pays! L'établissement des droits de douane en un nouveau tarif commun (en principe la moyenne des droits nationaux en vigueur) avait conduit à des marchandages acharnés qui, bien des fois, avaient dû être arbitrés par un président exaspéré qui, naturellement, n'y connaissait rien.

Paul Henri Spaak dans ces circonstances avait été superbe. Jour après jour, semaine après semaine, mois après mois, il avait cumulé ses fonctions ministérielles qui n'étaient pas triviales – cette année-là (celle des crises de Suez et de la révolte en Hongrie), la Belgique était membre du Conseil de Sécurité de l'ONU – avec une tâche qui allait être la grande œuvre de sa vie. Au château de Val Duchesse, dans la salle beaucoup trop petite, de style faussement gothique, décorée de fresques absurdes, entouré d'une nuée d'experts farouchement attachés à leurs convictions techniques – ou à leur marottes –, on voyait Spaak combattre avec une rare patience les problèmes vrais ou faux, les sottises, les intérêts nationaux égoïstes ou quelquefois des intérêts privés secrets, tour à tour désinvolte, enjoué, autoritaire, séducteur ou emporté; ayant abandonné le siège de la Belgique au fidèle Snoy, il pouvait se permettre une complète impartialité dans la promotion d'une seule cause, celle de l'entreprise elle-même. Souvent, je pensais en le regardant se démener au récit célèbre dans lequel Alfred de Vigny décrit un entretien de Napoléon et du pape Pie VI: «*comediante, tragediante*». Spaak employait toutes les ressources du talent de comédien qu'il possédait à un haut degré, passant du registre le plus charmeur à la colère feinte la plus vive – mais celle-ci seulement dans les grandes occasions, quittant alors son fauteuil présidentiel pour se réfugier sous sa tente, nouvel Achille qu'il fallait quérir avec humilité. Ou, plus souvent, menaçant de convoquer les journalistes pour annoncer au monde que le sort des bananes (ou du jambon fumé ou d'un autre produit) mettait en danger l'avenir de l'Union européenne. Il avait une perception presque intuitive – comme l'avait eue le président Roosevelt – des problèmes techniques les plus compliqués et l'aptitude d'en dégager l'essentiel de l'accessoire, de les exposer en quelques phrases lapidaires, soit pour les faire accepter, soit pour en montrer l'absurdité. Il s'était constitué un entourage d'experts talentueux de diverses origines dont il assurait par une stricte neutralité une homogénéité transnationale, confiant à des collaborateurs belges la défense des intérêts de notre pays.

L'ancien Premier ministre bruxellois dominait par son brio, par son passé, par son rang, les hauts fonctionnaires ou les jeunes secrétaires d'État qu'étaient les chefs de délégations; en même temps, il savait qu'il pouvait en obtenir plus par le sourire et la persuasion que par l'autorité. Tous éprouvaient pour lui une vive sympathie, quelques-uns une affectueuse admiration. Ce qui assurait son rayonnement et son ascendant venait de son idéal européen autant que de son habileté. Il y plaçait tout l'avenir de la société, la paix, la prospérité, la justice sociale, la puissance. La chaleur de sa conviction ralliait les négociateurs à son adage, inscrit à la première ligne du traité de Rome: «Une union sans cesse plus étroite». Bien rares furent à Val Duchesse ceux qui ne se sentirent pas émus par la fraternité d'une grande œuvre commune.

Après le sommet de février 1957, les deux traités d'Euratom et du Marché commun étaient virtuellement achevés. Il avait été décidé que la cérémonie solennelle de signature aurait lieu à Rome, lieu choisi à la suggestion des Italiens par ceux qui y voyaient une valeur de symbole. À côté des grandes choses, le burlesque. Au début de mars, les textes des traités étaient sur la table du Premier ministre belge, Achille Van Acker. Le 6, on apprenait qu'il refusait d'approuver des instruments qui, pensait-il, battaient en brèche la souveraineté de la Belgique. Il était d'origine plus que modeste; il avait débuté en vendant des journaux sur la voie publique et contait qu'il avait appris à lire et à écrire grâce à eux. Élève de l'école des pauvres, il avait été ensuite briquetier et débardeur, soldat pendant la Grande Guerre, quoiqu'ayant perdu l'usage d'un œil; militant socialiste, il était devenu libraire, puis député à Bruges, chef clandestin du Parti ouvrier pendant la seconde guerre mondiale.

Le Premier ministre devait ses hautes fonctions à un courage infaillible et à une fermeté politique qui avaient beaucoup contribué au redressement spectaculaire de son pays. Ce qui se passait au-delà des frontières n'était pas souvent l'objet de sa réflexion. Satisfait d'abandonner à Paul Henri Spaak et à Jean Rey (le ministre des Affaires économiques) les négociations de Val Duchesse, il ne les avait jamais évoquées au sein du Cabinet! Le « non » d'Achille fit craindre la perspective d'une crise ministérielle majeure; cela et aussi la peur du ridicule l'amenèrent à résipiscence.

À Rome, le 25 mars, à la fin de la matinée, une pluie diluvienne n'écartait pas la foule dense acclamant les hommes d'État européens. Lorsque Spaak et sa suite gravirent l'escalier monumental qui conduit au sommet de la colline du Capitole, le soleil tentait de percer les nuages. Arrivés un peu avant l'heure fixée, nous nous étions penchés sur la balustrade de pierre qui borde la terrasse où s'élevait le Sénat romain. De là, le visiteur contemple aujourd'hui les ruines grandioses des palais et des forums impériaux. De là, pendant près de mille ans avait été gouverné le monde civilisé. Après quelques minutes de silencieuse méditation, notre maître s'était tourné vers nous: « Nous allons reconstruire l'Empire de Rome et cette fois par la force des idées et non par celle des armes. » Accueillis par le président du Conseil italien et par le maire de Rome, les délégués avaient rapidement expédié un déjeuner buffet plantureux. Les ministres et leurs principaux collaborateurs s'étaient ensuite réunis autour de longues tables disposées en fer à cheval dans la majestueuse Salle des Horaces et des Curiaces pour y célébrer dans leurs allocations l'avenir d'une Europe à nouveau maîtresse du plus beau des destins. Vers 16 heures, tandis qu'ils apposaient leur marque sur les textes qui l'ébauchaient, les cloches des églises de la Ville éternelle sonnèrent à toute volée. Dans une atmosphère pleine d'enthousiasme, Paul Henri Spaak, répondant aux compliments de ses collègues et confirmant ses propos du matin, avait honoré ceux autour de lui « qui avaient fait une grande chose et qui l'avaient faite, ce qui est remarquable et peut-être unique, en répudiant tout usage de la force, toute contrainte, toute menace... par le seul appel à l'intelligence, à la sagesse, à la solidarité».

VI
La coexistence pacifique

Les sourires et les grimaces de Moscou (Bruxelles-Moscou 1956)

À la fin de l'après-midi du lundi 22 octobre 1956, un quadrimoteur de la Sabena atterrissait sur la piste de Vnoukovo à la périphérie de Moscou. MM. Van Acker et Spaak, accompagnés d'une vingtaine de fonctionnaires et de journalistes, en débarquaient. Ils étaient présentés à MM. Khrouchtchev et Boulganine, Premier secrétaire du Parti communiste et président du Conseil des ministres de l'URSS, en même temps qu'à M. Mikoyan, ministre du Commerce et membre du Présidium. Sourires et poignées de mains. Après les hymnes nationaux et l'inspection d'une garde d'honneur, ils étaient poussés sans tarder dans les énormes limousines officielles stationnant sur le tarmac; entourées d'une escorte à motocyclette, sirènes hurlantes, celles-ci filèrent à toute allure vers le centre de la ville et la lugubre ambassade de Klebny Pereoulak.

Les voyages officiels à Moscou étaient à la mode: Nehru en juin 1955, Adenauer en septembre, le Canadien Pearson en octobre, le Premier ministre danois en mars 1956, Guy Mollet en mai, Tito en juin, le Shah d'Iran en juin-juillet, etc. C'était la première fois que je mettais le pied sur la terre russe, la première fois que je rencontrais les dirigeants de l'URSS; j'étais *cupidus sciendi* – avide d'apprendre par une appréciation directe de ce monde étrange, terrain de nos anxiétés de tous les jours depuis la destruction du nazisme. À Moscou, sa capitale, ce qui tout d'abord frappait le visiteur – ce qui le frappe encore –, c'est le caractère d'ancienneté farouche de la ville. Elle est dominée par le Kremlin, cette forteresse barbare aux murailles énormes et aux dix-neuf tours géantes qui, du haut de la place Rouge dissimule dans sa gloire et son mystère un pouvoir redouté. Au milieu des couvents, des cathédrales et des palais qu'il abrite, on découvre une résidence de Pierre le Grand, contemporain de Louis XIV et de Versailles – une forteresse au cœur de la forteresse, réminiscente du donjon de Louis IX à Vincennes. Non loin de là, la demeure des premiers Romanov du XVIe siècle est une petite maison aux escaliers étroits avec des chambres chichement éclairées par de minuscules fenêtres, chauffées en hiver au moyen de poêles de briques décorés du reste de belles céramiques.

Les premiers jours s'étaient déroulés en déjeuners divers, entretiens politiques, réceptions, échanges de cadeaux. Nous avions apporté des fusils de chasse, produits d'un vieil artisanat belge. Ils avaient été remis à nos hôtes à l'ambassade en grand apparat; après Boulganine et Khrouchtchev à qui avaient été attribués les plus beaux, Mikoyan en avait reçu un plus modeste des mains de Van Acker avec quelques mots d'explication. Khrouchtchev avait interrompu: « Pas d'importance! Mikoyan n'emploie jamais que des armes tordues! » Gros rires des Russes présents, l'Arménien avait verdi, les Belges étaient horriblement gênés.

À une époque où les déplacements en URSS étaient strictement réglementés, où les diplomates ne pouvaient quitter Moscou sans l'autorisation préalable des autorités, M. Chepilov, le ministre des Affaires étrangères, avait offert à ses invités de se rendre où ils voulaient. Spaak, mi-figue, mi-raisin, avait suggéré les oasis d'Asie centrale, Tachkent, Samarkand et Bokhara; un peu à notre surprise, Chepilov avait acquiescé, sauf pour Bokhara. Nous apprîmes un peu plus tard qu'il n'y avait pas d'hôtel. Ni du reste à Samarkand. La ville étant proche de Tachkent, on allait nous y conduire le matin en avion pour nous ramener avant la nuit tombée.

Van Acker et ses proches collaborateurs avaient repris la route de Bruxelles le vendredi 26 tandis que Spaak et les siens, pilotés par M. Arutinian, un diplomate très civilisé parlant un excellent français, s'étaient envolés vers l'Est à bord d'un vieil appareil à hélices, copie des DC3 américains. Une première étape nous permit de déjeuner à Aktubinks, une bourgade dans la steppe au pied oriental des monts Ourals: une piste d'atterrissage gazonnée à côté d'une centaine d'isbas minables alignées le long d'une rue non pavée – un décor pour *Michel Strogoff*. À Tachkent, dont la ville antique sur un affluent du Syr Daria, détruite par un tremblement de terre en 1928, avait été reconstruite sans style, nous visitâmes des usines textiles et l'Université – celle-ci impressionnante par ses dimensions. Nous étions logés dans une sorte d'hospice gouvernemental vétuste; à la table d'hôte, un seul choix, du mouton bouilli – midi et soir, très mauvais. De là, une journée ensoleillée à Samarkand, conquise par Alexandre le Grand en 329 av. J.-C., jadis un centre intellectuel de l'Asie musulmane, prise par les Russes en 1868. Dans la crypte de la mosquée Gour Emir, une des plus vénérables et des plus belles, reposent les restes de Tamerlan qui en avait fait sa capitale au XIVe siècle. Au bord du désert du Turkestan chinois, en ce haut lieu de l'histoire la plus ancienne, les yeux fixés vers l'Orient, nous avions rêvé de Cambaluc aux toits d'or où avait abouti Marco Polo en 1275. Une belle récompense au cours d'une randonnée en somme assez décevante. Puis le cap à l'Ouest.

À Aktubinsk, l'étape s'était cette fois prolongée. Vers 16 heures, l'aimable Arutinian nous annonçait qu'en raison de nuages menaçants sur la montagne, le commandant de l'aéroport avait jugé bon, faute de signalisation météorologique, d'envoyer un appareil de reconnaissance sur les Ourals pour y observer le temps. Le pilote venait de rentrer et déconseillait de poursuivre le voyage ce jour-là. Naturellement, Aktubinsk ne possédait pas d'hôtel, ce qui nous obligea à passer la nuit à l'aéroport. Seul Spaak obtint une petite chambre pour lui seul; je partageai la mienne avec trois collègues. Nous étions douze; les sept autres «sans grade» durent se contenter de couvertures et s'étendirent sur des lits de camps; un seul W.C. malpropre, un seul robinet d'eau froide pour nous laver et nous raser le matin. Le mardi 30, vingt-quatre heures à Stalingrad (redevenu Volgograd depuis), la valeureuse ville retranchée où s'était brisé le destin d'Hitler; on y voyait encore, quatorze ans plus tard, la plus grande partie des décombres accumulés par les sauvages combats de 1942. À l'hôtel tout neuf, le concierge était vêtu de la traditionnelle redingote ornée de clés d'or – ouverte sur sa poitrine nue car il n'avait pas de chemise. Au petit déjeuner, faute de beurre introuvable, on nous servit du caviar pressé*.

Nous étions rentrés à Moscou fortement impressionnés par l'extrême pauvreté du pays – moins perceptible dans la capitale. Quelques réalisations spectaculaires pour ce qui était collectif, «d'énormes stades, des maisons de la culture, des usines géantes, de grands travaux publics, certes, mais des logements misérables, mal construits et une absence presque totale de biens de consommation», remarque P. H. Spaak. Ce que nous avions pu voir en quelques jours avait confirmé les estimations généralement admises: le niveau de vie de la population était visiblement très inférieur à celui des peuples européens et, plus encore, à celui des Américains [1].

Les conversations politiques avaient repris dans ces bureaux du Kremlin souvent décrits qui ressemblent à des salles d'attente de dentiste. La rencontre principale, la seule de grand intérêt, avait été celle du jeudi 25. Boulganine, Chepilov et leurs acolytes (Mikoyan avait disparu) intervenaient peu, Khrouchtchev était manifestement le maître du jeu. Mais l'était-il tout à fait? Un compte rendu sténographique de nos gens subsiste. Sa lecture évoque en ma mémoire la figure du Premier secrétaire, mal fagoté, petit, obèse, chauve, les yeux porcins, souvent agressif, mais sou-

* Le soir précédent, un de nos journalistes avait entendu au poste de radio d'une voiture que quelque chose se passait à Budapest. Spaak avait pu téléphoner de Stalingrad à Larock, son vice-ministre, qui l'avait entretenu de Suez sans mentionner Budapest. Un autre journaliste avait appris la nouvelle (fausse) de l'invasion de la Jordanie par Israël mais rien non plus de la Hongrie [2].

vent aussi prêt à rire, rabotant ses aspérités par de l'humour. De sa bouche étaient tombées les accusations routinières de la propagande communiste, commençant par la diatribe connue contre la collusion des puissances capitalistes (y compris la Belgique) avec Hitler. « Les conservateurs anglais et les réactionnaires français... ont voulu anéantir l'État socialiste des Soviets par la force des fascistes allemands tout en affaiblissant l'Allemagne. Ils ont ouvert le deuxième front, non pour nous aider – nous aurions gagné sans eux –, mais parce qu'ils eurent peur que nos troupes aillent jusqu'à Paris... » Avait suivi le laïus habituel contre l'OTAN et sa politique agressive. « Le fond du problème, c'est que la forme politique et la forme sociale (de nos pays) sont totalement distinctes... Nous sommes en esprit avec tous les peuples qui se battent actuellement pour établir chez eux ce régime dont je vous parle... les pays capitalistes luttent contre cela... Et nous nous rendons très bien compte, en nous plaçant à leur point de vue que nous constituons une source de miasme et de contagion. » Des libertés démocratiques évoquées par Spaak, il nous dit : « Nous sommes fiers de l'absence de libertés et de presse... Nous estimons que vos pays les conservent uniquement pour donner aux gens la possibilité de parler, d'agiter l'opinion publique et de la maintenir dans un état de crise dont ils se servent à leurs fins ; je ne vois pas d'autre cause[3]. »

La rhétorique de Khrouchtchev n'avait pas été très différente de celle de Staline en son temps. C'était celle, menaçante, du Géorgien à la radio de Moscou en février 1946, *avant le début de la guerre froide,* pour inaugurer un nouveau plan quinquennal[4]. C'était le discours du matérialisme historique et surtout celui de la lutte des classes, élevée par Lénine après la Révolution de 1917 au niveau d'une guerre titanesque des États capitalistes contre la Patrie du Prolétariat – contre un national-bolchévisme issu de la souche du marxisme –, l'expression date de 1921. Seule Vérité, son service justifiait toutes les turpitudes, tous les crimes que condamne la morale dite bourgeoise. Khrouchtchev semblait vraiment y croire. Il apparut toutefois qu'il apportait une limite à sa pensée : celle du feu nucléaire. Jaurès avait dit avant 1914 que « le capitalisme recèle la guerre comme les nuées recèlent la pluie ». Il n'est pas certain que le maître de l'URSS de 1956 acceptât encore cette prétendue fatalité historique. Au cours de ses entretiens avec Spaak, il avait beaucoup parlé d'armes atomiques, admettant presque (mais pas tout à fait) qu'elles créaient une situation rendant aléatoire toute victoire, y compris le célèbre triomphe du prolétariat promis par Marx. À un déjeuner où Khrouchtchev avait beaucoup bu, il avait même dit « qu'elles faisaient les guerres impossibles », citant Engels qui l'aurait prévu. C'était presque admettre que l'arme atomique, en empêchant tout vrai vainqueur, faisait perdre raison au concept de matérialisme historique. Peut-être se séparait-il là des orthodoxes (Souslov, Molotov, etc.) qui voyaient en une troisième guerre mondiale « la lutte finale » pour l'avènement du socialisme; un postulat entendu rarement avec autant de clarté.

Des forces contradictoires qui se disputaient le pouvoir au sein du Présidium du Parti communiste de l'URSS (l'ancien *Politburo*) nous ne savions pas grand-chose, mais nous devinions par divers signes qu'elles étaient réelles et critiques. À un grand déjeuner au Kremlin, nous avions rencontré une vingtaine de Soviétiques parmi les plus haut placés – Khrouchtchev et Boulganine évidemment, Chepilov, Molotov, Malenkov, Mikoyan, une brassée de généraux dont le maréchal Joukov, ministre de la Défense, Kaganovitch dont la sœur aurait été la maîtresse (ou l'épouse) de Staline, etc. Comme de coutume, la vodka coula à flots à l'occasion de multiples toasts à la prospérité des peuples, à la coexistence, à la fraternisation, à la paix, etc. Réfugiés au jardin de l'ambassade (le seul endroit à l'abri des postes d'écoute), nous nous étions trouvés d'accord pour le constater: si Khrouchtchev était manifestement le maître, il n'était pas le despote qu'avait été Staline. Il nous apparaissait clairement que son gouvernement était à présent «collégial» – c'était la formule à la mode à Moscou où elle évoquait une vague notion de démocratie.

Hé, oui! Peu de semaines ne s'étaient pas écoulées que les journaux communistes de toutes les villes d'Europe commençaient à mentionner un mystérieux «complot antiparti». Bientôt, ils parlaient d'une épuration. Un peu plus tard, un grand vacarme: Molotov, bras droit de Staline, au rang le plus élevé depuis la Révolution, était nommé ambassadeur à Oulan Bator, capitale de la République populaire de Mongolie extérieure; Chapilov devenait professeur au lycée de Tachkent, Malenkov prenait la direction d'une centrale électrique en Russie centrale, Joukov perdait son poste pour pouvoir écrire des mémoires sans intérêt, Kaganovitch était exilé en Sibérie; Boulganine, lui-même allait un jour disparaître. Seul Mikoyan surnagerait. À la différence du passé, ils avaient eu la vie sauve. Déjà mis en circulation par la CIA, le service secret américain, répandu par le *New York Times*, avait été porté à la connaissance du public le discours «secret» de Khrouchtchev au XXe Congrès du Parti, il allait trouver la célébrité. Procès impitoyable de Staline et de son règne, il provoquait une immense commotion dans le communisme mondial.

Le vendredi 2 novembre nous devions reprendre l'avion pour Bruxelles. Vers midi, nous étions dans la superbe salle Saint-Georges au Kremlin pour la cérémonie de signature d'un accord culturel – un de ses articles confirmant le principe de non-ingérence dans les affaires intérieures des signataires! On célébrait aussi d'amicaux adieux; derechef, vodka et toasts. Peu avant notre départ pour l'aéroport, Mikoyan faisait une apparition tardive en s'excusant de son retard; on nous dit qu'il débarquait de Budapest. Il nous avait amusés par des plaisanteries arméniennes qu'une ravissante secrétaire traduisait avec entrain. Vers 18 heures, notre DC6 atterrissait à Bruxelles. La nuit était tombée. Un groupe compact de collègues et de journalistes attendaient Spaak, parmi lesquels Victor Larock, son vice-ministre. Dans le vent glacial qui soufflait sur le tarmac, la mine sombre, il mettait le ministre au courant de la tragédie hongroise qu'on nous avait presque entièrement cachée. Le matin même, elle avait atteint un paroxysme: les dépêches de presse de Budapest annonçaient que Mikoyan, avant de rejoindre Moscou, avait donné ordre aux chars soviétiques de «rétablir l'ordre». «Lorsqu'il t'a tendu la main, elle était couverte du sang des combattants de la liberté», avait dit, un peu pompeusement, Larock à Spaak.

Il me faut revenir quelques mois en arrière car les événements s'accumulent et s'entremêlent. Tandis qu'à Val Duchesse, ministres et diplomates s'étaient consacrés à l'épopée européenne, d'autres soucis étaient venus s'y ajouter; les relations Est-Ouest étaient la vaste trame sur laquelle ils venaient tous se nouer. Depuis près de dix ans, nous avions vécu dans l'anxiété. D'un côté, le droit, la liberté, le respect (approximatif) de la personne humaine; de l'autre, l'agression, la violence politique, le fanatisme, bref la nouvelle barbarie. La mort de Staline en mars 1953 avait brièvement fait espérer un relâchement de la confrontation. Elle avait conduit à l'assassinat judiciaire de Beria, son plus effrayant acolyte. Malenkov, brièvement l'homme fort de l'Union soviétique, avait paru moins inflexible que son prédécesseur; il avait mis fin à trois années de guerre en Corée.

Churchill lui-même voulait passionnément une conférence au sommet des trois Grands où il serait le Prince de la Paix – apothéose de sa carrière. Vainement. On parlait néanmoins «d'une offensive de paix» déclenchée par le Kremlin. Quand Khrouchtchev et Boulganine avaient remplacé Malenkov, l'optimisme s'était accentué. L'URSS avait accepté la restauration de la souveraineté de l'Autriche – dans les limites de la neutralité. Elle s'était réconciliée avec la Yougoslavie. Elle avait restitué la base de Porkkala à la Finlande, celle de Port-Arthur à la Chine (communiste). Ses deux nouveaux maîtres s'étaient rendus en Inde, Birmanie, Afghanistan et Grande-Bretagne, tout sourires et amabilités. Spaak lui-même dans une note de réflexions écrivait: «Il est indiscutable qu'il y a quelque chose de changé dans la politique internationale. Les Russes qui ont été si longtemps désagréables et agressifs essaient maintenant de se montrer conciliants et polis.» Dans un discours à la Chambre, il affirmait en novembre: «Nous ne sommes plus dans la guerre froide[5].» Il se trompait.

L'Allemagne s'affirmait. Ayant retrouvé sa souveraineté avec la ratification des accords de Paris, la République fédérale s'en autorisait pour proclamer une *Doctrine Hallstein* qui menaçait de rompre les relations diplomatiques avec tout pays qui reconnaîtrait l'Allemagne de l'Est (RDA). En mai 1955, après bien des pourparlers et sous la pression des opinions publiques, ils s'étaient mis d'accord pour réexaminer les problèmes qui les séparaient, parmi lesquels ceux de l'ancien Reich étaient les plus graves. Première réunion au sommet depuis Potsdam en 1945, le 17 juillet, le président Eisenhower, les Premiers ministres Eden et Faure, le tandem Khrouchtchev et Boulganine, se retrouvaient sur les bords du lac Léman, flanqués de Foster Dulles, d'Harold MacMillan, d'Antoine Pinay et de Viacheslav Molotov. (Khrouchtchev déplora dans ses mémoires l'humiliation d'être arrivé à bord d'un bimoteur alors que ses collègues disposaient d'un quadrimoteur.) La réunion fut l'un des grands événements de l'année, les opinions publiques représentées par des nuées de journalistes de toutes nationalités l'avaient suivie avec émotion; n'était-il pas question d'un ordre nouveau – déjà? Ses acteurs sont aujourd'hui dans l'au-delà, les peuples l'ont oublié.

Mon collègue André de Staercke était à Genève en qualité d'observateur, il me faisait parvenir de petits billets à l'intention de notre ministre. Le premier, daté du 21 juillet, suggérait anticipativement un communiqué final: «On a décidé que l'on s'aimerait et que l'on examinerait dorénavant tous les problèmes dans une atmosphère d'affection.»Il ajoutait: «C'est le premier commandement révélé par ce nouveau Sinaï: un commandement d'amour. Le reste doit suivre car j'ai l'impression que l'amour a laissé survivre tous les problèmes.» Staercke ne s'était pas trompé. Les sept lettres qu'il m'adressa rapportaient avec humour un dialogue de sourds[6]. Régler le «problème allemand» ne pouvait être pour l'Ouest que la réunification dans la liberté d'un pays fortuitement morcelé à la suite de la guerre; quoi d'autre? Mais pour Moscou elle aurait signifié le transfert dans le camp ennemi de la principale puissance européenne. Dès le 22 juillet (lettre 2), Staercke m'écrivait que Blankenhorn, l'observateur de la République fédérale, s'attendait à des années de négociations..., dix ans, vingt, peut-être toujours... Bonn n'avait pas le prix qui permettrait d'acheter l'unité allemande aux Russes. Les Américains ne pensaient pas autrement (lettre 3). Ni M. Pinay avec qui mon collègue belge avait dîné ce soir-là (lettre 4). Une note «secrète» étrange que faisaient circuler les Russes était venue le confirmer (lettre 2).

Il fut question d'échanges d'informations militaires contrôlés par des inspections aériennes étendues – le «ciel ouvert» (*open skies*), suggérées par Eisenhower, d'un pacte de non-agression entre l'OTAN et l'organisation du Pacte de Varsovie, préparé par les Soviets. Très vite, la conférence s'était concentrée sur un vain débat de «priorité». Pour les Occidentaux, celle de la réunification des Allemagnes qui conditionnait sécurité et paix européennes; pour les Soviets, celle de la sécurité elle-même, un concept abstrait qui ne voulait rien dire. Tout accord était impossible. Fut-ce un désastre? Pas tout à fait. Malgré le temps couvert et maussade, les jours étaient éclaircis par les larges et persistants sourires de Khrouchtchev et de Boulganine, «charme slave» déployé à l'adresse des Américains – les autres délégations paraissaient peu les intéresser et ils traitaient les Allemands comme des galeux. On distingua des divergences de vue chez les Soviets et on prédit que l'ancien séide de Staline n'en avait plus pour longtemps. (Il allait être remplacé en juin 1956 par l'éphémère M. Chepilov.)

On parlait de «l'esprit de Genève», on retrouvait des illusions. Pourtant, les initiés craignaient que les maîtres du Kremlin eussent peu changé. À la différence de Staline, ils prodiguaient des sourires envers l'étranger. Mais à l'intérieur de leur Empire, ils répondaient avec férocité à de graves désordres: là, les sourires étaient des rictus. En juin 1953, l'Allemagne de l'Est avait été le théâtre de grèves violentes. Comme ailleurs dans l'univers stalinien, la situation économique était lamentable, résultat d'une action absurde de «socialisation à marche forcée». Les troubles, commencés le 16 par des revendications professionnelles, s'étaient transformés en protestation politique. Dix mille manifestants avaient réclamé des élections libres; aux cris de «À bas Ulbricht», le dictateur Secrétaire général du Parti est-allemand. Le lendemain, le Berlin communiste était sur le pied de guerre, des dizaines de milliers de personnes s'étaient rassemblées vers le centre, Alexanderplatz et Leipzigerstrasse. Vers 12 heures, les chars de combat soviétiques commençaient à tirer, d'abord en l'air, puis sur la foule. Les émeutiers brûlaient des drapeaux de la République démocratique, mettaient à sac les permanences du Parti, saccageaient et pillaient les magasins d'État. Au début de la soirée, les chars aidant, l'ordre revenait graduellement, la répression commençait. Dès le 19, les tribunaux militaires soviétiques (pas allemands) commençaient à juger les «meneurs»; ils prononçaient des centaines de condamnations, dont dix-neuf à mort, exécutées sur-le-champ. L'émotion fut vive dans le monde libre. La République fédérale pourrait-elle accepter sans réagir les coups portés à ses frères de l'Est? Qu'adviendrait-il si elle intervenait? Puis le calme s'était rétabli dans le silence et la terreur.

En Pologne, un nouveau point d'ébullition était atteint en juin 1956. Ici aussi, la situation matérielle était désastreuse. Il y eut des émeutes ouvrières à Poznau, des cortèges de protestation ici et là. Le mécontentement était partout; des intellectuels quittaient ostensiblement le Parti. Quand Bierut, le Staline polonais, mourut subitement en été, la fronde devint apparente au cœur même de sa direction.

Les gens étaient descendus dans la rue, la police les avait dispersés à la matraque. Une explosion était inévitable. Après bien des hésitations, le Parti lui-même s'était décidé à des réformes. Malgré de vigoureuses interventions de Moscou (Boulganine d'abord puis Khrouchtchev en personne visitèrent la capitale polonaise), malgré des manœuvres menaçantes de troupes russes, Wladyslaw Gomulka, élu Premier secrétaire, prenait la direction des affaires le 21 octobre. Gomulka était un communiste de vieille date, un héros de la résistance aux Allemands; accusé de «titisme», de «déviationnisme nationaliste», bref de patriotisme, il avait été jeté en prison sans jugement en 1951. Quoique communiste, il était populaire dans son pays. Les «nouveaux Russes» s'étaient résignés à l'accepter; ils ne s'étaient pas trompés. Le surlendemain de son élection, il était à Moscou pour rendre hommage à ses maîtres. En décembre, il signait avec eux un traité de coopération militaire qui confirmait le stationnement de troupes soviétiques en Pologne – elles y étaient encore en 1990. L'esprit de Genève?

C'est en Hongrie que l'impérialisme soviétique allait prouver le plus nettement, le plus sauvagement aussi, qu'il n'avait pas l'intention d'abandonner. Le peuple magyar n'est pas slave, il n'eut jamais avec ses «libérateurs» les affinités qu'on décèle en Pologne et dans d'autres démocraties populaires. Imposé par les troupes russes, le Parti communiste local s'était accroché au pouvoir à grand-peine. Sa politique économique maniaque avait résulté en une considérable baisse du niveau de vie. La grande majorité de la population lui était hostile mais soumise par la férocité de la police secrète, l'AVH: arrestations arbitraires, tortures, exécutions. Les promesses de Genève peut-être, la dénonciation des crimes de Staline par Khrouchtchev probablement, l'exemple polonais certainement, avaient conduit au sein du Parti, de même qu'à Varsovie, à des luttes idéologiques acharnées – cachant mal des rivalités personnelles implacables. Après bien des péripéties et des manifestations populaires, Moscou avait imposé une de ses créatures, Matyas Rakösi, un des anciens de la Terreur Rouge de Bela Kun en 1919, un paranoïaque frisant la démence autant que Staline lui-même. Le malaise s'étant aggravé, Rakösi était remplacé en juillet par une autre créature des «Grands Frères», un certain Erno Gerö qui ne valait guère mieux.

Le 23 octobre 1956 (quarante-huit heures après le retour de Gomulka au pouvoir à Varsovie), les étudiants de Budapest sont en masse dans la rue. Au soir, deux cent mille personnes se pressent dans le vaste square qui s'étend devant le Palais du Parlement, agitant des emblèmes nationaux et des drapeaux rouges dont ont été découpés le marteau et la faucille, hurlant et chantant des hymnes patriotiques, la *Marseillaise* et l'*Internationale*. Vers 21 heures, des coups de feu éclatent, la fusillade s'étend; une statue de Staline, arrachée de son socle, s'écroule sur le pavé au milieu de l'enthousiasme populaire. L'émeute s'est transformée en insurrection, des combats sporadiques se déroulent toute la nuit entre étudiants et forces de l'ordre; des tanks russes apparaissent mais n'interviennent que mollement. Le Comité central du Parti, réuni d'urgence le 24, réussit non sans peine à se mettre d'accord: un réformateur modéré, Imre Nagy, est nommé président du Conseil. Toutefois Gerö reste Premier secrétaire du Parti et les insurgés refusent de mettre bas les armes. Le mot d'ordre de grève générale se répand dans tout le pays.

Depuis le soir du lundi 22 octobre, Van Acker et Spaak étaient fêtés par Khrouchtchev et Boulganine. Nous avions quitté Bruxelles le matin, informés de manière imprécise par la presse et par nos ambassades des vacarmes de Varsovie et de Budapest – mais sans plus. C'est Khrouchtchev qui dans la journée du jeudi 25 nous annonça au cours d'une conversation à bâtons rompus que tout y était heureusement réglé, que Gomulka et Nagy étaient en place. Très décontracté, il avait ajouté qu'il appartenait dorénavant aux Polonais et aux Hongrois de se débrouiller, que les troupes russes allaient quitter leur pays; après quoi, il avait orienté la conversation sur un autre sujet. Mais le propos avait frappé; ne signifiait-il pas un radical changement d'attitude? Le lendemain, nous avions pris l'avion pour l'Asie centrale où personne pendant plusieurs jours n'avait plus mentionné ni Pologne ni Hongrie.

En réalité, à Budapest, les événements s'étaient précipités en une tragédie plus poignante que toutes celles qu'avait connues l'Europe depuis 1945. Le mercredi 24 avait été annoncée la loi martiale; des communiqués proclamaient la peine de mort pour «les actes visant à renverser la République populaire»; ils annonçaient l'appel aux troupes soviétiques pour «réprimer les ignobles attaques à main armée des bandes contre-révolutionnaires». Simultanément, on entendait à la radio Nagy qui promettait «une plus grande démocratisation de la vie publique... le respect du caractère hongrois dans l'édification du socialisme», l'amnistie à tous les insurgés qui mettraient bas les armes. Le cauchemar croissait. On vit Mikoyan et Souslow arriver au siège du Comité central à bord d'un tank soviétique; ils imposaient le renvoi de Gero et son remplacement par Kadar à la fonction de Premier secrétaire du Parti*[7]. Il y avait eu pour quelques jours deux pouvoirs à Budapest, Nagy entraîné *nollens volens* à se battre pour la liberté, Kadar prenant le parti de Moscou.

Le jeudi 25, le jour où Khrouchtchev affirmait à Spaak au cours du déjeuner que tout était heureusement réglé (mentait-il délibérément ou le pensait-il vraiment?), la situation s'était aggravée. La grève était à peu près générale. Des conseils révolutionnaires occupaient les villes, réclamaient avec colère le départ immédiat des Soviétiques. Dans la capitale, une

* Rakösi et Gero disparaîtront en URSS exclus du Parti communiste, jetés dans ce que Trotski appelait les «poubelles de l'histoire».

échauffourée entre soldats russes et jeunes Hongrois conduisait à une fusillade sur la place du Parlement – des dizaines de morts. La population envahissait les bureaux de l'AVH, la police politique abhorrée; ses agents étaient jetés par les fenêtres ou lynchés dans la rue. Nagy s'organisait. Le 27, il élargissait son gouvernement par la nomination de représentants de partis interdits. Le dimanche 28, il donnait ordre à ses partisans de cesser le feu en faisant savoir qu'il avait obtenu de Moscou le retrait des troupes. Le mardi 30 (le jour où Spaak et sa suite quittaient Aktubinsk), Radio Moscou lançait sur les ondes une allocution promettant effectivement le départ des troupes stationnées en Hongrie et des négociations avec Budapest. Bien plus, le Kremlin parlait d'une «communauté des nations socialistes», fondée sur l'égalité complète de ses membres, le respect de leur intégrité territoriale, de leur souveraineté, de leur indépendance politique et de la non-ingérence dans les affaires intérieures. Déclaration surprenante qui annonçait au monde la politique catégoriquement nouvelle que Khrouchtchev avait plus ou moins chuchotée à l'oreille de Spaak.

Que faut-il penser? Pendant qu'étaient diffusées ces phrases raisonnables, les combats à Budapest étaient devenus furieux, les haines accumulées pendant dix ans par les exactions de Rakosi et de ses complices faisaient explosion. L'immeuble du Parti était pris d'assaut, plusieurs dizaines de ses occupants étaient massacrés, des agents de l'AVH brûlés vifs. Le point de non-retour était atteint. Comme dans les tragédies antiques, les événements qui s'étaient déroulés jusque-là dans l'indécision et l'incohérence s'emballaient pour adopter une logique propre incontrôlable; les comparses s'effaçaient et seuls restaient visibles les principaux vilains menant les Hongrois au plus haut degré de l'effroi et de la colère. Partout, ceux-ci réclamaient à grands cris, les armes à la main, des élections libres, le départ des Russes, un gouvernement provisoire démocratique. Nagy n'avait probablement plus eu le choix; il prenait la décision d'abolir le parti unique, église sacrée de la religion de Moscou, pour le remplacer par «une coalition de partis démocratiques» – décision cruciale ouvrant la porte au pluralisme politique, plus qu'une hérésie, une abomination, une rupture fondamentale avec la loi. Le jeudi 1er novembre, le président du Conseil faisait de surcroît approuver par ses ministres une déclaration de neutralité immédiatement signifiée à l'ONU – une révolte contre les «prolétaires» du Pacte de Varsovie. Le vendredi 2 novembre, Nagy formait un nouveau gouvernement où les communistes étaient minoritaires et qui devait préparer des élections libres. Le cardinal Midszenti proclamait: «La Hongrie est enfin libérée.» Les communistes se taisaient.

Le jour du retour de Spaak à Bruxelles. Le jour aussi, où Mikoyan, rentré à Moscou, était venu l'y saluer à midi après avoir mis en place le dispositif de sujétion des Magyars. Dès l'aube du dimanche 4, un jour de soleil, les blindés russes étaient entrés en action, tirant de plein fouet ou broyant les insurgés parmi lesquels de nombreux soldats.

À mon bureau ce dimanche, j'avais trouvé sur ma table une note du service de presse : à 8 heures, après l'hymne national, Radio Budapest avait soudainement cessé d'émettre, ses derniers mots étaient un angoissant appel au secours. Au téléphone, la capitale hongroise ne répondait plus. La résistance s'était prolongée au prix de nombreuses victimes, elle avait été héroïque, mais elle n'avait guère pu durer que quelques jours. Les représentants de la presse et de la radio des pays libres étaient en Hongrie, photographiant et relatant avec grand courage les atrocités d'une impitoyable répression.

Kadar, disparu en Union soviétique, avait refait surface avec les chars russes. Il avait câblé au Secrétaire général de l'ONU pour faire reconnaître son « gouvernement révolutionnaire des ouvriers et des paysans », il avait officiellement demandé leur aide aux Soviétiques ; instaurant la loi martiale, il avait imposé sa dictature avec l'appui de la police politique et des troupes russes. Les grèves étaient réprimées par des arrestations en masse, des tribunaux militaires prononçaient des condamnations à mort, des intellectuels nombreux étaient frappés de longues peines de prison. Nagy et ses principaux collègues, acculés, finis, s'étaient réfugiés à l'ambassade de Yougoslavie. Ils l'avaient quittée avec la promesse de ne pas être inquiétés ; sur le perron, ils avaient été arrêtés par des Russes. Ce n'est qu'en 1958 qu'on apprit que Nagy avait été fusillé – à l'initiative de Mao Tsêtung, fut-il raconté. (Khrouchtchev allait affirmer plus tard qu'il n'usa de la force que sur les conseils de Pékin[8].) La répression emprisonna vingt mille personnes, deux mille trouvèrent la mort. Cent quatre-vingt mille Hongrois réussirent à se réfugier à l'étranger. Dans ses *Souvenirs*, Khrouchtchev intitule ce chapitre « L'ordre règne à Budapest ».

Les mots manquent pour évoquer l'indignation et l'horreur qui saisirent les cœurs en Occident dans toutes les classes de la société, dans tous les partis politiques, même parmi ceux généralement les moins hostiles au communisme ; de l'admiration allait à cette jeunesse hongroise qui, élevée dans la propagande totalitaire, acceptait de mourir pour la liberté. À l'ONU, de vastes majorités stigmatisaient Moscou ; on était revenu aux plus mauvais jours de la guerre froide. Spaak avait cru de son devoir d'écrire à Khrouchtchev une lettre outrée, lui disant que « son intervention était en train de tuer tous les efforts de détente internationale ». Il n'avait pas espéré recevoir de réponse, il n'en avait pas reçu. Depuis octobre, l'ambassadeur des Soviets à Bruxelles s'était effacé ; le 7 janvier 1957, devant présenter ses vœux de Nouvel An au ministre, il eut avec lui un entretien qualifié par Spaak de « tumultueux ». Pour le Russe, « les événements de Hongrie avaient été suscités par les États-Unis, à la recherche d'un test pour voir jusqu'où allait la bonne volonté soviétique». Le lendemain soir, à l'occasion d'une rencontre fortuite au Théâtre National, il m'avait pris à part à l'entracte. Allant beaucoup plus loin qu'avec Spaak, il avait accusé des «agents provocateurs sous la direction des puissances occidentales» de ce qui s'était passé. «Celles-ci», me dit-il, «ne pouvaient maintenir l'existence du régime capitaliste que par une politique forcenée d'armement; par conséquent, elles devaient mettre fin à la politique de détente conduite par l'URSS qui, en l'espace de deux ans, aurait sans aucun doute abouti au désarmement universel[9].» Le plus effrayant était que M. Avilov, un homme civilisé et généralement amical, avait paru croire sincèrement à cette mythologie primaire.

Les dernières guerres impériales (Bruxelles-New York 1956-1958)

«L'événement le plus important depuis la Renaissance», aurait dit Léopold Senghor, le poète africain de langue française, député au Parlement de Paris, futur président du Sénégal, en célébrant la conférence de Bandoung, la ville d'eau du temps des Indes néerlandaises, où s'étaient réunis, en avril 1955, vingt-quatre États d'Afrique et d'Asie, représentant plus de la moitié des êtres humains du *tiers monde*[10]. Senghor exagérait car rien de concret n'en résulta sinon de longues vitupérations contre les ex-puissances coloniales – y compris les États-Unis. Toutefois, Bandoung est une haute borne symbolique de l'histoire. Jusqu'à la deuxième guerre mondiale, les empires avaient été dans la conscience européenne une réalité permanente autant que les monts ou les océans. Rarement disputée, on avait presque toujours considéré la colonisation comme une œuvre noble. Semblable à celle des Romains en Gaule, elle préparait les peuples sous-développés à la civilisation. Le congrès de Bandoung de 1955 en avait entériné la fin en élargissant pour la première fois à la planète entière le concert des États souverains. L'ONU, qui en principe doit les grouper tous, comptait soixante-seize membres en 1956. En 1993, ils étaient cent soixante-six.

La Grande-Bretagne s'accommoda plus ou moins du traumatisme en réussissant à s'imaginer que le Commonwealth représentait une version modernisée de l'Empire et qu'elle demeurait une puissance mondiale. La France y répondit par des guerres douloureuses dont les gloires et les servitudes devaient faire oublier les sacrifices. Toutes deux ayant perdu le principal s'étaient accrochées avec l'énergie du désespoir à ce qu'il leur restait. À Paris, ce fut Mendès France qui, le premier, eut la sagesse de renoncer à l'Indochine en 1954; il avait déclenché le processus d'indépendance de la Tunisie octroyée en 1956, Edgar Faure celle du Maroc concédée la même année. L'Algérie, par une fiction légale, faisait intégralement partie du territoire de la République française; elle devait le demeurer. À Londres, alors qu'Attlee avait abandonné en quelques semaines l'Empire des Indes de la reine Victoria, Eden allait espérer maintenir une autorité britannique au Moyen-Orient et singulièrement en Égypte qui contrôlait une voie impériale qui ne conduisait plus nulle part.

À part la France et la Grande-Bretagne, le monde occidental, obsédé par la guerre froide et la peur des Soviets, se souciait peu de la disparition des colonies. Aux États-Unis, de tout en bas jusque tout en haut, même à la Maison Blanche, on souhaitait voir la fin d'un système qui s'opposait à la tradition wilsonienne du «droit des peuples à disposer d'eux-mêmes». En Allemagne, en Italie, en Espagne, en Scandinavie, aux Pays-Bas, les guerres d'émancipation coloniale furent l'occasion de plus de critiques que de marques de sympathie envers les métropoles. En Belgique, même indifférence de l'opinion publique, même envers le Congo, son propre domaine – à l'exception de ses quatre-vingt mille colons. Néanmoins, le conflit d'Algérie y suscitait des inquiétudes au sein des milieux politiques et de ceux des grandes affaires. Aux Affaires étrangères, en raison des répercussions que pouvaient entraîner chez nos grands voisins des combats engageant plusieurs centaines de milliers de conscrits; dans les banques et l'industrie, par la crainte que la perte de l'Algérie sonnerait le glas de la domination de l'Europe sur le continent noir tout entier et des riches profits qu'il rapportait. Paul Henri Spaak, adonné jusque-là aux problèmes européens et atlantiques, commençait à se soucier de l'Afrique; il m'avait notamment chargé de réunir un groupe de travail discret de hauts fonctionnaires français, britanniques et portugais pour envisager une coordination de leurs politiques au sud du Sahara. Hélas, rien n'en avait résulté – mes collègues du ministère des Colonies de Bruxelles étaient aussi réfractaires que ceux de Paris, Londres ou Lisbonne à toute collaboration.

En juillet et août 1956, les vacances d'été rituelles ayant interrompu les travaux de Val Duchesse, elles avaient été mises à profit pour un voyage d'études au Congo, grand comme quatre-vingts fois mon pays et immensément riche. Le périple commença par l'Urundi où nous avions atterri après un vol de dix-huit heures à bord du DC6 régulier de la Sabena pour une dizaine de jours de tourisme sur le haut plateau de l'Est africain. Nous avions admiré ses paysages grandioses, vierges comme au commencement de la terre, le mont Ruwenzori qui élève sa cime enneigée au-dessus de savanes brûlées par un soleil implacable, les mers intérieures que sont ses lacs gigantesques, un «parc national» grand comme une demi-Belgique, habitat des plus belles bêtes de la création: éléphants, lions, hippopotames, etc. Nous avions fixé les yeux, non sans quelque fierté, sur ce qu'avaient réalisé les Belges, les routes sans fin sinuant à travers les collines, les chemins de fer, les villes agréables bâties aux endroits où avaient campé Stanley et Livingstone moins de cent ans auparavant, les écoles, les hôpitaux. Au Katanga, nous avions été invités avec d'autres personnalités aux fêtes de l'*Union Minière* qui célébrait son cinquantième anniversaire. On nous avait fait visiter des usines et ses mines ultramodernes (parmi lesquelles le puits d'uranium de Shinkolobwe), des cités modèles où vivaient les dizaines de milliers d'ouvriers et d'agents indigènes qu'elle employait.

À Élisabethville, le 21 juillet, il y avait eu un Te Deum célébré dans la cathédrale néo-gothique par l'évêque belge; impeccable revue des troupes de la garnison, match de football de deux équipes africaines populaires – terminé par un pugilat –, grand dîner aux chandelles avec feu d'artifice, etc. Au cours de celui-ci, la rumeur circula subitement à travers la vaste salle à manger du palais du gouverneur que le Raïs (le dictateur) égyptien, Gamal Abdel Nasser, avait annoncé la veille par un discours passionnément anti-occidental qu'il «nationalisait» le canal de Suez. «Je regarde les Américains», avait-il proféré avec élégance, «et je leur dis: "Crevez dans votre fureur".» L'émoi parmi les invités avait été vif.

Le colonel Nasser, après s'être saisi du pouvoir par un coup d'État en 1954, s'était immédiatement posé en défenseur furieux d'un nationalisme panarabe. Sa rhétorique brûlante s'attaquait violemment à l'influence européenne, il se faisait le complice de la rébellion en Algérie, il présidait au terrorisme des fedayins en Israël, pays dont il promettait l'annihilation. Était-il aussi l'allié secret de Moscou? On le craignait car il resserrait ses relations avec le bloc soviétique où il se procurait de vastes quantités d'armes et il établissait des liens avec la Chine populaire. Pourtant, on ne pouvait en être sûr. Aussi Washington le ménageait-il dans l'espoir de le retenir hors du camp de Moscou. Anthony Eden, à Londres, ne faisait pas autrement pour sauvegarder l'influence de la Grande-Bretagne dans son ancien protectorat; par des accords de 1954, il avait rendu à l'Égypte sa pleine souveraineté en s'engageant à évacuer les troupes britanniques qui y étaient stationnées depuis près de cent ans.

Le canal, propriété de la puissante *Compagnie Universelle* (franco-britannique) *du Canal Maritime de Suez*, était une «voie d'eau internationale», statut établi par un traité de Constantinople de 1888, garanti par les principales puissances. Il y était prescrit le libre transit en tous temps, obligation que violait Nasser en l'interdisant aux navires israéliens. Son expropriation, sous le prétexte d'un refus des Anglo-Américains de financer un barrage en Haute Égypte, se présenta comme un coup de force, une infraction à la loi internationale, un camouflet aux Franco-Britanniques. Dès le 28 au matin, Spaak, après avoir téléphoné à Bruxelles, décidait de rentrer au plus tôt. «Si les puissances ne réagissent pas», me dit-il, «toute l'Afrique nous est perdue à bref délai. Si elles réagissent, nous courons droit à une crise dangereuse.» Au Caire où le DC6 de la Sabena faisait une escale technique avant de traverser la Méditerranée, nous avions rencontré à l'aéroport le baron van den Bosch, notre ambassadeur. Confirmant nos inquiétudes, il avait recommandé la fermeté.

Spaak avait vu juste. Dès notre retour à la rue de la Loi, nous apprenions que Londres et Paris s'étaient décidés à mettre fin à la dangereuse carrière du colonel Nasser. Sans envisager clairement comment et par qui le remplacer ou que faire en Égypte*. On disait d'Anthony Eden qu'il était calme et résolu; plusieurs facteurs convergents le durcissaient. Il avait tôt éprouvé de la répulsion et du mépris pour l'aventurier qui osait le narguer – il le comparait à Mussolini qu'il qualifiait jadis d'antéchrist. C'était une de ces pulsions irrationnelles qui le menaient parfois à compenser par d'impétueuses réactions les faiblesses foncières de son caractère. (Il avait arrêté et déporté aux Seychelles en mars l'archevêque Makarios, un des leaders nationalistes de Chypre.) En Égypte, il rationalisait sa colère en la justifiant par «l'intérêt national suprême» d'un libre accès aux pétroles du Moyen-Orient. Il y était au surplus fortement poussé par l'aile droite du parti conservateur en proie à un de ses accès à répétition de chauvinisme aigu. Quant à Guy Mollet: «L'Algérie a été la Passion de la France, a écrit l'excellente historienne Georgette Elgey; il fallait à tout prix la sauver en coupant aux rebelles leurs approvisionnements en Égypte. Il m'assura aussi au cours d'un entretien en 1967 qu'il avait été gravement préoccupé du sort d'Israël. Et comme Eden, il était entraîné par des groupes de pressions influents au sein et au-dehors du Parlement[12].»

La crise était inévitable. Je n'en parlerai que brièvement car elle a fait l'objet d'une abondante littérature et la Belgique n'y ayant été qu'indirectement impliquée, ses diplomates n'ont que peu à en rapporter. J'en ai pourtant retenu deux ou trois faits, dont un déjeuner à Downing Street aux premiers jours du mois d'août en la seule compagnie d'Eden, de son chef de cabinet, Philippe de Zulueta, de son ministre des Affaires étrangères, Selwyn Lloyd, et de Paul Henri Spaak. Le repas terminé, le Premier ministre nous avait entraînés pour prendre le café dans le *Cabinet Room* pour se lancer dans un monologue émouvant par la noblesse de son inspiration et par son évidente sincérité mais quelque peu déroutant par la simplicité du raisonnement. Il avait rappelé l'aventure de Mehemet Ali, soldat de fortune, réformateur radical qui avait réussi à se faire reconnaître Pacha d'Égypte cent ans auparavant et à se bâtir un immense royaume depuis la Syrie et la mer Rouge jusqu'au Soudan avant d'être mis en échec à la bataille de Navarin par les escadres coalisées de Grande-Bretagne, de

---

* On sait à présent que les deux Premiers ministres l'avaient envisagé dès une rencontre du 12 mars 1956[11].

France et de Russie. Comparant l'expropriation de Suez à la réoccupation de la Rhénanie par Hitler, il nous fit part de sa résolution d'écraser dans l'œuf, immédiatement et par la force des armes, ce nouvel impérialisme naissant[13]. Qu'il y ait eu aussi en lui l'orgueil d'un successeur de Wellington, de Disraeli et de Churchill ne faisait pas de doute. Nous étions rentrés à Bruxelles, pleins de respect pour son courage et dans l'attente de la foudre qui devait abattre le turbulent Égyptien.

Car Spaak et ses collègues n'étaient pas loin de voir les choses dans la même lumière qu'Eden et que Mollet. Une longue tournée de Khrouchtchev et de Boulganine en Asie au début de l'année, accompagnée partout de véhémentes attaques contre «les impérialistes» occidentaux – où étaient les sourires de Genève? –, les clameurs répétées du fanatisme islamique, un important discours de Nehru à Bombay le 1er août attaquant l'Europe, faisaient redouter aux plus sobres une collusion du *tiers monde* et de l'Union soviétique. Nous pensions à Munich. La préservation de nos valeurs morales, la dignité de la loi internationale, nos intérêts vitaux (bien plus que ceux de la compagnie de Suez ou des sociétés pétrolières) n'exigeaient-ils pas de frapper et de frapper dur? Comme on sait, il n'y eut pas de coup de foudre mais de longues et confuses négociations; et lorsqu'elles ne parurent pas loin d'un compromis plus ou moins boiteux, fut déclenchée l'opération «Mousquetaire», la désastreuse expédition franco-britannique, appuyée par Israël, mal conçue, mal commandée, mal exécutée, sans préparation diplomatique – subitement interrompue au moment où, malgré tout, Nasser, sur le point d'être vaincu, s'apprêtait à prendre la fuite. On sait à présent que Dulles lui-même estima qu'une fois lancée, l'opération eût dû être menée à son terme[14].

Face à l'événement, Anthony Eden a confirmé les faiblesses caractérielles qui rendent si erratique son action quand il est laissé à lui-même. Bourré de tranquillisants, il se montre à la fois obstiné et hésitant, incapable pendant trois mois d'adopter une ligne de conduite ferme ou même de choisir entre plusieurs options stratégiques. Le président Eisenhower s'oppose depuis le début à une guerre qui, craint-il, peut jeter le tiers monde dans les bras de l'URSS et qui, de plus, menace d'éclater alors qu'il est en pleine campagne électorale. Le Premier ministre lui a promis de ne pas y recourir; jusqu'à la toute dernière heure, Selwyn Lloyd et lui nient catégoriquement toutes intentions belliqueuses que laissaient deviner cependant de multiples indiscrétions*. C'est par les journaux et la radio, ont affirmé Eisenhower et Dulles, qu'ils ont eu connaissance le 30 octobre d'un ultimatum

* On sait à présent que les soupçons de Washington avaient été confirmés par des observations aériennes opérées par des avions U2.

des Franco-britanniques. Il annonce que leurs troupes vont s'interposer entres les armées d'Égypte et *d'Israël* – ces dernières ont fait irruption dans le Sinaï de connivence avec Paris et Londres! Des bombes aériennes et des parachutistes sont largués sur Port-Saïd – opération qui, du reste, à la suite de dernières hésitations d'Eden, n'a lieu que le 5 novembre – vingt-quatre heures avant la réélection d'Eisenhower. Assez naturellement (quoique exagérément) furieux de l'incroyable désinvolture qui lui est montrée, le Président adresse le 6 au matin à ses deux principaux alliés de l'OTAN une impérieuse sommation leur intimant sèchement un cessez-le-feu immédiat. À ces menaces se sont ajoutées celles d'un télégramme insultant de Boulganine, reçu au milieu de la nuit. Il fait mention de représailles sur Londres et Paris par fusées intercontinentales. Ces manifestations, qui ne sont pas vraiment prises au sérieux dans les chancelleries (sauf peut-être par Guy Mollet), n'en soulèvent pas moins une panique dans le public; pendant quelques jours réapparaît en Europe le fantôme d'une troisième guerre mondiale. La perspective de la destruction d'oléoducs par les amis de Nasser requiert le rationnement immédiat de l'essence, ce qui ajoute aux inquiétudes*. Lorsque la livre sterling se met à dégringoler sur le marché des changes, attaquée principalement par la spéculation internationale, mais que Washington ne fait rien pour soutenir, Eden y voit une machination des Américains, mais il ne prend aucune mesure technique – relèvement des taux d'intérêt, resserrement du contrôle des changes, etc. – pour y répondre.

En réalité, l'homme est brisé, «la verdeur première de ses résolutions s'est étiolée à l'ombre pâle de la pensée», a dit Shakespeare d'Hamlet. Beau, brave, malheureux, les spectres qui lui ont ordonné de venger son royaume humilié par le despote du Nil n'ont réussi qu'à le mener au malheur; il jette l'épée et se rend sans condition. Le 6 même à 9 h 45, il réunit le Cabinet pour lui communiquer qu'il met fin à «Mousquetaire»; peu après dans la matinée, il le téléphone à Guy Mollet qui veut poursuivre l'opération pendant quelques jours pour s'emparer du canal jusqu'à la mer Rouge et le tenir en gage. Mais Eden refuse toute discussion. Adenauer, fortuitement à Matignon, conseille de céder – de même qu'une majorité des ministres. Le président du Conseil se résigne –, ce qui va permettre aux Égyptiens de bloquer la voie d'eau en y coulant des bateaux chargés de ciment[16]. Eden lâche tout pour trois semaines de repos à la Jamaïque. Déserté par tous, il est bien-

---

* Chr. Pineau, ministre des Affaires étrangères de Guy Mollet, rapporta que Khrouchtchev le moqua un peu plus tard de la «naïveté» avec laquelle Français et Britanniques avaient cru à son bluff. D'autre part, le maître du Kremlin dit à Spaak le 25 octobre: «Nous vous comprenons... nous soutiendrons l'Angleterre dans le sens que le passage des bateaux (dans le canal de Suez) doit être libre»[15].

tôt contraient de démissionner «pour raisons de santé»; il disparaît pour une longue et amère retraite jusqu'à sa mort en 1977.

Le 28 octobre, le Conseil de Sécurité s'était réuni à la demande des États-Unis, de la France et de la Grande-Bretagne pour examiner la situation en Hongrie. Le veto de l'URSS lui permit d'interdire toute décision à l'ONU.

Le 29, l'ONU eut à connaître des événements d'Égypte – ceux de Budapest paraissaient ce jour-là moins bouleversants. Le 1er novembre, fait sans précédent, le secrétaire d'État Foster Dulles s'était placé dans le même camp que les Soviets. Il donnait son appui à un projet de recommandation voté par 64 voix contre 5, qui réclamait un cessez-le-feu dans les douze heures. À l'instigation des Afro-Asiatiques, le Secrétaire général suédois de l'Organisation, Dag Hammarskjöld, avait mis en œuvre un plan pour remplacer le corps expéditionnaire franco-britannique par des troupes internationales sous son autorité. Le 6 novembre avait été le jour critique où Eden avait craqué, où Mollet s'était soumis, où Khrouchtchev avait paru retrouver l'agressivité de Staline. Aux Européens abandonnés par les États-Unis, il ne restait plus qu'à négocier la reddition – dans les plus mauvaises circonstances.

La Belgique étant cette année-là membre du Conseil de Sécurité, M. Spaak était tenu de participer à ses réunions aux occasions fréquentes où elles se tenaient au niveau ministériel. La mésentente entre les alliés du bloc atlantique créait à l'ONU une vacance d'autorité. Hammarskjöld allait la remplir. Politicien dans l'âme, il avait tendance à favoriser les puissants. Le Secrétaire général se résigna sans trop de mal à ne pas faire juger les contrevenants avec une même sévérité. Brian Urquhart qui était un de ses principaux collaborateurs le reconnaît dans la biographie qu'il consacra à son chef tout en affirmant qu'il n'aurait pas pu faire autrement[17]. Peut-être se serait-il montré plus impartial en effet si Washington l'avait aidé. Mais l'indignation outragée y persistait; plusieurs semaines plus tard, je vis Spaak rentrant d'une audience à la Maison Blanche, effaré de la colère du Président. «Il trépigne», me dit mon ministre. Réaction émotionnelle, le refus d'Eisenhower d'apprécier à ses justes proportions le comportement d'Eden a constitué une des plus graves erreurs de la politique étrangère américaine à cette époque; elle lui aliéna bien des sympathies dans le Vieux Continent – en particulier en France – sans lui gagner, loin de là, le monde islamique. Elle permettra à Khrouchtchev et à Nasser de transformer leurs revers en victoires diplomatiques, le premier consolidant pour plusieurs décennies l'emprise soviétique sur l'Europe de l'Est, le second exacerbant le fanatisme arabe (et par réaction celui d'Israël) jusqu'à la mort du Raïs en 1970.

Aux assises de New York pendant les dernières semaines de l'année, l'atmosphère fut détestable. On y votait des textes condamnant les Soviets à des majorités d'autant plus imposantes qu'ils étaient sans force exécutoire – même au Département d'État, des diplomates haut placés se demandèrent si l'histoire ne jugerait pas que le monde libre aurait pu faire mieux, tout en reconnaissant qu'ils n'avaient pas vu comment[18]? D'autre part, on y maintenait les Israélo-Franco-Britanniques sur le banc des accusés, les flétrissant d'implacables et humiliantes résolutions auxquelles ils ne pouvaient, eux, se dérober. Paul Henri Spaak avait, un jour, proposé avec son habileté coutumière des amendements qui, sans toucher au principe du retrait de leurs troupes, auraient épargné leur dignité. Il fut battu, les États-Unis (suivis par Hammarskjöld) s'abstenant de l'appuyer. En dépit des amicales relations qu'il entretenait avec Eisenhower et Dulles (celui-ci avait été admis d'urgence à l'hôpital pour une grave opération), leur ambassadeur Henry Cabot Lodge s'était montré glacial, sinon hostile, même envers les Belges, malgré – ou peut-être à cause de liens familiaux qui l'unissaient à leurs pays. L'ambassadeur des Soviets avait été particulièrement révoltant – d'autant plus impudent qu'il venait d'annoncer officiellement que son gouvernement ne tiendrait aucun compte des résolutions votées en défense de la Hongrie.

Le plus excessif de nos adversaires était Krishna Menon, le représentant de l'Inde; ministre sans portefeuille dans le gouvernement de Nehru, ancien étudiant puis avocat à Londres, on chuchotait qu'il était membre secret du Parti communiste de son pays. À l'Assemblée générale de l'ONU, il s'était distingué par des monologues interminables, de deux heures ou plus, farouchement hostiles à l'Occident, où il était question d'enfants affamés, de mains ensanglantées des hommes d'États européens, de cadavres jonchant la terre de leurs colonies ou ex-colonies, tous clichés bien connus de l'extrême gauche. Il y vantait aussi l'ascétisme, la communion avec la nature, l'amour angélique des humains entre eux – étrange cocktail de préceptes indouïstes et marxistes. J'ai perdu le souvenir de la plupart des diplomates rencontrés en ces temps lointains à New York, mais pas celui de Menon; de haute taille, squelettique, le teint très foncé, un nez en bec d'aigle entre des yeux de feu, une tignasse hirsute poivre et sel, il se démenait en discourant comme un diable atteint de la danse de saint-guy, agitant sans cesse des bras démesurés.

L'immense hémicycle de l'Assemblée avait tendance à se vider quand l'homme lige de Nehru montait à la tribune, mais il n'était pas sans influence; comme son maître, il posait en inspirateur de ces « non-engagés », Nehru lui-même, Nasser, Tito, Castro, vedettes du *tiers monde* qui sous le couvert de neutralité se rangeaient le plus souvent aux côtés de nos adversaires. Les représentants de la douzaine de démocraties occidentales se sentirent cette année-là très esseulés, entourés d'une foule de visages inamicaux, sinon hostiles.

Et pourtant les Européens de Val Duchesse ne furent pas entièrement perdants. On a dit qu'ils auraient dû édifier une statue en reconnaissance à Khrouchtchev et probablement de même à Nasser; la date à inscrire sur les stèles, 1956. Ce fut l'année qui démontra aux plus lucides combien débiles étaient leurs pays en relation avec les deux super-Grands. Terrains de leurs défaites, Budapest et Suez furent aussi les points de départ des routes qui les avaient amenés, le 25 mars 1957, à se retrouver sur la colline du Capitole à Rome.

Le monde bipolaire (Bruxelles 1956-1957)

« Une vague de défections laissa bon nombre de communistes déçus sur le rivage », écrivit Raymond Aron[19]. C'était une litote. La tragédie hongroise fut un désastre pour l'extrême gauche européenne. À l'Hôtel de Ville de Paris, le drapeau tricolore était mis en berne en l'honneur des victimes de l'oppression soviétique. Le 7 novembre, la police dut protéger les bureaux du comité central du Parti communiste et ceux de son quotidien, *l'Humanité*, mis à sac et incendiés par des milliers de manifestants. Sartre lui-même, l'archiprêtre des intellectuels les plus à gauche, publia dans *l'Express* un long article qui fit grand bruit: « Le vrai crime n'est pas celui des chars russes mais d'avoir eu à s'en servir après douze années de terreur et d'imbécillité. » Dans sa propre feuille, *Les Temps Modernes* de janvier 1957, il accusa le Parti communiste français, de « foutre la vérole à toute la gauche ». Nombre de personnalités, parmi lesquelles Picasso, adressaient une lettre ouverte à ses dirigeants pour leur faire part d'une « brûlante question de conscience ». Depuis janvier 1956, les communistes occupaient à l'Assemblée nationale cent cinquante sièges élus par plus de 5 millions d'électeurs; aux élections suivantes, de novembre 1958 (après la prise du pouvoir par le général de Gaulle), ils avaient perdu 1 650 000 voix, environ un tiers de leurs fidèles. Depuis lors, leur déclin ne s'est plus arrêté – après les élections de 1993, ils n'étaient plus que vingt-trois à l'Assemblée nationale.

En Allemagne occidentale aux frontières de laquelle se profilaient les sentinelles à l'étoile rouge, il n'y avait plus de débat idéologique. Les événements n'avaient fait que renforcer la crainte lancinante de l'impérialisme soviétique. Le chancelier Adenauer reconnut dans ses *Mémoires* qu'il avait perdu alors tout espoir d'une réunification prochaine de l'Allemagne. « *Impératif suprême*, écrivit-il: *consolidation de l'Occident*[20]. » En Belgique aussi où le parti de Moscou était insignifiant mais pas le neutralisme, l'opinion s'était raidie. Les journaux et le public s'indignèrent de la sauvagerie et de la mauvaise foi des Soviets.

En Italie en revanche, l'émotion populaire fut limitée. La Démocratie chrétienne au pouvoir depuis 1945 avait été fort mal traitée par Staline qui n'avait même pas répondu aux demandes répétées d'audience de l'ambassadeur Quaroni. En même temps, elle avait à rivaliser avec un puissant Parti communiste dirigé par le brillant Togliatti. Comme le parti fasciste de Mussolini avant lui, et par les mêmes méthodes souvent criminelles, le PCI infiltrait ou terrorisait les services publics, les intellectuels, les écoles, les universités, les journaux, les cours de justice. Par son emprise sur les syndicats, capable de mobiliser à tout instant des centaines de milliers de manifestants – il n'hésitait pas à le faire –, il exerçait une influence considérable sur les activités économiques de la nation. La Démocratie chrétienne elle-même était traversée de forts courants pacifistes ou neutralistes qui auraient préféré maintenir l'Italie à l'écart de l'affrontement Est-Ouest. Il avait fallu tout l'idéalisme européen d'Alcide de Gasperi pour ancrer l'Italie dans le camp occidental. Malgré cela, au début des années soixante, le président Gronchi (élu à la magistrature suprême avec les voix communistes et socialistes) allait faire scandale en suggérant la réunification de l'Allemagne – dans la neutralité –, ce qui l'aurait ouverte à l'URSS. En réalité, la péninsule s'était quelque peu isolée du continent; à la diplomatie frénétique de Mussolini avait succédé une période de repli. La presse y contribuait; l'intimidation exercée par le PCI limitait sa liberté d'expression. Les journaux à grande circulation se voulaient plutôt neutres. Mêmes les feuilles de la gauche modérée, les plus sincèrement indignées dans d'autres pays, avaient évité en 1956 de souligner la brutalité du Kremlin en Hongrie. Pourtant, il y eut des gestes de colère du président du Parti socialiste, Pietro Nenni, qui renvoya à Moscou le prix Staline que lui avaient valu ses amitiés communistes, du Secrétaire général des syndicats, d'autres encore.

En janvier de cette année, John Foster Dulles, secrétaire d'État du président Eisenhower, avait effaré le monde en publiant dans l'hebdomadaire *Life* son article connu sur la politique du bord de l'abîme (*Brinkmanship*): «Il faut prendre des risques pour la paix comme il faut en prendre dans la guerre. L'habileté d'aller jusqu'au bout sans tomber dans le gouffre est un art nécessaire. Si vous n'êtes pas capable de le maîtriser, si vous avez peur, si vous essayez de fuir, vous êtes perdu.» Foster Dulles fut une des figures les plus contestées de son temps et peut-être une des plus complexes. On a dit de lui qu'il était un alliage de sénateur romain et de prophète d'Israël. De haute taille, massif, le visage glabre et figé, le nez fort, une ride profonde encadrant une bouche aux lèvres minces, le menton lourd, une mélancolie dans le regard sévère, évoquaient en effet un buste célèbre de Caton l'Ancien, défenseur des vertus traditionnelles de Rome. Son élocution lente et saccadée, ses propos lapidaires, la clarté implacable de sa dialectique étaient empreints aussi de passion prophétique. *Delenda Carthago.*

Personne ne mettait en doute ses talents qui étaient considérables, comme l'était la préparation à ses fonctions – à sa mission, aurait-il probablement dit. Ni du reste sa sincérité et son intégrité morale. Âgé alors de soixante-quatre ans, petit-fils de diplomate, fils d'un pasteur presbytérien, neveu du secrétaire d'État du président Wilson, il avait commencé sa carrière à la Conférence de la paix de Versailles après des études à l'Université de Princeton et un séjour à la Sorbonne où il avait appris le français. Il devait rester toute sa vie francophile – malgré les apparences –, alors qu'il se méfiait des Britanniques. Avocat spécialiste de droit international, il avait acquis une fortune avant de retourner à la vie publique. Membre du Parti républicain, il avait servi le démocrate président Truman en qualité d'ambassadeur à l'ONU de 1945 à 1948, puis comme négociateur du traité de paix avec le Japon en 1951. Un de ses traits principaux était «une sorte d'absence de charme, angulaire et imbue de ses propres vertus», comme l'a décrit un des journalistes du cercle des Grands de Washington. Pourtant, il reconnut qu'il pouvait être aimable et sans prétention en privé[21]. Il était fort impopulaire auprès de ses subordonnés et plus encore auprès de ses pairs. Churchill supportait mal «sa grande dalle de visage» (*the great slab of his face*); il ne l'aimait pas et n'avait pas confiance en lui. Eden entretenait avec lui des relations plus que difficiles; il le qualifiait de «prêcheur politique». Dulles n'avait-il pas été président du Conseil des Églises du Christ? Les ministres français étaient franchement allergiques à ses attitudes de clergyman du Minnesota: Couve de Murville l'accusait de «s'être formé du monde une image simple: il y avait les bons et les méchants. D'un côté les Américains et leurs amis; de l'autre, les communistes»[22]. Couve n'avait pas tout à fait tort. On pouvait lui reprocher son dogmatisme. Mais dans la rhétorique bien plus que dans l'action; il n'était du reste que le second d'un Président autoritaire, profondément attaché à la paix, qui ne voulait d'autre politique que celle de l'*endiguement*.

En revanche, le chancelier Adenauer trouvait dans le secrétaire d'État américain une âme sœur, un cœur ferme à côté de tant de faibles et d'hésitants, comme lui un défenseur du monde chrétien face aux nouveaux barbares, comme lui formé par les Livres sacrés, comme lui pétri d'une foi profonde. Paul Henri Spaak, qui n'était ni religieux ni dogmatique mais socialiste et souvent sceptique, partageait cette admiration. «Je l'ai bien aimé», a-t-il écrit. «Il m'a toujours semblé que derrière son masque de puritain, idéaliste, passionné, parfois rude, il y avait une intelligence compréhensive et une âme généreuse[23].» Mais le meilleur témoin pour sa défense fut Khrouchtchev qui écrivit: «À la mort de Dulles, je dis à mes amis que cet homme... n'avait jamais franchi ce point de non-retour dont il parlait dans tous ses discours, et que, ne serait-ce que pour cette raison, nous pouvions regretter sa disparition[24].»

Le ministre belge connaissait Dulles de longue date, celui-ci ayant été pendant longtemps l'avocat conseil de l'ambassade de Belgique à Washington. Les deux hommes entretenaient une correspondance assidue et il m'était souvent donné de lire leurs lettres; j'eus aussi l'occasion d'accompagner Spaak à plusieurs de ses entretiens avec son collègue américain. Progressivement, j'ai été amené à partager ses sentiments pour lui. J'ai gardé le souvenir précis d'une de leurs dernières rencontres, particulièrement émouvante. C'était à New York pendant la session de l'ONU en automne 1958. Dulles avait été opéré peu auparavant d'un cancer de l'intestin qui s'était réveillé. Souffrant cruellement, il n'avait plus long temps à vivre et il le savait; néanmoins, il poursuivait sa tâche avec un grand courage. Il nous avait reçus dans un cabinet de travail au *Waldorf Astoria* en compagnie de son fidèle assistant, un diplomate du nom de Bill Tyler. En nous faisant asseoir à ses côtés, il paraissait distrait, l'esprit étrangement absent. Un lourd silence avait suivi. Puis sa voix rauque, entrecoupée de clapotement de la langue (un tic qui lui était familier) avait fait entendre un monologue surprenant. «On m'a souvent reproché de pousser les affaires trop loin, de les mener jusqu'au bord du tombeau. C'est vrai, j'ai effrayé. Mais jamais pour des raisons égoïstes, ni pour moi, ni même pour mon pays. Je l'ai fait dans l'intérêt de la paix du monde. Ne l'ai-je pas sauvegardée en même temps que les valeurs qui nous sont chères?» Ce n'était pas une question, c'était une affirmation. Nous l'avions acceptée, il disait vrai. Après un nouveau silence, un signe discret de Tyler nous indiqua que l'audience était terminée. Nous l'avions quitté très émus. «Il ne parlait pas avec nous», me dit Spaak dans l'ascenseur de l'hôtel. «Il plaidait sa cause devant son Juge Suprême.» Six mois encore, et le cancer avait mis fin à ses jours.

Les États-Unis se trouvaient au pinacle de leur puissance. Ils possédaient la plus importante économie du monde avec un produit national brut d'environ 400 milliards de dollars en 1953, en constante augmentation – bien plus productive que l'URSS qui venait en deuxième place avec environ 145 milliards de dollars*. Le niveau de vie de la population américaine était de tous les pays principaux le plus élevé, avec un revenu de $2536 par habitant en 1950 – celui en URSS de $699 – moins d'un tiers.

---

* Ces estimations faisaient l'objet d'âpres controverses, les «compagnons de route» annonçant l'alignement prochain de l'URSS sur les pays occidentaux. Khrouchtchev lui-même affirma au XIIe Congrès du Parti communiste que l'URSS dépasserait les États-Unis en 1970. En revanche, Walter Loridan, notre ambassadeur à Moscou, un diplomate sérieux, avait fait en février 1956 un exposé pessimiste sur l'avenir économique de l'Union soviétique[25].

Le taux d'inflation était négligeable, le pouvoir d'achat du dollar virtuellement immuable, le nombre annuel de grévistes en forte régression.

Dans le domaine de la défense, l'écart entre les pays d'Europe et les deux superpuissances était plus spectaculaire encore. Depuis la pulvérisation d'Hiroshima, les dirigeants américains, le président Truman en tête, avaient compris que l'ère de Clausewitz était dépassée, que la guerre avait cessé d'être une « politique poursuivie avec des armes au lieu de l'être avec des notes ». La vieille et subtile notion de l'*équilibre des forces* entre les puissances européennes, condition de la paix, objectif de diplomaties traditionnelles, avait perdu sa signification. Les armées conventionnelles n'étaient plus en mesure d'assurer la sécurité. Une capacité de représailles immédiates et massives était nécessaire pour *dissuader* un agresseur éventuel de recourir aux armes. Dès lors, la course aux armements atomiques était ouverte entre les superpuissances qui possédaient les moyens d'y participer. Il était clair et inévitable que même les bombes du type de celles employées au Japon seraient rapidement dépassées[26].

En janvier 1950, après des mois d'ardents et douloureux débats relatifs à la moralité des armes nouvelles, l'intérêt vital avait prévalu et le président Truman avait donné le feu vert à un programme d'urgence de fabrication de bombes à hydrogène. Deux ans plus tard, le 1er novembre 1952, avait eu lieu à l'île d'Eniwetok dans l'océan Pacifique la première explosion thermonucléaire; il ne s'agissait à vrai dire que d'un engin expérimental de plus de dix mégatonnes, attaché au sommet d'un pylône; le pylône et l'îlot sur lequel il était placé avaient été réduits en cendres. Le 12 août 1953, à la stupeur des Occidentaux, une bombe H, cette fois apparemment opérationnelle, avait éclaté en Sibérie. Ce n'est que plusieurs mois plus tard, le 1er mars 1954,qu'une superbombe américaine de quinze mégatonnes avait à son tour ébranlé les cieux à Bikini, – *soit environ dix fois l'ensemble des bombes alliées lancées sur l'Allemagne durant la seconde guerre mondiale.*

De 1945 à 1958, quelque deux cents bombes A et H furent expérimentées, « les surfaces vulnérables passant de quelques hectomètres carrés à l'époque du TNT à 25 kilomètres carrés avec le projectile à fusion » (bombe H), écrivit l'expert français général Gallois[27]. La puissance de destruction d'une seule charge dépassait la mesure des plus vastes agglomérations urbaines. Des exercices d'état-major en chambre à l'OTAN, présidés par le maréchal Montgomery, estimaient à cent millions le nombre de victimes ennemies dans les premières heures d'une salve atomique.

Ces perspectives apocalyptiques n'effrayaient pas exagérément les milieux militaires occidentaux. Les Soviets ne possédaient pas les vecteurs nécessaires au transport utile de leurs engins. Leurs bombardiers pouvaient – tout juste – atteindre les villes américaines, mais en mission sans retour et avec des délais d'alerte de 5 à 7 heures. Au surplus, dès la deuxième moitié des années cinquante, les bombardiers lourds se trouvaient démodés par la fabrication en grande série de lance-roquettes «à tête chercheuse» (SAM) pour lesquelles ils constituaient des cibles faciles. On savait que les Russes travaillaient avec acharnement à la mise au point de fusées intercontinentales téléguidées (ICBM). Mais on estimait en 1956 qu'ils ne pourraient y arriver avant longtemps – ce qui avait fait négliger les menaces de Boulganine lors de Suez.

C'est dans ce climat d'optimisme que le président Eisenhower avait pu proposer à Genève des inspections aériennes à «ciel ouvert», c'est convaincu de la supériorité militaire de l'Amérique que Foster Dulles avait pu annoncer en janvier de cette année la dangereuse politique de «*Brinkmanship*». Mais si les États-Unis bénéficièrent de 1945 à 1957 d'un monopole de fait dans l'emploi des armes nucléaires, ils avaient eu la très remarquable sagesse de ne pas en faire usage quand ils auraient pu le faire impunément. Ni pendant la guerre civile en Grèce en 1947, fomentée par Moscou, ni lors du blocus de Berlin en 1948, ni à l'occasion de la guerre de Corée en 1950, ni lors de la révolte hongroise en 1956. On sait que le président Truman, conscient du gigantisme des armes nucléaires, avait veillé dès 1948 à en réserver l'emploi ultime au pouvoir civil, c'est-à-dire au président des États-Unis, et non aux autorités militaires qui le réclamaient[28].

Le 4 octobre 1957, Moscou avait annoncé le lancement du premier satellite artificiel, «*Spoutnik*», le «Bébé Lune», disaient les commentateurs. Le communiqué russe spécifiait que la fusée porteuse conférait au satellite une vitesse de près de 8 000 mètres à la seconde et qu'il se déplaçait à 900 km d'altitude. La fusée avait un rayon d'action de 8 000 kilomètres. Tout ceci signifiait qu'elle pouvait, pour la première fois, atteindre le territoire des États-Unis avec certitude tout en réduisant le délai d'alerte.

Malgré les commentaires officiels de Washington qui voulaient rassurer, le *Spoutnik* bouleversait les données stratégiques, Washington était privée désormais de la suprématie militaire presque absolue qu'elle avait exercée jusque-là. Sans toutefois perdre sa force de dissuasion. À partir de ce moment, *la moitié des bombardiers* américains à long rayon d'action furent en vol, jour et nuit, pour enlever à Moscou toute vélléité d'un coup de surprise. En 1960 s'y ajoutèrent des sous-marins nucléaires en patrouille constante au fond des mers où ils étaient virtuellement invulnérables, tirant à très longue portée des fusées intercontinentales *Polaris* à ogive atomique. Ils constituaient une deuxième bordée, destinée à entrer en action en cas de désastre. L'équilibre de la Terreur, disait Churchill, MAD écrivaient les journalistes (*Mutual Assured Destruction*). Il devait se prolonger jusqu'à l'écroulement de l'Empire soviétique et préserver la paix.

Dans cet affrontement de titans, quelle place allaient occuper les puissances qui avaient dominé le monde avant 1940, Grande-Bretagne, France, Allemagne, Japon ? On a vu dans quelle mesure leurs économies avaient été dépassées par celles de communautés humaines beaucoup plus vastes et plus nombreuses. Dans le domaine de la défense, l'écart était particulièrement spectaculaire. À la veille de la deuxième guerre mondiale, les pays européens avaient pu mettre en ligne encore plusieurs millions de soldats, de marins, d'aviateurs, la France et le IIIe Reich alignant chacune une centaine de divisions ; la petite Belgique elle-même avait enrôlé cinq cent mille hommes en 21 divisions[29]. Mais dans le domaine devenu capital des armes modernes, avions et blindés, leur déclin relatif était évident. En 1943, au pinacle de l'effort de guerre, la France était sous la botte nazie, la Grande-Bretagne sortit de ses usines 26 000 avions et 5 000 chars ; l'Allemagne 25 000 avions et 18 000 chars. Toutefois, l'Union soviétique produisit, cette année-là, 34 000 avions et 29 000 chars, les États-Unis 85 000 avions (96 000 en 1944) et près de 30 000 chars.

Ces chiffres n'offrent plus guère qu'un intérêt historique. À la fin des années cinquante, il n'y avait plus de corps de bataille européen, seulement quelques forces d'appoint rangées dans l'Organisation de l'Atlantique Nord (OTAN), à l'abri du « parapluie nucléaire » des États-Unis – des avant-gardes prémonitoires (*tripping wire*) en cas d'une improbable offensive conventionnelle de l'Armée rouge*. Dans le fait nucléaire, devenu un élément principal de la stratégie, les Européens ne jouaient qu'un rôle tout à fait secondaire. L'Allemagne de l'Ouest était exclue du club atomique en vertu de traités internationaux acceptés par tous, elle compris. La Grande-Bretagne avait mis en chantier des bombes nucléaires dès 1948, réussissant à faire exploser une bombe A en 1953 et une bombe H en 1957. Elle faisait voler des avions de bombardement à long rayon d'action, les *Vulcains* – à l'heure où ils tombaient en désuétude. Mais elle avait échoué dans la construction de fusées téléguidées et elle avait dû se résigner à se procurer aux États-Unis des missiles *Thor*, *Skybolt* et plus tard *Polaris* – non sans se soumettre à des conditions limitant sévèrement sa souveraineté quant à leur emploi.

---

* En bref, les dépenses de défense américaine s'élevèrent en 1956 à plus de 41 milliards de dollars, celles de l'URSS à plus de 26 milliards de dollars, à 4,5 milliards en Grande-Bretagne, 3,6 milliards en France. Celle-ci faisait encore un grand effort mais en Algérie. La Grande-Bretagne déployait sur le continent quatre divisions, la République fédérale en préparait douze, les États-Unis en avaient cinq. Toutefois le *Strategic Air Command* de ces derniers alignait 1 200 bombardiers à six réacteurs B.47, 600 à huit réacteurs B.52 et une centaine de quadri-réacteurs B.58[30]. La flotte américaine comptait aussi plusieurs porte-avions gigantesques embarquant des bombardiers porteurs d'engins nucléaires.

La France avait parcouru un itinéraire quelque peu différent. Elle était entrée fermement en 1954, du temps de Mendès France, dans la voie des applications militaires de l'atome – comme la Grande-Bretagne – à l'insu du Parlement auquel les présidents du Conseil successifs Edgar Faure et Guy Mollet avaient déclaré qu'ils n'en feraient rien. Elle avait décidé de fabriquer la bombe en 1957, sous le gouvernement éphémère de Félix Gaillard, et le général de Gaulle allait la faire éclater dans le Sahara en 1960. Les États-Unis, s'étant interdit par une loi McMahon toute collaboration nucléaire avec l'étranger, la France avait dû agir seule. Elle avait préparé un avion de bombardement supersonique, le *Mirage IV*, capable de transporter une bombe A, et entrepris la construction de sous-marins nucléaires lance-missiles. Placé à son tour devant le très difficile problème des fusées téléguidées, le général de Gaulle, revenu au pouvoir en 1958, s'était séparé des Britanniques. Refusant les servitudes auxquelles les avait soumis Washington, il avait poursuivi en solitaire la route des super-Grands.

Les gouvernements de Paris et Londres prétendirent qu'ils œuvraient pour l'Alliance atlantique toute entière et que leurs forces nucléaires accroissaient le facteur de dissuasion. Mais l'argument paraissait peu convaincant; pouvait-on croire que les moyens nucléaires relativement modestes de la France ou de la Grande-Bretagne y apportassent un renfort significatif? Le traité de l'UEO prévoyait, il est vrai, en son article 4, l'assistance automatique à ses membres «par tous les moyens en leur pouvoir». Mais ni Londres, ni Paris, n'acceptèrent jamais formellement que ceux-ci incluaient les armes nucléaires. Sous le manteau, on faisait entendre qu'il ne pouvait en être question*.

Une autre opinion, plus répandue, admettait que la Grande-Bretagne pas plus que la France ne pouvait à elle seule tenir tête au géant soviétique. Néanmoins, une petite force de frappe nationale «était l'affirmation de l'existence de l'Europe», disaient ses promoteurs. Elle procurait ce qu'ils appelaient la «dissuasion fractionnelle». Londres et Paris, précisaient-ils, auraient été en mesure, au cas de nécessité vitale, de faire de leurs engins nucléaires un «détonateur» qui forcerait la superpuissance alliée (c'est-à-dire les États-Unis) à intervenir, même contre son gré. L'objectif de la dissuasion étant de plonger l'ennemi éventuel (en l'occurrence l'Union soviétique) dans un état d'incertitude, la crainte des conséquences du détonateur serait suffisante pour lui faire renoncer à toute vélléité agressive.

---

* Pourtant, on a récemment écrit que le général de Gaulle donna dès 1964 pour instruction secrète à l'état-major de considérer que la «France devrait se sentir menacée dès que les territoires de l'Allemagne fédérale et du Benelux seraient violés»[31].

Nos militaires rétorquaient qu'une force nucléaire de petite dimension, destinée à intimider par la menace de la destruction de quelques villes, n'avait de valeur que si ses bases de départ ne risquaient pas d'être détruites d'emblée, que si ses moyens de transport avaient une réelle probabilité d'amener les engins à leur objectif, que s'il existait une volonté ferme de tenir tête à une superpuissance capable de pulvériser le territoire entier de l'ennemi. Londres et Paris pouvaient-ils y faire croire dans l'incertitude terrifiante des réactions de la Maison Blanche? C'était une faiblesse fondamentale mise en lumière par Sanguinetti, le président (gaulliste) de la Commission de la Défense à l'Assemblée nationale: «Nous n'emploierons jamais, dit-il, notre force atomique en première frappe. Ce serait une politique de Gribouille.» Quelle pouvait dès lors être sa valeur de dissuasion? Aucune, disait-on à Washington. Le 18 juin 1962, le secrétaire à la Défense des États-Unis souleva la colère de Londres et de Paris en affirmant que des forces nucléaires nationales étaient «dangereuses, coûteuses, rapidement démodées et manquaient de crédibilité en tant que facteur de dissuasion». Kennedy y voyait une «sottise militaire»[32].

Dans les nombreuses conversations qu'eut Paul Henri Spaak avec les dirigeants du bloc soviétique, notamment en 1956 et au début des années soixante, il fut souvent question de désarmement. Jamais les forces nucléaires françaises ou britanniques ne parurent leur représenter un souci majeur. Aux rencontres de 1956, de 1961, de 1963, Khrouchtchev n'en parla pas. En décembre de cette année, mon ministre fut invité par le gouvernement (communiste) à Varsovie, où nous reçut le ministre des Affaires étrangères. Rapacki était l'auteur d'un plan de désarmement proposé à grand bruit à l'Assemblée des Nations Unies en 1957 qui prévoyait une zone de neutralisation nucléaire englobant la Pologne, la Tchécoslovaquie et les deux Allemagnes. Le plan (qu'avaient, bien sûr, accepté les Soviets) aurait ruiné l'Alliance atlantique et il avait été rejeté par elle.

Rapacki et son conseiller Lack étaient des communistes civilisés, parlant un français impeccable; les conversations s'étaient déroulées dans une ambiance détendue. Au cours de l'une d'elles, Spaak trouva l'occasion de demander au ministre polonais quel rôle jouaient dans son esprit les forces nucléaires françaises ou britanniques. À une question claire, la réponse avait été évasive mais révélatrice: *seuls comptaient les États-Unis et l'Union soviétique*[33].

«La France a manqué d'artillerie lourde en 1914», disait le général de Gaulle, «d'unités cuirassées en 1939; il ne faut pas qu'elle manque aujourd'hui des armes les plus modernes.» N'était-ce pas transposer des problèmes anciens dans un cadre nouveau, n'était-ce pas fermer les yeux à la révolution totale dans la conduite de la guerre provoquée par les armes atomiques? Qu'on le voulût ou non, nous étions entrés et pour longtemps dans l'ère d'un monde bipolaire.

Le despote de Pannonie (Belgrade 1958-1960)

La Pannonie a été une province de Rome située dans les marches de l'Est aux confins de ce que sont aujourd'hui l'Autriche, la Hongrie et la Croatie. C'est non loin de là qu'avait vu le jour en l'an 245 Dioclétien le Grand, César Imperator; c'est là qu'était né le 7 mai 1892 au village de Kimrovec, près de Zagreb, dans ce qui était l'Empire d'Autriche-Hongrie, Josip Broz, plus connu sous le nom de Tito[34].

Diagramme A

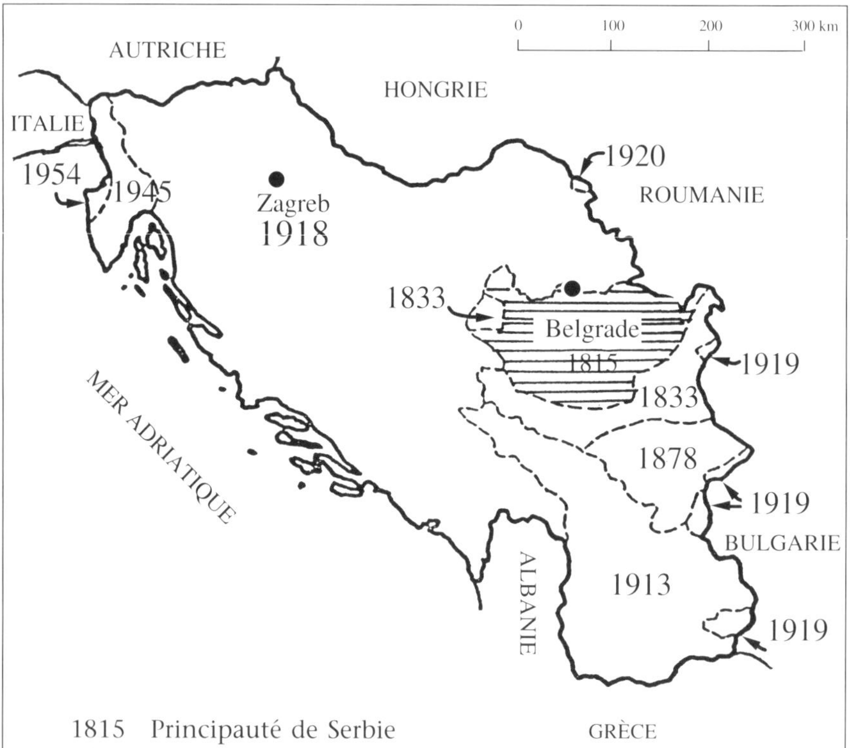

1815 Principauté de Serbie
1833 acquis de la Turquie
1878 acquis de la Turquie
1913 acquis de la Turquie
1918 acquis de l'Autriche - Hongrie et du Monténégro
1919 acquis de la Bulgarie
1920 acquis de la Roumanie
1945 acquis de l'Italie
1954 acquis du territoire de Trieste

Qui a été Tito? Septième de quinze enfants (dont huit étaient morts prématurément), il était fils d'un paysan, propriétaire d'une chaumière et d'une terre de cinq hectares, ruiné par des dettes et l'ivrognerie. Le petit « royaume » de Croatie était un territoire semi-autonome, partie intégrante du domaine hongrois des Habsbourgs. Des réformes agraires y avaient aboli le servage en 1848, mais les anciens serfs en avaient peu bénéficié. Des centaines de milliers de Croates émigrèrent à cette époque vers les provinces industrialisées d'Autriche et d'Allemagne et aux États-Unis. Descendants des sujets de Rome, ils étaient le plus souvent catholiques. (Les Serbes, descendants de ceux de Byzance, étaient grecs orthodoxes.) La famille Broz étant trop pauvre pour suivre leur exemple, la mère très pieuse aurait voulu que le jeune Josip se consacrât à la prêtrise; mais celui-ci rêvait d'être policier. Après des études primaires à l'école de son village, il était retourné à la ferme paternelle. À l'âge de quinze ans, il fut apprenti mécanicien, ce qui l'entraîna à suivre les cours d'un institut technique. Trois ans plus tard, il était serrurier à Zagreb.

De l'autre côté de la frontière orientale, les Serbes s'étaient rebellés dès 1804 contre leurs maîtres ottomans. La Serbie, capitale Belgrade, était devenue une principauté indépendante en 1878, un petit royaume en 1882. À la veille de la Grande Guerre se manifestaient dans les milieux intellectuels de Zagreb et de Belgrade de forts courants qui militaient en faveur d'un grand État des Slaves du Sud, réunissant les tribus serbes, croates et slovènes en une communauté de même culture. Aussi bien, leur agitation fut une des causes qui poussèrent l'empereur François-Joseph à s'attaquer à la Serbie en août 1914.

Rien n'indique que le jeune Broz se soit intéressé aux partis politiques en gestation. Il s'était inscrit à un syndicat d'ouvriers métallurgistes, mais pas au Parti social-démocrate local qui en association avec celui, florissant, de Vienne, faisait vigoureusement campagne pour l'amélioration des conditions sociales. Il n'était pas de ces révoltés que furent alors la plupart des futurs chefs communistes et ne participait pas au bouillonnement révolutionnaire qui agitait l'Europe centrale. Il semble avoir été satisfait de son sort avec des ambitions modestes. On le trouve errant de Zagreb à Vienne, en Bohême, en Allemagne jusque dans la Ruhr, travaillant ici et là dans des ateliers ou des usines, apprenant au passage le tchèque et l'allemand. Ses économies étaient vite dépensées à des costumes neufs, à des soirées tapageuses dans les brasseries en compagnie de camarades et de filles. Il prenait des leçons de danse et d'escrime[35].

En 1913, Josip Broz fit son service militaire dans un régiment d'infanterie croate de l'Empereur-Roi. Excellent soldat, il était promu rapidement caporal, sergent puis adjudant *(Feldwebel)*. Il y était encore en août 1914 quand éclata la première guerre mondiale. Avec son régiment, il s'était battu *contre la Serbie*. Sur le front russe en août 1915, il fut sérieusement blessé et fait prisonnier. Contrairement à ce qu'il allait raconter, il ne s'était pas enrôlé dans les volontaires levés par le Tsar parmi les prisonniers pour combattre l'Autriche-Hongrie, ni dans les Gardes rouges au moment de la Révolution. En 1917, il s'était échappé, en juin, il était à Petrograd en pleine ébullition à la recherche de travail, puis à Omsk en Sibérie, alors aux mains d'un Soviet. C'est là, selon ses dires, qu'il se serait s'inscrit en 1918 au Parti communiste local. Là aussi qu'il avait épousé une fille de paysans. En 1920 il était rentré avec sa femme au village natal.

Pendant les six années de l'absence de Josip Broz, son monde avait changé. La Russie des tsars n'était plus, l'Autriche-Hongrie avait perdu son Empire, fractionné en petites républiques. En novembre 1918 avait été fondé, du commun accord de ses politiciens, le Royaume des Serbes, Croates et Slovènes (auquel avaient été ajoutés le petit royaume indépendant du Monténégro, la Dalmatie autrichienne, la Voïvodine hongroise, la Bosnie-Herzégovine). Avec des millions de Musulmans et des milliers de Juifs, l'amalgame romantique dont avaient rêvé longtemps les intellectuels était réalisé. Toutefois, la Constitution votée en 1921 à une faible majorité établissait un État unitaire dominé par les Serbes et bientôt rejeté par tous les autres.

À partir de ce moment, la biographie de notre serrurier-mécanicien s'enfonce dans un tunnel obscur où on ne distingue que ce qu'il a lui-même révélé. Après avoir songé encore à émigrer aux États-Unis, Josip Broz fait ses débuts dans la politique au niveau le plus modeste. Réinscrit à son syndicat d'ouvriers métallurgistes, à présent ultra-rouge, il est employé à la distribution sous le manteau de pamphlets de propagande révolutionnaire. Le Parti communiste de Yougoslavie (KPJ) est minuscule mais il exerce quelque influence à travers l'organisation syndicale qu'il a réussi à infiltrer. Plus ou moins téléguidé par le Komintern de Moscou, il n'échappe pas aux querelles idéologiques qui déchirent la plupart des cellules communistes d'Europe et de Chine. En gros pourtant, il suit la « ligne générale » de Staline pour s'attaquer à l'État « bourgeois » yougoslave en encourageant les passions tribales.

Voilà Josip Broz arrêté par la police à deux reprises. La seconde fois, en 1928, il est jugé et condamné à cinq ans de prison ferme. Au pénitencier, il retrouve d'autres agents de Moscou ; ils sont autorisés à se rencontrer, à recevoir des livres, ils s'y livrent à de longues discussions, ils y organisent des leçons de marxisme. « Mon université », dira plus tard le despote de Yougoslavie ; c'est là, en effet qu'il a appris ce que Marx entend par lutte des classes, dictature du prolétariat, matérialisme historique. Libéré en 1934, mais placé en résidence forcée dans son village natal, il s'en échappe pour reprendre sa tâche de militant clandestin. Il a abandonné sa première épouse, réfugiée à Moscou avec le fils qu'il lui a donné. C'est alors aussi que pour échapper à la police, il prend, parmi d'autres le pseudonyme de Tito.

En 1929, le roi Alexandre a déclenché le coup d'État qui lui assure la dictature dans un pays en proie à des tensions croissantes; son royaume prend le nom de Yougoslavie. En octobre 1934, il est assassiné à Marseille par un terroriste appartenant au mouvement croate des «Oustachis», ennemis des Serbes orthodoxes. Il est remplacé par un fils adolescent, Pierre II, sous la régence du prince Paul; celui-ci poursuit la politique d'intégration unitaire, chère à la dynastie.

Tito, sorti de prison, est l'étoile montante d'un petit parti discrédité et décimé à la suite d'un coup de force avorté. Appelé à Moscou, il y devient un agent du Komintern. Staline est en passe de changer de «ligne générale»; à la doctrine de «classe contre classe» succède celle des «fronts populaires contre le fascisme» – en France, en Chine et ailleurs. En Yougoslavie, le KPJ reçoit ordre de remplacer sa politique tribaliste par une stratégie de collaboration entre races et religions. Tito obéit. Il est devenu ce qu'on appelle un «communiste de carrière». En 1937, il est à Paris, organisant le recrutement et le travail de volontaires yougoslaves pour les Brigades Internationales engagées dans la guerre civile espagnole. On dit aussi l'avoir vu en Espagne où il aurait, peut-être, participé aux purges des agents du Komintern ordonnées par Staline. Août le retrouve à Moscou. La direction du Komintern est en proie à la panique. Nombre de ses membres ont disparu – on parle de centaines de militants yougoslaves et de milliers d'autres exécutés ou envoyés pourrir au goulag[36]. Sur ces événements, Tito est resté muet jusqu'à la tombe. Toujours obéissant, il expulse de son parti tous ceux, vivants ou morts, qu'a condamnés la fureur paranoïaque de Staline. Il en profite pour se débarrasser de ses rivaux. Avec la bénédiction de Moscou, il est à présent le Secrétaire (c'est-à-dire le chef) provisoire du KPJ – peu nombreux, environ mille membres, mais disciplinés et fanatiques.

En août 1939 est signé le pacte germano-soviétique fatidique qu'applaudit le KPJ. En septembre, les armées nazies envahissent la Pologne. Tito se cache à Vienne d'où il continue à reconstruire son parti. La formation d'un Front antifasciste est impensable. Toutefois, il réussit à consolider une coalition secrète des groupes d'opposition serbes et croates. En octobre, le Komintern fait savoir qu'il approuve son action et le confirme dans ses fonctions temporaires. Au printemps de 1941, la *Wehrmacht* envahit la Yougoslavie; en quinze jours, elle met en déroute son armée.

C'est alors que commença l'épopée de la Résistance en Yougoslavie, à la fois d'un héroïsme bouleversant et d'une sauvagerie à glacer le sang. Dès les semaines qui suivirent l'effondrement de l'armée royale, de l'Ouest à l'Est, du Nord au Sud, des milliers d'hommes et de femmes avaient pris le maquis. Certains, éléments de l'armée vaincue, officiers, soldats, paysans, bourgeois, tous attachés à la monarchie, s'étaient groupés autour du colonel d'état-major Draza Mihajlovic. Principalement des Serbes, ils arboraient un insigne romantique à tête de mort. Ce furent les *Cetniks*. D'autres, membres du KPJ, anciens des Brigades d'Espagne, étudiants, intellectuels, également en majorité serbes, avaient rejoint Tito et se décoraient d'une étoile rouge: les *Partisans*. Il y avait enfin des bandes éparses qui ne prenaient d'ordre de personne, si ce n'est d'eux-mêmes.

La Résistance en Yougoslavie a fait l'objet de centaines de livres et il serait vain de la répéter. Néanmoins, certains de ses aspects méritent d'être rappelés. Allemands, Italiens et leurs alliés bulgares s'étaient partagés le pays. À l'Ouest, un «royaume de Croatie» (capitale Zagreb) sous la couronne nominale d'un frère du Roi d'Italie qui ne la coiffa jamais, fut gouverné par un aventurier raciste, Ante Pavelich, un *Oustachi* d'extrême droite à la botte de l'occupant et particulièrement sanguinaire. Il s'était employé à convertir au catholicisme, littéralement sous la menace des mitrailleuses, les minorités orthodoxes, musulmanes et juives, un tiers de la population. Du «nettoyage ethnique» – l'expression date d'alors. Des centaines de milliers d'êtres furent massacrés, d'autres s'enfuirent dans la montagne ou la forêt pour y rejoindre les bandes armées. À l'Est, la Serbie, (capitale Belgrade) où le gouvernement militaire allemand avait établi un autre Quisling qui faisait de l'extermination des Juifs son principal titre à la gratitude de Hitler. Le gouvernement royal, à la suite du jeune roi Pierre, avait pris la fuite pour se réfugier au Caire et à Londres où il s'était reconstitué sous l'égide des Britanniques. Il avait promu Mihajlovic au grade de général, «ministre de la Défense».

Tito était sans aucun scrupule mais non sans une puissante énergie. Resté terré aussi longtemps que l'URSS courtisait le IIIe Reich, il était entré en action dès qu'elle fut attaquée. En automne 1941, ayant abandonné une jeune maîtresse qui lui avait donné un deuxième fils, il l'avait remplacée par une étudiante de vingt ans; en sa compagnie, il avait entraîné le noyau dur de ses Partisans à Ucize aux confins de la Serbie et de la Croatie. Il y avait proclamé la République.

Plusieurs rencontres eurent lieu à cette époque entre Tito et Mihajlovic. Mais leur entente était impossible. Pour l'un comme pour l'autre, l'objectif principal, le seul dont ils rêvaient, était la prise du pouvoir à Belgrade dès que les circonstances le permettraient. La guerre civile était imminente.

Tandis que le général royaliste dispersait les Cetniks pour les rendre moins vulnérables, le chef communiste recrutait et entraînait les Partisans. Une première «Brigade prolétarienne de Libération populaire» d'environ mille deux cents hommes était constituée dans une région déserte non loin de Sarajevo. Il y en eut bientôt cinq, un fer de lance formé surtout de militants communistes, d'un grand courage, soumis à une discipline de fer.

Les années 1942 et 1943 furent des années de stagnation, de sang et de misère. La propagande alliée parlait des nombreuses divisions allemandes qu'auraient clouées sur le terrain les Partisans. En réalité, de même que les Cetniks, longtemps contraints à la défensive ou à la retraite contre quatre divisions ennemies de deuxième qualité, ils ne gênèrent que peu l'effort de guerre de l'Axe qui occupait les villes, les grandes voies de communication, les centres miniers. Comme le faisait Mao Tsê-tung à l'autre bout du monde, Tito s'attaquait à l'ennemi par des actions limitées de sabotage et de harassement.

Mihajlovic attendait. Il était un patriote et un héros. Mais il n'était pas un homme d'airain et parfois quand la pression était trop forte, il négociait, ici et là, des cessez-le-feu localisés ou temporaires. Tito était d'airain mais lui aussi se résigna en plusieurs occasions à des pourparlers secrets avec les Allemands. On sait à présent qu'en 1943, il avait pris contact avec le général Glaise von Horstenau, plénipotentiaire de la *Wehrmacht* à Zagreb. Celui-ci révéla dans ses mémoires qu'il avait reçu Djilas et Velebit, deux des proches du futur dictateur de Yougoslavie, et que seul un «concours désastreux de circonstances avait mis fin à ces contacts»*. Djilas dans ses célèbres *Conversations avec Staline* les confirma. Comme, du reste, les archives du IIIe Reich, saisies par les Alliés après la guerre; les négociateurs titistes, ajoutent celles-ci, avaient souligné que les Cetniks étaient leurs principaux ennemis et qu'ils voulaient se rendre libres pour tourner contre eux le gros de leurs forces. Auraient-ils aussi, comme le suggèrent les documents allemands, offert à la *Wehrmacht* une alliance ponctuelle pour repousser, le cas échéant, une tentative de débarquement des Anglo-Américains sur la côte de l'Adriatique[37]?

Il est hors de doute que Djilas et Velebit traduisaient la pensée de leur maître – et la leur. Convaincus, surtout après Stalingrad, de la défaite inéluctable du Reich, seuls les Cetniks pouvaient s'interposer entre eux et la prise de Belgrade au moment de la retraite de la *Wehrmacht* – ou, éventuellement, l'armée anglo-américaine d'Italie qu'ils craignaient tout autant. Une sorte d'armistice tacite s'était instauré entre Allemands et Partisans. Les Alliés occidentaux, libérant l'Italie, marchaient vers le Nord; l'Adriatique prenait une importance croissante. Exaspérés par la passivité de Mihajlovic, désireux de prouver à Staline leur absence de préjugés envers le communisme, les Britanniques s'étaient intéressés aux Partisans.

---

* Le général Glaise von Horstenau fut arrêté en Autriche par les Américains à la fin des hostilités et longuement interrogé. Ses mémoires furent publiés en 1988, après sa mort.

Un premier émissaire, le professeur Deakin, avait été parachuté à leur quartier général. Favorablement impressionné, il s'était fait leur avocat à Londres; ami du Premier ministre, il l'avait convaincu de mettre fin à son appui à Mihajlovic pour le donner à Tito. Après la débâcle de Mussolini (juillet 1943), de vastes quantités de matériel de guerre italien étaient tombées entre les mains des patriotes yougoslaves. Mihajlovic s'était réveillé, mais il était trop tard.

En septembre 1943, le général de brigade Fitzroy Maclean, un ancien diplomate écossais, député conservateur, accompagné de plusieurs officiers britanniques et américains, avait été parachuté en Bosnie où il avait rejoint Tito, qui s'était fait maréchal et président – avec l'accord préalable de Staline. Les Occidentaux s'étaient employés à mettre à sa disposition des armes, des munitions, des médicaments, des médecins, des officiers et sous-officiers. Les Soviets qui s'étaient peu souciés jusque-là des Partisans leur dépêchèrent une mission militaire.

Le même mois, Tito rencontrait en Italie Churchill à qui il promit catégoriquement de ne pas faire de la Yougoslavie un pays communiste. Après quoi, il s'était rendu à Moscou à bord d'un avion soviétique – à l'insu des Britanniques. Il y obtenait de Staline en personne la reconnaissance *de facto* de son régime et la promesse de vastes équipements – de quoi mettre sur pied douze divisions d'infanterie et deux escadres aériennes, à livrer par terre à travers la Roumanie occupée par les armées russes. À la Conférence de Téhéran (fin novembre 1943), Roosevelt, Churchill et Staline s'étaient trouvés d'accord pour faire des Partisans leurs seuls alliés yougoslaves. *Exit* le général Mihajlovic, abandonné à son tragique destin.

Peu de temps après, les relations entre Partisans et membres de la mission anglo-américaine s'étaient brusquement altérées. Le livre récent d'un avocat américain, le major Lindsay, ancien officier délégué par Maclean dans un maquis lointain de Croatie, est venu ajouter un nouveau témoignage à plusieurs autres récits de la volte-face des titistes[38]. Des frères d'armes, amicaux et confiants, combattant côte à côte dans les conditions les plus dangereuses, s'étaient transformés du jour au lendemain en personnages hostiles au visage fermé. Les bivouacs s'étaient divisés, d'un côté les Yougoslaves, de l'autre le personnel anglo-américain repoussé à plusieurs centaines de mètres. Oubliée la fraternité des longues marches dans la forêt, des coups de main contre un ennemi commun. Terminées les heures de veille épuisée autour des feux de camp. Les relations du major Lindsay avec les officiers yougoslaves étaient devenues «formelles et distantes». Il devait demander audience préalable à leurs chefs et, parfois, n'était pas reçu. Ses hommes, étroitement surveillés, se sentaient virtuellement prisonniers. De même qu'à ses collègues britanniques, tout contact avec la population était rendu impossible. Attitude trop générale et trop rigide pour ne pas être la conséquence d'ordres venus d'en haut.

Le 20 octobre 1944, Belgrade fut libérée par l'armée soviétique. Tito y installa un gouvernement prétendument de coalition. Toutefois, moins d'un mois plus tard, une assemblée constituante abolissait la monarchie, faisant de la Yougoslavie une « République fédérale populaire » où tous les pouvoirs étaient concentrés dans les mains du commandant suprême des forces armées, Premier ministre et ministre de la Défense – en même temps que Secrétaire général du Comité central de l'Alliance socialiste des Travailleurs (ex-KPJ) de Yougoslavie – le maréchal Tito. Bientôt, une nouvelle Constitution, copie de celle adoptée par Staline en 1936, entérinait des structures similaires à celles de l'Union soviétique; elle créait un État centralisé, avec une économie de style stalinien et un même mépris des libertés fondamentales. Et un même « culte de la personnalité » pour son chef, installé au Palais Blanc, l'ex-résidence du Prince Régent où, en compagnie d'une jeune Partisane, sa nouvelle maîtresse Jovenka, il s'entourait d'un cérémonial quasi royal. Bref, un État totalitaire faisant preuve d'une identique férocité à l'égard de ses adversaires : les collaborateurs de l'ennemi certes, mais aussi les patriotes non communistes. De nouvelles purges firent disparaître des dizaines de milliers de victimes, peut-être plus.

Parallèlement, s'étaient envenimées les relations de Belgrade avec les Alliés occidentaux. Au mépris d'accords antérieurs, les Partisans s'étaient rués, les derniers jours de la guerre, sur le port italien de Trieste où débarquaient les Anglo-Américains; les deux armées avaient été fort près d'en venir aux mains*. Si Tito finit par évacuer Trieste, il occupa le sud de l'Autriche; là aussi, il affrontait ses alliés de la veille avant d'être lâché par Moscou et d'être forcé de se retirer. Ses ambitions expansionnistes se manifestèrent également en Macédoine et en Albanie qu'il comptait annexer.

Belgrade fut très vite un pion de la guerre froide. C'est son intervention active – plus que celle du Kremlin – aux côtés des bandes communistes de Grèce qui y mit en danger l'armée britannique, une première collision Est-Ouest qui motiva la « Doctrine Truman » en 1947. Rien ne distinguait plus aux yeux des Occidentaux les Yougoslaves des Soviets. Ils avaient délibérément abattu deux avions de transport américains. Molotov les félicita, allait raconter Djilas – tout en recommandant de ne pas en abattre un troisième[39]. Leurs moyens de propagande, leurs journaux, leur radio, tous contrôlés par l'État, se livraient aux mêmes attaques injurieuses, ridicules, presque comiques contre les « assassins lubriques », contre les « impérialistes capitalistes », les « monopolistes réactionnaires ». À l'ONU, les titistes se rangeaient invariablement dans le camp des « démo-

* Finalement, après une dispute qui ne fut réglée qu'en 1954, Trieste et sa banlieue furent rattachées à l'Italie, le reste du territoire à la Yougoslavie.

craties populaires», leur ambassadeur, Bebler, ne s'y montrait pas moins que Vychinsky, l'ennemi de l'Ouest. À l'instar des Russes, ils rejetèrent le plan Marshall; membres fondateurs du Kominform, ils obtinrent que son siège s'installât à Belgrade.

Le pouvoir grisait Tito; il rêvait de constituer une vaste union balkanique dont la Yougoslavie serait le pays dominant comme la Russie au sein de l'Union soviétique; une deuxième patrie du prolétariat, alliée à la première, où le maréchal yougoslave serait l'égal du maréchal soviétique. Il s'était mis à l'œuvre, voyageant dans toute l'Europe de l'Est, prodiguant ses conseils et ses critiques, négociant avec la Bulgarie, lui arrachant le district macédonien de Pirin, intriguant en Roumanie, envahissant l'Albanie – avec son accord, dit-il, sous prétexte de prévenir une attaque des «monarcho-facsistes» de Grèce.

Staline ne pouvait tolérer un *alter ego*, ni une puissance significative, même communiste, aux frontières de l'URSS. Dès janvier 1948, il l'avait signifié à Djilas; en février, il convoquait à Moscou Yougoslaves et Bulgares pour leur laver furieusement la tête. Tito, méfiant, s'était fait remplacer: des lettres acrimonieuses avaient été échangées. Le 28 juin, le Kominform réuni à Bucarest l'accusait formellement de «déviationnisme idéologique»; il excommuniait les dirigeants du Parti frère yougoslave. «Je crus être frappé par l'éclair», raconta plus tard Tito aux Occidentaux. «Pendant plusieurs semaines, Koca Popovic (le chef d'état-major) et moi, craignant un coup de main des Russes, nous nous cachâmes chaque nuit dans des refuges secrets[40].» Ce fut la rupture.

Le Kremlin s'était déchaîné, convaincu qu'il balayerait sans peine le mini-dictateur de Belgrade, son besogneux serviteur du temps du Komintern. Ses hommes, à leur tour, étaient qualifiés d'assassins trotskistes-boukhariniens, d'agents de l'impérialisme. La presse communiste mondiale faisait chorus, celle de l'Union soviétique appelait à la guerre civile. Une invasion de la Yougoslavie ne paraissait pas exclue; les troupes russes se pressaient à ses frontières. Le PC de Belgrade était lui-même divisé. À nombre de ses membres, se séparer de la patrie de Lénine, matrice de la Révolution prolétarienne, paraissait péché mortel.

Tito avait tenu tête. À l'intérieur des frontières, il avait frappé dur, les procès politiques (y compris souvent la torture) s'étaient multipliés, les camps de concentration s'étaient élargis. Des centaines, peut-être des milliers, de «Kominformistes» avaient été liquidés. En même temps, le régime s'était raidi, poussant jusqu'au bout l'extirpation des libertés économiques, accélérant la collectivisation de l'agriculture. De l'extérieur, la Yougoslavie, abandonnée par toutes les autres démocraties populaires, s'était trouvée seule et ruinée. Tandis que la guerre de Corée consacrait la division du monde en deux blocs ennemis, Tito s'était graduellement rapproché des puissances « capitalistes ». Celles-ci n'avaient pas rejeté ses avances.

Dans le sillage de Paul Henri Spaak, j'ai rencontré le maréchal Tito une première fois en avril 1956. Invités par le gouvernement yougoslave, nous avions été reçus à l'île enchanteresse de Brioni dans le nord de l'Adriatique, une ancienne station balnéaire pour les riches Viennois du temps des Habsbourg devenue la résidence favorite du Président de la République populaire. Un fonctionnaire du protocole nous avait accueillis sur le quai d'un port privé où stationnait un landau découvert, attelé de deux chevaux lipizaners; des étoiles rouges peintes sur les lanternes rappelaient la foi marxiste de notre hôte. Le grand homme nous attendait, vêtu d'un impeccable costume de flanelle bleu ciel, souliers de daim de même couleur, une cravate rouge sur une chemise de soie blanche, un diamant étincelant au petit doigt, un panama sur la tête.

Le déjeuner en petit comité avait été cordial mais la conversation sans grand intérêt. Elle avait porté essentiellement sur le tout récent XXe Congrès du Parti communiste de l'URSS. Tito ne parut pas beaucoup mieux informé que nous. L'Ouest, dit-il, devait prendre au sérieux les déclarations de Khrouchtchev et lui venir en aide – sans du reste que fût précisé ce que cela signifiait. Quant à la Yougoslavie, elle poursuivait sa politique de « neutralisme actif ». L'Alliance atlantique ne fut pas attaquée.

Après le café et les cigares – notre hôte fumait comme une cheminée –, il nous avait entraînés dans le parc pour nous faire admirer un petit jardin zoologique peuplé de bêtes sauvages; il nous avait effarés en y pénétrant et, après avoir refermé la porte – à notre vif soulagement –, en s'y livrant à une séance de jeux avec une magnifique panthère noire qui semblait s'en divertir. L'ancien chef des Partisans, âgé alors de soixante-quatre ans, était corpulent, basané, alerte. Non sans être amusé par ses tendances à l'exhibitionnisme, Spaak avait été impressionné par son intelligence, sa connaissance apparente des affaires – et le souvenir de son indomptable courage.

Lorsque mon ministre quitta la Belgique l'année suivante pour le secrétariat général de l'OTAN à Paris, il m'offrit le choix entre l'ambassade de Yougoslavie ou celle de Pologne, en me recommandant la première; je l'acceptai sans hésiter. Je ne l'ai pas regretté. Mes trente mois à Belgrade, s'ils ont été sans gaieté, n'en ont pas moins été une expérience précieuse. Arrivé en janvier 1958 dans une ville couverte de neige, je me suis installé, *Proletarski Brigada* (rue des Brigades prolétariennes), dans une résidence confortable et bien chauffée mais caverneuse et garnie de meubles fort laids, style Lévitan version belge. Belgrade était sans grâce, une ancienne bourgade balkanique, modernisée après la première guerre mondiale en néo-classique de béton, simili granit. Située sur un éperon rocheux, elle domine le confluent de la Save et du Danube et l'infini de la plaine qui l'entoure; seules les vieilles pierres de la forteresse ottomane du Kalemegden à son extrémité ouest évoquent le passé.

La présentation des lettres de créance au chef de l'État se déroule au Palais Blanc en une cérémonie sans apparat. Elle est suivie d'un entretien d'une quinzaine de minutes, plutôt banal, qui m'apprend peu. J'ai du mal à sourire à un homme qui a poussé Khrouchtchev à répandre le sang à Budapest, moins de deux ans auparavant. Ultérieurement, accompagnant la ribambelle de ministres, de députés et de syndicalistes de toutes obédiences – y compris Élisabeth, la très âgée reine mère des Belges – qui défilent mois après mois pour lui rendre hommage, je l'entendrai souvent exposer comment doit être gouverné le monde.

Tito n'est pas le porteur de messages prophétiques que sont Robert Schuman, Konrad Adenauer, Alcide de Gasperi ou, peut-être même, Staline et Mao Tsê-tung. Ses longs monologues n'expriment ni une foi ardente, ni une vision du monde. De l'héritage culturel de l'Occident, il ignore l'essentiel. L'ambassadeur d'Autriche, Vodak, un intellectuel social-démocrate, affirme que même du marxisme il n'a que quelques notions simples; de quoi servir de substrat à son action. Ce qui paraît l'animer plus que tout est, avec une faim de puissance, une soif de briller, une ambition mussolinienne – acquise progressivement quand le pouvoir à ses débuts a éveillé en lui une disposition despotique latente. À part lui-même, peu de choses l'intéressent. Ni sa famille, ni même ses fils qui ne comptent guère. Les femmes qu'il consomme en grand nombre ne sont qu'objets de sa gourmandise sexuelle; en 1952, il a épousé sa maîtresse Yovenka pour en faire Madame la Présidente Broz (mais pas Madame Tito) avant de la répudier. Il lit peu. Ni les arts, ni les lettres ne l'attirent. S'il n'est pas Marat, ou Hitler, ou Staline, saturés de haine, la vie humaine lui est indifférente. Il la sacrifie en grand nombre et sans hésitation dès que la poursuite de ses objectifs le lui suggère.

Le bien-être de ses compatriotes n'est pas non plus une des préoccupations majeures de Tito. Installé dans les anciens palais royaux, il vit avec des émoluments dérisoires comme un nabab oriental, aux frais de la collectivité la plus pauvre d'Europe*. Entouré d'une cour de sycophantes, il dispose de nombreuses résidences officielles prêtes à le recevoir à tout moment, de deux yachts océaniques, sans compter plusieurs autres sur le Danube, d'un somptueux train présidentiel; il a acquis deux quadrimoteurs, luxueusement aménagés et pilotés par des Suédois. Il parade sur un

* Malgré d'abondantes ressources naturelles, la Yougoslavie et la Pologne étaient restées en 1988 les deux pays les plus pauvres d'Europe avec un pouvoir d'achat réel par tête inférieur de moitié à celui de la France[41].

cheval blanc à la tête des troupes, vêtu de l'uniforme doré qu'il a dessiné lui-même. D'autre part, il a *stalinisé* l'économie nationale; ce qui veut dire qu'il a sacrifié son secteur agricole (60% de la population étaient de petits propriétaires terriens) au profit d'une industrie lourde dans laquelle il voit un avenir de puissance.

En 1950, l'anathème de Moscou, suivi d'un blocus soviétique, se sont ajoutés aux errements du régime pour conduire à une situation désastreuse très proche de la famine. Il a fallu mettre un terme à l'étatisation de l'agriculture. En même temps, pour paraître libéraliser l'économie tout en restant fidèle aux préceptes du communisme, Tito se rallie à un système *d'autogestion*, inventé par Djilas. Sous le couvert de «décentralisation démocratique», il confie l'administration des entreprises industrielles, commerciales, bancaires, etc. à des conseils d'ouvriers et de personnel. En réalité, l'autogestion est une fiction; car personne n'occupe une fonction de responsabilité – pas même les contremaîtres – sans être membre du Parti et soumis à une stricte hiérarchie, remontant jusqu'au tyran.

Aucun diplomate à Belgrade n'ignore les règles de fer de l'Empire ottoman qui, dans les marches orientales de l'Europe ont exacerbé pendant des siècles les tribalismes anciens, retardé le développement d'États-nations et empêché l'éclosion de démocraties libérales. La Grande Guerre, en sonnant le glas des vieux Empires, avait libéré pour un instant les races et les religions minoritaires soumises de la Baltique à la mer Noire à des autorités étrangères. Toutefois, aux despotismes des tsars et des empereurs s'étaient rapidement substitués ceux des dictateurs racistes – sauf en Tchécoslovaquie. Nous avons connaissance aussi des guerres civiles encouragées par Mussolini et Hitler qui en 1941 ont opposé en Yougoslavie catholiques et orthodoxes, chrétiens et musulmans, et entraîné des centaines de milliers de morts.

En apparence, la fin de la deuxième guerre mondiale devait tout changer en faisant basculer l'Europe de l'Est sous une même autorité omnipotente, celle de Moscou. En réalité, en Yougoslavie, si un régime fédéral prétendait réunir six républiques et deux territoires autonomes, s'il tentait d'effacer les antagonismes raciaux ou religieux en leur inculquant une idéologie commune, sous une surface socialiste et décentralisée, on devinait la persistance des haines déchirant le pays. «Dieu merci», disaient entre eux les diplomates occidentaux, mi-figue mi-raisin, en contemplant ce prodigieux salmigondis de religions et de races ennemies, «l'empire soviétique fait régner l'ordre; qu'adviendrait-il s'il venait à disparaître?»

Contrairement à ce qu'ont affirmé certains, l'État yougoslave n'a pas été une création artificielle de vainqueurs de la Grande Guerre mais une République fédérale née de la libre volonté conjuguée d'intellectuels démocrates de Croatie et de Serbie. Il aurait pu vivre et prospérer grâce à de riches ressources humaines et matérielles, si les nationalistes autoritaires de Belgrade ne l'avaient assassiné en voulant en faire une Grande Serbie. Tito pendant la deuxième guerre mondiale, avait rallié à un « comité antifasciste de libération » le principal de ce que comptait le pays de patriotes de gauche et de droite, Serbes, Croates catholiques, orthodoxes, musulmans, juifs séduits par une propagande libérale axée sur un programme démocratique, fédéral et multiraciale. Puis, il les a trompés. Après 1945, maître de la Yougoslavie, il a rejeté tout projet démocratique. Sous le mensonge d'un pluralisme ethnique et grâce à la machine du Parti communiste, il a recréé un régime plus unitaire que jamais soumis à son autorité absolue. Négligeant à ce stade les tendances centrifuges qui divisent son pays, Tito a été naturellement entraîné à associer nationalisme et marxisme. En 1978, despote vieillissant, il va veiller à ne pas avoir de rival (ou de successeur) en imposant un gouvernement collégial, représentatif des huit régions, sous une présidence annuelle tournante. Dès lors et surtout après la mort de son monarque en 1980, le « titisme » a été livré à l'anarchie. Le Parti communiste allait se fragmenter, le gouvernement collégial perdre toute autorité, la Yougoslavie s'abandonner à son tribalisme ancien en abordant son tragique avenir.

À l'époque de mon arrivée en Yougoslavie, en 1958, l'ancien agent secret du Komintern est à l'apogée de sa carrière. Sa résistance victorieuse à Staline après celle à Hitler a fait de lui une figure charismatique; elle lui donne l'occasion de battre un tambour patriotique. L'économie de son pays, alimentée par d'abondants crédits de l'Occident, paraît en bon essor. *L'autogestion* est vue par les gauches occidentales comme une invention géniale qui peut réconcilier communisme et socialisme; un homme aussi civilisé que Guy Mollet allait me dire y trouver un enseignement pour la France! Sur l'échiquier politico-stratégique, Tito est trop faible militairement pour beaucoup compter. Pourtant, en apportant la preuve, en pleine guerre froide, que l'unité prolétarienne n'est qu'un mythe, que les « contradictions » du monde capitaliste peuvent affecter également les États communistes, Tito a porté un coup sévère à la crédibilité de l'idéologie marxiste-léniniste.

Au cours des dernières années suivant sa rupture avec Staline, l'homme de Belgrade a parlé d'adhérer aux Communautés européennes, de rejoindre l'OTAN. Il a même signé le « Pacte de Bled », une alliance défensive éphémère avec la Grèce et la Turquie, toutes deux membres de l'Alliance atlantique. Après la mort de son ancien maître, tout cela a paru oublié. Quand en 1955 Khrouchtchev et Boulganine viennent le saluer dans sa capitale, il annonce dans un discours de bienvenue: « En temps de paix comme en temps de guerre, la Yougoslavie marche aux côtés du peuple soviétique vers un but commun, la victoire du communisme. »

Mais il s'abstient d'adhérer au Pacte de Varsovie et Mates, son ambassadeur à Washington, déclare à Dulles qu'il poursuit une «politique fermement indépendante*».

Josip Broz-Tito se déclare adversaire des «blocs», et il prétend mettre en œuvre une doctrine de *non-engagement*. La neutralité discrète de la Suisse lui rend possible de rester à l'écart des grandes querelles. Celle de Belgrade qui veut se mêler de tout ne le permet pas. Quoique oscillant d'Ouest en Est et vice versa, au gré de ses intérêts du jour, elle est forcément entraînée à prendre parti et, alors, c'est presque toujours celui de Moscou. Le Machiavel balkanique a reçu de Washington plus d'un milliard de dollars, de quoi rééquiper son armée et éviter la famine pendant les mois les plus critiques, et bien d'autres milliards ensuite en investissements des États-Unis, de Grande-Bretagne, de France, de Belgique, etc.[42] Sans cette manne, il n'eût pu survivre. D'autre part, il lui est impossible de rejoindre le camp des puissances démocratiques. Ce n'est pas une affaire d'idéologie à laquelle, je pense, il n'attache qu'une importance secondaire. C'est une question existentielle: il ne peut s'exposer à un scrutin populaire et il le sait. Ceci, on l'a bien vu à l'occasion de la crise hongroise; aux côtés de Nagy pendant les premiers jours, il l'a abandonné pour le livrer aux Soviets dès qu'il a été question d'élections libres.

Un autre aspect du *non-engagement* est l'appui qu'il cherche dans le tiers monde. Depuis l'affrontement avec le Kremlin, Tito a découvert les limites imposées à son action dans une aire qui couvre trente gouvernements et cinquante partis communistes staliniens. En 1955, il a entrepris un voyage à grand spectacle de huit mois en Asie; il s'y est prodigué en critiques contre la division du monde dont il accuse Washington, encourageant partout un jacobinisme chauvin nettement hostile à l'Ouest. En juillet 1956, il a reçu à Brioni Nasser et Nehru pour signer avec eux une déclaration solennelle qui doit être la charte du non-alignement. Portée par les courants déclenchés par l'expédition franco-britannique de Suez, la diplomatie yougoslave adopte l'anticolonialisme le plus systématique. Elle fait du nationalisme arabe un de ses chevaux de bataille, Israël est traité avec dureté. La Belgique, en proie aux affres de la décolonisation au Congo, est la cible d'une offensive de grand style, souvent injuste. Lorsque j'en parle aux Affaires étrangères, on m'y répond en souriant: «Rien de personnel, c'est notre politique.» En 1961, après celle de Bandoung, une seconde grand-messe des chefs d'État et de gouvernements tiers-mondistes va être célébrée par Tito dans sa capitale.

---

* Le Pacte de Varsovie signé en mai 1955 groupait en une alliance de défense mutuelle huit États du bloc communiste: Albanie, Bulgarie, Hongrie, Pologne, République démocratique d'Allemagne, Roumanie, Tchécoslovaquie.

Seule, la République populaire de Chine semble s'en distancer. Les fonctionnaires du Parti ou des Affaires étrangères que nous rencontrons aux fréquentes réceptions officielles se plaignent des violentes attaques de la presse et de la radio chinoise. Un de mes interlocuteurs est Vladimir Popovic, un parent de Koca, le ministre des Affaires étrangères, comme lui devenu communiste alors qu'il était étudiant, ancien combattant de la guerre civile d'Espagne et officier supérieur des Partisans. On a peine à invoquer un tel passé en dînant en face de ce diplomate au visage amène et aristocratique. Jusque tout récemment, il a été ambassadeur à Pékin après l'avoir été à Washington et à Moscou. Extrêmement intelligent, il a une perception que je crois exacte des choses chinoises. Pour lui, les bordées contre Belgrade représentent en réalité des coups de semonce à Moscou. Nombre d'indices viennent le confirmer et bientôt l'hypothèse est généralement acceptée. Nouveau schisme dans la communion marxiste, tout à fait inattendu, les relations sino-soviétiques sont en passe de s'aigrir. Je l'écris à Bruxelles[43].

Quoique Mao Tsê-tung (comme Tito) soit parvenu au sommet sans aide significative de Staline, leur association a d'abord paru solide. Mao a admiré et respecté le stalinisme, dit-on*. Que fait grincer dès lors l'axe Moscou-Pékin? Les principales puissances de l'Alliance atlantique n'ont pas d'ambassadeurs en Chine, elles sont mal informées de ce qui s'y passe. Les explications de Vladimir Popovic et de ses collègues sont donc précieuses. Elles décrivent une situation très différente du monolithe qu'on imagine, un Parti divisé, des conspirations sévèrement réprimées, une chute sévère des productions à la suite de la collectivisation agraire. Probablement pris au dépourvu par le retentissant discours de Khrouchtchev de février 1956, hésitant encore, cédant peut-être à des pressions de Chou En-lai, Mao a lancé la campagne dite des *Cent Fleurs* qui promet plus de liberté, en particulier aux intellectuels. Au début de l'été 1957, elle a atteint un point culminant. C'est l'heure des *Murs de la Démocratie* dans les universités. Devenus des lieux de pèlerinage, ils révèlent subitement le bouillonnement des colères de la jeunesse estudiantine, des professeurs, des savants, des artistes.

Mao Tsê-tung s'est toujours méfié des intellectuels, leur révolte en Hongrie a catalysé ses craintes. D'autre part, les deux tiers du Parti sont composés d'illettrés ou de quasi-illettrés, ils se sont élevés avec fureur contre les «droitiers anti-révolutionnaires». À la fin de 1957, des centaines de milliers d'hommes et de femmes, élites de la nation, sont espionnés, pourchassés, enfermés dans des camps et des prisons, forcés à se «confesser», torturés, souvent exécutés. Les familles des suspects perdent

* En moins de trois ans, plus de cent millions de foyers ruraux ont été incorporés dans les fermes collectives - comme en URSS.

leur emploi et sont exilées dans des provinces lointaines. La direction du Parti a estimé le nombre de «serpents» dans la population à 5%; elle a donné mission à ses cadres d'en frapper un nombre forfaitaire correspondant. La Chine est réduite au silence.

«La souffrance fait les bons communistes», a dit Mao. Mais en 1958, il a dû céder la présidence de l'État – il a gardé celle du Parti. Pour se sauver, un seul moyen, la fuite éperdue vers un absolu d'extrémisme, le *Grand Bond en Avant*. Appel à l'irrationnel le plus passionné, célébré par mille cortèges dans une cacophonie de tambours et de clairons, au milieu d'un océan de bannières rouges, il tend à faire de la Chine en peu d'années le pays le plus puissant du monde. Pour le réaliser, il faut mobiliser psychologiquement les masses et remplacer par leur volonté les exigences matérielles du développement économique. L'acier est la charpente de celui-ci. C'est l'ère des myriades de hauts fourneaux de village alimentés par tous les débris de fer et de bois de forêts déracinées. Celle du massacre des moineaux, accusés de dévorer les récoltes – ils doivent être détruits par un vacarme organisé les menant à l'épuisement et la mort (*sic*). Celle de la militarisation de cinq cents millions de ruraux, groupés en «communes» de sinistre mémoire où est réglementée jusqu'à la vie la plus privée des hommes et des femmes, y compris la vie sexuelle. Le rêve – ou le cauchemar – d'un aliéné qui croit changer à bref délai les êtres humains pour les muter en pions désincarnés d'un paradis communiste. Un document officiel chinois récemment acquis par un professeur de l'Université de Princeton affirme que quarante-trois millions de personnes auraient péri de «causes non naturelles» à la suite du «Grand Bond en Avant»[44]. Leur mort a été accompagnée d'une recrudescence de la xénophobie anti-occidentale, anti-américaine. Également anti-soviétique. Mao Tsê-tung juge que «toute guerre progressiste est une guerre juste, que les forces socialistes ont acquis une supériorité écrasante sur les forces de l'impérialisme,... que les États-Unis sont un tigre de papier»[45]. «La coexistence pacifique, à la mode de Moscou, est une notion pacifiste bourgeoise» et il se déclare prêt à sacrifier trois cents millions de Chinois dans une guerre atomique, la troisième guerre mondiale qui va décider le triomphe du prolétariat mondial – et bien sûr, le sien.

---

* On ignorait généralement dans les chancelleries que Mao Tsê-tung et Khrouchtchev avaient signé en octobre 1957 un accord secret relatif à la fabrication d'armes atomiques. Toutefois, en 1959, le Russe avait changé d'avis et mis fin à une coopération militaire qui aurait fait du Chinois son égal. Leur différend sur ce point essentiel a été à l'origine de leur divorce. La première bombe chinoise allait exploser en octobre 1964.

Khrouchtchev n'est pas loin de la lignée d'Ivan le Terrible ou de Pierre le Grand. Toutefois, il a compris, lui, la limite apportée à l'idéologie marxiste par les armes nouvelles*. Il a écrit du Chinois: «Son chauvinisme et son arrogance me font froid dans le dos.[46]» En septembre 1959, lorsqu'il arrive à Pékin (son dernier voyage en Chine), les désaccords politiques, territoriaux (en Sibérie), etc. se sont accumulés. En été 1960, l'Union soviétique rappelle les treize cents experts à la disposition de la République sœur; elle met fin à tous les contrats de coopération. La rupture est bientôt publique. Le divorce Khrouchtchev - Mao Tsê-tung, prédit par les diplomates yougoslaves, va changer la face du monde.

Un jour de novembre 1958, Belgrade s'était réveillée couverte de neige, un manteau de silence et de paix. Hélas, trompeur. Une note diplomatique du Kremlin, datée du 27, avait ouvert une nouvelle crise majeure à Berlin. Un statut international, datant de 1945, la divisait en trois zones d'occupation occidentales et une zone soviétique, faisant de la ville un îlot au sein de la communiste République démocratique d'Allemagne (RDA). Staline avait déjà tenté d'en expulser les Occidentaux en 1948, n'y renonçant que devant le risque d'une troisième guerre mondiale. La note de Khrouchtchev répétait-elle le coup manqué de l'autre? Véritable ultimatum, elle réclamait le retrait des troupes alliées pour faire de Berlin, une ville «libre, démilitarisée et neutralisée» – c'est-à-dire une proie facile pour l'ogre de l'Est. Faute d'un accord dans les six mois, la «tumeur cancéreuse» qu'elle constituait devrait faire l'objet d'une «opération chirurgicale». Il était question aussi dans les journaux communistes de l'ériger en capitale de la RDA.

Depuis deux ans et les événements de Budapest, beaucoup d'eau avait coulé sous les ponts. Les peuples ont la mémoire courte; et quelle alternative préférer à la «coexistence pacifique»? Petit à petit, les émotions s'étaient calmées, le climat international s'était amélioré. Lorsque les États-Unis en juillet 1958 intervinrent en force (ô paradoxe!) au Liban pour le protéger de l'impérialisme nassérien, les réactions du Kremlin avaient été singulièrement modérées. D'autre part, à Washington, le président Eisenhower avait répondu à cette apparente retenue en se montrant prêt à tendre la main. À Londres, le nouveau Premier ministre Harold MacMillan faisait dériver le Parti conservateur; orientant sa politique vers la détente, il avait manifesté le désir de se rendre en URSS. À Paris, le général de Gaulle était revenu au pouvoir le 1er juin 1958; personne n'ignorait, en particulier par ses discours durant la «traversée du désert», la place principale qu'occupait dans sa pensée la Russie. Dans toutes les capitales, il avait été question derechef de désarmement, d'arrêt des essais nucléaires, de conférence des quatre Grands, de réunion au sommet. Bref, d'un renouveau de coexistence pacifique.

Que signifiaient dès lors les coups de tonnerre de Khrouchtchev dans un ciel qui semblait se rasséréner? Une fois de plus, à l'heure d'un dégel, l'URSS faisait retomber le thermomètre au-dessous de zéro. Les mois qui suivirent l'ultimatum de novembre furent des mois anxieux. MacMillan, non sans quelque démagogie, s'était distancé de ses pairs (il ne les avait pas consultés) en se faisant inviter en URSS. En février 1959, il était reçu par un Khrouchtchev très différent de celui qui avait accueilli les ministres belges; brutal, même insultant, le Russe se laissa aller à une scène de colère furieuse au sujet de la République fédérale d'Allemagne, se montrant intraitable quant au statut de Berlin. La peur d'une troisième guerre mondiale était revenue hanter les peuples.

La Belgique n'avait pas échappé à l'ambiance. À la mi-mars, un nouveau ministre des Affaires étrangères, le social-chrétien Pierre Wigny, avait réuni en conférence les diplomates belges concernés par les relations Est-Ouest. J'en ai sous les yeux un procès verbal où se perçoivent après tant d'années les craintes qui rongeaient leur cœur. Notre ambassadeur à Moscou, Walter Loridan, un homme de gauche, mesuré et réfléchi, avait commencé par décrire une Union soviétique «plus forte que jamais», associée à une Chine rouge entièrement soumise; elle était dirigée par un dictateur sans vrai rival, sûr de son autorité, convaincu que le monde capitaliste, «en crise générale... traversait une phase de particulière faiblesse» qualifiée de «convulsions pré-mortelles». M. Khrouchtchev comptait exploiter sa puissance jusqu'au bord de l'abîme, si même il ne projetait pas une guerre[47].

André de Staercke, notre ambassadeur au Conseil atlantique, avait analysé la situation politico-stratégique vue de son poste. Avant le 27 novembre, l'Occident avait profité du *statu quo* en Europe avec l'espoir de la réunification de l'Allemagne dans des conditions satisfaisantes; depuis l'ultimatum, il était acculé à le défendre. Le Kremlin avait donc marqué un point important. Toutefois, le potentiel militaire conditionne les positions politiques. À ce sujet, le général américain Norstad, commandant en chef des armées alliées, n'était pas exagérément inquiet. Si les forces conventionnelles soviétiques estimées à cent trente divisions étaient très supérieures en nombre à celles de l'OTAN (moins d'une trentaine de divisions), celles-ci étaient en passe d'être équipées d'engins nucléaires tactiques; appelés par les militaires «armes de théâtre», elles surclassaient l'artillerie conventionnelle par un énorme pouvoir destructeur qui rendait toute concentration ennemie «extrêmement vulnérable» – assurant de ce fait la supériorité défensive de l'OTAN. Quant aux armes nucléaires stratégiques, la puissance de frappe du *Strategic Air Command* des États-Unis et leurs missiles intercontinentaux représentaient un facteur de dissuasion «extrêmement efficace». On pouvait y ajouter leurs sous-marins atomiques lance-missiles qui du fond de l'océan tiraient des ogives nucléaires à des milliers de kilomètres. Arguments auxquels on savait sensible le maître du Kremlin. Aussi bien, celui-ci avait insisté dans ses conversations avec MacMillan sur la «ligne de division Est-Ouest» qui ne pourrait jamais être modifiée[48]. Cette rhétorique agressive ne cachait-elle pas de la peur plus que des velléités de conquête?

Je rapportai à mes collègues ce que me disait Koca Popovic: Khrouchtchev était naturellement conscient du manque complet de légitimité de la République démocratique d'Allemagne. Il bénéficierait d'une victoire complète s'il en obtenait la reconnaissance *de jure* à la suite d'une conférence au sommet. Son succès serait encore considérable s'il en obtenait la reconnaissance *de facto*. Car, dès lors, en établissant une frontière définitive et nette à l'Ouest, il pourrait consolider ses positions et se consacrer tout entier à l'Afrique et à l'Asie... Pour obtenir ce résultat, l'Union soviétique serait prête à payer un prix élevé à Berlin[49].

On pensait généralement à Belgrade que l'Occident finirait par céder. Mais là, les Yougoslaves se trompaient. Le chancelier Adenauer, le plus directement concerné, avait catégoriquement refusé de se soumettre à un *diktat* attaquant les fondements de sa politique. Le président Eisenhower et Foster Dulles hésitaient à courir le risque d'une guerre mais ne semblaient pas prêts à abandonner deux millions de Berlinois à la tyrannie communiste. Quant au général de Gaulle, il n'était pas homme à négocier sous la menace. Au surplus, ses plans du moment s'ancraient sur une étroite association avec la République fédérale d'Allemagne; en septembre 1958, il avait reçu Adenauer dans l'intimité de sa retraite de Colombey-les-Deux-Églises, prélude à la célèbre prière en commun dans la cathédrale de Reims (juillet 1962). Seul, Harold MacMillan, débordant d'idées de compromis, paraissait moins ferme; toutefois, Suez avait montré à la Grande-Bretagne qu'elle n'était plus en mesure sur l'essentiel d'aller à l'encontre de Washington, Paris et Bonn. De même, les petits pays de l'Alliance. Notre ministre, M. Wigny, rugissait à l'occasion, mais il n'était pas un lion; à ses velléités de se montrer plus lucide que tout autre, aux craintes qu'il exprimait d'une offensive soviétique «conventionnelle» à laquelle les États-Unis n'opposeraient pas un barrage total, le baron Silvercruys, notre ambassadeur à Washington, et André de Staercke rétorquaient: «Il n'y a pas le moindre doute qu'un conflit, de quelque nature qu'il soit, mettant en cause les forces alliées en Europe, déclencherait la guerre nucléaire.» Washington a publié en 1981 des documents confirmant que la décision en avait été approuvée par la Commission des Affaires étrangères du Sénat le 10 mars 1959[50].

Le dernier soir, avant de reprendre l'*Orient Express* pour Belgrade, j'avais dîné avec trois collègues amis, André de Staercke, Walter Loridan et Jean van den Bosch, notre ambassadeur au Caire. Venus d'horizons politiques différents, de la gauche à la droite en passant par le centre, nous nous voulions tous quatre des modérés. Ayant vécu deux guerres mondiales, nous étions aussi profondément des hommes de paix – comme l'étaient presque tous ceux qui nous entouraient ou ceux de Washington, de Paris, de Londres, de Bonn, etc. avec qui nous collaborions. L'antipathie qui nous dressait contre l'URSS provenait des similitudes frappantes entre les totalitarismes moscoutaire et nazi. Il y avait aussi l'horreur prédominante d'une troisième guerre mondiale. Le souvenir de Munich ne s'était pas effacé; il fallait résister. Ceci n'excluait pas des doutes occasionnels. Car nombre d'intellectuels ou de militants, en majorité mais pas exclusivement de gauche, nous reprochaient de trahir les idéaux de l'Occident. Ils accusaient les pays de l'Alliance atlantique et singulièrement les États-Unis d'impérialisme classique. Eux seuls étaient responsables de la guerre froide, celle des nations nanties contre l'État prolétarien. Notre examen de conscience en commun, ce soir-là, comme en bien d'autres circonstances, nous avait pourtant rassurés. Face aux poings sans cesse brandis, à la menace de la violence tant de fois renouvelée, seule la force tranquille pouvait être garante de la paix et de la liberté.

Nous savons à présent que nous ne nous étions pas trompés. Les archives secrètes, découvertes après l'effondrement des Soviets, en particulier celles des états-majors situés dans l'Allemagne de l'Est, ont révélé l'effrayant état de préparation des armées du Pacte de Varsovie. Leurs plans stratégiques étaient centrés exclusivement sur une attaque surprise massive contre les forces de l'OTAN, *avec intervention immédiate d'armes nucléaires*. Curieusement, ils ne faisaient même pas mention de défense contre une offensive de l'Ouest à laquelle apparemment Moscou (à juste titre) n'avait pas cru. Les unités étaient en alerte constante, entraînées et préparées à entrer en action *dans deux heures*, les armes chargées, les réservoirs des véhicules remplis, avec l'équipement nécessaire pour opérer dans des zones empoisonnées par des explosions nucléaire. Objectif: toute l'Europe occidentale, de la mer du Nord à la frontière espagnole. L'OTAN avec des plans de «défense avancée (c'est-à-dire à la frontière) et de riposte flexible», escomptant une période de tension diplomatique progressive, estimait disposer de *deux jours* pour préparer ses troupes au combat. Ses chefs comptaient néanmoins sur une technologie très supérieure pour le gagner.

Aurait-ce été possible? Le général américain John Galvin, commandant suprême des forces atlantiques pendant cinq ans, a publié un article (juillet 1994) où il répond par l'affirmative, répétant à peu près ce que son prédécesseur de 1960, le général Norstad, expliquaient aux ambassadeurs de l'OTAN. Toutefois, il y mentionne aussi la quasi-certitude d'une montée inéluctable vers un affrontement nucléaire total, «aussi destructeur pour nous que pour l'ennemi. Ceci aurait été une guerre que tous auraient perdue. Pas seulement l'Europe. Le monde entier. Il n'y a pas de vainqueur dans une guerre nucléaire à grande échelle»[51]. N'était-ce pas la même lucidité qui avait mené Khrouchtchev à la « coexistence pacifique » – comme il l'avait laissé entendre à Spaak en 1956? Aujourd'hui plus encore que hier, il semble certain que seules les armes de dissuasion américaines et la résolution des alliés du Pacte atlantique paralysèrent les velléités du Kremlin de soumettre l'Europe à la loi du matérialisme historique.

J'avais mis à profit mon séjour à Bruxelles pour solliciter une autre affectation. Mes deux années à Belgrade m'avaient appris tout ce que je croyais pouvoir y apprendre et ce n'était pas le bonheur. J'avais trouvé impossible de m'accoutumer au climat politique.

J'ai lu quelque part que Lénine aurait déclaré: « La haine est l'essence du communisme[52]. » Les hommes de ma génération en avaient eu conscience dès leur jeunesse. Ils avaient entendu ou lu les témoins de l'ère « bolchevique ». Ils savaient que la politique agraire de Lénine et sa confiscation des cultures vivrières, responsables de la grande famine de 1921, avaient causé déjà la mort de millions d'êtres; que le successeur des tsars avait rétabli avec plus de férocité leur ancienne police secrète; qu'au moment de son décès en 1924, des centaines de camps de concentration parsemaient le pays; que Trotski, selon ses propres mots, « tirait ses adversaires comme des perdreaux »[53]. Ils n'ignoraient pas non plus l'immensité des crimes du stalinisme. La deuxième guerre mondiale et les exigences de l'alliance contre le Troisième Reich avaient tendu à les voiler; mais ils avaient repris dès la fin des hostilités. Celles-ci avaient été l'occasion de nouvelles campagnes d'extermination sous divers prétextes, dans l'Union soviétique, dans les États satellites, en Yougoslavie. Même en France et en Italie, les Partis communistes avaient tué quand les circonstances l'avaient permis – et pas seulement des « collaborateurs ». À partir de 1950, Mao Tsêtung et sa République populaire avaient pris le relais dans des proportions en relation avec leurs six cents millions de sujets. L'horreur a des limites que les chiffres n'ont pas.

En Yougoslavie, la concentration continuelle des esprits sur l'univers communiste nous rendait constamment conscients de son nihilisme. Le pays était passé du totalitarisme à l'autocratie. Toutefois, le souvenir des massacres en masse des Cetniks ou des Croates après 1945, des stalinistes en 1948, était trop proche pour être oublié; quinze ans après la guerre, les geôles regorgeaient encore de détenus politiques, parmi lesquels Mgr Stepinac, l'archevêque catholique de Zagreb. Rankovic, le ministre de l'Intérieur, demeurait le deuxième ou le troisième dignitaire de l'État et continuait à exercer ses fonctions de police. S'il ne versait plus le sang – ou alors rarement –, il n'avait pas renoncé à son métier d'oblitérer toute forme de dissidence.

Les diplomates étaient presque chaque jour informés d'incidents mineurs en soi – tragiques par leur accumulation. Ils les tenaient de la lecture attentive des journaux, de conversations à gauche et à droite, surtout avec des humbles, occasionnellement par des déclarations officielles maladroites. Alors que l'État prétendait promouvoir l'économie par tous les moyens, mêmes les plus brutaux, son vaste appareil policier consacrait un zèle inlassable (et absurde) à réprimer les tentatives individuelles de nombreux gagne-petit pour améliorer leur sort. Paradoxalement, la Yougoslavie comme les autres «démocraties populaires», commettait l'erreur fondamentale des économies capitalistes du XIXe siècle dénoncée par Karl Marx: «exploiter» les masses laborieuses jusqu'à l'extrême limite au bénéfice de vastes empires industriels.

Toutes activités tertiaires étaient proscrites. Les pitoyables «ennemis de classe» pourchassés, condamnés à de légères peines, privés de toutes ressources, étaient exclus des syndicats. Sanction très grave, car le droit à un emploi leur était de ce fait dénié, ils n'avaient d'autre recours que de fuir à l'étranger, un autre délit sévèrement puni. Ils n'étaient pas les seuls esclaves du régime. Politiques et intellectuels se trouvaient sous la surveillance constante de la police de sécurité, la sinistre UDB. Tout manquement au conformisme les conduisait en prison, la torture faisant office de jugement. Le cas le plus écœurant était alors celui de Milovan Djilas, l'inventeur de *l'autogestion*, parce qu'avec Kardelj et Rankovic il avait été depuis les années trente un des trois plus fidèles compagnons de Tito. Un idéaliste désenchanté, il avait eu le courage de finir par s'élever contre les excès du régime qu'il avait si longtemps servi. Accusé de «déviationnisme idéologique», condamné trois fois par des juges d'inquisition, il a séjourné neuf ans derrière les barreaux (1956-61 et 1962-66) dans des conditions morales et matérielles les plus cruelles. Il n'était pas le seul, loin de là.

Pourquoi, pourquoi? On connaît les mots célèbres de Kant: «La concorde et la paix ne sont pas un état naturel mais le résultat d'un effort conscient de l'être humain.» Lénine, se fondant sur une imaginaire science marxiste, a bâti un système qui prétendait invoquer la raison pour se laisser aller à une passion de haine et de violence. Qu'il ait connu un immense succès n'est que trop évident. Hitler lui-même lui dut beaucoup; remplaçant *classe* par *race*, le national-socialisme paraît plus ou moins un rameau du national-bolchévisme de 1921. Leur popularité a été trop étendue, trop durable, pour ne pas être venue des profondeurs obscures de la psychologie des êtres.

Les Yougoslaves me reprochaient de condamner leur idéologie en vertu d'une morale de classe, égoïste et avare; il fallait y penser, disaient-ils, dans une perspective lointaine qui rendait insignifiant le sacrifice d'une ou deux générations, prix à payer pour mettre un terme à toutes les injustices, à toutes les misères, à tous les crimes de l'histoire. La planète n'est évidemment pas peuplée d'anges et de saints. Mais peut-on l'améliorer par des monstrueuses offrandes aux dieux ? Ou l'accepter avec le pessimisme désespéré de l'hindouisme ? Ou faut-il croire à une double nature du genre humain, voué à parts égales au Bien et au Mal – à Eros et à Thanatos, a dit Freud, à l'Amour et à la Mort ?

Ou, alternativement, est-il à espérer que le génie occidental puisse persévérer, comme je le pense, dans son effort immémorial pour donner au monde, sinon la félicité, du moins un ordre humain de plus en plus empreint de quelque raison ?

VII
Au cœur des ténèbres

Tam-tam pour un Congo défunt (Bruxelles 1958-1960)

Ayant quitté définitivement Belgrade au début de l'été de 1960 et faute d'une autre ambassade disponible, je me préparai avec plaisir à retourner à la Délégation permanente près de l'OTAN à Paris; j'y aurais occupé la fonction d'observateur à une conférence sur le désarmement qui – la première depuis longtemps – paraissait pouvoir l'étudier sérieusement. Une rencontre à Paris des quatre Grands, Eisenhower, Khrouchtchev, de Gaulle, MacMillan, prévue en mai 1960 devait en lancer le coup d'envoi. Comme on sait, elle fut un fiasco à la suite d'un avion espion américain U2 infiltré à haute altitude, malencontreusement abattu par les Soviets quelque part dans leur espace aérien. Le Premier soviétique avait fait mine d'exploser, menaçant de bombardement atomique les pays alliés qui permettaient les vols et exigeant de Washington des excuses honteuses; Eisenhower n'avait pas pu ou pas voulu s'exécuter. Ce qui avait mis fin abruptement au «sommet» de Paris et à la conférence du désarmement. J'étais sans emploi. Le Congo cessait alors d'être une colonie belge pour devenir une République indépendante. Quand mes maîtres m'offrirent le poste de chef-adjoint de la Mission diplomatique de Léopoldville, sous l'autorité du baron van den Bosch, je n'hésitai pas à accepter.

Comme celle de tous les Empires, l'épopée du Congo a été à la fois «héroïque et brutale». Grand comme quatre fois l'Europe de l'Ouest et aussi riche en ressources naturelles que les États-Unis d'Amérique, il fut imaginé, conçu et forgé de toutes pièces par Léopold II, roi des Belges, assisté sur le terrain, il est vrai, par l'explorateur américain H.M. Stanley – un des conquérants de l'histoire à avoir réalisé un grand rêve impérial à 6 000 kilomètres de distance sans quitter sa table de travail. À partir de 1885, il fut l'autocrate absolu d'un *État indépendant du Congo*, conglomérat disparate de plus de cent peuples, groupes ethniques et linguistiques qui n'existait encore en tant que tel que sur les cartes géographiques dessinées à Bruxelles. En 1908, un an avant sa mort, le Roi-Souverain du Congo (c'était le titre qu'il avait assumé) fit don de ses possessions d'Afrique à son pays natal.

Le Congo belge vécut à peu près ce que vécurent les autres colonies françaises, britanniques, portugaises de l'Afrique noire, se hissant hors de l'âge du fer pour rejoindre rapidement celui de Pasteur, d'Einstein, de Debussy. Le concept du Bon Sauvage corrompu par la société et le progrès, cher à Jean-Jacques Rousseau, est un mythe aussi vieux que l'Ancien Testament, celui du paradis perdu après le péché originel – aussi bien, il retrouve une nouvelle faveur au cours des dernières décennies. La réalité est toute différente. Anthropologie et ethnographie ont établi à quel degré et, sauf exceptions, les sociétés primitives ont été des enfers. Les récits des explorateurs qui pénétrèrent «Au Cœur des Ténèbres» avant l'ère de la colonisation confirment la tragédie permanente de l'existence en Afrique centrale, force brutale, oppression politique, l'exploitation de l'homme par l'homme – y compris l'esclavage. Le trafic du «bois d'ébène», venu du fond des âges, était un commerce normal qui procurait à la multitude de potentats locaux leurs principales ressources. Il atteignit son point le plus cruel aux XVIIe-XVIIIe siècles, arrachant de leurs villages et de leurs familles dans d'atroces conditions des millions d'hommes et de femmes pour les mener soit à la «consommation» locale, soit aux pays musulmans du Moyen-Orient et du Maghreb, soit, hélas, aux colonies européennes d'outre-Atlantique. En fin de compte, ce furent les marines de guerre française et britannique qui mirent un terme aux horreurs de la traite en nettoyant les océans des navires négriers – tandis que les officiers et les soldats de Léopold II l'expurgeaient de la jungle et de la savane à la suite de dures campagnes militaires contre les bandes criminelles d'Arabes ou d'arabisés qui s'en faisaient les intermédiaires.

Après la Grande Guerre, la modernisation du pays s'était accélérée. L'administration et la justice belges, coiffant plusieurs centaines de chefferies traditionnelles, avaient virtuellement mis fin aux coutumes les plus barbares, l'esclavage local, le cannibalisme largement répandu et les sacrifices humains pratiqués surtout aux funérailles des chefs. Elles avaient aussi aboli des pratiques odieuses de l'exploitation coloniale, telles que le travail forcé. En 1959, les chemins de fer comptaient 5 000 kilomètres (sensiblement plus qu'en Belgique), les routes plus de 140 000 kilomètres (autant qu'en Chine), les voies aériennes intérieures 3 500 kilomètres. L'assistance médicale couvrait le territoire d'un réseau serré de 2 500 hôpitaux, maternités et dispensaires ruraux.

Au début des années cinquante, le Congo paraissait paisible et prospère; ni guerre, ni coups d'État, ni massacres ethniques, ni famine. Ce que méconnut le paternalisme belge, malgré ses bonnes intentions, c'est que des hommes, faits de chair et de sang, ne sont pas les rouages de métal d'un ordinateur. En réalité, la marmite bouillait; dépourvue de soupapes de sûreté, elle ne pouvait qu'exploser. Les Empires d'Asie avaient tous disparu, celui de l'Inde depuis dix ans. En 1955, la Conférence de Bandoung avait mobilisé vingt-neuf États afro-asiatiques contre le colonialisme et le racisme. En 1956, l'affaire de Suez avait déclenché à l'ONU une vaste coalition de l'URSS et du tiers monde. En 1957, les Britanniques avaient fait du Ghana la première République noire indépendante; *the Winds of Change* (les vents du changement), annonçait le Premier ministre MacMillan. En 1958, un discours du général de Gaulle dans le stade de Brazzaville, sur la rive nord du fleuve Congo, promettait la liberté et l'indépendance à tous ceux qui la voulaient. À quelques centaines de mètres de là, sur la rive sud, les Belges se complaisaient dans le silence.

Ils n'avaient rien à dire, aucune doctrine à exposer, moins encore de plan de décolonisation. Lorsqu'en 1956 P.H. Spaak, ministre des Affaires étrangères, avait effectué un voyage de trois semaines au Congo – le premier –, il avait été très favorablement impressionné par ses réalisations matérielles. Toutefois, dans un rapport confidentiel, il avait cru devoir souligner de graves carences politiques et l'obligation d'y porter remède à bref délai, notamment en décentralisant ses six provinces dans la perspective d'un État fédéral – il donnait *dix ans* au gouvernement pour y aboutir! Son rapport était tombé dans le vide. Au moment où il quitta la Belgique pour prendre le secrétariat général de l'OTAN à Paris en 1957, aucun débat n'avait eu lieu sur la politique congolaise, aucune option n'avait été adoptée[1]. Cependant!

À la fin de décembre 1958 s'était déroulée dans la capitale du Ghana indépendant une *Conférence du Rassemblement des Peuples africains* pour déclarer «qu'aucun pays d'Afrique ne pourrait rester sous domination étrangère au-delà de 1960». Trois membres du Mouvement national congolais (MNC) y représentaient le Congo, dont un certain Lumumba. Rentré à Léopoldville, transformé en apôtre du nationalisme africain, il incendiait les foules par ses discours. Le 4 janvier 1959, à la suite d'une interdiction des meetings publics, ce fut l'émeute; une déflagration spontanée éclatait à l'issue d'un match de football. Aux cris de «*dipenda, dipenda*» (indépendance), des milliers de jeunes gens, en majorité des chômeurs, étaient descendus dans la rue, incendiant et pillant. Le désordre dura plusieurs jours. Les forces de l'ordre avaient fait usage de leurs armes. On annonça quarante et un morts et deux cent cinquante blessés; il y en eut beaucoup plus. Jamais la ville n'avait connu cela.

Ce fut de l'affolement – révocations, mesures répressives, arrestations. À Bruxelles, on ne savait où donner de la tête. Dans un discours au Parlement, Auguste De Schryver, ministre des Colonies, avait annoncé presque en passant, que l'indépendance du Congo serait un fait acquis l'année suivante.

Le 20 janvier 1960, les ministres belges avaient réuni au Palais des Congrès de Bruxelles, autour d'une Table Ronde, des hommes politiques de leurs trois grands partis (donc aussi de l'opposition socialiste) et quarante-trois Congolais, choisis un peu au hasard. Comme on aurait dû s'y attendre en ces assises quasi publiques, les modérés – il n'en manquait pas – s'étaient rangés aux côtés des enflammés. Quant à l'orgueilleuse puissance coloniale, elle s'était laissée enfermer dans un faux dilemme: se soumettre aux revendications ou les réprimer par la force. Un faux dilemme car à aucun moment dans aucune province sauf à Léopoldville l'autorité publique n'avait été vraiment mise en cause. L'agitation était restée limitée à quelques groupes; elle ne dépassa pas, sauf en de rares incidents, le stade de la rhétorique. L'idée même d'État ou de nation n'existait pas en Afrique centrale.

En un mois, tout était terminé. La Table Ronde, un forum de consultations, s'était transformée en organe de décisions. Le 20 février, elle avait mis fin à ses travaux dans une atmosphère qualifiée de chaleureuse. Le 31 mars était déposé sur le bureau de la Chambre des représentants de Bruxelles le projet agréé d'une *Loi fondamentale,* Constitution provisoire de la future République du Congo, copie presque exacte de la Constitution belge. Promulguée le 19 mai, elle était suivie du 11 au 25 mai d'élections législatives et provinciales dans la colonie. Le 17 juin se réunissaient pour la première fois les deux Chambres congolaises. Le 24 juin Patrice Lumumba, le chef du MHC, jouissant d'une majorité relative, était choisi au nom du Roi par le «ministre des Affaires générales en Afrique» Ganshof van der Meersch). D'obscures intrigues au sein des partis politiques belges et congolais avait conduit à ce choix (sans qu'il fût inévitable) d'un gouvernement très à gauche sous la présidence du plus radical des leaders à qui de surcroît était abandonné le portefeuille de la Défense, c'est-à-dire la direction des forces armées. «Sans enthousiasme mais dans l'espoir qu'il serait moins dangereux au pouvoir que dans l'opposition», devait expliquer Ganshof ultérieurement, sans convaincre. Le 24 juin, Patrice Lumumba obtenait l'investiture qui le faisait Premier ministre du Congo. Kasavubu était élu président de la République. Le 30 juin devait être proclamée solennellement l'indépendance.

Comme il se doit, je m'étais présenté aux ministres auxquels j'aurais à répondre. Ils étaient nombreux. Il y avait Gaston Eyskens, le chef d'un gouvernement de coalition sociale chrétienne et libérale. Ancien professeur d'Économie politique à l'Université de Louvain, intelligent, cultivé, cynique, doué du sens de l'humour, il inclinait à voir dans le drame belgo-congolais une farce plutôt désagréable dont il souhaitait se mêler le moins possible. Aux Affaires étrangères, il y avait Pierre Wigny qui allait inclure dans ses attributions un Congo devenu indépendant. «*Clever but banal*» (adroit mais banal), l'avait jugé Churchill après une courte rencontre. On disait qu'il joignait une surdité intellectuelle à sa surdité physique. Il y avait *trois* ministres du Congo, le principal, Auguste de Schryver, déjà cité, qui croyait aux anges, Raymond Scheyven, en charge des Affaires économiques de la colonie qui espérait prendre la place de son aîné et Walter Ganshof van der Meersch, un haut magistrat éminent, ancien directeur de la Sûreté belge, choisi pour représenter le gouvernement à Léopoldville en raison d'une réputation de fermeté et aussi à cause de l'extrême médiocrité du gouverneur général – un hebdomadaire bruxellois avait publié de celui-ci une caricature où sa grosse tête ronde était représentée par un zéro. Ganshof était un personnage balzacien, un Rastignac vieillissant, bombant un torse pas très rempli et très sûr de lui sans beaucoup de raisons de l'être. Il y avait enfin Arthur Gilson, le ministre de la Défense, responsable des quelques régiments métropolitains stationnés en Afrique qui recherchait la popularité dans sa circonscription électorale en brandissant son sabre. Ils n'étaient pas sans bonne volonté, mais de souffle court.

Dans l'opposition, le plus actif à la Table Ronde avait été le sénateur socialiste Henri Rolin. Il m'avait enseigné le Droit des gens à l'Université de Bruxelles et j'avais gardé de lui le souvenir affectueux d'un professeur brillant et d'un juriste généreux mais pas celui d'un homme d'État. Il pensait sincèrement qu'en donnant aux Congolais une Constitution semblable à celle de son pays (la meilleure du monde), il les préparait à la démocratie et au respect des Droits de l'homme. «Ils sont des blousons noirs!», disait-il, «mais les responsabilités les disciplineront.» À droite, au centre et à gauche, les hommes politiques parlaient d'un «pari congolais» et ils ne doutaient pas de le gagner. Ils étaient mus par des sentiments divers. Certes, chez certains, une générosité mal conçue. Mais aussi, la peur! À aucun prix, une autre guerre d'Algérie, ce qui, compte tenu des circonstances, était absurde. Et chez d'autres, un machiavélisme simpliste qui les portait à croire qu'en cédant aux Noirs les apparences du pouvoir, les Blancs en garderaient la substance – une autre erreur fondamentale. «Vous serez le vice-gouverneur général», m'avait gentiment promis Eyskens en me souhaitant bonne chance*.

Les ministres vivaient enfermés dans leur paroisse. André de Staercke, notre ambassadeur à l'OTAN, était venu à Bruxelles pour les supplier de tenir nos alliés au courant de notre politique congolaise – ou de son inexistence. «Cela ne les regarde pas», lui avait-on dit. J'avais eu l'occasion d'en parler à Wigny en soulignant qu'il y aurait une ambassade de l'URSS à Léopoldville dès le 30 juin. Il avait paru tomber des nues. Il

* Les partis au pouvoir s'étaient engagés à n'envoyer au Congo que des unités formées exclusivement de volontaires; ils n'auraient pas été nombreux.

n'avait rien fait non plus pour rallier à ses vues Washington, Paris, ou les autres capitales amies. Toutes les décisions étaient prises quand fut convoqué en juin le *Conseil de la Couronne,* un corps de ministres et d'anciens ministres, qui n'est réuni que dans de graves occasions. Les Sages du Royaume avaient approuvé le gouvernement à la quasi-unanimité; deux d'entre eux avaient été seuls à émettre des craintes, P.H. Spaak et P. Van Zeeland, l'un de gauche, l'autre de droite, associés ce jour dans la prévision de ce qui devait se passer. Le 30 juin 1960 allait être proclamée solennellement l'indépendance.

Les débuts de la République du Congo (Léopoldville, juin-juillet 1960)

Le baron van den Bosch avait pris possession de son poste de chef de la Mission diplomatique belge (l'ambassade) à Léopoldville (aujourd'hui Kinshasa) le 2 juillet 1960 – quarante-huit heures après les cérémonies qui avaient célébré l'instauration de la souveraineté du Congo. Le 3 juillet, un télégramme m'enjoignait de le rejoindre de toute urgence. Le 7, le soleil se levait quand, invité dans le poste de pilotage du Bœing de la Sabena, je vis à l'horizon se profiler Léopoldville, ses grands immeubles, ses avenues bordées d'arbres, ses parcs et ses jardins et, le long du fleuve géant, ses kilomètres de quais et d'installations portuaires. Peu après, l'avion atterrissait sur l'aérodrome de Ndjili dans la banlieue de la capitale congolaise. Une voiture m'y attendait pour me conduire directement au siège de la Mission.

Les jours suivants avaient été un tohu-bohu. Le gouverneur général de la colonie avait disparu, ce qui était convenable. Il avait pris la malle d'Anvers, ce qui le rendait indisponible pour plusieurs semaines – pas une grande perte. Mais ses bureaux avaient été occupés d'emblée par Lumumba, accompagné du vice-Premier Gizenga et d'une cohue de sous-secrétaires d'État, de chefs et d'attachés de Cabinet, de conseillers privés Noirs et Blancs, de frères et de cousins, venus d'ici et là, empressés à s'emparer de Mercedes officielles, de locaux pourvus d'un téléphone et, si possible, d'une secrétaire européenne. Les fonctionnaires belges cessaient de fonctionner; en fait, certains d'entre eux avaient été priés de déguerpir. Les deux Chambres du Parlement s'étaient mises à délibérer de choses et d'autres, le gouvernement (27 ministres et 9 sous-secrétaires d'État) avait siégé presque en permanence, sans ordre du jour, sans secrétariat, portes ouvertes, ses membres entrant et sortant, se querellant au sujet de leurs attributions et de leurs résidences, occupés surtout des préséances et de leurs émoluments. Partout, le pouvoir se désintégrait. Des Africains illettrés (ou presque) étaient conduits à remplacer sur le champ dix mille officiers, chefs de district, juges, ingénieurs, etc., belges. Dans la province, les vieilles haines ethniques se réveillaient en affrontements sanglants entre Noirs.

Il faut voir dans la mutinerie de la *Force publique* la cause de l'effondrement du château de cartes bâti par la Table Ronde. Depuis le début du siècle, elle était le squelette et la musculature de l'administration belge, son loyalisme un article de foi du colonisateur. La seule garantie du succès du «pari congolais». Le 5 juillet, dans un des camps principaux à Thysville dans le Bas Congo, des mutins s'étaient emparés des magasins d'armes et de munitions, malmenant et incarcérant des officiers – qui sans exception étaient belges. Le même jour, le malaise s'était répercuté dans les camps de Léopoldville. Le général Janssens, commandant en chef, réunissant les hommes et les gradés congolais de son état-major, leur signifia dans une allocution napoléonienne d'une rare sottise que rien n'était changé.

Le mercredi 6 juillet, les troubles avaient gagné le centre de Léopoldville. Le correspondant du quotidien *Le Soir* de Bruxelles, écrivit: «L'hostilité des militaires était dirigée contre les ministres auxquels ils reprochaient de s'octroyer des maisons, des voitures de luxe et 500 000 Frs et plus spécialement contre Lumumba [2].» On peut comprendre leur colère; ils étaient les seuls Congolais associés au pouvoir qui n'en obtenaient aucun bénéfice. Le programme d'africanisation des cadres prévoyait des promotions au grade de sous-lieutenant pour 1968.

Lumumba et ses comparses s'étaient employés à détourner sur les Belges la colère des mutins. À 12 heures, ils avaient adressé par radio à la population un appel enflammé à la révolte. Tôt le même matin, le colonel Gheysen, qui commandait les quelques détachements blancs au Congo (Cometro, environ quinze cents hommes, en majorité stationnés dans deux bases, l'une à Kitona dans le Bas Congo, l'autre à Kamina dans l'Est), s'était présenté au domicile de l'ambassadeur: le général Janssens requérait de lui confier des renforts pour monter une attaque contre les mutins. Un *Traité d'amitié, d'assistance et de coopération*, signé à la veille de l'indépendance (mais pas ratifié) prévoyait que les forces belges ne pouvaient intervenir au Congo qu'à la demande expresse de son ministre de la Défense, en l'occurrence Lumumba lui-même. Van den Bosch lui avait demandé audience. Celui-ci l'avait reçu, entouré de ses collègues, tous de mauvaise humeur, très hostiles au général Janssens, catégoriquement opposés à ses projets. Van den Bosch n'avait pu les convaincre. Ils ne voulaient pas d'intervention des paracommandos. Deux heures plus tard, l'ambassade était officiellement informée que le général Janssens et son chef d'état-major étaient révoqués et qu'ils devaient quitter le pays dans les vingt-quatre heures.

Jeudi 7 juillet, le jour de mon arrivée. Lorsque venu de l'aéroport, j'avais rejoins l'ambassadeur, celui-ci, ravi de me voir, m'avait serré dans ses bras en me disant: «Marx t'attend – pas Karl, Groucho!» Malheureusement, du comique on était passé au tragique. Un télégramme des Affaires étrangères de Bruxelles venait confirmer le traité d'Amitié belgo-congolais; *toute intervention des troupes belges devait être requise par le ministre de la Défense nationale congolais et autorisée par le gouvernement belge – ou en cas d'urgence par l'ambassadeur.*

Dans l'après-midi arrivaient par la route et par le train des réfugiés de Thysville et d'autres petits postes du Bas Congo, hommes, femmes et enfants, très secoués, bouleversés. Les récits, souvent exagérés, des sévices dont ils avaient soufferts – quoiqu'il n'y ait eu ni morts, ni blessés graves – déclenchaient en ville une vive émotion. Dans nos bureaux, le téléphone sonnait presque sans arrêt; des appels de détresse de compatriotes dans la brousse. Plusieurs de nos jeunes collaborateurs s'étaient mis courageusement au volant de leur auto pour aller les aider. Les rues étaient sillonnées de voitures, certaines chargées de bagages comme sur les routes de France en 1940. Un grand nombre de Blancs, perdant la tête, abandonnaient tout pour se réfugier à Brazzaville; d'autres se précipitaient à l'aéroport où ils prenaient d'assaut les Bœing de la *Sabena* à destination de la Belgique.

Mystérieusement, le même affolement saisissait les soldats noirs; ils s'étaient imaginé que Lumumba avait fait appel aux Soviets pour les discipliner, que des avions russes débarquaient des troupes à Ndjili(*). Plusieurs centaines d'entre eux, en tenue de combat, armés de fusils mitrailleurs, grenades à la ceinture, s'étaient jetés dans des camions et des jeeps pour aller affronter à l'aéroport les soldats russes fantômes. Hurlant et brandissant leurs armes, ils y terrorisèrent les réfugiés. D'autres firent irruption dans les appartements des diplomates soviétiques à l'hôtel *Stanley*. Il fallut l'intervention de Thomas Kanza, un jeune membre du gouvernement congolais, pour les délivrer. Ralph Bunche, le représentant de l'ONU, agressé de la même manière, reconnut n'avoir jamais eu aussi peur de sa vie[3]. Léopoldville comptait une population de quatre cent mille Noirs, une garnison de plus de deux mille hommes, vingt mille habitants européens, virtuellement sans armes. Un cauchemar pour les responsables de l'ambassade. Leur dilemme était déchirant: respecter le traité d'Amitié et laisser se dérouler les événements dans la perspective éventuelle de carnages. Ou provoquer l'intervention des paras belges avec ou sans accord du gouvernement congolais et en accepter les risques politiques imprévisibles.

---

* Un seul avion soviétique était effectivement arrivé à l'aéroport pour reconduire à Moscou la mission de l'URSS invitée aux fêtes de l'indépendance.

Dans la soirée, l'ambassadeur décida de faire un nouvel appel à Lumumba. Il me demanda de l'accompagner. Nous attendîmes dans la nuit d'être reçus, grignotant des sandwichs apportés par la courageuse épouse d'un de nos jeunes collaborateurs. Il était près de minuit quand le téléphona sonna pour nous convoquer au Palais du Gouvernement. L'entretien fut tumultueux. Van den Bosch, poli mais ferme, signifia au Premier ministre qu'il ne comptait pas laisser passivement massacrer ou violer ses compatriotes. Lumumba éclata: tout était la faute des Belges, à Thysville celle d'un sous-officier, à Léopoldville celle du général Janssens; il allait dénoncer, dès le matin, à l'opinion mondiale le «complot de la Belgique contre le Congo». Il s'était levé, criant, battant l'air de ses bras, ses yeux jetant des éclairs. Scène extraordinaire qui me faisait penser à celles d'Hitler et de l'ambassadeur de Grande-Bretagne en 1939, rapporté ultérieurement par celui-ci. J'écoutais, muet, une entrevue qui se prolongeait, entrecoupée par la sonnerie des dix téléphones qui garnissaient la table de travail et les allées et venues de collaborateurs chuchotant à l'oreille du grand homme. Soudain, il était 1 h du matin, il nous dit: «Je dois partir, attendez-moi.» Assis sur des chaises inconfortables, nous avions allumé une cigarette, échangeant des regards anxieux. Dans le lointain claquaient sporadiquement des coups de feu. Dix, vingt minutes s'écoulèrent avant qu'il ne revienne pour nous demander de le suivre. Sur le perron, dans la nuit africaine, face au fleuve Congo, entouré de collaborateurs et de soldats noirs brandissant leurs armes, il hurla: «Un Blanc a voulu m'assassiner!» Un de ses hommes agitait un revolver d'ordonnance et une boîte contenant des chargeurs garnis, prétendues pièces à conviction. D'autres vociféraient. L'idée me vint à l'esprit qu'ils allaient nous abattre. Il s'avéra le lendemain que le prétendu assassin était un agent en civil de la Sûreté belge venu prendre son tour de garde.

Mais Lumumba nous faisait signe de rentrer dans son bureau; là, de nouveaux cris. Il était plus de deux heures lorsqu'il se retira sans un mot d'excuse ou de politesse. À l'aube, nous avions réuni nos collègues du Pacte atlantique pour les mettre au courant des menaces du chef du gouvernement. Une foule soulevée par la rage de Lumumba aurait pu s'attaquer à tous les Blancs, sans distinction de nationalité, ils devaient être prévenus. Ils décidèrent de demander audience en corps au Président de la République et au Premier ministre. Ils ne furent pas reçus.

Au cours de cette nuit kafkaïenne, Jean van den Bosch avait été excellent, aussi ferme qu'affable et maître de lui; je l'admirai. Ce fut la seule fois que je rencontrai Lumumba. De haute taille, mince, le teint relativement clair, correctement vêtu, moustache et barbiche à la Lénine, le regard flamboyant derrière des verres épais, il avait une allure quelque peu satanique; «Lucifer de la brousse», disait van den Bosch. Plusieurs de ses compatriotes affirmaient sans rire qu'il était sorcier; effectivement, il exerça sur maint d'entre eux une inexplicable fascination. Un de ses proches, racontant son aventure en 1966, écrivit qu'il s'enfermait chaque jeudi soir dans une chambre noire pour étudier des livres de spiritualisme, d'invocation, de yoga. Il aurait formé autour de lui un groupe d'initiés pratiquant les rites des Rose-Croix[+]. Pourtant, au cours de sa fulgurante ascension, il avait séduit plusieurs personnalités belges éminentes parmi lesquelles le roi Baudouin qui lui consacra un long entretien en 1956 alors qu'il était encore presque inconnu.

Mort assassiné à l'âge de 36 ans, Patrice Lumumba a emporté dans la tombe le secret de son identité. Le futur héros du gauchisme afro-asiatique vit le jour en 1925 dans un village du centre du Zaïre (ex-Congo belge), fils de paysans pauvres de la petite tribu des Batetelas dans une région riche en mines de diamants. On ne connaît que peu de choses de son enfance, si ce n'est qu'élève d'une mission catholique, il la quitta à l'âge de quatorze ans, malgré l'opposition de son père, pour s'inscrire chez un pasteur méthodiste suédois. Ses années d'études furent peu appliquées et se terminèrent dans une école d'aides-infirmiers, profession qui ouvrit sa carrière. En 1943, il quittait la brousse et sa misère pour un emploi de commis aux écritures dans une société minière belge. À dix-huit ans, il épousait la femme que lui avait choisie son père.

En juillet 1944, le jeune ménage s'installait à Stanleyville (aujourd'hui Kisangani), la quatrième ville de la Colonie, trente mille habitants, le siège de nombreuses sociétés, une plaque tournante ferroviaire, un terrain de contact des cultures de l'Est (swahili) et de l'Ouest (lingala). On peut imaginer que c'est à Stanleyville que le jeune homme perdit ses attaches tribales pour acquérir au contact des Blancs et de Noirs de diverses origines une dimension nationale. Rien n'indiquait en lui à cette époque une propension à la révolte. Employé des Postes, il se montrait un agent bien noté, dévoué à ses supérieurs, désireux de plaire aux Blancs. Après un stage à l'École des PTT à Léopoldville, il était nommé « commis de 3e classe », affecté aux chèques postaux. Il se dépensait dans son milieu, publiait des articles dans des feuilles africaines, rédigeait des tracts, les imprimait à son compte; il faisait des conférences, se découvrait un talent naturel d'orateur. Il réussissait à se faire élire président ou secrétaire de divers groupements dont l'Association des anciens élèves des Pères de Scheut, un Cercle culturel belgo-congolais, etc. On a de lui des textes favorables aux colonisateurs; il préconisait un État euro-africain, une communauté belgo-congolaise. Il en avait été récompensé en 1954 par l'octroi de la « carte d'immatriculation » qui l'assimilait au statut juridique des Belges. L'année suivante, encouragé par le ministre des Colonies Buisseret, il fondait l'Amicale libérale de Stanleyville.

En 1956, l'employé des Postes avait été invité avec d'autres notables à un séjour d'un mois en Belgique. C'est l'année aussi de sa condamnation à deux années de prison (réduites à six mois en appel) pour détournement de fonds. Relâché, il trouvait, grâce à des amis de Belgique, un emploi de représentant de commerce dans une importante brasserie de Léopoldville. Il n'abandonnait pas la politique pour autant, prospérant dans l'art de séduire les foules autant que dans celui de vendre des bouteilles de bière.

L'an 1958 a été en Afrique équatoriale celui des grands changements. Lumumba, privé d'une base tribale influente, avait pris contact avec *Conscience africaine,* inventé le *Mouvement national congolais* (MNC) pour y réunir des forces qui transcenderaient les partis ethniques. À l'Exposition universelle de Bruxelles, il faisait connaissance de centaines de Congolais qu'il n'avait jamais rencontrés. À Accra, capitale du Ghana, invité un peu par hasard à la première «Conférence populaire panafricaine» pour y remplacer Kasavubu empêché, il était accueilli par les leaders noirs les plus militants, en particulier le Ghanéen Kwawe Nkrumah et le Guinéen Sekou Touré. Les trois hommes s'étaient reconnus. Pour le Congolais, un éblouissement. À travers toutes ses ambiguïtés et ses contradictions, il s'était trouvé une identité jamais acquise en ses relations avec les plus radicaux de ses amis européens. C'est du moins ce que devait rapporter Thomas Kanza, un de ses plus fidèles et de ses plus intelligents associés[5].

Le génie de Shakespeare a fait de lui un des analystes les plus pénétrants de la psychologie des ambitieux morbides; son Richard III est probablement le meilleur des portraits d'Hitler et de Staline. Serait-ce aller trop loin que de comparer son Coriolan, général patricien de la Rome antique, avec le rejeton de la savane africaine? Celui-ci n'a certainement pas été la même figure héroïque. Pourtant, on décèle entre eux bien des similitudes. Un expert français du barde de la Renaissance a écrit de Caius Marcius Coriolan «qu'il était mû par l'ambition, l'orgueil, l'envie, l'égoïsme, un patriotisme étroit, la guerre, l'héroïsme poussé jusqu'à la caricature de lui-même... un homme perdu par un vice ou une faiblesse qui le rejette en dehors de l'ordre naturel ou d'une communauté politique... Si intolérant, si absolu, si dénué de la moindre compréhension qu'il va être un embarras (pour les siens) qui devront même le répudier»[6]. Monstre d'orgueil et de haine, Shakespeare lui fait dire: «Je serai comme le dragon solitaire qui du fond de son marécage jette l'effroi et fait parler de lui plus qu'il ne se fait voir.»

Patrice Lumumba n'évite pas le public. Néanmoins, comme Coriolan, il se distingue par une étrange aliénation; si maints ambitieux trouvent une force dans l'adulation, il semble avoir préféré l'exécration. Il la suscite tant et si bien que ce seront ses acolytes qui se débarrasseront de lui en moins de deux mois – avant de le livrer à ses mortels ennemis.

Parce qu'il a préféré à la fructueuse coopération que lui offrit l'Ouest une amère opposition, il a été accusé d'être un communiste ou un instrument de Moscou, ou les deux. C'est trop simple. Il a certes été séduit par l'extrême gauche qui convient à son tempérament révolté et l'entourage qu'il se choisit le reflète. Celui de Belges et de Français socialistes marxistes, «compagnons de route» du communisme. Celui d'agents soviétiques, tels Serge Michel, d'origine russe, et l'épouse d'un Français ex-polytechnicien, Andrée Blouin, une ravissante mais dangereuse mulâtresse, originaire de l'Oubangui-Chari, l'un et l'autre bien connus des polices occidentales. Mais ce sont Nkrumah et Touré, nationalistes africains autant que marxistes, qui ont exercé sur lui une influence prépondérante, qui l'ont financé et conseillé.

Le Rédempteur – titre dont se réclamait Nkrumah – s'est converti au marxisme pendant ses études aux États-Unis et à la *London School of Economics*. Touré, ancien député à l'Assemblée nationale de Paris, un admirateur de Mao Tsê-tung, a trouvé à Prague et à Berlin-Est les moyens de se distancer de la France. Êtres brutaux, ils ont découvert dans le matérialisme historique et la lutte des classes l'excuse pour s'approprier les richesses créées par la puissance colonisatrice. Lumumba est loin de leur niveau intellectuel et il est probablement trop proche encore de sa brousse natale pour concevoir un système cohérent de pensée. En dépit de son hostilité usuelle, ne reconnaît-il pas dans des discours «avoir appris de l'Occident, la justice, la liberté et la paix»[7]? Peut-être a-t-il lu, comme il le prétend, J.-J. Rousseau, Voltaire, Victor Hugo, etc. Toutefois, il est surtout un révolté émotionnel et le peu qu'il connaît de Karl Marx suffit à légitimer sa passion de fureur, exacerbée, dit-on, par l'abus du chanvre (haschisch). C'est en elle que se trouve la flamme qui va lui permettre d'allumer un incendie presque mondial.

Samedi 9 et dimanche 10. Un télégramme de Bruxelles, signé Wigny, est venu nous réjouir: «Attirons votre attention population belge est particulièrement attentive à sort Européens emprisonnés stop vous faisons confiance» Merci! Wigny nous annonce aussi des renforts de troupes envoyées par avion avec force publicité; pourtant, dans les camps, les mutins de la veille ont repris la routine du service de garnison.

Nos épouses ayant eu la sagesse de rester en Europe, Jean m'a offert l'hospitalité dans la villa de banlieue qui lui a été assignée. Au milieu de la nuit, nous sommes tirés du sommeil par un appel de notre consul du Katanga: les troubles s'y sont étendus. Il y aurait des morts et des blessés. Nous commençons à nous accoutumer aux exagérations africaines. Mais à notre consternation, nous apprenons que Bruxelles, au mépris du traité d'Amitié, a ordonné de mobiliser des forces métropolitaines basées à Kamina. L'ambassadeur proteste avec énergie et courage[8]. En vain. À l'aube, un premier commando atterrit à la Luneo, l'aérodrome d'Élisabethville; d'autres suivent toute la journée. Bientôt ils ont la situation en main. C'est la fin d'une politique qui avait exclu le recours à la force.

Lundi 11 juillet. Un navire de guerre belge mouillé en rade de Matadi dans l'estuaire du fleuve Congo a mis à terre un peloton de fusiliers marins. Décision mystérieuse. Qui l'a prise et pourquoi? Probablement un commandant local qui ne s'en est jamais vanté*. Officiellement pour protéger les installations portuaires (qui ne sont pas menacées). Les marins se sont heurtés à des groupes de mutins, ils ont fait feu, les Noirs ont pris la fuite en abandonnant une vingtaine de cadavres sur le pavé.

Les stations de la Force publique étaient reliées par radiophonie sur toute l'étendue du Congo. Immédiatement ou presque, elles sont informées en version exagérée du drame de Matadi. Il est fait mention de bombardement naval, de centaines de morts; l'émoi est profond dans toutes les garnisons. D'où une réaction en chaîne de l'Atlantique au Katanga qui donne crédit au mythe d'une conspiration communiste organisée de longue date.

À Thysville, à peine la ville rentrée dans l'ordre, éclate une deuxième rébellion, officiers humiliés, frappés à coups de crosse, incarcérés dans les cachots du camp, femmes violées, enfants parfois battus – beaucoup plus grave que la mutinerie du 5 juillet. À Luluabourg, dans le Congo central, mêmes conséquences. La population européenne (douze cents personnes) a pris refuge dans un immeuble de béton du centre de la ville où l'assiègent des soldats noirs.

À Léopoldville, après l'accalmie du week-end, nouvelle crise. Deux ministres, De Schryver et Ganshof van der Mersch, sont arrivés de Bruxelles. Ganshof a fait ce matin une inspection en hélicoptère à Thysville où il a été chahuté et bousculé. Rentré dans la capitale, nous le voyons encore bouleversé: sans le dire clairement, il se montre rallié à la manière forte, traité ou pas traité. Nous devinons un débat brûlant dans le sérail bruxellois. Quelle est la politique de M. Eyskens, le chef du gouvernement? En réalité, ce n'est plus lui qui la dicte mais les événements qui se précipitent en une fatalité incontrôlable. À la fin de la journée, il nous paraît lumineux que l'action militaire dans laquelle s'est engagé inconsciemment Bruxelles ne peut plus être immobilisée. Ou bien il faut faire marche arrière tout de suite et évacuer le Congo, ce qui est politiquement et moralement inconcevable. Ou bien il faut se soumettre aux impératifs stratégiques et élargir l'opération; sans l'accord du gouvernement de Kinshasa, il est en effet impossible de contrôler avec moins de deux mille hommes un territoire grand comme l'Europe occidentale. La situation requiert *immédiatement* d'importants renforts, ce qui exige de mettre la

* Néanmoins, les dossiers contiennent un télégramme imprudent, adressé de Bruxelles à Cometro et signé Wigny: «Comprends centaines Européens encerclés et empêchés embarquer stop Si péril de vie Cometro doit dégager[9].»

main sur les principaux aéroports et singulièrement sur celui de Ndjili, seul équipé pour relancer les réacteurs des Bœings!

Mardi 12 juillet. Nouveau coup de tonnerre. La radio de Brazzaville annonce que Tschombé, président du Katanga, a proclamé hier soir l'indépendance de sa province. Il s'agit d'un territoire presque aussi étendu que la France, recelant d'immenses richesses minières, alimentant pour plus d'un tiers la Trésorerie nationale. Notre gouvernement fait le jeu des extrémistes congolais. Passant outre aux protestations de l'ambassadeur, il instruit Cometro *d'intervenir partout où se présente un péril imminent pour les vies humaines*. C'est un dangereux blanc-seing aux militaires. À É'ville, leurs troupes renforcent Tschombé.

Dans l'après-midi, Gizenga et ses collèges ont reçu, par deux fois, l'ambassadeur, flanqué de De Schryver et de Ganshof. Je n'ai pas assisté aux entretiens mais j'ai vu les ministres en revenir très émus. Ils ont été abreuvés de reproches, sinon d'injures. Quand la conversation s'est quelque peu calmée, Bamboko a suggéré de faire appel aux Américains. L'ambassadeur des États-Unis, appelé en consultation, a consenti à transmettre à Washington une demande d'envoi immédiat de quelques troupes, deux à trois mille hommes pour assurer l'ordre. Van den Bosch et les ministres belges n'ont pu qu'acquiescer, non sans tristesse; ils sont conscients que s'amorce une internationalisation de leur ancienne colonie. D'autre part, Gizenga finit par déclarer que son gouvernement a résolu de faire appel à l'ONU[10].

Une conférence, terminée plus tard dans la nuit, a réuni ministres, diplomates et militaires belges. J'en ai gardé un souvenir sinistre. Dans la salle mal éclairée et trop étroite, les humeurs sont hargneuses. Le climat étouffant. Ganshof mène le jeu; sans l'avouer, il s'est rangé dans le clan des va-t-en guerre. Rentré en Belgique dès le lendemain, il va démissionner tout en lançant des appels aux armes. Pour l'heure, avec De Schryver, il prend la décision de faire occuper l'aérodrome de Ndjili.

Dans les jours suivants vont y débarquer des renforts en provenance de la base de Kitana, à une heure de vol, suivis d'unités venues de Belgique. Répondant aux appels au secours qui se multiplient aux quatre coins du pays où s'étendent des troubles causés par les soldats noirs, les troupes de Cometro seront bientôt de près de dix mille hommes répartis dans tout le pays. Un brillant fait d'armes qui nous coûte onze morts et soixante-quinze blessés. Mais un désastre politique. Nous le sentons dans la capitale. Les mutins sont repris de rage, les arrestations d'Européens se multiplient. À 18 h 50, le général Gheysen reçoit du président Kasavubu un ultimatum lui enjoignant «de faire renter dans les bases toutes les forces métropolitaines endéans (*sic*) les deux heures». Il promet d'assurer la sécurité des Européens avec des unités congolaises!

Mercredi 13 juillet. Depuis quarante-huit heures, les événements du Congo remplissent la première page des journaux, ceux de l'Ouest plus ou moins compréhensifs, ceux de l'Est (y compris ceux de Belgrade) violents et injustes. De quelque part dans la brousse, le président de la République et son Premier ministre en personnes ont lancé des télégrammes (sur le réseau commercial) pour solliciter d'abord une aide technique militaire, ensuite une assistance armée de l'ONU contre *l'agression de la Belgique*. Pékin et Moscou sont entrés en scène, Mao Tsê-tung par un message personnel à Lumumba, promettant des volontaires pour combattre la « clique impérialiste », Khrouchtchev par une note grossière à Bruxelles, Londres et Washington, dénonçant *l'agression belge*. À la suite de laquelle, un autre télégramme « secret et urgent », adressé en clair à Moscou par Lumumba indique: « Il est possible que le gouvernement congolais soit forcé de demander l'intervention de l'URSS si le camp occidental n'arrête pas son agression contre notre souveraineté... Les vies du Président et du Premier ministre sont en danger[11]. »

L'appel fait du bruit. Non seulement à l'étranger mais aussi auprès d'un peuple converti dans une large mesure au christianisme qu'effraye le communisme (70% des Congolais se disent chrétiens). Le soir, la radio annonce que le gouvernement congolais a demandé au Ghana une intervention armée immédiate « en attendant l'arrivée des forces de l'ONU ».

Jeudi 14 juillet. Hier, dans la soirée, le Secrétaire général de l'ONU a réuni le Conseil de Sécurité pour connaître de la requête du gouvernement congolais. À 3 h 30 du matin, le Conseil a adopté une « résolution modérée », prescrivant le retrait des troupes belges du Congo et autorisant le Secrétaire général à lui donner l'assistance nécessaire. Elle n'a pas retenu l'accusation *d'agression* et le gouvernement belge a pu s'y rallier, étant entendu (en termes ambigus) que le retrait de ses troupes serait conditionné par le rétablissement de l'ordre public. Hammarskjöld met en route sur-le-champ une Organisation de l'ONU au Congo (ONUC).

C'est trop beau. À l'heure même où nous nous réjouissons, Kasavubu et Lumumba, dans un de leurs télégrammes fracassants venus de la brousse, annoncent la rupture des relations diplomatiques entre le Congo et la Belgique. La résolution de l'ONU du 14 juillet avait ouvert la porte à une coopération internationale sous l'autorité du Secrétaire général, permettant à plus de dix mille cadres belges officiels et privés, parfois réfugiés à l'étranger, de reprendre leur poste. À présent, tout est remis en question.

Mon séjour à Léopoldville touchait à sa fin. Le 16 juillet, je reçus de Bruxelles un télégramme comminatoire m'enjoignant de me rendre de toute urgence à Élisabethville – sans du reste indiquer ce qu'y serait ma mission, sauf de « suivre la situation »[12]. Mes dernières heures dans la capitale ne furent pas des vacances. Il y eut une nouvelle lettre de Lumumba confirmant la rupture. Malgré l'appui complet de la Belgique à la résolution de l'ONU, elle intimait la fermeture immédiate de son ambassade, le départ de son personnel – et celui des troupes métropolitaines *dans les douze heures*. (Bruxelles toutefois nous prescrivait de rester sur place, le drapeau tricolore continua à flotter sur l'immeuble de la chancellerie.) Il y eut de Lumumba un deuxième appel d'aide militaire à Moscou – désapprouvé par le Sénat. Jean et moi avions eu une longue conversation avec Ralph Bunche, le délégué de l'ONU, qui avait vu le Premier ministre. Leur entrevue avait été orageuse. Aussi hargneux qu'à l'accoutumée, le Congolais s'était plaint de la lenteur déployée par l'ONU envers les «agresseurs» belges. Bunche voyait en lui un «enfant fou» (*crazy kid*), doué d'une «facilité de paroles, ce qui le rendait extrêmement inquiétant»[13].

L'affaire du Katanga (Élisabethville juillet-octobre 1960)

J'arrivai dans l'après-midi à Kamina, une énorme base aux installations luxueuses dans la savane ocre. Mon DC3 n'allait pas plus loin; toutefois, un télégramme adressé au commandant de la place lui enjoignait de m'acheminer sur-le-champ à Élisabethville (à présent Lubumbashi) à 500 kilomètres au sud où m'attendait le comte d'Aspremont-Lynden, chef-adjoint du Cabinet du Premier ministre, qui devait me communiquer des instructions. Faute de mieux, on m'embarquait, parachute au dos, casque de cuir sur la tête, dans un biplace de chasse d'avant-guerre qui servait en temps normal à l'entraînement des candidats pilotes. La nuit tombait au moment d'atterrir à la Lueno, l'aérodrome ultramoderne d'Élisabethville.

D'Aspremont y guettait mon arrivée, il allait reprendre sur l'heure le Sabena à destination de Bruxelles. Notre entretien me laissa pantois. Jean van den Bosch en me souhaitant bon voyage m'avait souligné que je le représenterais au Katanga avec délégation d'autorité sur tous les services belges[14]. Harold d'Aspremont m'expliqua qu'il revenait dans quelques jours pour prendre la direction de *Mistebel*, une mission technique coordonnant les activités d'assistance belge au gouvernement de M. Tschombé; j'en serais le chef-adjoint et le conseiller diplomatique. Un joli micmac. Il était clair que nos maîtres à Bruxelles se divisaient entre deux factions, plus ou moins apparentées à la droite et à la gauche, l'une nostalgique du passé colonial, l'autre pensant à un avenir plus égalitaire.

Élisabethville avec ses treize mille Européens (trente mille dans la province) était moins imposante que sa sœur aînée du Bas Congo et elle ne bénéficiait pas de sa situation privilégiée au bord d'un fleuve géant;

mais ses larges avenues plantées de jacarandas avec ses immeubles à étages multiples avaient bonne allure et son quartier résidentiel arboré faisait penser au Touquet-Paris Plage. Les rues étaient bien tenues, la circulation intense canalisée par des policiers disciplinés. Le plus vif contraste avec le désordre, la saleté et la violence dans un Léopoldville livrée à l''anarchie. Les 3 500 000 habitants de la province appartenaient à diverses tribus avec une tradition précoloniale de luttes sanglantes. Dans le Nord, une majorité de Baluba, réunis dans *le cartel Balubakat*, sous l'égide de Jason Sendwe, plus ou moins acoquiné avec les socialistes de Belgique. Ailleurs, des Lunda, des Bayeke, des Tshokwe, etc. et encore des Baluba, alliés à la *Conakat*, présidée par Moïse Tschombé, plus proche des milieux conservateurs. Ce qui n'avait rien de surprenant: son fief coïncidait avec la région du cuivre, du cobalt, du radium, de l'uranium, etc., «un miracle géologique» disait-on, contrôlé par la *Société Générale de Belgique*, le puissant trust dont *l'Union Minière du Haut Katanga* (l'UMHK) était un principal fleuron. Aux élections de 1960, la *Conakat* et ses alliés s'étaient assuré une petite majorité au Conseil provincial, Tschombé était devenu président du Katanga. Le 11, il avait proclamé l'indépendance totale du Katanga... «en union économique avec la Belgique... laquelle lui apporterait son appui technique, financier et militaire». Bruxelles n'avait pas été consulté.

Les tendances centrifuges étaient au Congo une vieille affaire. Aux débuts de la Table Ronde, divers leaders africains, parmi lesquels Kasavubu, avaient préconisé des structures fédérales. Élisabethville est située à plus de 1 500 kilomètres de Léopoldville, presque la distance qui sépare Paris d'Istanbul, les conditions socio-économiques étaient fort différentes, aucun lien sentimental ne les unissait. Bien avant 1960, les colons avaient manifesté des velléités sécessionnistes.

Les Noirs étaient traversés de courants similaires. Godefroid Munongo, le ministre de l'Intérieur de la province, un de ses hommes forts, était un petit-fils de Msiri, un conquérant cruel et sanguinaire, marchand d'esclaves, arrivé de l'est au milieu du siècle dernier à la tête des Bayeke. Il était fier de son sang noble qui en imposait dans la brousse. Intelligent, il avait fait des études très complètes. La «nation katangaise» incarnait pour lui la résurrection d'un passé de puissance.

Tschombé occupait dans la hiérarchie locale un rang plus élevé encore. Fils aîné d'un commerçant enrichi (son père possédait plusieurs plantations, une entreprise de transports routiers, une chaîne de boutiques de village, un abattoir, un hôtel, etc.), de sang royal lui-même, il avait épousé la fille favorite du Mwata Yambo, le grand roi des Lunda, descendant d'une dynastie prestigieuse qui régnait depuis le XVIe siècle sur les savanes s'étendant de la Rhodésie à l'Angola, avec plus de quatre millions d'habitants en 1960. J'allais comprendre ce que représentaient ces traditions séculaires mêlées à du nationalisme d'importation récente lorsque peu après mon arrivée, je fus invité par Tschombé à rendre visite à son majestueux beau-père. Arrivés à bord d'un petit avion d'*Air Brousse*, nous étions passés dans un vaste enclos entre une douzaine de gardes en uniforme, présentant les armes, de vieux fusils de traite, un clairon sonnant aux champs! Le Grand Chef nous attendait, vêtu d'un complet veston, une peau de tigre sur les épaules, assis sur une sorte de trône devant son «palais», un bungalow de briques au toit de tôle ondulée. Tschombé à mes côtés, correctement habillé d'un costume sombre, chemise blanche, cravate sévère, un chapeau *Eden* sur la tête, s'était arrêté à cinq pas de Dtende Nuwezi III pour ôter son couvre-chef, s'effondrer à genoux sur le sol, le front dans la poussière. Deux chaises avaient été avancées; après un échange de politesses en excellent français, nous avions pris congé.

Mistebel démarrait en réglant cent problèmes dont la masse seule était importante. Les troubles et les scènes de pillage étaient oubliés. Les mutins qui n'avaient pas disparu avaient été désarmés. Un seul camp, refusant de mettre bas les armes, avait dû être attaqué; il s'était rendu après avoir perdu une vingtaine d'hommes. Une *gendarmerie katangaise* était enrôlée, encadrée d'officiers choisis. Dans toute la province, de petits postes belges rassuraient Blancs et Noirs. Les réfugiés refluaient pour reprendre leurs fonctions. Les centrales électriques, les centres miniers, les usines, s'étaient remises à tourner. (En 1960 la production du cuivre dépassait 300 000 tonnes, plus qu'en 1959 qui avait été une année record.) Les banques avaient rouvert leurs guichets. L'argent ne manquait pas, une grande partie des impôts auxquels étaient soumises les sociétés consistant en droits à l'exportation prélevés aux frontières. Le soir, on voyait à la terrasse des cafés des Européens (et quelques Noirs) siroter de la bière ou du whisky soda. Dans les jardins plantés de flamboyants des luxueuses résidences, on flirtait en jouant au tennis ou on nageait dans les piscines.

Assistés de chefs de Cabinet belges que je réunissais chaque matin à *Mistebel*, les ministres africains ne se débrouillaient pas mal. Je rencontrais chaque jour le père Tschombé à l'ancien Palais du Gouverneur qui était devenu le sien. L'homme me plaisait. Il n'était pas un esprit fort. Toutefois, il y avait en lui quelque chose de sincère et de bienveillant, un bon sens souriant, une naturelle modération dont ne faisaient pas souvent preuve les politiciens africains. La littérature d'une certaine gauche très à gauche ou cryptocommuniste allait le couvrir d'injures et de calomnies, le qualifiant de «chien courant du capitalisme», de marionnette des sociétés belges, surtout de la puissante *UMHK*. Il est probable qu'il en reçut des subventions; mais son rival de gauche, Jason Sendwe, en reçut tout autant et même probablement Patrice Lumumba. D'aucun d'eux, elles ne firent des serviteurs obéissants. Aussi bien, la tâche de *Mistebel* eût été plus aisée si les Katangais, Blancs ou Noirs, s'étaient montrés plus ouverts à ses conseils.

À l'encontre de Lumumba, Tschombé avait la sagesse de voir que son intérêt était de coopérer avec les Européens. (L'*UMHK* a elle seule employait plus de deux mille Blancs, personnel dirigeant, ingénieurs, chimistes, etc., et vingt-deux mille cinq cents Noirs d'un niveau de vie supérieur à celui des ouvriers yougoslaves). Qu'il subît trop l'influence des ultras d'Élisabethville est malheureusement vrai. Il y en avait à la direction locale de l'*Union Minière* où ils rêvaient d'une société à charte exerçant la souveraineté – reminiscente de celle de Cecil Rhodes jadis en Afrique australe. Il y en avait même à *Mistebel* où j'avais peine à les modérer.

Bruxelles n'aidait pas. Son gouvernement se disait fidèle à l'unitarisme de l'ancienne colonie. Une note diplomatique aux puissances alliées et au Conseil de Sécurité venait de le rappeler en termes fermes; signée Wigny, elle était datée du 11 juillet. Mais le 22 août, un télégramme «secret», signé Eyskens, Premier ministre, nous annonçait l'arrivée d'un «émissaire» venant la contredire. Le samedi 23, à 9 h 30, un M. Sohier, président émérite de la Cour de cassation, se présentait à mon bureau. Arrivé avec l'avion du matin, il avait déjà vu M. Tschombé, me dit-il, à qui il avait communiqué un message dont l'avaient chargé les deux ministres des Affaires africaines, De Schryver et Scheyven:

1) si le débat au Conseil de Sécurité se déroulait favorablement, la Belgique reconnaîtrait l'indépendance katangaise dans les trois jours;
2) de même, si le débat se déroulait très défavorablement;
3) par contre, il pourrait se produire à New York une situation exigeant la temporisation. De toute manière, le gouvernement belge donnait l'assurance de la reconnaissance prochaine à M. Tschombé.

L'entretien ne dura que quelques minutes, M. Sohier refusant d'écouter mes observations. Sa mission était terminée, me dit-il en me quittant[15].

Que faire? Auquel des ministres obéir? La Mission avait à prendre position immédiatement, peut-être le jour même. Ne rien faire signifiait confirmer la validité du message Sohier; Tschombé pouvait à tout moment prononcer un de ses discours enthousiastes et fracassants que reprendrait la presse mondiale et qu'il serait difficile de démentir. Les scrupules me taraudaient l'esprit. À des milliers de kilomètres des centres de décision, privé de journaux récents, mal informé par Bruxelles, sans personne à qui me confier sur place, j'avais fini par tenter d'atteindre P. H. Spaak par téléphone. Un agent belge de la Poste centrale, après des heures d'efforts presque héroïques, réussissait à accrocher Paris. En l'absence de Spaak, j'avais obtenu André de Staercke, notre ambassadeur au Conseil atlantique. Il avait été catégorique: pas un de nos alliés, pas un pays au monde n'était prêt à reconnaître l'indépendance du Katanga. Il ne m'était plus resté qu'à me précipiter chez son Président pour le mettre au courant et expliquer au pauvre homme effondré que M. Sohier «avait mal interprété son message». Un télégramme de Bruxelles allait venir approuver un discours que Tschombé avait consenti à prononcer en faveur d'une *confédération* congolaise[16].

Harold d'Aspremont avait rejoint Élisabethville quarante-huit heures plus tard. Informé de l'affaire Sohier que j'avais cru bon de ne pas coucher sur le papier, il s'était incliné – non sans quelque tristesse. L'opinion d'André de Staercke dont la réputation était solide y contribua.

Le Premier ministre Lumumba, suivi de ses adeptes, s'était remis en route à travers le monde à la recherche de publicité et de subsides. Les 24 et le 25 juillet, relativement amène, il rencontrait Dag Hammarskjöld dans les bureaux de l'ONU à New York. Les deux hommes se seraient mis d'accord à la mise sur pied d'une administration onusienne qui aurait doublé les fonctionnaires congolais tout en collaborant avec eux (*«a kind of UN shadow administration»*)[17]. Projet de gigantesque dimension, il tendait à remplacer une dizaine de milliers de Belges, civils et militaires, par des agents francophones de l'ONU – en réalité, ceux-ci ne dépassèrent jamais quelques centaines. Il aurait fait de Hammarskjöld, sinon de Lumumba, le maître d'un des principaux pays de l'Afrique noire. En fut-il conscient? À coup sûr. Dans son rapport au Conseil de Sécurité du 6 août, il allait décrire le glorieux avenir qu'il concevait pour son Organisation.

Peu après, le Secrétaire général de l'ONU avait pris l'avion pour Léopoldville, faisant escale le 27 juillet à Bruxelles pour conférer avec le ministre des Affaires étrangères. J'avais été prié de les rejoindre pour exposer la situation à Élisabethville. La tâche de l'ONU au Congo consistait explicitement à la protection des vies et des biens. La Charte l'obligeait à une stricte neutralité politique, le Secrétaire général lui-même l'avait plusieurs fois souligné. Dès lors, il ne semblait pas, du moins aux Belges, qu'elle eût à intervenir au Katanga (et moins encore dans les bases de Kamina et de Kitona) où régnait à présent la paix publique.

Que non! Selon M. Hammarskjöld, c'était le «climat d'ensemble... l'ambiance totale» qui devait créer la sécurité. Pour lui, la situation juridique était claire; les résolutions mentionnaient «le Congo», ce qui incluait le Katanga et les bases. Il ne pouvait être question d'en être autrement. M. Hammarskjöld constata qu'il y avait entre lui et son interlocuteur une «divergence de vue fondamentale». Il parla aussi pour la première fois de la possibilité d'un conflit déclenché par la sécession katangaise: «pays africains, pays asiatiques, pays de l'Est étaient unanimes sur ce point» (?) Une guerre froide et même chaude à «la coréenne» ne pouvait être exclue. Toutefois, il promit de négocier avec Tschombé pour gagner du temps, mentionnant en termes obscurs une situation qui lui serait acceptable[18].

À Léopoldville, l'affaire du Katanga était devenue une obsession – il faut dire qu'ayant cessé d'alimenter le Trésor congolais, elle aggravait une situation économique et financière désastreuse. Le vice-Premier, Gizenga dans des discours, Kathamura à la radio, attaquaient en termes hystériques de style hitlérien les Belges et l'ONU, les accusant de violences sanguinaires, de racisme, de forfaiture, etc. tentant (sans succès) de soulever les masses. Le chargé d'Affaires soviétique déclarait que la situation était plus grave que celle de Berlin: «Mon gouvernement va devoir entreprendre une action contre les agresseurs colonialistes.»

Dag Hammarskjöld céda-t-il à l'affolement? Il avait renvoyé secrètement à Bruxelles un de ses adjoints, qui y obtint (ou crut obtenir) de M. Wigny l'assurance qu'il n'y aurait pas d'opposition à l'arrivée des Casques bleus à Élisabethville. Promesse que de toute manière les Belges n'étaient pas en mesure de tenir, mais cela, les gens de l'ONU ne voulaient pas le croire. Le 2 août, le thermomètre avait grimpé. Des rumeurs de coup d'État couraient la ville. M. Hammarskjöld confiait à des diplomates ses craintes d'un glissement du gouvernement vers l'extrême gauche. Le soir, il faisait savoir abruptement que Ralph Bunche se rendrait à Élisabethville, le jeudi 4, pour préparer l'arrivée le samedi 6 des troupes de l'ONUC.

Son envoyé avait été mal reçu par les Katangais effarés. Tschombé annonça qu'il s'opposerait par la force à l'invasion de son pays. Il était prêt à mobiliser par milliers ses guerriers Lunda armés d'arcs, de flèches empoisonnées et de sagaies. Il fallut l'intervention personnelle des deux chefs de *Mistebel*, accourus à l'aéroport, pour réfréner les dangereuses ardeurs de Munongo et empêcher des incidents graves au départ précipité de Bunche. Il était retourné à Léopoldville exagérément alarmé. Le débarquement des Casques bleus avait été annulé et Hammarskjöld avait convoqué le Conseil de Sécurité.

Autant que le noir Lucifer de la brousse africaine, le blond Viking de l'ONU a été responsable du déclenchement de la tragédie congolaise; car l'un et l'autre ont exercé à un moment décisif l'autorité souveraine qui y a préparé le destin. Comment décrire Hammarskjöld?

L'homme était courtois, élégant dans sa manière de s'exprimer, autant que dans son apparence, un maître aussi du clair-obscur. Mais il n'était pas décontracté, ce qui fit dire à Spaak, allergique à ces tempéraments fébriles, qu'il était «un adepte de la marche à pied et des bains froids». Il a été admiré et sa mémoire l'est encore dans divers milieux. Qu'il ait été plein de bonnes intentions, qu'il ait joué un rôle primordial sur la scène internationale sont incontestables. Aucun Secrétaire général de l'ONU, ni avant ni après lui, n'a bénéficié d'autant de pouvoir. Aucun homme public, dépourvu d'assise étatique, n'a pesé aussi lourdement sur les événements par la seule force de sa personnalité. Que son rôle ait été bénéfique est moins certain.

Ce que j'avais vu d'Hammarskjöld au moment des drames de Hongrie et de Suez ne m'avait pas laissé une bonne impression. Trop enclin à se ranger du côté des plus forts au détriment de ceux qui l'étaient moins. Quand je le connus mieux, je compris que mon jugement avait été sommaire. L'homme était mû par une foi évidemment sincère qu'expliquaient ses origines, ses premières années, ses états d'âme. Suédois de vieille souche, il était né dans une famille patricienne de diplomates, de juristes, d'officiers. Son père avait été Premier ministre pendant la Grande Guerre avant d'occuper de longues années un poste de gouverneur de province. Sévère et dominateur, il avait régné d'une main de fer sur ses quatre fils – Dag était le plus jeune –, leur inculquant l'éthique du travail que favorisait le temps. Il était sec, pratique, terre à terre. Agnès, son épouse, était toute différente. Comme celle de Robert Schuman, elle était extrêmement pieuse, aimante, poétique, « évangélique », a dit son fils qui lui était très attaché et sur qui elle semble avoir exercé une forte influence.

Dans ces terres du Nord aux hivers sans fin, les heures ensoleillées sont rares et les cieux pèsent lourdement sur les hommes. La grande majorité des Suédois appartiennent à l'Église de Luther, mais Calvin aussi a marqué leurs cœurs de sa dure empreinte. Dieu destine certains êtres à la grâce, d'autres à la damnation et ses décrets sont inaltérables, a prononcé le prophète de Genève. Ceux qui croient en sa théologie y découvrent un système d'héroïque harmonie: « Les hommes qui s'y attachent, a écrit l'un d'eux, sentent que leurs pieds reposent sur la dernière et la plus haute réalité[19]. » Hammarskjöld ne fut-il pas des leurs? Il parlait de sa *vocation*, ajoutant « qu'il n'y a pas d'excuses (pour les responsables) à perdre le sens d'avoir été *appelés* ». Dans une rare interview de 1954, le Secrétaire général a révélé lui-même combien il y croyait (« une expérience spirituelle qui dépasse la réalité accessible à nos sens ») et, quoique n'étant affilié à aucune communion particulière, combien il devait au dogme de la Prédestination. Il s'est référé aussi aux mystiques du Moyen Âge pour qui l'aliénation de soi-même représentait la voie de l'accomplissement[20]. Pour lui, le mysticisme devait nécessairement s'accompagner d'une philosophie de l'existence; c'est dans le socialisme qu'il crut la trouver.

Au Gymnase (le lycée) et à l'Université d'Uppsala, Dag avait été un élève brillant, adonné entièrement à l'étude, distant, dédaigneux des plaisirs, si ce n'est de celui qu'apporte le goût des arts. Ou alors, en effet, de longues marches dans la montagne en été, le ski en hiver, en compagnie de rares amis, généralement masculins. On dit parfois qu'il était homosexuel. Jamais marié, on ne lui connut de tendresse féminine que celle qui l'unit profondément à sa mère. Sa vie durant, ses proches sont tous des hommes, pas toujours choisis avec discernement et changeant fréquemment. Pourtant, rien n'indique que les liens qu'il contracta furent autres que ceux d'une intimité intellectuelle.

En 1939, âgé de 25 ans, Dag Hammarskjöld, licencié en droit, rejoignit son père retiré à Stockholm. C'était l'époque de la Grande Crise. «Moscou ou Berlin, le communisme ou le fascisme, il faut choisir», hurlaient les démagogues. Les froids Suédois ne se laissaient pas griser. Les plus actifs se réunissaient dans un cercle d'études économiques de mouvance sociale démocrate. Sans s'affilier au Parti, Hammarskjöld gravitait autour de ses dirigeants; leur inspiration venait de Keynes, pas de Marx. Hammarskjöld la suivit, influencé par un de ses meilleurs amis, Erik Lundberg, revenu d'études aux États-Unis.

En 1932, les élections ont porté au pouvoir le Parti social démocrate. Il l'a gardé, sauf en de courts intervalles jusqu'en 1976. L'année suivante, Hammarskjöld obtient un doctorat en Sciences économiques. Il est secrétaire d'une Commission de l'Emploi avant d'être nommé secrétaire général au ministère des Finances. Ceux qui l'ont connu à cette époque, Lundberg en particulier, dessinent le portrait d'un bourreau de travail, attaché de longues heures à son bureau, souvent tard dans la nuit, passionnément voué à imprimer sa marque sur la société. Son espérance socialiste est d'autant plus vigoureuse qu'il l'enracine dans les Écritures. «Tous les hommes sont égaux en qualité d'enfants de Dieu», dit-il, «nous devons les regarder et les traiter comme nos maîtres en Dieu...[21]»

En 1941, Hammarskjöld devient président de la Banque centrale, ce qui lui confère un siège dans les grandes conférences internationales qui préparent la réhabilitation de l'Europe au lendemain de la guerre. Il représente la Suède à l'OECE et au Conseil de l'Europe. En 1951, il est vice-ministre des Affaires étrangères et membre du Cabinet.

Lorsqu'en novembre 1952, Trygve Lie, un Norvégien, le premier en date des Secrétaires généraux de l'ONU, abandonne ses fonctions, la guerre froide atteint un paroxysme. Staline, qui n'a plus que quelques mois à vivre, est plus paranoïaque qu'il ne l'a jamais été. La nomination d'un nouveau Secrétaire général requiert l'unanimité des cinq Grands; en dépit de longues négociations, elle s'avère impossible. Le décès du dictateur soviétique en mars 1953 débloque l'imbroglio. Quelqu'un suggère le nom de Hammarskjöld, le vice-ministre d'un pays resté à l'écart des guerres européennes depuis la bataille de Waterloo. Peu connu dans les capitales, il n'effraye personne. Le 10 avril 1953, il est officiellement installé et prête serment devant l'Assemblée.

New York semble avoir représenté pour Hammarskjöld, aussi étrange que cela puisse paraître, une sorte d'expérience mystique qui évoque celle de saint Paul sur le chemin de Damas. Le Britannique Brian Urquhart, un de ses plus proches collaborateurs pendant de longues années, a écrit dans une excellente biographie: « Il commença à trouver la paix intérieure qu'il avait si longtemps cherchée. » Dans un livre élogieux (auquel son sujet collabora), l'historien américain de gauche J. P. Lash a intitulé un de ses premiers chapitres: « Un sacerdoce international ». C.C. O'Brien, un diplomate irlandais socialiste protégé par Hammarskjöld, a rapporté qu'il se considérait comme une « sorte d'ange supranational »[22].

Le très intelligent Kanza, un de ses admirateurs, ministres des Affaires de l'ONU au gouvernement congolais en 1960, a perçu sa vocation « de héros mondial de la paix ». « Toute sa vie a été vouée à faire du secrétariat général des Nations Unies la base d'un gouvernement du monde. Il espérait désespérément atteindre son objectif – si même incomplètement – à travers l'action de l'ONU au Congo. » À Jean van den Bosch, un analyste politique perspicace qui le connaissait de longue date, il apparut « comme un chef de gouvernement à la recherche d'une majorité de rechange ». « Le terme de son office approchait: il en souhaitait le renouvellement. Mais la cascade des indépendances africaines allait modifier la composition de l'Assemblée... il était donc en quête de voix nouvelles. »

Parmi les armes de sa panoplie figurait la neutralité. Le secrétariat général de l'ONU est par nature une fonction œcuménique. Son titulaire devait être le serviteur des soixante-quatre nations (81 en 1961) qui composaient alors l'Organisation, et particulièrement des cinq Grands (États-Unis, URSS, Chine, Grande-Bretagne, France), membres permanents du Conseil de Sécurité. Dans le contexte de la guerre froide qui faisait rage, c'était une tâche plus qu'ardue. Le messianisme séculier d'Hammarskjöld en eut une conception poussée à l'extrême. Il l'exposa dans un discours prononcé à l'Université de Cambridge: « Le conflit entre différentes idées de la liberté de l'homme et de son esprit, de la dignité et des droits de l'individu est constant... Nous serions sur un terrain dangereux si nous pensions qu'une personne, une nation ou une idéologie possède un monopole de la justice, de la liberté ou de la dignité humaines[23]. »

Éthique pleine de noblesse dans une cité de droit, elle est autodestructrice dans une société où s'affrontent ceux qui respectent (plus ou moins) la loi et ceux qui la nient, ceux qui se défendent et ceux qui attaquent.

Le 7 août, Hammarskjöld, au Conseil de Sécurité, accusait à nouveau les Belges d'être responsables des troubles au Congo. « Je n'hésite pas à dire, ajouta-t-il, que résoudre le plus rapidement possible, je dirai même immédiatement – le problème congolais est une question de paix ou de guerre et quand je dis paix ou guerre, ce n'est pas dans la seule perspective

---

* Les mémoires de Khrouchtchev consacrèrent 13 pages à la crise de Suez, 20 pages à celle de Hongrie, etc. Pas un mot à celle du Congo.

du Congo[24]. » Pas un autre diplomate ne croyait sérieusement à un affrontement armé Est-Ouest en Afrique centrale*. Ce qui n'empêcha pas le Conseil de voter une résolution qui, pour la première fois, faisait du retrait des troupes belges du Katanga « une contribution positive et essentielle » ; elle laissait véritablement au Secrétaire général les mains libres pour l'obtenir. « *Un document byzantin* », reconnut un des principaux fonctionnaires de New York[25].

Le 12 août, Hammarskjöld fort de son mandat atterrissait à la Lueno, escorté par quatre quadrimoteurs transportant des soldats suédois. Tschombé et ses ministres l'avaient reçu tout sourire sur le tarmac ensoleillé, un détachement de la gendarmerie avec musique et drapeau rendant les honneurs. D'Aspremont et moi y étions, soucieux d'éviter toute bavure. Il n'y en eut point. Au cours d'une longue conversation, le Président du Katanga avait cru obtenir les garanties politiques énoncées dans un aide-mémoire remis à Hammarskjöld. Officiers belges et officiers suédois s'étaient entendus pour organiser la relève.

D'Aspremont et moi avions invité Dag Hammarskjöld à dîner, mais il s'était excusé. J'avais néanmoins réussi à le voir en tête-à-tête. Non sans naïveté, j'avais essayé, en faisant appel à ses sentiments humanitaires, de le convaincre que le succès de sa mission, *nolens volens*, dépendrait de la présence belge au Congo ; l'immense majorité de mes compatriotes, une dizaine de milliers, constituaient une charpente irremplaçable dans ce pays de langue française au moins pendant une période de transition. Pourquoi ne pas les employer ? Si mon interlocuteur m'avait écouté, il ne m'avait pas entendu ; des mois plus tard, il n'y avait pas *un seul* citoyen belge au service de l'ONU, pas une dactylo, pas un chauffeur. Au général Gheysen, il avait dit : « Vos préoccupations quant à la sécurité des Européens au Katanga sont de peu de poids en regard de la paix mondiale. » Le lendemain, navré, je le vis partir ; je ne devais plus jamais le revoir.

Le 2 septembre, Harold d'Aspremont, nommé ministre des Affaires africaines, rejoignait Bruxelles en me laissant en charge de *Mistebel*. Un mois plus tard, c'était mon tour de décrocher. Mes dernières semaines n'avaient pas été inactives. Une Banque centrale était mise sur pied, dirigée par des experts de l'agence locale de l'ancienne Banque du Congo ; elle allait émettre avec quelque succès un franc katangais et veiller plus ou moins à la gestion des finances publiques. Les mines fonctionnaient, les usines tournaient, le cuivre et les minerais étaient exportés à travers la Rhodésie et l'Angola. Au cours de ces premières semaines, la population s'était accommodée des gens de l'ONUC, gardant un profil bas.

Le philosophe anglais Isaiah Berlin fait dire à ceux qu'il qualifia de *prophètes armés* : « Je sais ce qui vous est nécessaire, ce qui est nécessaire aux hommes ; et si je rencontre une résistance, due à l'ignorance ou à la malveillance, alors elle devra être brisée, et des centaines de milliers d'hommes périront s'il le faut pour que des millions d'autres soient heureux à tout jamais... Quel que soit le motif, des millions de victimes des guerres et des révolutions – dans les chambres à gaz, les goulags, au cours des génocides – sont le prix à payer pour la félicité des générations futures[26].» Rentré le 8 août de son triomphal périple en Amérique et en Afrique, Patrice Lumumba avait perdu toute mesure. Le 9, il avait donné deux heures à Jean van den Bosch pour quitter le pays, ce qui couperait désormais toute relation entre Léopoldville et Bruxelles. Le 15, lorsque le Secrétaire général de l'ONU était retourné à Léopoldville pour y goûter les louanges que paraissait justifier son triomphe au Katanga, le Premier ministre avait refusé de le recevoir, l'accablant d'insultes. Hammarskjöld était reparti le soir même pour New York.

Les jours suivants n'avaient pas été moins extravagants. Lumumba en pyjama, les pieds nus, faisant semblant de gouverner en haranguant quantité de visiteurs, sa table de travail et le sol couverts de monceaux de papiers épars, le téléphone sonnant presque sans arrêt. Le 5 septembre, le président Kasavubu trouvait tout à coup le courage de révoquer son rival, ce que permettait la Loi fondamentale. Le Premier ministre avait répondu en le destituant – ce que n'autorisait aucun texte. Il y avait désormais au Congo – en plus de Tschombé – deux prétendants au pouvoir, l'un inclinant de plus en plus vers l'Est, l'autre vers l'Ouest. Dans le vide constitutionnel, s'était insinué le détenteur de ce qui subsistait de force armée congolaise. Le 14, le colonel Mobutu, chef d'état-major de l'ANC, annonça à la radio qu'il «neutralisait«le chef de l'État, les deux gouvernements rivaux et le Parlement jusqu'à la fin de l'année. Il les remplaçait par un collège de «commissaires généraux», des jeunes universitaires – placés sous son autorité. Faisant fi des protestations de Dayal, représentant de l'ONU, il donnait 48 heures aux ambassades de l'URSS et des pays de l'Est pour quitter le territoire.

Le Secrétaire général des Nations Unies s'était décidé à transférer la polémique à New York où il trouvait la majorité qui le portait. Pendant tout l'automne, elle devait faire retentir de ses éclats le Conseil de Sécurité et l'Assemblée en un affrontement verbal Est-Ouest; ce fut l'occasion célèbre où à l'Assemblée, Khrouchtchev ponctua des attaques contre Hammarskjöld (plus virulentes que substantielles) en frappant son pupitre à grands coups de poing et de souliers.

Peu après sa révocation, Lumumba avait été mis aux arrêts par ses rivaux. Relâché, puis interné une seconde fois, il avait réussi à s'évader pour être capturé sur la route de Stanleyville où il espérait retrouver le pouvoir. Accompagné de deux de ses comparses, il avait fini par être expédié au Katanga dans un avion de la *Sabena*, fort malmené durant le voyage par les soldats qui le gardaient. Le soir de son arrivée à Élisabethville, le 17 janvier 1961, il avait été battu à mort par deux ministres katangais en état d'ébriété, Munongo et Kibwe[27]. Sa mort brutale, annoncée par Tschombé deux semaines plus tard, avait fait grand bruit. Les Partis communistes et les plus radicaux des tiers-mondistes voulant acquérir un martyr, ils avaient amplifié leurs campagnes de propagande contre «l'impérialisme» occidental. Tenant les Belges pour responsables, ils avaient fait mettre à sac leurs ambassades à Belgrade et au Caire; ici, l'ambassadeur n'avait échappé de justesse à des vauriens déchaînés qu'en sautant par-dessus le mur du jardin.

Lumumba avait été remplacé par Ileo, un modéré. L'heure était propice à un rapprochement au Katanga avec le gouvernement central. Mais à Élisabethville, les Ultras n'en voyaient plus l'utilité. Il eût été stupide pour Bruxelles de se faire complice de leurs folies. J'avais parlé à Tschombé de mettre un terme à *Mistebel*; il avait fait entendre des bruits polis mais n'avait pas protesté. Wigny avait été ravi. Le 6 octobre, ayant abandonné le soleil africain, j'avais débarqué à l'aéroport de Bruxelles sous la pluie.

Si au cours de ces semaines mouvementées, l'ordre public avait été plus ou moins assuré dans les rues de Léopoldville par des soldats de l'ONUC, le désordre s'était généralisé à quelques kilomètres de la capitale. Des bandes armées échappées de l'ancienne Force publique (devenue l'ANC) erraient dans la brousse, occupaient, razziaient ou incendiaient les villages, violaient les femmes, pillaient les cases.

À Stanleyville (aujourd'hui Kisangani), dans la Province orientale, s'ébauchait un régime se réclamant de l'extrême gauche. Gizenga, le vice-Premier du Cabinet Lumumba, à la tête d'unités de l'ANC, allait s'y proclamer chef du gouvernement. Reconnu par Nasser, le Mali, la Guinée et les pays de l'Est, aidé quelque peu par les Soviets et surtout par la Chine, il allait étendre son autorité, du moins nominale, sur plus d'un tiers du territoire.

Au Kasaï, région aussi riche en diamants que l'était le Katanga en minerais, le *Mulopwe* (roi) Albert Kalondji, un politicien Baluba, avait proclamé le 8 août à Bakwanga, l'indépendance (ou l'autonomie, on ne savait trop) d'une *République minière du Sud Kasaï*. Le 25 août, il avait signé à Élisabethville un traité d'alliance qui paraissait l'embryon de la confédération préconisée par Tschombé. Lumumba avait alors réagi avec sa violence coutumière. Des turboréacteurs Ilyouchine, des camions, des pilotes et des techniciens soviétiques lui permirent d'acheminer sur place des unités de l'ANC.

Une guerre affreuse avait éclaté entre les soldats de Léopoldville, peu nombreux mais bien équipés, et des guérilleros Baluba, encadrés d'officiers belges venus d'Élisabethville pour organiser la défense du Katanga. Donnant lieu aux pires atrocités, elle avait été un des premiers génocides post-coloniaux qui allaient caractériser les conflits tribaux en Afrique noire: terre brûlée, carnages par milliers (peut-être par dizaines de milliers ou plus encore, il n'y avait personne pour compter les morts), mutilations, anthropophagie. Un des officiers de la gendarmerie, qui menait la guérilla dans la savane, m'avait décrit un retour à l'âge du fer d'avant la colonisation – plus les armes automatiques. Les paillotes incendiées, les récoltes détruites, les tam-tam alertant les paysans dans la nuit, les sorciers qui distribuaient des potions magiques (à base de hachisch) protégeant contre les balles ennemies. Il m'avait montré des photos horribles où on voyait des bébés bouillir dans de grands pots. Je n'exagère rien.

À la fin d'août, une situation similaire s'était développée à la frontière septentrionale du Katanga où les Baluba du Nord, à la différence de ceux du Sud, s'étaient rebellés contre Tschombé. Sous la bannière de Jason Sendwe, soutenus ici aussi par des éléments de l'ANC, enivrés par le hachisch et les incantations du Kitawala (*Watchtower*), une secte vaguement chrétienne adepte de l'anarchie, les guerriers de la *Balubakat* s'étaient livrés à de sanglantes attaques contre les gendarmes de la *Conakat*. Et vice versa.

Contraints par la Charte à la neutralité, les Casques bleus s'étaient trouvés impuissants à faire face à la situation. À Bakwanga, les Tunisiens sauvèrent la vie d'une vingtaine de Belges, mais ils assistèrent sans bouger à la mise à mort en masse des populations rurales. Dans le Kivu, les Irlandais se replièrent après avoir perdu quelques hommes assassinés par les rebelles. Levés généralement en Afrique et en Asie pour complaire au tiers-mondisme des Nations Unies, leurs soldats n'étaient pas toujours aussi neutres qu'ils le prétendaient; et alors, c'était du côté hostile à l'Occident qu'ils inclinaient. Souvent, ils n'étaient pas non plus très disciplinés. Sauf exception, leur règne tolérait, sinon encourageait, un tribalisme modernisé avec tous les maux qui y étaient inhérents. Bientôt, des chefs égarés des Nations Unies allaient transformer au Katanga leur mission de paix en des conflits armés où coulerait encore beaucoup, beaucoup de sang, principalement du sang africain.

VIII
Années de labeur et d'espoir

Le mur de Berlin et la crise de Cuba (Bruxelles 1960-1965)

Le vieux général de Gaulle, revenu au pouvoir en 1958, avait préparé les accords d'Évian qui allaient mettre fin en mars 1962 à l'épuisante guerre d'Algérie. Le jeune sénateur Kennedy avait été élu président des États-Unis d'Amérique en novembre 1960, par une étroite majorité, sur le thème «une Nouvelle Frontière». Et, Paul Henri Spaak après avoir abandonné le secrétariat général de l'OTAN, quelque peu découragé par la discorde de ses membres, s'était retrouvé ministre des Affaires étrangères de Belgique. En avril 1961, j'avais eu la joie de reprendre à ses côtés mes fonctions antérieures.

La deuxième crise de Berlin, déclenchée par le Kremlin en 1958, s'était poursuivie avec les hauts et les bas mystérieux qu'on a dits. En mai 1960, l'incident de l'U2, maladroitement traité par le président Eisenhower, avait mal disposé le maître de l'URSS. Il avait un autre sujet d'irritation: des centaines de milliers d'Allemands humiliaient les Soviétiques en passant au capitalisme jour après jour à Berlin, seule porte ouverte dans le rideau de fer, deux millions et demi au total. Au début de juin 1961, rencontrant Kennedy à Vienne, il s'était montré tranchant, sinon brutal. Espérait-il impressionner un partenaire jeune est inexpérimenté? Il lui avait remis un aide-mémoire, véritable ultimatum, qui menaçait les Alliés d'un conflit majeur au cas où la question de Berlin n'aurait pas été réglée avant la fin de l'année.

Le 13 août 1961 trouvait la gendarmerie est-allemande occupée à bloquer d'urgence toutes les issues de son côté de la ville. Le Mur de la Honte. La télévision et les photos des journaux montraient les barbelés jetés aux carrefours des rues, les ponts coupés sur les canaux, les fenêtres obstruées de briques, des fils électrifiés. Et bientôt des miradors d'où les soldats en *feldgrau* (les uniformes de l'ex-*Wehrmacht*) pointaient des mitrailleuses, n'hésitant pas à abattre quiconque tentait de s'évader. Le «Mur» déchirait la ville, les industries, les familles. Les tanks, face à face, étaient prêts à tirer. En Europe, en Amérique, à l'indignation se mêlait, une fois de plus, la peur d'une troisième guerre mondiale.

Du temps où il était Secrétaire général de l'OTAN, Spaak avait été approché par Serge Vinogradov, l'ambassadeur des Soviets à Paris. Il s'en était suivi des rencontres discrètes à intervalles réguliers, le ministre belge accompagné d'André de Staercke; le Russe, de l'un ou l'autre de ses collègues de l'Est [1]. Peut-être à la suite de ces contacts, à la fin d'août, alors que la crise atteignait un paroxysme verbal, Spaak recevait une invitation à se rendre à Moscou. Après avoir informé les membres du Conseil atlantique dont il recevait un accord poli mais réservé (seul l'Américain l'approuva vigoureusement), le ministre l'acceptait. Le mardi matin, 19 septembre, flanqué d'André de Staercke, de l'ambassadeur à Moscou et de moi-même, il était au Kremlin, assis face au maître de l'URSS et de quatre fonctionnaires. Assez curieusement, Gromyko, le ministre des Affaires étrangères, n'y était pas.

Les trois heures d'entretien, moins doctrinaux qu'en 1956, furent entièrement consacrées à l'Europe. Après avoir demandé à son invité, quelque peu effaré, l'autorisation de l'appeler Paul Pavlovitch, Khrouchtchev lui céda la parole. Spaak introduisit le débat en rappelant que l'Alliance atlantique visait à la réunification de l'Allemagne. Ceci n'excluait pas des arrangements au statut de Berlin et, pour cela, des négociations qui aurait pu inclure le désarmement. À son tour, le Russe entama son argumentation en justifiant au nom du «réalisme» l'existence de deux Allemagnes. Il souhaitait un traité de paix avec chacune d'elles. Mais il ne voulait pas les imposer et divers compromis étaient envisageables. L'Ouest, dit-il, ne cessait de proférer des déclarations hypocrites en faveur de la réunification allemande; en réalité, personne n'y croyait. Lorsqu'il s'était rendu à Paris l'année précédente, de Gaulle avait souligné qu'il fallait laisser les choses dans l'état où elles étaient, la République fédérale dans l'OTAN et la République démocratique dans le Pacte de Varsovie. «Les mobiles français et russes étaient différents mais quant à la substance des choses, Paris et Moscou étaient d'accord.» M. MacMillan s'était montré trop habile diplomate pour reconnaître qu'il était opposé à l'unité allemande, mais son regard ne laissait aucun doute quant à ses pensées intimes. Le président Eisenhower n'avait jamais insisté sur une Allemagne unie. «Il est un brave homme, assez simple, de bon cœur mais c'est un enfant. Il ne s'est jamais rendu compte des implications de ce qu'il m'avouait.» Adenauer lui-même, ajouta-t-il, aurait admis en 1960 en tête-à-tête à l'ambassadeur Smirnov «que la réunification était une chose impossible, mais que s'il le disait, les Allemands lui jetteraient des pierres»[2].

«Les Occidentaux souhaiteraient une seule Allemagne sous Adenauer; nous souhaitons la même chose sous Ulbricht... mais pour une Allemagne avec Ulbricht, il faudrait une guerre, de même pour une Allemagne avec Adenauer. » M. Khrouchtchev était contre la guerre, donc il s'accommodait de la situation existante. Il ne pouvait pas y avoir de guerre sans participation de l'Europe et *les pays européens sont nos otages*. Ce n'est pas une menace mais l'expression d'une réalité. Combien de bombes thermonucléaires faudrait-il pour détruire la Grande-Bretagne? Sir Frank Roberts (son ambassadeur à Moscou) disait six. Lui, Khrouchtchev, plus généreux, était disposé à en utiliser davantage s'il le fallait. « La guerre atomique est un suicide collectif; si elle devait éclater, l'Europe serait anéantie. L'URSS évidemment subirait d'immenses dégâts, mais elle survivrait, de même que probablement les États-Unis [3]. »

Tout au long de l'entretien, ce fut la consolidation des frontières allemandes – et celles de l'Allemagne de l'Est surtout – qui parut le principal souci de notre hôte. Pour lui, la question de Berlin n'était pas « tellement importante ». « Que représentaient en effet deux millions de Berlinois alors qu'il existait près d'un milliard de communistes? » S'il se montrait très ferme en déniant à la République fédérale tous droits sur l'ancienne capitale, il se disait prêt à reconnaître le fait de Berlin-Ouest et à envisager un nouveau statut de nature acceptable aux Occidentaux. Toutefois, comme Berlin-Ouest était situé sur le territoire de la RDA, un accord devrait intervenir avec celle-ci – accord qui pourrait être garanti par l'Union soviétique. Quant à Berlin-Est, il était partie intégrante de la RDA, il ne pouvait être question de le mettre en cause. Il s'affirmait compréhensif sur tous les points. Il mentionna aussi le transfert à Berlin du siège de l'ONU, idée suggérée ici et là. Spaak demandant s'il demeurait favorable à un pacte de non-agression entre l'OTAN et le Pacte de Varsovie, suggéré antérieurement par Moscou, il répondait: « Oui, cela contribuerait à la détente. » À une dernière question: « était-il pressé de négocier? », Khrouchtchev répondit clairement: « Je suis contre un terme fatal mais je suis aussi contre un terme indéfini. » C'était abandonner le caractère d'ultimatum qu'il avait mis jusqu'alors à ses propositions.

Il était 12 h 15. Le dialogue officiel s'était transformé en une conversation à bâtons rompus poursuivie jusqu'à 15 heures autour d'une table généreusement garnie dans une salle du Kremlin. C'est alors, revenant au sujet de Berlin, que Nikita Sergueievitch nous avait dit avec un bon sourire: « J'y vois les testicules de l'Ouest (*sic*). Je les pincerai chaque fois que bon me semblera. » Parlant du président Kennedy, il concéda « qu'il ne voulait pas la guerre ». Du général de Gaulle, il dit: « Il exprime et sait ce qu'il veut. Mais il n'a pas de troupes. » Kennedy à Vienne s'était plaint qu'il était « un homme difficile ». Mentionnant le maréchal Joukov, il le qualifia de « grand général à qui les succès militaires avaient tourné la tête ». Khrouchtchev fit alors un geste de la main vers sa tempe pour illustrer le propos. « La situation d'Eisenhower qui était son ami avait dû lui faire croire qu'il pourrait occuper le même poste en Union soviétique... Nous avons remis bon ordre à tout cela et l'avons envoyé à la retraite pêcher du poisson[4]. » Ponctuant ses phrases de « mon dieu, mon dieu » répétés, il s'attira la question : « Y croyez-vous ? » Après une seconde d'hésitation et un sourire malicieux : « Au bureau, jamais. À la maison, quelquefois. » Avant de prendre congé, Spaak lui fit part de son intention d'informer ses alliés du contenu de ses conversations ; pas d'objection. Rentré à Bruxelles, il lui adressa une lettre de remerciements avec une copie du compte rendu. Un accusé de réception lui parvint dans les 48 heures ; avec quelques mots aimables, il insistait à nouveau sur la nécessité de consolider les frontières *intérieures* de l'Allemagne aussi bien que celles de l'extérieur.

Deux ans plus tard, M. Spaak reçut une troisième invitation en Union soviétique ; arrivés à Moscou, nous y apprîmes que Khrouchtchev nous attendait près de Kiev. Accompagnés par le vice-ministre des Affaires étrangères, Valerian Zorine (la créature des Soviets lors du coup de Prague en 1948), nous fûmes conduits de l'aéroport en ville – beaucoup plus gracieuse et accueillante sous le soleil méridional que Moscou, et de là, vers midi, à Kontcha Zaspa, une datcha officielle où se trouvaient Khrouchtchev et Podgorny, le président de l'Ukraine. Maison de campagne confortable mais sans grâce, elle était située dans un site magnifique sur une hauteur surplombant le Dniepr ; au-delà, à l'infini, les immenses plaines de la patrie de Gogol où mûrissait le blé qui nourrissait la Russie. Il faisait très chaud et le grand homme suggéra de mettre bas la veste, ce qui fut fait ; lui-même arborait une blouse de soie traditionnelle aux manchettes et au col brodés. Il nous conduisit sous une tonnelle dans le jardin où pendant trois heures furent abordés les problèmes de l'heure, après quoi, il nous offrit à déjeuner sur une terrasse ombragée. Il était à peu près seul à parler. Aimable, même joyeux, ne buvant cette fois que de l'eau minérale, ponctuant ses propos de plaisanteries scabreuses, souvent très vulgaires, il parut plus préoccupé d'affaires domestiques que de problèmes internationaux –, parmi lesquels toutefois l'avenir de l'Allemagne restait au premier plan. Plus tard, nous fûmes conviés à une promenade en bateau à moteur sur le Dniepr. Plusieurs Russes nous avaient rejoints parmi lesquels un enfant blond, le petit-fils de notre hôte, avec lequel celui-ci entretenait manifestement des relations affectueuses. La journée se termina par un pique-nique dans la prairie au bord du fleuve. Le paysage sans limite, les tapis d'Orient jetés sur le gazon, les servantes en tablier blanc et foulard sur les cheveux, les marmites où mijotait la soupe de poissons fraîchement pêchés, nos hôtes en blouse de soie, évoquaient une très ancienne Russie. Le soleil tombait quand nous fîmes nos adieux au maître du Kremlin pour reprendre place dans notre bateau. Nous le vîmes sur la berge du fleuve nous faire de grands gestes amicaux. Quelques mois plus tard, le Comité central du Parti communiste de l'URSS le renvoyait dans l'obscurité.

Quelle que soit l'importance en soi de cette sorte d'entretiens intimes où les interlocuteurs peuvent plus ou moins laisser tomber la garde, les facteurs humains qui les entourent sont d'intense intérêt. Malgré toutes les théories mécanistes de l'histoire, je persiste à croire après quarante années passées dans les chancelleries diplomatiques que le rôle qu'y jouent, en bien ou en mal, les hommes d'État est primordial, et que nombre d'événements doivent leur déroulement à leur psychisme, parfois irrationnel. Si même Khrouchtchev et Spaak se servirent l'un de l'autre, on peut croire que le premier était quelque peu séduit par le charme du second (combien on ne peut savoir) et celui-ci allait confirmer dans ses *Mémoires* « qu'il ne pouvait se défendre d'une réelle sympathie pour lui »[5].

Le ministre belge n'avait naturellement pas eu connaissance de l'étendue de ses crimes, révélés après l'écroulement de l'URSS et attribués, en partie jusque-là, à Beria – fusillé très vite après son arrestation[6]. Mais il savait qu'il y avait eu « de nombreuses pages révoltantes » dans la vie de cet homme que les diplomates à Moscou qualifiaient de « Boucher de l'Ukraine ». Nous le savions aussi. Néanmoins, nous étions entièrement d'accord pour inscrire à son bilan un immense crédit, la *coexistence pacifique*. Ce n'était pas vraiment la paix, mais c'était le refus de la grande guerre fatale inscrite dans la foi marxiste. Nous avions cru le découvrir lors de nos entretiens d'octobre 1956. Nous avions appris ensuite que le successeur de Staline l'avait annoncé dans son fameux discours secret au XXe Congrès du PC US en février 1956. Dans la « Déclaration des 81 partis communistes et partis des Travailleurs » réunis à Moscou en décembre 1960, il avait fait admettre que *la guerre était devenue une impossibilité*. Nos diplomates le lisaient dans les journaux et les magasines locaux – y découvrant néanmoins que coexistence pacifique n'excluait pas « une forme de lutte intense économique, politique et idéologique menée par le prolétariat contre les forces agressives de l'impérialisme »[7]. Par tous les moyens mais sans arme.

Nous avions acquis la conviction que le marxisme-léninisme était pour Khrouchtchev une sorte de religion. Dans une vision déformée des choses, il tenait pour Vérité la lutte des classes, suivie du triomphe du prolétariat, et il demeurait prêt à tout pour y contribuer. À tout, à l'exception d'une guerre nucléaire, seule limite à ses audaces de joueur. L'Allemagne de l'Ouest ne pouvant être acquise qu'à ce prix, il acceptait d'y renoncer pour l'heure. Pourtant, il allait l'écrire dans ses *Souvenirs*, il considérait que « l'existence légale de la RDA était en jeu[8] ». La perdre aurait mis en péril tout son Empire. À part les armes, y avait-il un moyen plus sûr de la protéger que de la faire reconnaître par l'Ouest? C'était ce que m'avait expliqué, trois ans auparavant, le ministre des Affaires étrangères de Tito!

En 1961, le surlendemain de son retour de Russie, Paul Henri Spaak s'était présenté à Paris au Conseil atlantique. La politique de l'Alliance depuis ses origines était conservatrice et rien d'autre, l'*endiguement*, jamais le *refoulement*. Ou, si l'on veut, le compromis d'un partage du monde en deux zones d'influence. Face au défi des Soviets, l'OTAN ne pouvait abandonner l'essentiel sans perdre sa raison d'être. L'essentiel, cette fois, était de garder (avec des soldats) Berlin-Ouest et ses libertés dans la mouvance occidentale. C'était aussi de préserver l'intégrité de la République fédérale d'Allemagne. L'ancien Secrétaire général de l'OTAN s'était mis en tête, de même que ses proches collaborateurs, qu'une négociation avec Moscou était devenue possible, sans s'écarter de ces paramètres. Avec force, il le dit au Conseil.

On l'écouta avec une certaine froideur. Depuis des mois, l'Alliance était engourdie par ses dissensions internes. Paris, pour des raisons obscures, était la plus hostile à tout pourparler; Couve de Murville disait: «On ne négocie pas sous la menace.» Mais Khrouchtchev n'avait-il pas abandonné ses mises en demeure? Le général de Gaulle voulait-il prouver au chancelier Adenauer que la France seule était à ses côtés? À Washington de même qu'à Moscou, craignant de s'enfermer dans le dilemme d'une défaite diplomatique majeure ou d'un conflit nucléaire, on ne savait comment aborder une négociation. Le ministre belge s'était fait l'honnête courtier nécessaire. Rencontrant Dean Rusk, le secrétaire d'État, le 9 août, Spaak l'avait trouvé ouvert à ses idées. Avec l'appui des Américains sans lesquels il eût été impuissant, Spaak contribua en fin de compte à débrouiller les contradictions des Alliés. Après de longues discussions d'experts, le Conseil de décembre à l'échelon ministériel – où s'affrontèrent durement Spaak et Couve de Murville – se mettait d'accord pour charger l'ambassadeur des États-Unis à Moscou de sonder M. Gromyko. En février 1962, notre ambassadeur à l'OTAN pouvait écrire que «la crise avait perdu son caractère d'acuité». D'interminables pourparlers s'ensuivirent; ils allaient aboutir à des compromis compliqués qui, tout en se résignant au Mur de la Honte, sauvegardèrent en gros Berlin-Ouest et la République fédérale.

Khrouchtchev ne pouvait-il vivre dans le calme? À des périodes paisibles, tout sucre et miel, succédaient des explosions furieuses, imprécations et gestes menaçants, suivies derechef d'un temps de tranquillité. Pourquoi? Était-ce dû à une instabilité caractérielle ou motivé par des remous au sein des organes directeurs du Parti? On ne sait. (Parmi les archives ouvertes depuis peu ne figurent ni les comptes rendus des séances du *Politburo*, ni ceux du Conseil des ministres.) Déjà, au XXIIe Congrès du PC US en octobre 1961, s'il parut avoir oublié, à peu près, Berlin, il trouvait un autre objet de vitupération; sans la nommer, il se livrait à un féroce réquisitoire contre la Chine. Puis dans ces cieux occidentaux presque sereins, il fit éclater l'orage le plus violent que connut le monde après la deuxième guerre mondiale.

L'île de Cuba est quatre fois plus grande que la Belgique. Découverte par Christophe Colomb, colonisée par l'Espagne, devenue indépendante en 1905, plus ou moins sous influence des États-Unis, elle est située à moins de 200 km de la Floride. En 1959, le dictateur local, une brute sanguinaire du nom de Batista, avait dû s'enfuir, faisant place à un régime révolutionnaire dont Fidel Castro allait être l'inspirateur. Lorsqu'il «nationalisa» les grandes plantations dont la majorité étaient propriété américaine, les relations entre La Havane et Washington s'envenimèrent, les relations diplomatiques furent rompues. Mikoyan, envoyé en reconnaissance, fut séduit par ce qu'il y vit. Très vite, le Kremlin se rangeait aux côtés de Castro et lui envoyait des tanks, des avions de combat, des armes antiaériennes, des instructeurs. Le 16 avril 1961, le président Kennedy avait autorisé l'absurde débarquement de réfugiés cubains dans la baie des Cochons. Un fiasco. Moscou avait accéléré son assistance militaire pour défendre Cuba de «l'impérialisme capitaliste».

À la différence de la crise de Berlin, celle des Caraïbes fut une affaire strictement bilatérale, États-Unis – URSS. Les membres de l'OTAN n'en connurent que ce que leur rapportèrent les Américains, et au début ce fut fort peu. Elle fut de courte durée – deux semaines –, mais d'une brutalité inouïe qui, plus qu'à tout moment, fit planer le spectre de l'apocalypse nucléaire. Depuis plusieurs semaines, les services de renseignements signalaient des activités suspectes à Cuba: accroissement de livraisons d'armes et d'avions de combat, présence de missiles sol-air, arrivées de Russes (estimés à dix mille, ils en furent quarante). Toutefois, le Président et ses proches collaborateurs n'y voyaient qu'un renforcement des moyens défensifs contre une nouvelle tentative d'invasion, non une menace contre la sécurité des États-Unis.

Le dimanche 14 octobre 1962, un avion de reconnaissance U2 en vol de routine bimensuel au-dessus de Cuba revenait à sa base avec son chargement habituel de clichés. Les examinant le soir même, les spécialistes y découvraient la preuve irréfutable de la construction rapide d'une rampe de lancement pour fusées balistiques de moyenne portée, 2 000 kilomètres – des armes offensives capables d'anéantir Washington, toutes les villes et tous les sites de lancement intermédiaires. Informé de la situation au matin du lundi 15, et en saisissant immédiatement l'affreux danger, le Président se montra «grave mais ferme», allait écrire un de ses plus intimes conseillers[9]. Il lui était, de toute évidence, impossible de se résigner:

les bases à Cuba réduisaient le délai d'alerte du système défensif des États-Unis (entre le lancement et l'arrivée des projectiles ennemis) à 15 minutes – tragiquement insuffisantes. Elles mettaient dès lors en péril la stratégie de dissuasion de l'OTAN en Europe – en dépit de la vaste supériorité des moyens militaires américains. Elles exposaient l'Ouest à Berlin (ou ailleurs) à un permanent chantage de l'URSS. Tout l'équilibre des forces réalisé depuis les jours de Truman et d'Acheson était mis en péril.

Les ministres des Affaires étrangères des Six, accompagnés de leurs collaborateurs habituels, siégaient à Bruxelles le mardi 23 octobre au Conseil des Communautés. Mais les esprits n'étaient pas à leur tâche. La veille au soir, un discours du Président des États-Unis à la radio avait informé le monde de ce qui se passait et comment il comptait faire face à une situation inacceptable. Moscou devait retirer sans délai les armes qui menaçaient l'Amérique. Avec d'importantes mesures de mobilisation, il annonçait le blocus immédiat de Cuba – il dit *la mise en quarantaine*, une subtilité juridique. Dean Acheson s'était expliqué dans la soirée au Conseil atlantique, des lettres, parvenues dans la nuit aux chefs d'État, les avaient informés. À Bruxelles, les Six, abandonnant leurs négociations économiques, s'empressèrent, à la suite d'un bref échange de vues, de manifester à Kennedy une approbation sans réserve. Seul, le Français Couve de Murville, pourtant sans protester, crut nécessaire de se livrer à des digressions juridiques mettant en doute la légalité « d'un blocus en temps de paix... Si Berlin était vital pour l'Europe, Cuba ne l'était pas... Naturellement, la France était très intéressée, etc. ». Le général de Gaulle, recevant Acheson, lui promit néanmoins son concours complet. Des archives soviétiques récemment publiées donnent à penser que le général de Gaulle en personne s'efforçait simultanément d'apaiser Moscou.[10]

Les jours suivants furent des jours d'angoisse. Les services américains repéraient 32 fusées, prêtes à devenir opérationnelles en peu de temps. Des navires russes voguaient dans l'Atlantique en route vers les Caraïbes avec le complément de matériel. La flotte de guerre des États-Unis faisait mouvement pour bloquer les approches de Cuba, l'aviation, y compris les gigantesques bombardiers atomiques B52, était mise en alerte constante, l'armée mobilisée, l'administration demandant au Congrès le rappel pour un an de cent mille réservistes. Simultanément, le président Kennedy, assisté de quelques conseillers intimes, poursuivait dans le plus grand mystère une double négociation. Avec le Parti républicain et les généraux américains qui voulaient frapper dur et vite. Avec Khrouchtchev qu'il espérait mener à résipiscence mais sans l'humilier. Nous découvrîmes ultérieurement tout le courage, toute l'habileté et toute la sagesse d'une diplomatie d'homme à homme, par lettres personnelles ou par émissaires secrets, déployant les armes sans les brandir tout en veillant à ne pas acculer l'adversaire à des gestes désespérés.

Sans les connaître, nous imaginions les affres que devait traverser le Président – son calme apparent les cachait. N'était-ce pas lui et lui seul qui décidait? Ne savait-il pas que toute fausse manœuvre, la moindre erreur pouvait provoquer le cataclysme final, la mise à mort d'une moitié ou plus de la race humaine? Robert Kennedy, dans un livre de 1969, a montré son frère au soir d'un de ces jours terribles dans un état d'extrême anxiété: «Sa main sur son visage couvrait sa bouche. Il ouvrait et fermait ses poings... Ses traits étaient tirés, ses yeux reflétaient sa douleur.» Lui-même s'était senti «au bord d'un précipice, sans moyen de se sauver[11]».

Le Conseil atlantique était maintenant tenu au courant de l'essentiel. Les jours s'égrenaient dans une détresse croissante. Mercredi 24, dix-huit cargos soviétiques étaient repérés approchant de la zone de quarantaine, escortés d'une demi-douzaine de sous-marins. Dans l'île, des milliers de Russes poursuivaient fébrilement l'achèvement des rampes de lancement. Puis, ce même mercredi, les avions de reconnaissance américains constataient que la flottille ennemie s'était mise en panne. Les jeudi 25 et vendredi 26, nous apprenions qu'elle rebroussait chemin – à 24 heures de navigation des eaux critiques. Ce jour-là arrivait au Département d'État une lettre personnelle de Khrouchtchev à Kennedy. Elle ne fut pas publiée; mais Dean Rusk allait la montrer plus tard à Spaak qui me dit qu'elle était l'appel affolé d'un homme aux abois. Un bref moment, on crut l'affaire réglée. Moscou paraissait faire marche arrière sur toute la ligne pour autant que Washington s'engageât à ne pas envahir Cuba. C'était raisonnable. Puis, le samedi 27, la crise flambait à nouveau; un avion U2 volant à haute altitude venait d'être abattu et son pilote tué par une fusée sol-air soviétique*. Une autre lettre de Khrouchtchev remettait tout en question. Une réponse publique était donnée à sa première missive. Simultanément, une note secrète très ferme, remise à l'ambassadeur soviétique, menaçait de représailles si la promesse d'évacuer les missiles n'était pas immédiatement reçue; un énorme déploiement militaire l'accompagnait. Le soir même, une réponse satisfaisante parvenait à la Maison Blanche.

En fin de compte, Khrouchtchev n'avait pas tout perdu puisqu'il obtenait de Kennedy l'engagement – qui fut tenu – de ne plus attaquer Cuba. En même temps, le monde gagnait la paix. L'équilibre intercontinental des forces – l'équilibre de la terreur – réalisé par Truman et Acheson avait été confirmé, rendant impossible à tout être doué de raison de tenter

---

* Des documents récemment publiés par le *New York Times* ont révélé que l'ordre d'abattre l'U2 fut donné par Castro qui disposait de fusées antiaériennes. D'autre part, Moscou, ayant gardé le contrôle des fusées à portée intermédiaire sol-sol, put empêcher l'attaque nucléaire contre les États-Unis que réclamait frénétiquement le Cubain. (Voir *Time*, 18 mars 1996, Londres, p.59)

un nouveau coup de force. C'est le mérite du Russe de l'avoir perçu à travers les brouillards du marxisme-léninisme – il allait le reconnaître dans ses *Souvenirs*[12]. Mais c'est la vertu de l'Américain de l'avoir lumineusement mis en évidence par son héroïque résistance au chantage. Il n'y eut plus d'affrontement majeur Est-Ouest après 1962. Pour la première fois depuis la guerre froide, on parla sérieusement de détente.

L'Europe gaulliste et celle de Bruxelles

On a dit que les Communautés européennes n'auraient pas vu le jour sous la Ve République et qu'elles n'auraient pas survécu sous la IVe qui les avait inventées. De Gaulle et les siens avaient en effet voté contre les traités de Rome aux scrutins du Parlement. Néanmoins, revenus au pouvoir en 1958, remettant en ordre les finances et l'économie de la France, ils avaient réalisé les conditions premières, indispensables à leur mise en route et ils s'y étaient appliqués avec énergie et compétence. Les diplomates attribuèrent le revirement du chef de l'État à l'influence de Maurice Couve de Murville, son ministre des Affaires étrangères, qui l'aurait convaincu que le Marché commun n'était qu'un «bon traité de commerce» favorable aux intérêts français.

En 1943 ou 1944, un diplomate britannique avait fait rire Londres en qualifiant Charles de Gaulle de «bâtard de Jeanne d'Arc et de Napoléon». Son amour de la France était bien connu. «Elle est la lumière du monde, son génie est d'éclairer l'univers», expliquait-il en 1960 à ses ministres[13]. Comme le Cinna de Corneille, il aurait pu dire: «Je me suis conduit surtout par le mépris que j'ai eu pour les hommes.» Ce qu'il disait des Communautés «apatrides», ses sarcasmes sur leur «volapuk intégré» inquiétaient ceux qui y voyaient un idéal. Son patriotisme était touchant et il l'avait conduit aux heures les plus tragiques au sommet de l'héroïsme. Mais ne déformait-il pas à présent sa vision?

À peine rentré à l'Élysée, le général de Gaulle avait suggéré de transformer radicalement l'Alliance atlantique en la soumettant à un directoire trilatéral, États-Unis, Grande-Bretagne, France. Projet irréalisable parce qu'il écartait l'Allemagne – sans parler de l'Italie et des autres. Et puis, la même année, 1958, sa gentilhommière de Champagne avait été le cadre du plus sensationnel revirement. Le vieil Adenauer, jusque-là très méfiant à l'égard du général français, alors littéralement séduit, avait oublié ses passions antérieures pour se faire son chevalier servant. Et de Gaulle avait abandonné apparemment son antigermanisme d'antan. On douterait de sa sincérité et, en effet, à la fin des années soixante, il allait confier à Charles Bohlen, mon collègue américain, qu'il voyait dans «la réunification de l'Allemagne un danger pour la paix du monde»[14]. Opinion généralement connue. Il n'en reste pas moins qu'il conféra à la réconciliation de la Gaule et de la Germanie des lettres de noblesse sans lesquelles rien n'eût été possible. Réconciliation entamée par la IVe République, mais que seuls le prestige et le romantisme théâtral de l'ex-chef de la France Libre pouvaient ancrer dans les cœurs. Ceci ne sera pas oublié par ceux de ma génération qui gardent à la mémoire, avec quelle acuité, la fragilité des relations entre Bonn et Paris et la force des ressentiments qui séparaient encore les deux principaux peuples d'Europe occidentale.

Malheureusement, c'était aussi une politique limitée par une conception archaïque de la puissance. Si la France pouvait encore être grande, elle ne pouvait plus l'être à elle seule. Le général de Gaulle aurait pu devenir, non plus le souverain de l'Europe, mais son guide. Celle-ci était prête à l'accepter, bien plus, elle y aspirait – mais à la condition d'être conduite vers l'aval et l'océan. En tentant au contraire de lui faire remonter le courant, il n'avait pu que l'immobiliser. De fait, ce qu'on appelait la « construction européenne » ne devait plus connaître de succès notable de 1962 à 1979 – ayant consacré toutes les énergies à d'interminables discussions à des affaires non sans importance, mais coupant le souffle aux grandes idées.

Autant que celle rêvée par le Général, l'Europe des Monnet, des Spaak, des Adenauer, etc., mettait en tête de ses ambitions de retrouver la puissance perdue. Mais à la différence de celle-ci, elle ne la concevait qu'en commun. *L'Europe des Patries* (ou plutôt *l'Europe des États*) ne débouchait-elle pas sur une impasse dès lors que sur six pays, cinq totalement d'accord pouvaient être bloqués par le sixième? Privée de structures solides soumettant ses membres à une loi commune, elle devait naturellement abandonner la prépondérance au plus fort. Serait-ce la France? « L'Europe est un plat garni », aurait dit le Général à un des ses proches collaborateurs. « La France et l'Allemagne sont le rôti, l'Italie est le légume, les Pays-Bas la sauce et la Belgique est le cresson. »

L'Allemagne devait être bridée par des relations franco-soviétiques et aussi par une panoplie nucléaire « tous azimuts », à laquelle allaient être consacrés des efforts et des dépenses énormes. La première bombe atomique française éclata dans le Sahara en février 1960. Mais dix ans plus tard, elle n'était pas encore « crédible » (le terme à la mode). Je me souviens d'une conversation avec Walter Hallstein, devenu président de la Commission de la CEE. Disciple d'Adenauer, fervent partisan d'une Europe à vocation fédérale, il ne se souciait que peu des prétentions hégémoniques du gaullisme dans lequel il ne voyait qu'un phénomène éphémère, rendu sans danger par les contraintes de l'Alliance atlantique*.

---

* La force de frappe allait comprendre une fusée *Pluton* déployée exclusivement en territoire français, dont la portée réduite ne dépassait pas l'aire couverte par le Pacte atlantique c'est-à-dire l'Allemagne[15].

Déjà en 1955, il y avait eu un ambitieux projet de *Communauté politique*. L'idée était ambiguë mais paraissait le but ultime de toute démarche européenne. S'y inscrivait naturellement, une *coopération politique*, c'est-à-dire principalement diplomatique en vue d'une politique étrangère commune. En janvier 1960, les Six s'étaient rencontrés pour un échange de vues sur les problèmes de politique étrangère. Des réunions régulières avaient été décidées.

En juillet, en pleine crise de Berlin, de Gaulle et Adenauer s'étaient mis d'accord à Rambouillet sur un vaste schéma, envisageant une concertation régulière dans les domaines politiques, économique, culturel, de défense, supervisée par une Assemblée composée de délégués des Parlements nationaux et pour couronner le tout, un référendum solennel des peuples. Le 5 septembre, (tandis que je me débattais sous le soleil africain entre Lumumba et Tschombé), par une de ses conférences de presse à grand spectacle, le Président de la République française faisait part à ses partenaires effarés de son projet d'un «concert organisé» (c'étaient ses mots), destiné semblait-il à remplacer les Communautés et l'OTAN. Le «concert de la Sainte Alliance», s'étaient écriés ceux qu'il qualifiait d'«illuminés». Il avait quelque peu édulcoré ses plans.

À la conférence des chefs d'États ou de gouvernement, tenue à Paris le 10 février 1961, le général de Gaulle avait avancé un projet plus modeste de réunions régulières *sans les ministres de la Défense ou des Affaires économiques*. Même ainsi, il n'avait pas fait l'unanimité. Les Belges Eyskens et Wigny ne s'y étaient ralliés que sous réserve de ne pas porter atteinte à l'OTAN ou la CEE, le Néerlandais Luns s'y était fermement opposé. Le dossier avait été renvoyé à un comité de hauts fonctionnaires, présidé par le Français Christian Fouchet, pour préparer une nouvelle conférence à Bad Godesberg, près de Bonn, prévue à la mi-juillet.

Terminée par une croisière sur le Rhin en un jour de soleil radieux, celle-ci s'était déroulée dans la meilleure humeur, le grand Charles y ayant déployé tout son charme, très vif quand il le voulait. La *Déclaration du 18 juillet* parut, à ceux qui étaient présents, aussi importante sur le plan politique que celle de Messine l'avait été sur celui de l'économie. J'en fus. Mais pas Spaak. Dans la voiture qui nous ramena le soir à Bruxelles, je l'entendis confier à Théo Lefèvre, notre Premier ministre, que dans un bref tête-à-tête sur le bateau, il avait trouvé le Président de la République plus intransigeant que jamais. Il voulait (comme il le disait dans ses discours) une «Europe européenne», c'est-à-dire détachée des États-Unis et subsidiairement de la Grande-Bretagne. Un projet qui aurait laissé les pays du Benelux coincés entre la France et l'Allemagne et, bien plus grave, l'Europe seule en tête-à-tête avec l'URSS. Dangereuse perspective qui devait effrayer inévitablement Beneluxiens, Italiens et même Allemands[16].

Le Comité Fouchet, chargé de formuler la Déclaration de Bonn, s'était mis immédiatement au travail. Allemands, Italiens et Luxembourgeois l'avaient saisi d'amendements, tous repoussés par les diplomates français qui voulaient se limiter à présent à la seule institutionnalisation de réunions des chefs d'État ou de gouvernement, laissant dans l'ombre leurs attributions. Le 19 octobre, un premier plan Fouchet était venu le matérialiser. Inacceptable. Toutefois, Paris acceptait d'en faire un document de travail. À la suite de longues discussions, une deuxième version accordait tant bien que mal satisfaction sur trois points qui paraissaient capitaux aux partenaires de la France: la défense restait de la compétence principale de l'OTAN, l'économique de la CEE, et une clause nouvelle ouvrait la porte à de futurs progrès institutionnels. À une réunion ministérielle à Paris le 15 janvier 1962, les Six s'étaient mis d'accord sur ces bases que le Comité Fouchet devait mettre en musique. *Le 18*, la délégation française nous présentait un troisième plan qui annulait virtuellement le précédent: il incluait l'économie dans les compétences de l'Union sans aucune garantie pour la CEE, il supprimait toute référence à l'OTAN, aussi bien que tout espoir d'évolution vers un régime de droit. On nota avec amertume que *le 14*, la France avait obtenu à Bruxelles l'accord de ses partenaires sur une politique agricole commune longtemps disputée à laquelle Paris attachait le plus grand prix. Le général de Gaulle allait accuser Spaak d'avoir été «le porte-parole de toutes les négations». Il est vrai qu'il y eut deux textes en présence, celui de Paris et celui des Cinq autres. Deux conférences manquèrent à les concilier; c'était l'impasse (17 avril 1962).

En juillet, Spaak écrivait encore une lettre presque pathétique au Président de la République pour lui suggérer des compromis qui permettraient la reprise de la négociation. Mais il ne reçut qu'une réponse négative, très sèche. Il persévéra pendant plusieurs années, toujours en vain. L'épisode Fouchet fut révélateur, bien plus qu'une querelle de procédure, car il opposait deux conceptions différentes du devenir de l'Europe. Celle du général de Gaulle, dont il était difficile de déceler le projet: *de l'Atlantique à l'Oural*, disait-il. Cela signifiait-il une troisième force? Ou, comme l'écrivait le chef de sa diplomatie Couve de Murville, «une unité solide représentant un élément d'équilibre, au moins relatif, par rapport à l'Est»[17]? D'autre part, il y avait les «illuminés» de Bruxelles qui, ne comprenant pas ou détestant ce qu'ils croyaient deviner, n'étaient certainement pas prêts à se laisser mener aveuglément sans la garantie «des Anglo-Saxons».

La Grande-Bretagne sortait de rêves d'autosatisfaction. En 1955, elle avait été économiquement et militairement la principale puissance d'Europe occidentale, la première en énergie atomique et en sciences. Six ans plus tard, ce n'était plus vrai. Comparée au bond en avant des Six, sa croissance était lente, moins de 3% par an, alors qu'en France elle était de 9 à 10%, et plus encore en Belgique et en Allemagne de l'Ouest.

Fortement encouragé par le président Kennedy, le Premier ministre MacMillan, après avoir sondé les capitales, décidait de sauter le pas. La pierre d'achoppement était la *politique agricole commune* à laquelle de Gaulle attachait une importance passionnée. Des compromis étaient-ils imaginables? On le crut. En juillet 1961, MacMillan annonçait à la Chambre des Communes la résolution de son gouvernement d'ouvrir des négociations avec les Six. Dirigées du côté britannique par Edward Heath, Lord du Sceau Privé et futur Premier ministre, elles débutaient à Bruxelles à partir de novembre 1961. Notre nouveau collègue se révéla un européen sincère et un négociateur intègre. Mais son mandat n'était pas souple et les Six n'étaient pas prêts à sacrifier ce qu'on commençait à appeler «l'acquis communautaire»; la délégation française au surplus y veillait avec rigueur. Les négociations traînèrent avec des hauts et des bas, les Britanniques trop sûrs d'eux-mêmes commettant, je pense, l'erreur de trop vouloir préciser. Toutefois, en janvier 1963, après d'ardus pourparlers techniques et quoique bien des questions restassent à résoudre, elles paraissaient sur le point d'aboutir. Fayat, notre ministre des Affaires européennes, étant allé prendre le pouls à Paris, était revenu nous dire que Couve de Murville s'en était montré convaincu.

Le 14 janvier 1963, dans l'après-midi, j'assistais au 7e étage du ministère des Affaires étrangères à Bruxelles à une réunion ministérielle des Sept, présidée par M. Fayat, le ministre belge des Affaires européennes, M. Spaak occupait le siège de notre pays. On s'attendait à une séance de routine portant sur le prix du sucre ou des tomates, je ne sais plus. Effectivement, elle se déroulait dans le ronron soporifique habituel lorsque je vis un huissier distribuer un document: c'était le texte téléscripté d'une conférence de presse tenue une heure auparavant par le général de Gaulle. Les délégués y lisaient que la Grande-Bretagne n'était pas mûre pour entrer dans le Marché commun et que, les négociations étant sans issue, il convenait d'y mettre fin. Fayat, sans se laisser troubler, poursuivait sa tâche quand Couve de Murville demanda la parole sur un point d'ordre: ses collègues n'avaient-ils pas pris connaissance des déclarations du Président de la République? La conférence devait prendre fin. La séance avait alors été levée dans le désarroi et la confusion. Jamais, au moins depuis 1945, les gouvernements européens ne s'étaient vu traiter avec autant de désinvolture.

Spaak, réellement bouleversé, s'était retiré dans son cabinet du 8e étage, suivi de Fayat et de plusieurs collaborateurs pour une conversation futile, quand la porte s'était ouverte avec fracas. C'était Ludwig Erhard, le vice-chancelier et ministre des Affaires économiques d'Allemagne, qui faisait irruption. Je n'oublierai jamais la scène, il écumait. Habitués à

Adenauer et à ses diplomates très civilisés, nous le connaissions peu. Grand et massif, les yeux très clairs dans un visage rubicond, les cheveux filasses, fumant sans arrêt de gros cigares, il paraissait la caricature d'un stéréotype allemand peu attrayant. Ce jour-là, il nous révéla sa vraie personnalité. En proie à la plus vive colère, il se livra avec une évidente sincérité à une diatribe contre «les dictateurs chauvins dont l'Europe avait tant souffert alors qu'il était jeune». Erhard, bien sûr, exagérait; mais nous n'étions pas loin de partager son émotion.

Relues attentivement, les déclarations du 14 janvier condamnaient – et avec quel mépris des formes – ce qui paraissait le plus prometteur dans la prédication européenne. Objectifs et moyens. Parmi lesquels l'amarrage du Royaume-Uni au continent – auquel aspirait passionnément la diplomatie française depuis le début du siècle! Et aussi celui des États-Unis d'Amérique dont la puissance avait repris dans le monde le relais stabilisateur de l'Empire britannique. Et les institutions nécessaires au règne de la loi internationale en Europe.

Restait la réconciliation franco-allemande. Le 23 janvier, le chancelier Adenauer signait à Paris le sensationnel traité de l'Elysée, point d'aboutissement du parcours, marqué en juillet 1962 dans la cathédrale de Reims par la belle et émouvante prière en commun du «premier des Français et du premier des Allemands». Même ce texte d'amitié et d'étroite coopération (l'Union des États à deux, écrirait le Général) était rédigé de manière à inviter Bonn à un choix dangereux entre Paris et Washington. Toutefois, avant de l'approuver, le *Bundestag* allait y ajouter un préambule soulignant la permanence des liens de l'Allemagne avec l'OTAN et la CEE.

À la séance du Conseil du 29 janvier, Couve de Murville confirmait officiellement le veto de Paris. Au soir les Cinq – sans la France – se concertèrent sur la ligne de conduite à adopter; c'était le premier colloque sans elle depuis 1945. Rien ne fut décidé, si ce n'est de réfléchir et de garder le contact. Le surlendemain, les ministres belges et néerlandais compétents se retrouvaient pour envisager une procédure de consultations avec le Royaume-Uni. Ils avaient décidé de suggérer à celui-ci la mise sur pied d'un groupe de travail de fonctionnaires – auquel Spaak m'avait chargé de représenter la Belgique. Nous tînmes deux ou trois séances secrètes à Cinq plus les Britanniques pour parler d'une déclaration de solidarité, d'une convention provisoire destinée à consolider les résultats acquis pendant la négociation, etc. À la suite d'une de nos réunions, le 14 février, l'ambassadeur de Grande-Bretagne m'avait appelé pour me dire que Londres prenait nos suggestions en considération et que le Cabinet en délibérerait le samedi suivant[18]. Puis... plus rien. Avec le recul du temps, je crois qu'il avait été sage d'éviter une aggravation de la crise qui aurait pu inciter le général de Gaulle à quitter les Communautés existantes avec les conséquences incalculables qui auraient pu en résulter.

Le «Grand Dessein» du président Kennedy

«Être grand, c'est soutenir une grande querelle», tels sont les mots inscrits par le général de Gaulle en tête de son livre, *Le fil de l'épée*. Un être plus haut que nature, il y avait en lui un pessimisme cosmique qui lui faisait considérer les hommes sous le jour le plus sombre. À l'affût permanent de leurs complots, n'espérant d'eux ni bonté, ni noblesse, il vivait toujours prêt à bondir. Ce qu'il constatait dans les relations des individus, il le voyait plus encore dans celles des nations, une lutte impitoyable de géants sans cesse à la poursuite de plus de puissance. Des hommes à l'intelligence élevée d'un Charles de Gaulle rationalisent leurs pulsions par un système. Après avoir combattu pendant la première partie de son existence l'Allemagne, ennemie fatale de la France, il avait découvert en les «Anglo-Saxons», Grande-Bretagne et surtout États-Unis, les plus dangereux rivaux de son pays. Dans des apartés avec son ministre des Affaires étrangères, celui-ci me l'affirmait souvent avec passion et, je crois, de bonne foi. Dès son retour à l'Elysée, son maître s'attaqua aux deux «hégémonies» américaine et soviétique. Pourtant, celle-ci ne menaçait-elle pas l'Europe alors que l'autre la renforçait? Causé par les deux grandes guerres civiles qui avaient ruiné l'Ancien Monde, notre déclin était dû manifestement à nos folies, non pas au machiavélisme de Washington.

On a vu les présidents Truman et Eisenhower mobiliser les immenses ressources de leur pays pour consolider l'Ouest. Le président Kennedy était de la même race mais doué d'une imagination et d'une vigueur juvéniles que ses aînés n'avaient pas eues. À la Maison Blanche, il avait trouvé une administration divisée; une faction anticolonialiste, axée sur la Délégation à l'ONU qui, plaçant dans le tiers monde les principaux intérêts des États-Unis, votait contre la France dans les débats sur la guerre d'Algérie et contre la Belgique dans l'affaire du Congo. Il y avait aussi le clan des «européanistes» de l'ancienne équipe Acheson, restés très influents, pour lesquels l'Europe demeurait le champ de bataille crucial de l'avenir américain. À leur tête on retrouvait George Ball, cet avocat new-yorkais déjà mentionné, qui avait été un principal collaborateur de Jean Monnet pendant l'épopée de la Communauté Charbon-Acier. Le hasard lui avait fait rencontrer le futur président Kennedy pendant sa campagne électorale. Très impressionné, celui-ci l'avait incorporé parmi les siens; entré à la Maison Blanche, il en avait fait le second, puis le premier des sous-secrétaires d'État. Ball à son tour avait présenté Monnet à Kennedy.

Élu sur la promesse d'une «Nouvelle Frontière», le jeune Président s'était laissé convaincre qu'elle se situait aussi en Europe. Il avait réussi à faire voter un «*Trade Expansion Act*» qui devait mettre fin au protectionnisme américain; autorisant l'administration à des réductions des droits de douane de 50% et plus, il déboucha sur le *Kennedy Round*, la plus vaste négociation commerciale jamais connue, ouvrant largement le marché américain aux exportations européennes. Le 4 juillet 1962, célébrant le jour de l'Indépendance, John Kennedy prononçait à Philadelphie un discours lyrique qui faisait sensation. Il y déclarait que les « États-Unis étaient prêts à discuter avec une Europe unie les voies et les moyens de former un partenariat (*partnership*) atlantique concret, une association mutuellement bénéfique entre la nouvelle Union qui émerge en Europe et la vieille Union fondée ici, il y a un siècle trois quarts ». C'était deux semaines avant la conférence de Bonn et la croisière sur le Rhin, l'époque aussi – tandis que se calmait la crise de Berlin – où la Grande-Bretagne manifestait la volonté de rejoindre le continent. Des jours encore où tout paraissait possible.

Par nature, la République américaine répugne aux passions ethniques qui vont à l'encontre de son idéal. Pousser à l'intégration de l'Europe, c'était lutter contre des nationalismes latents. Parmi ceux-ci, le nationalisme nucléaire paraissait à la fois le plus dangereux et le plus vain. Les Américains s'étaient résignés sans joie à la mise sur pied d'unités nucléaires autonomes au Royaume-Uni. C'est avec inquiétude qu'ils découvraient que la France à son tour préparait une « force de frappe » indépendante. Ce qui les préoccupait le plus était de voir l'Allemagne entraînée à emboîter le pas, avec les conséquences incalculables qui pouvaient en résulter. Mais ils avaient compris avoir à tenir compte de la volonté des Européens d'avoir leur mot à dire sur un sujet qui touchait de si près à leur destin.

Une solution de compromis avait été inventée, celle de la force nucléaire multilatérale (MLF). Eisenhower l'avait adoptée avec enthousiasme, Kennedy l'avait reprise dès mai 1961. Quoique le projet connût plusieurs stades, il devait en substance réunir une escadre, soit de sous-marins, soit de navires de surface, armés de fusées *Polaris* à tête nucléaire, avec des équipages multinationaux et placés sous le commandement suprême de l'OTAN. En avril 1962, un document avait été déposé au Conseil atlantique qui prévoyait une force d'environ 200 engins nucléaires, propriété intégrée dont le droit d'usage aurait été exercé par les pays possédant une force de frappe nationale, c'est-à-dire les États-Unis, la France et la Grande-Bretagne auxquels aurait été ajoutée l'Allemagne. Il fut aussi question de permettre à une *majorité* de ces pays de disposer de la MLF, ce qui aurait privé les États-Unis de tout droit de veto. Comme dirent les experts : « L'Europe en même temps que l'Amérique aurait eu un doigt sur la gâchette[19]. »

Un autre problème de défense nucléaire s'était greffé sur les grandes négociations en cours. Le Royaume-Uni, en se dotant de bombes nucléaires, avait prévu de s'en servir au moyen de bombardiers à réaction *Vulcain*. L'apparition de nouvelles fusées sol-air les avait rendus très vulnérables. Pour y pallier, les Britanniques avaient passé contrat aux États-Unis pour l'achat de *Skybolt*, un missile air-sol capable de lancer à 1 500 km des ogives nucléaires. Tirés d'avions en vol loin de l'objectif, ils restaient pratiquement à l'abri du feu ennemi. En automne 1962, Washington avait annulé le contrat sans préavis, sous des prétextes techniques, mais en réalité, presque certainement pour décourager les Britanniques de maintenir une force nucléaire autonome qui aurait fait obstacle à la MLF[20]. C'était un coup fatal aux ambitions de puissance mondiale de Londres.

Très secoué par l'affaire *Skybolt*, très affecté par ses «chamailleries» avec Paris (*wrangles*, écrivit MacMillan), c'est-à-dire les longues négociations pour son adhésion à la CEE, le Premier ministre s'était rendu à Rambouillet le 15 et le 16 décembre 1962, à Nassau aux Bahamas le 18 et le 19. Lord Home, le *Foreign Secretary* qui y était aussi, allait nous confier que la rencontre avec de Gaulle s'était bien passée, que MacMillan avait mentionné son intention d'acquérir les *Polaris* sans provoquer de réaction hostile et qu'il avait évoqué la possibilité d'une coopération nucléaire franco-britannique. Ce qu'il ne nous dit pas, c'est que le Général avait clairement laissé entendre qu'il n'était pas favorable à l'adhésion de la Grande-Bretagne à la CEE[21].

Avec le président Kennedy, MacMillan s'était trouvé plus heureux. Il avait obtenu des *Polaris* et de la technologie pour sous-marins nucléaires. Toutefois, il avait dû s'engager à les placer sous le commandement de l'OTAN, donc américain, n'en disposant librement «qu'en cas de péril national suprême». C'était l'époque où Washington remplaçait la doctrine des «représailles massives» par une stratégie dite de «riposte flexible». Celle-ci paraissait réduire quelque peu le danger de cataclysme nucléaire et accroître de ce fait la dissuasion; mais elle exigeait impérieusement de rester maître à chaque instant du choix des armes et donc de l'unité de décision.

Après le coup de tonnerre de la conférence de presse du 14 janvier 1963, Paris allait faire courir le bruit que celle-ci avait été motivée par l'accord concédé à Nassau aux Américains. MacMillan, noyant le Royaume-Uni dans l'Alliance atlantique, c'était le soumettre aux États-Unis et, ce faisant, violer la parole donnée à Rambouillet. Toute l'affaire reste obscure et la biographie «officielle» de MacMillan publiée en 1989 ne l'éclaire que peu en suggérant qu'à Rambouillet, les deux grands hommes n'avaient pas quitté un brouillard de généralités. Toutefois, selon des documents publiés il y a peu, de Gaulle, au cours d'un deuxième entretien, le dimanche 16 décembre, aurait ouvertement déclaré qu'il jugeait les Britanniques non préparés à l'adhésion. Le débat perd de son intérêt historique depuis qu'Alain Peyrefitte, ancien ministre du général de Gaulle, a révélé qu'il avait entendu de sa bouche, *avant la signature de l'accord de Nassau*, qu'il s'opposerait à l'entrée de la Grande-Bretagne dans la CEE[22].

En réalité, il fait peu de doute que de Gaulle voulait empêcher sur le continent une ingérence des Anglo-Américains qui eût fait obstacle à la suprématie ce la France. C'était une politique. C'était une passion. Maints hommes politiques de l'époque, y compris probablement John Kennedy, compatissaient à la déchirante tragédie qu'avait dû être pour l'officier de l'ancienne Grande Armée, la déroute de son pays en 1940 – bien plus qu'une défaite sur le champ de bataille, la fin d'une épopée de mille ans. Une brûlante humiliation peut expliquer le ressentiment envers les nations sorties victorieuses d'une guerre que la France avait malheureusement perdue. J'ai entendu son ministre des Affaires étrangères dire à Spaak: «Nous accepterons l'Angleterre quand son Roi sera nu.» C'était humain, mais était-ce raisonnable? Face au géant soviétique, aucun pays d'Europe n'était plus capable d'une défense nationale indépendante – avec ou sans force de frappe autonome. Le général de Gaulle paraissait lui-même le comprendre en son for intérieur; lorsque, retirant en 1966 l'armée française de *l'organisation* militaire atlantique, il soulignait que la France demeurait membre de l'*Alliance* – «à titre d'ultime précaution», écrivit-il dans ses *Mémoires*[23]* –, Alliance qui n'aurait pas survécu si l'Allemagne ou la Grande-Bretagne avait agi de même. Il jouait un jeu serré, ajoutant à des relations secrètes avec Moscou une dimension chinoise par la reconnaissance en janvier 1964 du régime de Pékin. «Je fais alliance avec la Chine pour nous renforcer face à la Russie» a dit de Gaulle à Peyrefitte en 1963. Sans grand succès. S'imaginait-il reprendre la torche de Metternich ou de Bismarck dans une Europe nouvelle? Ou se laissait-il aller à la griserie de la «grande querelle qui faisait les hommes grands»? Mais qu'apportait à la France sa diplomatie coûteuse? Elle l'opposait à Washington, à Londres, à la plupart des petites capitales du continent – même à Bonn. En dépit du traité de l'Élysée (ou à cause de celui-ci), elle plaçait l'Allemagne devant un choix impossible: la France ou les États-Unis – sans obtenir rien de substantiel de Moscou et moins encore de Pékin dont elle méconnaissait les passions idéologiques.

Le fracas provoqué par la conférence de presse du 14 janvier sonna le glas du Grand Dessein de John Kennedy. Projet mort-né d'un nouvel *imperium* de l'Occident, il aurait empêché bien des différends transatlantiques passés, présents ou encore à venir. Il aurait conféré aussi à l'Ancien

---

* À un niveau plus technique, le commandement français était contraint d'acheter aux Américains douze avions citernes pour ravitailler au sol ses avions *Mirage IV* porteurs d'engins nucléaires, ceux-ci ne disposant pas d'un rayon d'action suffisant pour rentrer à leurs bases après mission en territoire ennemi. De même, après avoir quitté l'OTAN, il dut recourir à son gigantesque système d'alerte (*nadge*) sans lequel il eût été aveugle et impuissant.

Monde une puissance que, jusqu'à nos jours, il n'a pas acquise. Ce n'était peut-être qu'un rêve.

Le 21 et le 22 mars, j'étais à Washington envoyé en reconnaissance par Spaak et j'y découvrais les principaux collaborateurs du Président plongés dans une profonde tristesse. J'en ai gardé un compte rendu qui souligne le choc provoqué par la conférence de presse du 14 janvier. Bill Tyler, secrétaire d'État adjoint pour les Affaires européennes me dit avec amertume: «En 1962, tout allait si bien; mais maintenant, les fondements mêmes de notre politique des quinze dernières années sont remis en question.» Walt Rostow, le chef du Conseil national de Sécurité était «particulièrement inquiet du traité franco-allemand», une politique, pensait-il, qui ne pouvait qu'encourager l'Allemagne à revendiquer un jour sa propre force de frappe... Ses collègues et lui étaient hantés par la crainte de voir dans quelques années dix ou quinze pays en possession de forces nucléaires nationales. Il me dit que le président Kennedy serait prêt «à partager les responsabilités nucléaires dans leur entier dans la mesure où il aurait en face de lui un Président de l'Europe en qui il pourrait placer sa confiance». Mon rapport se terminait par l'affirmation que «toutes craintes qu'on pourrait avoir au sujet d'arrière-pensées américaines tendant à l'affaiblissement ou à la mise en sujétion de l'Europe par les États-Unis m'étaient apparues une fois encore dénuées de tous fondements; tout au contraire, mes interlocuteurs éprouvaient une véritable angoisse à voir l'Europe se détruire»[24].

Dans la matinée du 22 novembre 1962, je travaillais dans mon bureau au 8e étage du nouveau ministère des Affaires étrangères, une cage de béton et de verre sur une cime de Bruxelles, quand la téléphoniste me passa une communication de Douglas MacArthur, l'ambassadeur des États-Unis. D'une voix étranglée, il m'annonçait que John Kennedy venait d'être victime d'un attentat à Dallas; on en ignorait encore les détails. Une heure plus tard, il apparaissait en personne, pâle et défait, pour me dire que le Président n'était plus. Je le fis entrer dans le bureau contigu de Paul Henri Spaak. Comment décrire l'angoisse et le chagrin qui nous envahirent? De toute ma vie, aucune mort d'un homme d'État ne provoqua autant d'émotion à travers le monde entier.

Depuis quelques années, la mémoire du président Kennedy est l'objet d'un éreintement portant notamment sur sa jeunesse indisciplinée de fils prodigue, sur sa vie sexuelle, il est vrai, déréglée. Mais qu'eurent-elles à voir avec ses qualités d'homme d'État? On lui reproche aussi de n'avoir pas réalisé les promesses de réformes sociales. Mais n'oublie-t-on pas que le destin ne lui donna que 32 mois à la Maison Blanche avant de le faire tomber sous les balles d'un dément? En ce court espace de temps – malgré un Congrès hostile –, il réussit à faire passer un beau message humain; il initia une ère nouvelle dans les relations entre Noirs et Blancs, des réformes généreuses dans la politique fiscale et économique, une lutte contre la pauvreté, un dialogue entre les syndicats et le patronat, un programme d'exploration de l'espace, etc. Et dans les relations Est-Ouest, après son triomphe à Cuba, la magnanimité d'un apaisement de la guerre froide, marqué entre autre par le traité de Moscou de 1963 sur l'arrêt des essais nucléaires, premier pas encore modeste sur la voie d'une limitation des armements et peut-être d'une vraie détente.

Dans la suite de M. Spaak, j'avais eu la bonne fortune de le rencontrer à la Maison Blanche en 1961, 1962 et 1963 à l'occasion de consultations politiques et d'un déjeuner de travail. Je fus de plus en plus impressionné par l'allégresse vitale et l'autorité calme qui émanaient de ce jeune empereur, Octave Auguste au début de son principat, selon les mots de mon ministre, «fort, sérieux, désireux de faire de grandes choses et capable de les faire». J'ai perdu, hélas, les comptes rendus de deux de ces conversations. Mais j'ai gardé très vif dans mon esprit le souvenir de plusieurs d'entre elles et notamment de celle où il parla de l'Europe. Il exprimait une foi profonde en une civilisation qu'il connaissait manifestement mieux que beaucoup d'hommes politiques des deux rives de l'Atlantique et dont les États-Unis et l'Europe unie devaient constituer, selon ses mots, les «deux piliers» d'un monde nouveau. Déplorant la mésentente des Européens, il confiait à Spaak combien sa tâche aurait été facilitée s'il avait pu partager ses responsabilités avec un porte-parole qui leur serait commun et non avec six chefs de gouvernement aux mobiles différents.

J'ai retrouvé, classée dans mes dossiers en pensant à John Kennedy, une note biographique joliment écrite en 1041 par un secrétaire d'État impérial de Byzance du nom de Psellos. Elle dit: «Quand mon souverain eut considéré la grandeur du pouvoir, qu'il eut compris la complexité du gouvernement et la masse énorme des difficultés que le souci des affaires accumule devant le véritable empereur, il changea tout d'un coup comme un homme passé de l'adolescence à la maturité et prit les rênes en main de la façon la plus noble et la plus courageuse[25].»

IX
Dans le tiers monde et en Europe

L'Afrique sans loi

Encore le Congo. Le «collège des commissaires généraux», installé par Mobutu, avait commencé à rétablir quelque ordre dans l'administration, particulièrement à son niveau le plus élevé. Son succès, quelque relatif qu'il fût, dressait contre lui les chefs de l'ONU. D'en bas jusqu'en haut. Sur le terrain, il soulignait l'insuffisance des Onusiens. Au sommet, il faisait obstacle à leurs ambitions idéologiques. L'Indien R. Dayal, représentant spécial du Secrétaire général, dans un rapport du 4 novembre, aussi injuste que passionné, accusait les Belges de sabotage et d'être la cause de ses malheurs. Hammarskjöld obtenait le 21 février 1962 une nouvelle résolution du Conseil de Sécurité, un blanc-seing l'autorisant à intervenir au Congo, même par la force «*en dernier ressort*». Elle établissait dans le pays un état de siège, conférant à l'ONUC le droit d'expulser arbitrairement tous les personnels civils et militaires étrangers, c'est-à-dire principalement les Belges [1].

Le collège des commissaires généraux allait être remplacé par un deuxième gouvernement Ileo; puis le 2 août, le Parlement, réuni sous la protection de l'ONU, investissait un gouvernement Adoula, dit d'Union nationale – il groupait 42 membres et secrétaires d'État. Le Katanga et ses richesses restaient l'enjeu de toutes les luttes politiques. L'ONU s'y était renforcée. Son représentant local, l'inoffensif Néo-Zélandais Berendsen était remplacé par un Irlandais du nom de Conor Cruise O'Brien. Un fonctionnaire subalterne des Affaires étrangères de Dublin, choisi par Hammarskjöld à la lecture, dit-on, de ses poèmes d'avant-garde, il allait se distinguer par sa sottise – une dangereuse sottise. Cet homme alors très à gauche s'était pris d'antipathie pour les Belges dans lesquels il voyait, virtuellement sans exception, des agents du capital [2]. Ayant obtenu une brigade de l'armée des Indes en renfort de ses troupes suédoises et irlandaises, l'exalté avait lancé à l'aube du 28 août une opération, bizarrement baptisée *Rumpunch* (punch au rhum). Elle comportait l'occupation armée des immeubles de la Poste et de la Radio, isolant la ville du monde extérieur, et l'arrestation au hasard des rues de tous les Européens présentant une allure quelque peu martiale; deux cent soixante-treize officiers étrangers, en majorité belges au service de Tschombé, étaient arbitrairement expulsés. Plus de deux cents mercenaires français, belges, sud-africains, etc., engagés directement par les Katangais, manquèrent à l'appel.

Ce fut le prétexte d'une deuxième opération au nom de code approprié de *Morthor* – (casse tout) en hindi. Le 13 septembre fut un jour dramatique. On mentionnait six morts et dix blessés parmi les Casques bleus, une cinquantaine de Katangais tués. Au début de l'après-midi, nous parvenaient les échos d'une conférence de presse de O'Brien annonçant la fin de la sécession.

Peu après, il devinait évident qu'il n'en était rien. À l'exception du seul Kibwe, les ministres katangais avaient réussi à s'échapper. De même, l'état-major de la gendarmerie; celui-ci, grâce à un petit émetteur clandestin, continuait à exhorter à la résistance des groupes de gendarmes disséminés dans la ville et la banlieue. Il y avait encore des victimes civiles et des dégâts matériels considérables. À Kamina et à Jadotville, les Casques bleus étaient isolés et encerclés par la gendarmerie; une compagnie entière d'Irlandais contrainte à se rendre.

C'était la première fois qu'intervenait l'ONU par les armes dans un conflit politique interne, un dangereux précédent qui violait le principe de non-ingérence prescrit par sa Charte et maintes fois répété avec solennité par Hammarskjöld[3]. Par leur sanglante absurdité, les exploits de l'ONU soulevèrent dans le monde occidental une vive réprobation. Les Belges en particulier étaient bouleversés; Spaak devait user de toute son habileté pour ne pas se laisser mener par l'indignation populaire. Bruxelles ne pesait pas d'un grand poids dans le chaos de la diplomatie afro-asiatique. Mais aux États-Unis et surtout dans les milieux d'opposition républicaine, on se posa des questions. C'était l'époque aussi où le président Kennedy, ayant à faire face aux menaces soviétiques à Berlin, commençait à écouter plus volontiers ses alliés européens – parmi lesquels la voix de Spaak se faisait entendre. Celui-ci avait eu le 9 mai à Oslo, en marge du Conseil atlantique, un entretien avec Dean Rusk qui lui promit de s'opposer à l'usage de la force par l'ONU[4].

Sur ces entrefaites, Dag Hammarskjöld était retourné à Léopoldville pour y rencontrer ses représentants, Sture Linner (successeur de Dayal) et Mamhoud Khiary. Selon toute apparence, c'est alors seulement qu'il apprit que son organisation avait déclenché une nouvelle opération au Katanga. Londres avait dépêché un sous-secrétaire d'État, Lord Landsdowne, pour répéter son opposition à l'usage de la force; il arriva trop tard. Cédant à ses remontrances, Hammarskjöld s'était décidé à rencontrer Tschombé à Ndola à la frontière en Rhodésie britannique. Tschombé et

Lord Landsdowne allaient l'y attendre toute la nuit. Vers minuit, son DC 6 s'était annoncé à la tour de contrôle de Ndola. Puis plus rien. Après 16 heures, la police rhodésienne retrouva ses débris calcinés dans un bois, à 15 kilomètres en deçà de la piste d'atterrissage[5].

La mort du Secrétaire général de l'ONU au milieu de la nuit au centre du continent noir comportait les données d'un drame à grand spectacle; il fit un bruit énorme. La presse des pays communistes et celles des pays associés se déchaînèrent en imprécations contre un « nouveau crime de l'impérialisme ». Prenant prétexte d'aspects inexpliqués de l'accident, elles en accusèrent soit Tschombé, soit la Belgique.

U Thant, un Birman, succédait à Dag Hammarskjöld, le premier non-Occidental à son poste. Le déplorable O'Brien rentrait dans l'obscurité, remplacé par le Britannique Urquhart. Le 20 novembre, Khiary signait avec Tschombé une paix précaire. Le 24, la majorité communiste et afro-asiatique du Conseil de Sécurité renforçait encore le mandat du Secrétaire général – pour « entreprendre une action vigoureuse, y compris l'emploi de la force *dans la mesure requise* ». Malgré les promesses de Rusk, les États-Unis s'étaient inclinés.

Le 5 décembre, aux Affaires étrangères à Bruxelles, les machines à décoder s'étaient remises à cracher des télégrammes en provenance d'Élisabethville. Une nouvelle guerre de l'ONU avait commencé. Elle dura jusqu'au 18, plus brutale et plus sanglante que la précédente. À des incidents regrettables mais minimes impliquant des gendarmes indisciplinés, l'ONU répondait par des opérations de grande envergure tant sur terre que dans les airs, mettant notamment en ligne un bataillon disciplinaire éthiopien qui se distingua par sa férocité. Des avions de bombardement indiens entrèrent en action, y compris sur le quartier des affaires d'Élisabethville. Nombre de civils trouvèrent la mort, parmi lesquels des femmes et des vieillards. Après deux semaines de combats où les lois de la guerre furent sans cesse piétinées, l'ONU était victorieuse. À ceux qui manifestèrent leur indignation – dont M. Spaak –, U Thant répondit par une proclamation: « La discipline et la conduite de nos troupes me remplissent de fierté[6]. »

Des pressions conjointes de Washington, Londres et Bruxelles conduisaient, le 19 décembre, à une rencontre de Tschombé et Adoula sous les auspices de l'ONU. Après de longues heures de pourparlers, le président du Katanga faisait solennellement acte de soumission. À Washington, les tiers-mondistes perdaient de leur influence. Le sous-secrétaire d'État politique, George McGhee, un réaliste intègre, prenait le pas sur le responsable des Affaires africaines, un idéologue nommé Mennen Williams. Des entretiens très cordiaux avec Dean Rusk, le 9 juin, nous montraient que les choses changeaient[7]. Grâce à l'appui des Américains, Spaak obtenait de mieux se faire entendre par U Thant.

Le Département d'État, après consultations avec Londres et Bruxelles, suggérait à U Thant un *plan de réconciliation nationale*, comportant une série de mesures (excluant la force) de nature à régler le problème katangais dans un cadre fédéral. Il comprenait une clause financière prévoyant le partage des revenus du Katanga, c'est-à-dire ceux de l'*Union Minière*, l'enjeu de toute l'affaire. Le plan était approuvé par Adoula le 23 août, par Tschombé le 3 septembre. Plusieurs semaines s'écoulèrent. Le 23 octobre, Adoula divulguait un projet de Constitution fédérale. Loin de répondre à ce qu'en attendait Tschombé, il partageait le pays en 21 provinces dont le Katanga en 3. Il eut été la fin du Katanga, la fin de son Président!

Spaak et ses collaborateurs à Washington le 27 novembre y voyaient longuement le secrétaire d'État Rusk et le président Kennedy. Le compte rendu souligne la bonne entente des participants, mais aussi leur profonde perplexité. On envisagea des sanctions économiques – mais en tout dernier ressort, car on craignait des représailles sur la population belge et les équipements industriels. À aucun moment, il ne fut fait allusion à une action militaire – sauf par Spaak, pour l'exclure. Le Président entérina ce qui s'était dit. Un communiqué belgo-américain soumis conjointement au Secrétaire général de l'ONU l'annonça[8].

Le 19 décembre trouvait notre ami McGhee à Bruxelles, fort inquiet des projets de l'ONU. Washington envisageait une dernière intervention, renforcée par l'envoi au Congo d'une escadre aérienne *sous contrôle opérationnel américain*. Elle aurait eu pour mission de surveiller les opérations de l'ONU, d'empêcher des représailles et de faire impression sur Adoula autant que sur Tschombé[9].

Il était trop tard. Le 24 décembre, des fusillades éclataient, un hélicoptère de l'ONU était abattu. Les gendarmes, ayant perdu leurs meilleurs officiers, se transformaient comme ceux de l'ANC en une soldatesque indisciplinée; les incidents violents se multipliaient. Le 28, l'ONU exaspérée déclenchait une nouvelle offensive pour «rétablir la sécurité de ses troupes et leur liberté de circulation». En trois jours, toute résistance était cette fois brisée. Le 31, U Thant annonçait à New York la fin des opérations «pour permettre la reprise des négociations».

Le 14 janvier 1963, dans des lettres à U Thant, Adoula et Spaak, Tschombé et certains des principaux ministres se déclaraient prêts à annoncer la fin de la sécession et leur ralliement au *plan de réconciliation nationale*. Avec l'arrivée des troupes indisciplinées de l'ANC, le désordre s'était installé. Aux billets de banque katangais s'étaient substitués des billets congolais de moindre valeur. Avec l'inflation, les vivres s'étaient raréfiés, les prix avaient monté, le marché noir avait proliféré. La police pourchassait Blancs et Noirs «soupçonnés de sympathies séparatrices». Tschombé, se sentant menacé, s'était discrètement échappé vers la Rhodésie et l'Europe.

Ce fut la fin de la saga du Katanga, une aventure humaine qui mérita mieux que l'opprobre dont la couvrirent les pays communistes et ceux les plus hostiles à l'Occident.

Moins de trois années d'indépendance du Congo, Léopoldville avait vu la masse des billets de banque passer de 2,1 milliards à 26,5 milliards de francs congolais. L'armée et la police s'étaient gonflées, les agents publics avaient triplé, les parlementaires et les ministres s'étaient octroyé des émoluments très supérieurs à ceux de leurs collègues belges – quarante fois le revenu annuel moyen d'un travailleur manuel en centre urbain. À ceci s'ajoutaient les «prêts», virtuellement illimités, que députés nationaux et provinciaux pouvaient obtenir à la Caisse de l'État. Le budget de 1962 avait prévu un déficit de près de 60%. Avec plus de cent cinquante mille chômeurs dans sa capitale, une corruption générale et une misère hallucinante, le Congo-Léopoldville allait à vau-l'eau[10], en dépit d'une dévaluation ratée et de vastes contributions en devises de l'ONU, de Belgique et d'autres pays étrangers.

Les dissidences centrées à Stanleyville s'étaient dangereusement développées sans que l'ONU s'en soit fort soucié. Un gouvernement lumumbiste s'y était installé prétendant à la souveraineté congolaise et contrôlant un tiers environ du pays au moyen d'unités insubordonnées de l'ANC. Un nommé Gbenye y avait proclamé une *République populaire du Congo*, reconnue par plusieurs capitales africaines dont Le Caire. Il mettait le territoire à feu et à sang. D'autres rebelles l'avaient rejoint, les *Simbas* (lions), une jacquerie primitive venue du fond des jungles et des forêts du Nord-Est, une fureur de très jeunes gens surexcités par des pratiques magiques, drogués de chanvre, parés de plumes et de peaux de léopards à qui des agents de Mao Tsê-tung avaient enseigné la technique et la joie de tuer.

L'année 1963 avait vu le retrait des troupes de l'ONU; de 20 000, elles n'étaient plus de 6 000 en novembre alors que s'étendait la jacquerie. Paradoxalement, la Belgique avait été un des pays auxquels s'adressait Adoula pour reconstruire une armée capable de l'enrayer. À la fin de juin 1964, le Président de la République, avec l'accord de Mobutu, destituait subitement Adoula pour le remplacer... par qui? Par Tschombé! Contrairement à ce qui fut raconté, la Belgique n'y avait pris aucune part, ni, pour autant que nous sûmes, les États-Unis. Chargé de lui tâter le pouls, j'avais rencontré Tschombé à Madrid le 1er juin. Ni lui ni moi ne fîmes mention de son avenir; mais j'avais terminé mon rapport en suggérant de lui faire offrir un portefeuille ou «une ambassade agréable»[11].

En tant que Premier ministre, sa tâche la plus urgente allait être l'élimination des maquisards, ce qui exigeait l'emploi de la force. L'ANC n'en était pas capable, ses troupes indisciplinées prenant régulièrement la fuite ou se ralliant à des Simbas persuadés par les sorciers qu'ils étaient invulnérables. Tschombé sollicita une aide accrue des Occidentaux. Londres (où Wilson et les travaillistes avaient succédé aux conservateurs) et Paris se dérobèrent. Washington promit son assistance pour autant que Bruxelles y prît une part principale. Le gouvernement belge accepta. Une colonne, le *Commando V*, renforcée d'ex-mercenaires du Katanga, fut assemblée dans la base de Kamina sous les ordres du colonel Van de Walle. Un bataillon de nos parachutistes allait y être largué par des C 130 de l'armée de l'air des États-Unis – ne recevant pas l'autorisation de survoler la France, ils seraient déroutés sur l'Atlantique. La situation dans la Province orientale devenait critique[12]. À Stanleyville, les consuls de Belgique et des États-Unis étaient sauvagement battus et incarcérés. Les Blancs, environ quinze cents personnes avec les femmes et les enfants, étaient tenus en otage, frappés, humiliés et menacés de mort.

Le 23 novembre, un message radio de Gbenye était capté; il promettait de « dévorer les étrangers prisonniers ou de placer devant leurs portes des barils d'essence afin de les griller vivants ». Spaak avec le plein accord du Premier ministre Lefèvre lançait l'ordre d'agir, « une des décisions les plus difficiles de ma vie », allait-il écrire[13]. La brigade motorisée du colonel Van de Walle, arrivée par la route à travers la forêt tropicale, se trouvait devant Stanleyville aux premières heures du 24 novembre. Au même moment, les C 130 larguaient nos parachutistes sur l'aérodrome. La ville était libérée au prix d'une vingtaine de morts. Mais plus de quinze cents personnes, évacuées par air les jours suivants, étaient sauvées.

Le 28 novembre, parachutistes belges et aviateurs américains quittèrent le Congo. Oubliée la panique de la rébellion, les rivalités politiques reprirent leur virulence ancienne. Puis, le 25 novembre 1965, Mobutu se proclamait président de la République par un coup d'État à la Bonaparte. Quatre anciens ministres dont leur chef Kimba, accusés de conspiration, étaient pendus en public, les yeux bandés – on allait raconter qu'on les leur avait crevés pendant les interrogatoires. Tschombé, réfugié en Europe, était condamné à mort par contumace pour haute trahison en mars 1967; son avion kidnappé en vol, le dernier jour de juin, et détourné en Algérie, Tschombé y était emprisonné et y mourut en 1969, officiellement victime d'une crise cardiaque, peut-être assassiné.

Le maréchal-président Mobutu Sese Seko – titres et noms d'aujourd'hui – allait régner sur le Congo (le Zaïre depuis 1972) pendant de longues années; il en est encore le maître en 1997. Pion important en Afrique centrale de la guerre froide, sa dictature ubuesque bénéficia de l'appui actif de l'Ouest et singulièrement des États-Unis. Avec leurs généreux crédits et ceux d'autres pays, ajoutés aux énormes bénéfices de l'extraction des minerais, surtout le cuivre du Katanga (70% des exportations zaïroises), sa main de fer, tachée de sang, maintint le pays à flot. À partir des années soixante-dix, sa mégalomanie grandissante commença à étrangler la poule aux œufs d'or. La *Gecamine*, ex-*Union Minière*, est à présent au bord de la faillite, les chômeurs sont innombrables, le gouvernement n'a même plus de quoi payer ses soldats ou ses fonctionnaires, le taux d'inflation est de 8,500%. Le produit national brut par habitant avait été à peu près égal en 1960 à celui de l'Afrique du Sud. En 1992, il atteignait dans ce pays $2.840 en dollars d'aujourd'hui; dans celui de Mobutu, £270, un des chiffres les plus bas du monde[14].

Comptant une trentaine de pays avec quatre cent cinquante millions d'habitants, l'Afrique subsaharienne est importante pour l'Europe dont elle constitue un prolongement géopolitique, ravagé hélas par les quatre cavaliers de l'Apocalypse, Guerre, Famine, Peste (aujourd'hui sida) et Mort. À la Guinée de Sekou Toure, indépendante depuis 1958, revient le triste honneur d'avoir inauguré la série des tueries ethniques post-coloniales. Le 19 octobre 1990, un article documenté du *Monde* énumérait treize guerres simultanées en Afrique*. Personne n'est en mesure d'estimer combien de centaines de milliers – ou de millions – d'hommes, de femmes et d'enfants périrent – ou périssent.

Ce sont les mêmes antagonismes ethniques qu'avait interrompus la colonisation au XIXe siècle; toutefois, les outils n'en sont plus les flèches et les sagaies confectionnés dans les villages, mais les fusils automatiques, les mortiers, les chars de combat, les avions et parfois les «armes intelligentes», achetées à énormes frais en Belgique, Grande-Bretagne etc. (L'Angola fut en 1990, en proportion de ses revenus, le principal client de l'industrie d'armement.) Des armes qui tuent avec bien plus d'efficacité que celles du passé et avec des séquelles encore plus effrayantes, les famines, les maladies, la corruption – qui n'est pas un furoncle sur le corps politique, mais un virus empoisonnant son sang. Les pays riches ont tenté d'y remédier par de vastes programmes d'assistance en cerveaux et en espèces. Il y a aujourd'hui trente mille experts étrangers en Afrique subsaharienne et des milliards de dollars lui ont été donnés ou avancés; sa dette étrangère s'élève à 150 milliards de dollars, une année de sa production globale. Mais en vain. On est obligé de constater que, seule partie du monde, elle s'appauvrit au fil des années; ses États ébauchés par les Blancs sont en déliquescence, les meilleurs de ses habitants, 7,5 millions par an, quittent le Sud pour trouver un emploi, sinon un avenir, au Nord. Le produit national brut de ses quatre cent cinquante millions d'âmes est égal à celui

---

* Angola, Éthiopie, Libéria, Mali, Mauritanie, Mozambique, Ouganda, Rwanda, Sahara occidental, Sénégal, Somalie, Soudan, Tchad[15].

des dix millions de Belges[16]. *La durée moyenne de la vie humaine est de cinquante ans, celle des Occidentaux de soixante-douze et plus.*

Les Européens qui ont connu les crimes affreux du nazisme et du communisme, ceux qui se sont résignés de nos jours aux «nettoyages ethniques» dans l'ancienne Yougoslavie n'ont pas le droit de s'ériger en juges; mais ils doivent constater les faits. Ce qui n'est plus dans la société moderne qu'occasionnelles résurgences de temps primitifs semble rester dans le continent noir une tare burinée dans le subconscient culturel. Pendant trois mille ans, Moïse, Aristote, Rome et le Christ ont enseigné que «le but de la Cité est d'assurer le bonheur et la vertu des citoyens par la domination des lois». Dans les pays riverains de l'Atlantique Nord, l'idée commence à prendre racine. Pas dans le continent noir.

Retour à Bruxelles et à Paris (1965-1966)

La Belgique, mon pays, constitue un phénomène curieux et mal compris. L'histoire l'a façonné d'une manière différente de la Grande-Bretagne, de la France, de l'Espagne, etc. Les Belges ne constituent pas une nation mais deux ou trois, ils sont peu dévoués à un État, représenté longtemps par des princes lointains et étrangers. Mais ils sont un peuple très ancien, plus unis qu'il n'y paraît par une riche culture commune formée d'apports germaniques et latins, par un même destin fait de luttes millénaires contre des voisins envahissants – voire par des querelles qui ont contribué à les caractériser autant qu'à les diviser. Alluvions de l'Escaut et de la Meuse, fleuves d'entre-deux, leurs terres ont donné naissance à Charlemagne et à Charles Quint. Depuis le temps le plus reculé, leurs villes marchandes s'y sont défendues, souvent l'épée à la main, contre la tyrannie et l'oppression des grands. Elles ont fondé Louvain en 1426, une des plus vieilles universités de l'Occident, elles ont vu naître les frères Van Eyck, Breughel, Rubens, Vésale, Mercator, alliant comme nulle part ailleurs le rêve et la réalité. Un des premiers combattants de la liberté intellectuelle, Érasme, y enseigna.

Le célèbre prince de Ligne disait: «J'aime mon état étranger partout.» Aujourd'hui être Belge, c'est encore avant tout être soi-même et c'est pourquoi mes compatriotes préfèrent, aux sujétions de la nation ou de l'État, celles beaucoup moins lourdes des institutions européennes. Le «plat pays» où j'ai vu le jour est celui où j'ai grandi dans des conditions qui m'ont agréé, n'excluant pas quelques tendances à une anarchie paisible, peut-être à petite dose un ingrédient des sociétés les plus heureuses. J'ai prisé sa joie de vivre, associée à sa dilection de l'œuvre bien faite. Serviteur de l'État, j'ai été plus libre dans mes pensées et mon action que la plupart de mes collègues français, néerlandais, allemands, britanniques, etc. J'ai eu aussi le bonheur de travailler sous l'autorité indulgente d'hommes dont les sentiments étaient proches des miens, Paul Henri Spaak et Pierre Harmel, pour qui j'ai pu avoir du respect et de l'affection. Et, assisté d'une Reine au grand cœur, le roi Baudouin, un souverain grave, tolérant et éminemment humain dont j'ai pleuré la mort prématurée.

Si je me suis étendu sur ces circonstances, c'est qu'elles éclairent ce qui nous séparait du général de Gaulle, un être d'airain né pour la guerre. « Berceau des cités, spectre des empires, fossoyeurs de décadences, la force fait la loi aux peuples et règle leur destin », annonçait-il de sa plume héroïque. Ses écrits, ses discours, toute son action s'inspiraient de la phrase fameuse de Charles Maurras: « La patrie est le dernier cercle politique solide qui, entourant les autres (famille, commerce, province) n'est entouré d'aucun. » Tandis qu'à nous, la raison nous faisait apparaître clair comme le jour que les grands problèmes des sociétés contemporaines ne pouvaient plus trouver de solution dans le cadre limité des seules patries. Ni la prospérité économique ni la justice sociale; liées à des systèmes de production de masse dont le rendement optimum exigeait des marchés toujours plus vastes, elles dépendaient d'énormes capitaux, inaccessibles à l'intérieur des pays d'Europe. Ni la stabilité des prix, donc des monnaies, qui réclamait une forte coopération internationale. Ni, singulièrement, la défense contre la menace extérieure.

Sous-estimant le lent progrès de la Loi, encouragé par la puissance américaine, la diplomatie française restait dictée par des idées anciennes. Ou celle de l'équilibre des forces, ou celle de Maurras pour qui les relations internationales n'étaient qu'une jungle de bêtes féroces. Déjà en mai 1961, Couve de Murville dans un entretien avec Spaak s'était dit convaincu que les États-Unis, ayant perdu (à ses yeux) leur suprématie atomique, ne prendraient pas le risque d'être détruits pour la défense de l'Europe. Deux ans plus tard, en janvier 1963, une lettre du prince de Mérode, conseiller de notre ambassade à Paris, venait me rapporter des propos similaires de Jean-Marc Bœgner, un des plus proches collaborateurs du Général, – de là, disait-il, son refus d'accepter dans la CEE une Grande-Bretagne « liée aux États-Unis dans un domaine aussi grave que la défense[17] ».

Des Six, le gouvernement français était le seul à le penser. Où donc retrouver l'Entente Cordiale? Ce qui préoccupait surtout était la manière dont réagirait la République fédérale d'Allemagne. En réalité, l'Armée rouge aux frontières de l'Est veillait à la maintenir dans l'Alliance atlantique. Aussi, la bataille diplomatique menée par la France contre les « Anglo-Saxons » ne pouvait être gagnée. Le préambule du traité de l'Élysée, « cet horrible chapeau qui faisait rugir de Gaulle » (si l'on en croit *Le Monde*[18]) apportait la preuve que les États-Unis demeuraient aux yeux des Allemands les seuls alliés capables de les protéger de l'URSS. Le président

Kennedy en tournée officielle dans leur pays en 1963 y avait été accueilli avec chaleur – autant que le président de Gaulle en 1962. Celui-ci, du reste, révélait une conception bien à lui de la coopération; dans les jours mêmes où il signait en grand apparat le traité de l'Élysée, il mettait bruyamment fin aux négociations des Six avec les Britanniques – sans se soucier de prévenir le chancelier Adenauer plus que ses autres partenaires.

Les événements tissaient leur trame au fil des jours. À la Maison Blanche, Lyndon B. Johnson commençait à s'empêtrer au Viêt-nam et se souciait moins que Kennedy de l'Europe. À la déception des Allemands, il allait oublier discrètement les propos de MLF, remplacé tant bien que mal par un comité de l'OTAN de planification nucléaire (NPG). Le chancelier Adenauer, âgé de 84 ans, était contraint en octobre 1963 de céder la place à Ludwig Erhard. Le même mois, Khrouchtchev était démis de toutes ses fonctions. Le même mois encore, les élections en Grande-Bretagne ramenaient au pouvoir le *Labour Party*, et Harold Wilson devenait Premier ministre. Les Britanniques grinçaient des dents mais avec dignité, se demandant anxieusement vers où tendait l'Élysée. Du «Grand Dessein» de 1962, il ne restait que le *Kennedy Round*, la vaste négociation commerciale de Genève. Quant à l'Europe communautaire, elle s'était remise en route à petits pas laborieux.

Le 29 octobre 1964, Paul Henri Spaak se rendait à Paris pour des entretiens approfondis avec Pompidou, Couve de Murville et de Gaulle. L'exposé de Pompidou, très différent du ton retentissant du Président de la République, ne paraissait pas fermer la porte à des discussions sur les points qui tenaient le plus au cœur de Spaak, la coopération politique (c'est-à-dire diplomatique) des Six et l'alliance avec les États-Unis. Toutefois, il ne les concevait que dans la perspective d'une entente stratégique européenne dont il constatait l'absence – sans indiquer cependant comment il l'envisageait. Pompidou pensait possible de trouver «des formules entre des concepts stratégiques différents». *À l'échelon des Présidents, les États-Unis n'avaient jamais discuté de ces problèmes avec la France.* Il rappela qu'en 1957 (*sic*), étant chef de Cabinet du Général, il avait assisté à un entretien avec Foster Dulles; annonçant qu'il comptait pousser à la réalisation de la force de frappe française malgré toutes les difficultés, le Président de la République avait terminé en disant: «Voilà ce qu'il nous faudra faire, sauf si vous nous donnez des armes atomiques.» M. Dulles aurait fait semblant de ne pas entendre. Probablement vrai.

À un déjeuner au Quai d'Orsay, la conversation suivit les mêmes lignes. Toutefois, M. Couve de Murville se montrait plus fermé, plus sceptique que M. Pompidou. Il ne cachait pas une vive irritation à l'égard de l'Allemagne. «La MLF (désirée par celle-ci) n'était qu'un mécanisme mis sur pied par les Américains en vue de garder le contrôle sur l'armement atomique situé en Europe.» Parlant longuement des pourparlers sur l'agriculture en cours à Bruxelles, il insista sur l'impossibilité de faire progresser le *Kennedy Round* tant que les freinerait Bonn. À aucun moment, le ministre des Affaires étrangères ne donna l'impression de vouloir créer des difficultés; au contraire, son scepticisme était manifestement empreint d'inquiétude.

L'après-midi, sous les somptueux lambris de son bureau à l'Élysée, le général de Gaulle donna l'impression d'être désabusé et résigné à tous les échecs; il avait près de 75 ans et les paraissait. Reconnaissant que l'Alliance atlantique et donc l'aide américaine demeuraient nécessaires, il affirma, comme Pompidou, qu'il ne pouvait être question pour une Europe indépendante de faire une politique hostile aux États-Unis. Mais il insista sur la nécessité d'élaborer un concept stratégique qui lui serait propre; à une question de Spaak sur ce qu'il attendait de la Belgique à ce sujet, il évita de répondre. Néanmoins, il n'était pas opposé à des conversations des Six sur ces différentes questions pour autant que fût résolu le préalable agricole. Manifestement, l'Allemagne était au centre de ses préoccupations; il se plaignait des «difficultés qu'elle causait dans les relations internationales[19]» (une litote). M. Spaak et ses collaborateurs avaient quitté le vieux monsieur quelque peu réconfortés mais plus perplexes que jamais sur ce qu'il entendait par un «concept stratégique européen». Où devait-il nous mener?

Le 4 février 1965 ravivait nos inquiétudes latentes. À une des ses conférences de presse coutumières, le Général déclenchait une offensive de grand style contre le système monétaire international (*Gold Exchange Standard*), c'est-à-dire en réalité contre le dollar américain et subsidiairement contre la livre sterling. Le système prêtait certainement le flanc à des critiques; permettant aux États-unis de s'endetter gratuitement et sans limite à l'étranger, il tendait d'une part à aggraver leur déficit (déjà sérieux) de la balance des comptes et d'autre part à menacer la crédibilité du dollar en tant que monnaie internationale. Mais le remplacer, comme le suggérait de Gaulle, par le retour à l'étalon-or, *abandonné à la suite de la première guerre mondiale*, était, selon les mots du *Monde* «ahurissant» et impossible[20]. Pareille suggestion comportait le risque de provoquer une course à l'or et une dégringolade du dollar, ce qui aurait été un désastre majeur. Heureusement, l'économie américaine demeurait assez solide pour relever le défi. La livre sterling, mal en point, en souffrit; pour le monde c'était moins important. Néanmoins, la *Pravda* de Moscou salua dans les propositions françaises «un signal de la liquidation de l'empire du dollar et de la livre».

Et puis, le 30 juin 1965, un nouveau coup de tonnerre à Bruxelles. Tard dans la nuit, à la suite d'une de ces harassantes négociations de l'avenue de la Joyeuse Entrée, devenues routines de la CEE, M. Couve de Murville, président en exercice, constatait un échec et levait la séance. Le lendemain, Paris notifiait sans explication l'arrêt des pourparlers. Nouveau drame. La colère du Général résultait de multiples causes. Trop techniques pour être exposées en détail, elles se résumaient à deux questions principales: 1) la politique agricole commune qu'il jugeait fondamentale mais dont les modalités soulevaient de vives réticences chez ses partenaires, 2) le développement des institutions souhaité par ces derniers mais qui était anathème pour lui.

Pendant les premiers mois de 1965, les marchandages agricoles avaient progressé dans le sens souhaité par Paris mais lentement. Les Six s'étaient mis d'accord le 2 mars pour la «fusion des exécutifs», c'est-à-dire la substitution d'une commission unique à celles distinctes de la CECA, d'Euratom et de la CEE, mesure qui devait renforcer considérablement l'autorité de cette dernière. Le 23, peut-être enivrée par son succès, elle avait commis une lourde erreur. Sans informer les gouvernements, ce qu'elle était tenue de faire, elle avait présenté à l'Assemblée parlementaire de Strasbourg un «projet global»de réformes proposant de doter la Communauté de «ressources propres» (remplaçant les subventions gouvernementales) et confiant dès lors à l'Assemblée la tâche de contrôler les budgets. Ajouté au système de vote à la majorité qualifiée qui en vertu du traité de Rome devait prochainement entrer en vigueur, le *projet global* était certainement un grand pas en avant vers la supranationalité – selon les mots de M. Couve de Murville, une «provocation». D'autres faits étaient venus irriter Paris. Le même mois de mars, M. Hallstein, en visite officielle aux États-Unis, y avait été reçu avec des honneurs réservés à un chef de gouvernement: audience du président Johnston, du secrétaire d'État, du secrétaire à la Défense. Il avait été l'hôte de *Blair House*, la résidence des invités de marque. Et, comble de l'horreur, le *Figaro* avait publié un sondage d'opinions, découvrant que 62% des jeunes Français étaient prêts à faire leur service militaire dans une armée européenne multinationale, 31% seulement ne l'étaient pas[21]. À ces «provocations», le général de Gaulle allait répondre par «la politique de la chaise vide»: son représentant permanent à Bruxelles serait rappelé, ses fonctionnaires disparaîtraient, bloquant presque entièrement les travaux de la CEE et menaçant celle-ci d'éclatement.

Il en fut ainsi pendant plus de six mois, Paris saisissant l'occasion pour tenter d'obtenir une révision du traité de Rome qui aurait réduit la Commission à une sorte de secrétariat général sans autorité propre. La crise, qui fut passionnée, dressa les uns contre les autres principalement Allemands et Français. Elle se termina en janvier 1966 par le «compromis de Luxembourg». De celui-ci Spaak avait été le principal artisan, faisant preuve une fois de plus de son talent à distinguer l'essentiel de l'accessoire et évaluant avec détachement chaque problème selon ses mérites propres. Le général de Gaulle obtint satisfaction à de multiples revendications matérielles, du reste conformes à l'esprit du traité de Rome. Dans sa guerre de religion à la supranationalité, ses cinq partenaires ne cédèrent pas, se bornant à se mettre d'accord pour constater leur désaccord.

Les tensions s'étaient aggravées, Paris paraissant s'engager dans une politique de plus en plus éloignée de celle des autres capitales européennes. De toute sa vie, le général de Gaulle n'a jamais cessé de regarder du côté de ce qu'il appelait la « Russie ». Dès avant 1914, jeune officier, il avait baigné dans l'atmosphère d'extrême patriotisme antigermanique qui voyait dans l'Empire des tsars un « rouleau compresseur » destiné à écraser à l'Est l'ennemi héréditaire. On a de lui une lettre à sa mère de décembre 1936, mentionnant le pacte Staline - Laval, alors tout récent, et jugeant « impossible de refuser le concours des Russes, quelque horreur que nous ayons pour leur régime. C'est l'histoire de François Ier, allié aux Musulmans contre Charles Quint.[22] » Pendant la deuxième guerre mondiale, en exil à Londres, il avait entretenu des relations suivies avec les autorités soviétiques, allant jusqu'à parler de transférer dans leur pays le siège de la France Libre. En décembre 1944, il s'était précipité à Moscou pour conclure un traité d'amitié avec Staline. Pendant sa « traversée du désert », malgré les vicissitudes de la guerre froide, ses proches avaient maintenu des rapports avec l'ambassade de l'URSS. Revenu au pouvoir en 1958, il avait évoqué dans plusieurs discours, même en pleine crise de Berlin, « l'amitié réelle et traditionnelle de la France pour le peuple russe » ou « la constitution de cette grande Europe entre l'Atlantique et l'Oural ».

« Les idéologies passagères et mortelles sont destinées à disparaître », déclarait-il dans un discours à Lille en septembre 1959. Seules les nations sont permanentes. Une idée fixe, elle lui cachait que tous les pays capitalistes indistinctement étaient pour la Patrie du Prolétariat des ennemis de classe que l'histoire prédestinait à la ruine. Affirmer comme l'ont fait certains que le général de Gaulle éprouvait de la sympathie pour la doctrine communiste est absurde. Mais il sous-estimait sa force destructive. Au surplus, s'il avait de la « Russie » une vision littéraire et romantique, il méconnaissait les États-Unis en qui il ne voyait qu'une « nation de marchands », le capitalisme lui était presque aussi allergique que le marxisme. Maurras, un de ses maîtres, ne condamnait-il pas ce qu'il appelait la *ploutocratie souveraine*? Comme nombre de soldats, il inclinait vers une ascèse, pétrie de quelque mépris pour ceux qui faisaient profession d'acquérir cet argent qui ne l'intéressait pas[23]. On peut imaginer qu'il y avait dans ces préjugés de quoi alimenter son évidente antipathie, non dépourvue d'envie, pour les peuples marchands de l'Atlantique. La désinvolture montrée par Roosevelt au chef de la France Libre n'avait pas dû l'allévier.

Si, au plus fort de l'affrontement Est-Ouest, le Général avait jugé le traité de l'Atlantique nécessaire à la défense de l'Europe, il commençait, au début des années soixante, à repousser ce qu'il allait appeler le « protectorat américain». En 1961, sa version du plan Fouchet s'était opposée à toute référence à l'Alliance atlantique. Le 14 janvier 1963, sa retentissante conférence de presse s'était attaquée au Grand Dessein de Kennedy autant qu'au prétendu manque de solidarité des Britanniques. En juin, il avait soustrait la flotte française de Méditerranée du commandement intégré de l'OTAN. C'est l'année suivante qu'il avait noué des relations diplomatiques avec le régime de Pékin – soutenant ses prétentions à un siège permanent au Conseil de Sécurité. L'année 1965 avait été marquée par sa spectaculaire attaque contre le dollar.

En juin 1966, au point culminant de sa campagne, le Président de la République française et une suite nombreuse foulaient de leurs pieds les tapis rouges étalés à profusion dans les palais du Kremlin. Premier chef d'État occidental à s'y rendre, il y était reçu avec munificence. Le soir de son arrivée, répondant au toast de Podgorny, le chef de l'État soviétique, il parlait de «rapports nouveaux visant à la détente, à l'entente et à la coopération»... Le lendemain, des centaines de milliers de Moscovites, réunis devant le balcon de leur hôtel de ville, l'entendaient avec enthousiasme célébrer l'amitié franco-russe. Prenant la parole à l'Université, il mentionnait même la «possibilité d'une alliance nouvelle» (des mots minimisés immédiatement, il est vrai, par ses collaborateurs).

De ces manifestations chaleureuses, leur bénéficiaire ne paraissait pas tirer grand profit – si ce n'était un «téléphone rouge» reliant directement Paris, à l'instar de Washington, au Kremlin. Les diplomates soulignaient le contraste entre deux articles de la *Pravda*. Le premier du 19 janvier 1963, signé Nekressov, l'avait encore décrit avec dédain: «Le rôle amoindri de la France dans la solution des problèmes vitaux de notre temps est un témoignage de la différence entre les faits et les ambitions du général de Gaulle.» Le second, de février 1965, avait loué chaudement son «réalisme».

Trois mois avant le voyage à Moscou et, manifestement avec intention de le préparer, un aide-mémoire de Paris était venu bouleverser les gouvernements alliés. Il annonçait que la France, bien que décidée à poursuivre ses relations diplomatiques avec l'Alliance atlantique, cessait de participer à son organisation militaire (OTAN). Tous les officiers français étaient immédiatement retirés des états-majors intégrés, les vingt-sept mille hommes de troupes, les aérodromes et les dépôts américains devaient quitter le territoire de la République à bref délai.

Dans les capitales atlantiques, ce fut un coup de poignard dans l'estomac. Assistait-on à un renversement des alliances? La CEE pourrait-elle survivre? Tout l'édifice occidental, laborieusement bâti depuis près de 20 ans, n'était-il pas menacé? À Washington, l'inquiétude et l'irritation se mêlaient à une profonde lassitude; pourquoi continuer à subir des sacrifices économiques pour la création d'une Europe politique inexistante?

Ses partisans perdaient de leur influence ou, comme le sénateur Fulbright, président de la puissante Commission des Affaires étrangères, tournaient à l'isolationnisme. À Bonn, « le 7 mars 1966 sonna l'heure la plus sombre du rapprochement franco-allemand », allait écrire un des principaux journalistes d'outre-Rhin[24].

À Bruxelles, à la crise internationale s'ajoutait une crise interne. Résolus à sauver l'OTAN et tout ce qu'elle incarnait, les gouvernements alliés avaient décidé d'en replier ses services vers l'Est, c'est-à-dire la Belgique. Le Parti socialiste s'y étant opposé par opportunisme électoral, Paul Henri Spaak se retirait de la vie politique; un malheur pour son parti dont il était une des plus brillantes étoiles et pour son pays qui perdait un grand homme d'État. Un chagrin pour moi qui voyais s'éloigner un patron que j'avais servi pendant des décennies, longtemps à ses côtés, quotidiennement, un ami à qui je vouais une admiration sans réserve et une chaleureuse affection.

Des raisons familiales impérieuses m'avaient amené en 1964 à demander un poste à l'étranger. Après un court séjour en Suisse – où je participai aux travaux du *Kennedy Round* et où j'admirai un des plus sages gouvernements du monde –, j'avais eu la bonne fortune de recevoir l'ambassade de Paris, une des plus enviées. En octobre 1966, je présentai mes lettres de créance au Président de la République, fort impressionné par sa personnalité et par le souvenir de deux rencontres antérieures. Pierre Harmel, qui avait succédé à Paul Henri Spaak (et à qui je devais mon nouveau poste), désirait ardemment recevoir l'OTAN en Belgique dès lors qu'elle quitterait la France; il m'avait autorisé à mettre à profit mon audience avec le général de Gaulle pour apprécier comment il réagirait. Après la courte cérémonie en présence de Louis Joxe, ministre d'État (Couve de Murville était en mission quelque part à l'étranger), buvant la tasse de café traditionnelle et échangeant quelques mots, je pus le lui demander. À ma question claire, il répondit clairement: « Que l'OTAN s'établisse à Bruxelles ou à Tegucigalpa, je m'en fiche. » (Le mot dont il usa fut plus énergique!) C'est ainsi qu'Harmel obtint du gouvernement belge que le Conseil atlantique s'installât dans la banlieue bruxelloise et le commandement intégré à Casteau, non loin de la frontière française – au lieu même où César, deux mille ans auparavant, avait placé le Quartier général des légions défendant le *limes* de l'Est. L'Alliance et tout ce qui en dépendait survécurent – même le bouclier qu'elle offrait à la France!

Le conflit qui faisait rage au Viêt-nam à cette époque était une autre occasion pour le général de Gaulle de manifester son antipathie aux États-Unis. Tout juste rentré de Moscou, il avait repris l'avion pour un long voyage en Extrême-Orient. Au stade de Phnom Penh, la capitale du Cambodge dans l'ancienne Indochine française, oubliant la guerre impériale qu'y avait mené son pays pendant 8 ans, il s'adressait à quatre-vingt mille auditeurs enflammés pour s'élever contre l'intervention américaine: «Jamais les peuples d'Asie ne se soumettraient à des étrangers venus des autres rives du Pacifique», s'était-il écrié, «jamais, quels que soient leurs intentions ou la puissance de leurs armes.»

La déroute française à Diên Biên Phû avait débouché, on l'a vu, sur les accords de Genève, agencés par M. Mendès France, et le partage du Viêt-nam en deux, les communistes au nord du 17e parallèle, les «démocrates» au sud. Des élections générales étaient prévues en juillet 1956. L'OTASE, une organisation inspirée de l'OTAN et comprenant les puissances occidentales, devait couvrir de son aide le Viêt-nam du Sud, le Cambodge et le Laos parmi d'autres pays du Sud-Est asiatique. Très vite, la situation avait dérivé. Il n'y avait jamais eu d'élections générales. Au début, Hô Chi Minh dans le Nord s'était borné à consolider son régime, non sans faire preuve de la cruauté coutumière des despotes communistes; mais déjà du temps du président Eisenhower, il avait porté la guérilla dans le Sud – en 1960, deux mille cinq cents personnalités y avaient été assassinées. Dans le Sud, persuadés d'avoir trouvé un homme providentiel capable de tenir tête à la subversion, les Américains avaient soutenu à fond Ngo Dinh Diem, tout aussi violent que son rival du Nord malgré ses professions de foi démocratique. Ils allaient le lâcher – bientôt il serait assassiné.

Lorsque Kennedy était entré à la Maison Blanche, plusieurs centaines de «conseillers» militaires américains assistaient Diem. Le jeune Président avait endossé la politique de son prédécesseur, déclarant qu'il y voyait «la clé de voûte de la sécurité dans le Sud-Est asiatique», que le Viêt-nam y constituerait un «terrain d'expérience de la démocratie»[25]. Tragique expérience qu'avait poursuivie le président Johnson. Progressivement, et sans en être tout à fait conscients, les États-Unis s'étaient enfoncés dans une guerre majeure de plusieurs années. Au début de 1969, ils y déploieraient plus de cinq cent mille hommes.

Il n'est pas possible de l'évoquer sans penser au cauchemar qu'elle a été pour les Américains et à un moindre degré pour les Européens. Pour la première fois, la télévision apportait partout, jusqu'au cœur des foyers, l'horreur du champ de bataille, les forêts défoliées, les villages calcinés, les paysans, hommes, femmes et enfants, transformés en torches vivantes ou déchiquetés par les bombes, les blessés agonisant dans les rizières. Une «apocalypse» narrée ultérieurement dans un film célèbre.

Elle engendrait une réprobation profonde des deux côtés de l'Atlantique. De larges tranches de l'opinion publique, surtout dans la jeunesse, simplifiant la tragédie, y virent un combat de Goliath contre David, un nouvel impérialisme déchaîné contre un légitime patriotisme, une guerre atroce et injuste. Par ses multiples discours harassant Washington, par ses continuelles manifestations de sympathie pour le régime Hô Chi Minh, le général de

Gaulle en raison de son prestige et de son évident patriotisme lui apportait un appui moral non négligeable. Dans les chancelleries, conscientes de la complexité des faits, on se poserait la question : pourquoi ?

La guerre des Six Jours et l'Islam (Paris 1966-1967)

La résidence de l'ambassadeur de Belgique à Paris est un ravissant petit hôtel Louis XV, proche de la rue du Faubourg Saint-Honoré. Il a été bâti par un comte de La Marck, un associé de la marquise de Pompadour, sujet des princes-évêques de Liège, colonel d'un régiment de mercenaires, le Royal Liégois. L'épouse du jeune marquis de La Fayette en avait hérité et l'avait habité pendant le séjour de son mari en Amérique. Le maréchal Marmont en avait été locataire jusqu'en 1830. Cent ans plus tard, l'hôtel avait été acheté par l'État belge ; à toute l'élégance du XVIIIe siècle, il joignait le confort du XXe. Comment ne pas y être heureux ? J'allais l'être pendant sept années, enrichies d'heures tendres et d'un grand intérêt professionnel dans la ville la plus civilisée du monde.

On commençait à y percevoir le déclin du général de Gaulle. Il était réélu à la présidence de la République en 1965 mais au deuxième tour du scrutin, et ses partisans n'obtenaient qu'une majorité d'un siège aux élections parlementaires de mars 1967. Deux questions occupaient alors les diplomates : l'une, qui affectait la CEE et donc la Belgique, était la nouvelle candidature officielle de la Grande-Bretagne à la Communauté des Six, l'autre, qui allait se déchaîner en une nouvelle crise internationale majeure, la troisième guerre israélo-arabe.

Harold Wilson, non dépourvu d'intelligence, était de courte vue, un petit homme inquiet dont les soucis majeurs étaient les électeurs et briller auprès de ses pairs. Affectant une pipe démocratique en public, il fumait des havanes en privé. Entré au *10 Downing Street*, il y avait découvert une situation économique proche de la banqueroute, un budget et une balance des comptes gravement déficitaires. Rejetant pour des raisons de prestige une dévaluation nécessaire de la livre sterling, il avait adopté des mesures déflationnistes et protectionnistes d'un autre âge. Rien dans la carrière du Premier ministre n'indiquait d'intérêt pour une Europe unie.

Son pays aggravait son retard par rapport à ceux du continent. Si en Grande-Bretagne, le PIB allait doubler de 1950 à 1970, il se multiplierait par 5 dans la CEE. De cette situation, *Whitehall* était devenu conscient. Cédant à son influence et à celle de George Brown, son ministre des Affaires étrangères, Wilson se décidait à une tournée d'exploration dans les capitales des Six. Le 24 janvier 1967, reçu à l'Elysée, il s'imaginait avoir « charmé » le Président de la République. Partout ailleurs, il recevait de vifs encouragements. Résignés à ce qui paraissait inévitable, ses ministres et le

Parlement autorisaient le dépôt de la candidature britannique à la CEE. Le 16 mai, une conférence de presse du général de Gaulle confirmait qu'il y demeurait opposé. Quelques jours plus tard, la guerre éclatait au Moyen-Orient.

Depuis l'affrontement de Suez, la tension dans la région ne s'était guère relâchée; Israël demeurait la cible des colères qui assuraient au nationalisme arabe une fragile unité. Dans le Nord, La Syrie entre les mains du Baas, un parti socialiste et nationaliste, n'avait pas cessé d'harceler les kibboutz frontaliers; en février 1966, une de ses factions les plus extrémistes s'était emparée du pouvoir. Dans le Sud avait régné un calme relatif; des observateurs de l'ONU dans la bande de Gaza y fermaient tant bien que mal la frontière aux terroristes, d'autres à Charm El Cheik, à l'entrée du golfe d'Akaba, veillaient à y assurer la liberté de navigation. Hammarskjöld les y avait placés de sa propre autorité, sans en référer au Conseil de Sécurité, ce qui le mettait juridiquement à la merci du Raïs. Le 16 mai 1967, un télégramme de son commandant en chef au général des Casques bleus lui intimait l'ordre de quitter le territoire égyptien. Sans consulter personne et sans discuter, le Secrétaire général U Thant commettait la lourde faute d'obtempérer.

Pourtant, depuis plusieurs mois, les signaux d'alarme retentissaient. Nasser, en proie à des difficultés internes, se dépensait en discours de plus en plus enflammés, les infiltrations de groupes terroristes en territoire adverse se multipliaient, les bombardements syriens s'intensifiaient – auxquels répondaient des raids de représailles de l'aviation israélienne. En avril 1967, six MIGs syriens étaient abattus en combat aérien, provoquant une démarche de protestation de l'ambassadeur de l'URSS à Tel-Aviv! À Moscou, l'agence Tass, suivie par les journaux communistes du monde, dénonçait les «préparatifs d'invasion de la Syrie par Israël». Le Caire massait des troupes dans le Sinaï, sa radio annonçant une «guerre totale... la fin d'Israël». Le 22, les Casques bleus ayant quitté l'Égypte, Nasser décrétait le blocus du golfe d'Akaba, affrontant cette fois ouvertement les puissances occidentales qui y garantissaient la liberté du trafic. À la fin du mois, le ministre soviétique de la Défense apportait de Moscou un message d'encouragement au Raïs – un geste dramatique qui garantissait le déclenchement des hostilités.

Tandis que l'Égypte, la Syrie, la Jordanie, l'Irak se coalisaient en fourbissant leurs armes et que l'Algérie, la Tunisie, le Maroc, l'Arabie saoudite, le Yémen, le Liban, le Koweit manifestaient leur solidarité, les puissances démocratiques s'agitaient vainement. Le président Johnson prononçait des discours appelant à la paix et provoquait une réunion d'urgence du Conseil de Sécurité – rendu impuissant par les vetos soviétiques. Le Premier ministre Wilson, s'adressant au syndicat des électriciens, suggérait le retour en Égypte des Casques bleus et envoyait à Moscou George Brown – en un inutile voyage. Le général de Gaulle proposait une conférence des quatre Grands – refusée par le Kremlin. U Thant se rendait timidement au Caire pour apaiser Nasser – démarche dérisoire. Abba Eban, ministre des Affaires étrangères d'Israël, en tournée dans les capitales de l'Ouest, était reçu avec sympathie à Washington et à Londres mais sans rien obtenir. À Paris, le Président de la République lui avait intimé: «Surtout pas de guerre.» Le dimanche 28 mai le retrouvait à Jérusalem, les mains vides. L'avant-veille, le Raïs avait prononcé un discours évoquant «une guerre totale... ayant pour but fondamental l'annihilation d'Israël».

Golda Meir, la femme forte de Sion, futur Premier ministre, allait écrire dans son autobiographie: «Nous étions seuls.» L'Islam venait de refaire pour quelques jours sa difficile unité des rives de l'Atlantique aux confins du golfe Persique. L'encerclement de l'État hébreu était complet, ses voisins alignant deux fois plus de soldats, quatre cent trente-cinq mille Arabes contre deux cent cinquante mille Israéliens, 2000 chars contre 1000, 880 avions contre moins de 300. Une stratégie défensive eût été fatale; le seul espoir de survie était l'offensive, attaquer les forces ennemies par surprise pour les détruire les unes après les autres. Le lundi 5 juin peu avant 7 heures, heure de Paris, les radios du Caire et de Tel-Aviv annonçaient que les combats faisaient rage sur terre, sur mer et dans les airs. Je lisais dans *Le Monde* du 6 une dépêche du Caire de la veille, décrivant dans les rues «des manifestations de joie indescriptibles, des hommes pleurant et s'embrassant, se félicitant mutuellement, au cri de "Nasser, Nasser"». Trop tôt. Dès les premières heures du lundi, les avions égyptiens avaient été détruits au sol. Le jeudi, les forces armées du Raïs étaient en déroute sur tous les fronts, le Sinaï tout entier était aux mains des Israéliens de même que Charm El Cheikh, la bande de Gaza, la Vieille Ville de Jérusalem et la moitié du royaume de Jordanie. Le 10, la Syrie demandait un cessez-le-feu. La guerre des Six Jours était terminée, Israël triomphait, l'Islam tout entier mortifié, humilié, était tombé du plus haut degré d'exaltation au chagrin le plus amer. Aux heures les plus dramatiques, était réapparu, une fois encore, le spectre d'un conflit mondial. Mais Américains et Soviétiques, à la suite d'entretiens secrets à New York, s'étaient ralliés à un projet de résolution au Conseil de Sécurité – la célèbre résolution 242 – qui en termes ambigus préparait le règlement du conflit. Disputée par les deux parties, elle reste en 1997 le droit auquel se réfèrent les négociations de paix.

Pour les musulmans, les règles de la Loi ont été révélées par Dieu à Mahomet par l'intermédiaire de l'ange Gabriel à La Mecque au VIIe siècle. Transcrites dans le Coran, complétées par l'exégèse des actes et des paroles du Prophète (sunna) et une jurisprudence ancienne (charia), elles constituent l'essence de l'islam, foi religieuse en même temps que doctrine politique. Comme les autres religions du Livre, il est un hommage rendu au Dieu unique. Mais l'esprit musulman ne connaît pas de lois naturelles; Dieu peut à tout moment suspendre ou changer ce qui apparaît comme l'ordre du monde. La prédestination en même temps est absolue. «Allah est le Très Haut qui a fixé les destinées de tous et qui dirige tout.» (Coran LXXVII, 3) Selon cette croyance profondément ancrée, l'homme ne fait rien sans que Dieu ne l'ait voulu; ses actes ont été écrits dès avant le début de la Création. Le vocable *Islam* lui-même veut dire soumission. Aucune grande controverse théologique n'a ébranlé l'orthodoxie au point d'établir une notion valide de la liberté. La philosophie arabe du XIIe siècle qui, dans le sillage de l'aristotélisme, brilla en Espagne d'un si vif éclat, finit par être bannie par les autorités et ne survécut pas – sauf par la forte influence qu'elle exerça en Occident.

Là se différencient fondamentalement les Églises chrétiennes qui, à travers les siècles avec le pélagianisme, le protestantisme, le jansénisme, etc., n'ont jamais abandonné une tradition de lutte pour l'autonomie de l'esprit. Le conflit est d'autant plus insoluble que le monde musulman, ne distinguant pas temporel et spirituel, a placé la religion au centre de la Cité. L'adage chrétien: «Laisser à César ce qui appartient à César» est inconnu, et César n'a de légitimité que s'il se donne pour finalité la mise en œuvre quotidienne des textes sacrés.

Si le Coran ignore le concept de Jésus, Fils de Dieu, il ne situe pas moins l'homme au sommet de la Création. Égalitaire et universaliste, il néglige tribus, races, nations, ne voyant de différence qu'entre croyants et infidèles. Protestation sociale, il a conduit parfois à de grands élans altruistes. Mais sa logique totalitaire a toujours mené à des monarchies absolues et sacrées, à des despotismes de même nature, c'est-à-dire, inévitablement, à des sociétés bloquées et à l'oppression.

Mahomet est le seul fondateur de religion qui ait été un conquérant. Le Coran enjoint au Dar el Islam (la maison de la soumission) de réduire à sa merci le Dar el Harb (la maison des insoumis). Dès le VIIIe siècle, les armées arabes se sont lancées à la conquête du monde. Dans la *Mare nostrum*, elles ont rapidement enlevé à la chrétienté une grande partie de son héritage gréco-romain, brisant ainsi une civilisation unique qui existait depuis la fin de Carthage. Les régions conquises étaient (avec la Chine) parmi les plus développées et les plus riches du monde. Ayant relativement peu souffert de la chute de Rome, leur agriculture restée florissante, Antioche et Alexandrie demeuraient des capitales du savoir humain. Leur transfert «a peut-être été pour l'histoire universelle le résultat le plus important de l'expansion de l'Islam», allait écrire le grand historien Henri Pirenne[26].

Comme on sait, ce n'est qu'en 732 à Poitiers que Charles Martel réussit à contenir les Arabes. Plus tard, se sont déroulés les combats du reflux éphémère et localisé qu'ont été les Croisades. Et puis, Saladin a repris Jérusalem et le Grand Turc, saisissant l'épée de l'Islam, s'est emparé de l'Anatolie, de Constantinople, de la Grèce, des Balkans, pour marcher sur Vienne où il a été arrêté en 1529 et enfin en 1683. L'histoire, pendant près d'un millénaire, a été dominée par cette défense furieuse des Européens contre un ennemi envahissant et apparemment invincible. Elle les a marqués jusqu'au plus profond de leur conscience. Un des textes les plus anciens de leur littérature en langue vulgaire est le récit de la mort de Roland, occis à Roncevaux par les «Sarrasins»; il figure encore au programme des athénées. L'iconographie médiévale a longtemps représenté en noir les guerriers des Califes car ils étaient les miliciens de l'Antéchrist.

La tradition occidentale est faite d'espoir et de révolte: comme les prophètes d'Israël, Prométhée s'est élevé contre la fatalité. Le dualisme chrétien du spirituel et temporel, toujours latent, a permis à la fin du Moyen Âge la formation d'États-nations, caractérisés par la concentration de moyens économiques et militaires dans les mains d'un pouvoir laïque plus ou moins indépendant des Églises. L'Empire ottoman et sa puissance diffuse, enfermée dans une religion hiératique, se sont opposés à toutes les révolutions techniques, économiques, sociales que n'avait pas prévues le Coran – avant tout à l'éclosion des libertés individuelles.

Aussi l'État-nation n'a-t-il pris naissance en terre d'Islam qu'au XIXe siècle, importé et imposé par la France et la Grande-Bretagne quand elles découpèrent plus ou moins arbitrairement le Maghreb et le Moyen-Orient. Elle coïncida avec le nouveau «droit des peuples à disposer d'eux-mêmes», un des thèmes principaux des vainqueurs de la Grande Guerre. Dans une première phase, le nationalisme arabe naissant a cru trouver dans la philosophie des Lumières, dans la sécularisation de l'État, dans des régimes représentatifs et des institutions démocratiques, la recette d'un monde meilleur. Toutes les nouvelles républiques ou presque ont eu leur Parlement.

Les années suivant la deuxième guerre mondiale ont rapidement mis en évidence l'échec des sociétés musulmanes teintées de réformisme libéral; celui-ci n'a pu mettre fin ni aux dictatures obscures, ni à la corruption sur une grande échelle, ni à la misère du peuple. Dans une deuxième phase, et surtout après le «triomphe» de Nasser à Suez, l'idéologie marxiste prend la place occupée par la démarche des libéraux. Elle a promis aux intellectuels et aux masses arabes la cité moderne, riche et juste dont ils rêvent. L'Union soviétique leur est apparue comme la seule alliée. Ennemie autant qu'eux des anciennes puissances coloniales, elle s'est rangée à leurs côtés contre Israël, dernière implantation de l'autre en terre d'Islam. Mais en fin de compte, qu'ont pu apporter Nasser et consorts, si ce n'est quelques manifestations de modernité (insupportables aux plus fervents fidèles), des experts, des touristes, la télévision, la libération des femmes, l'explosion démographique, des kalachnikovs? Et plus tard, le dramatique effondrement des États arabes, conservateurs ou socialistes, consécutif à la guerre des Six Jours. Le nassérisme a surtout poussé au mythe d'un complot des Juifs, des chrétiens et des étrangers, les ennemis de toujours[27].

Déjà les années trente avaient connu en Égypte le mouvement des *Frères musulmans* qui militaient pour la restauration d'un État islamique. Rassemblant plus d'un million de sympathisants, il était animé par un idéologue du nom de Sayyd Autb, auteur d'un écrit qui connut un immense succès. Parmi de nombreux disciples, le jeune Nasser – avant qu'il ne le fit pendre en 1966. En résumé, les diverses doctrines fondamentalistes (ou intégristes) ont pour objet de proposer une alternative à l'État laïque démocratique ou socialiste. Constatant son échec évident et singulièrement son impuissance à fournir les biens matériels qu'il promettait, elles en accusent avec passion l'abandon des valeurs traditionnelles inscrites dans les Livres saints.

Les fondamentalistes les plus acharnés n'ignorent pas que la culture scientifique et les techniques modernes sont le fait de l'Occident et que ce sont elles qui lui ont permis de dominer l'Islam. Ils sont même généralement disposés à s'en servir pour regagner les gloires passées. Toutefois, ils se refusent avec une obstination fanatique à admettre que l'acquis des connaissances contemporaines résulte d'une vision rationnelle du monde que récuse leur culture théocratique. (Depuis l'établissement de la Fondation Nobel en 1901, un seul de ses 550 prix scientifiques a été décerné à un Arabe.) La source du vrai savoir se trouve dans les Livres sacrés. Révélation et raison humaine sont une. Dès lors, pour les soldats d'Allah, toute doctrine nouvelle, toute idée dissidente est blasphématoire. Pour les intégristes, la lutte contre la science n'est qu'une bataille de la Guerre sainte.

Aucun pays islamique ne s'est de nos jours donné un régime religieux, sinon l'Iran qui, malgré ses 2 millions de barils de pétrole par jour, ne peut se targuer de grands succès. Cela n'empêche pas ses ayatollahs de se ranger dans le camp des plus farouches ennemis de l'Ouest. En 1988, l'iman Khomeyni a condamné à mort l'écrivain britannique, d'origine indienne, Salman Rushdie, accusé de blasphème, de trahison de l'islam, de sionisme. En 1995, les organisations terroristes, inspirées et financées par Téhéran, poursuivent des campagnes d'assassinats pour saboter le processus de paix en Palestine. En Algérie, en Égypte, au Pakistan, en Asie centrale et ailleurs, l'intégrisme, favorisé par l'affreuse misère des populations que causent des régimes incompétents et corrompus, gagne du terrain. Certains gouvernants arabes, parmi les plus conservateurs et les plus riches, tentent de s'en préserver en achetant sa complaisance à prix d'or. Et l'Occident compte plusieurs millions de sujets musulmans en France, Benelux, Grande-Bretagne, États-Unis.

La conjoncture est d'autant plus déchirante que le Coran est loin d'être indifférent à la justice sociale et que plus d'un milliard d'êtres humains s'y réfèrent actuellement, de l'Atlantique à l'extrême Asie; informés par les moyens médiatiques contemporains, ils exigent impérieusement à grands cris et bref délai des biens matériels analogues à ceux dont bénéficient les masses en Occident richesses qu'ils ont tendance au surplus à exagérer. Des doctrines fondamentalistes vont jusqu'à promettre une *économie islamiste* qui les leur donnera. Mais elle n'est qu'un fantasme.

De bons esprits suggèrent une politique occidentale d'ouverture à la culture islamique. Il faut s'entendre. Oui, si elle a pour objet de faciliter l'entrée de l'Islam dans le monde moderne. Impensable s'il s'agit pour l'Ouest de s'accommoder d'un mode de pensée primitif, pré-industriel, que nos sociétés ont abandonné depuis mille ans. Le décalage historique est trop large, c'est l'Islam qui doit s'adapter à la civilisation technologique du XXIe siècle. L'épreuve sera pénible, mais pas irréalisable de l'avis des experts les plus distingués.

Un de mes amis me résumait il y a peu, en mots lapidaires, le tragique de la situation: «L'Islam veut sillonner les cieux dans le confort d'un Bœing 747; mais il ne veut pas voir que c'est impossible avec le seul Coran. Faute de manuels techniques perfectionnés qu'il se refuse à utiliser, il est condamné à s'écraser.» Le choc risque d'être terrible, il faut l'éviter mais sans abandonner les valeurs modernes. Est-ce possible?

La Révolution culturelle de Mao Tsê-tung (Paris 1968-1972)

On lit dans le célèbre *Petit carnet rouge* de Mao Tsê-tung: «La Révolution n'est pas un dîner de gala[28].» Son auteur n'était-il pas artiste en la matière? Après la conquête du pouvoir et la féroce répression des vaincus, il avait lancé la campagne des *Cents Fleurs*. Puis le *Grand Bond en Avant* qui avait mené au début des années soixante aux affreuses famines racontées plus haut.

Ensuite, ce fut la *grande Révolution culturelle du Prolétariat*. Un sinologue belge, au pseudonyme de Simon Leys, a publié en 1971 sous le titre *Les Habits Neufs du Président Mao* un livre qui reste aujourd'hui, aux dires de la majorité des spécialistes, le récit le plus véridique des événements – au demeurant confirmé ultérieurement par les indiscrétions de Pékin. Un coup d'État bien plus qu'une révolution, et très peu culturel*. En 1949, à

* Le nom de Leys a été emprunté au titre d'un livre, *René Leys*, publié en 1921 par l'écrivain français Victor Segalen qui narre les aventures d'un jeune Belge égaré dans les mystères politico-amoureux de la Cité interdite au temps de l'impératrice Tz'u-Hsi [29].

l'heure du triomphe de l'Armée populaire de Libération, Mao s'était trouvé le maître incontestable de la Chine. Il y était arrivé dans le contexte de la tradition historique du pays par une guérilla primitive basée dans des campagnes lointaines, par des improvisations répétées qui devaient très peu aux doctrines marxistes. Placé devant la tâche de faire entrer dans la modernité six cents millions de Chinois et d'édifier une société comparable à celles des autres grandes puissances, il ne pouvait y parvenir qu'au prix d'une aide massive des élites intellectuelles. Le malheureux dénouement de la crise des Cents Fleurs les lui avait aliénées, privant le Parti des experts de toutes disciplines, seuls capables de prendre la relève des paysans incultes que la guérilla avait élevés aux premières places. Le Grand Bond en Avant, une autre initiative personnelle prise à l'encontre de ses proches, avait plongé le pays dans le chaos, la famine et la mort. Dès 1959, la résistance contre ses extravagances s'était amorcée au sein du Comité central sous l'impulsion d'un héros de la guerre civile, le maréchal Peng Teh-Huai, ministre de la Défense nationale. Peng fut brisé et remplacé à la tête des forces armées par le général Lin Piao, un fidèle de Mao Tsê-tung. Mais ce dernier avait dû renoncer à la présidence de la République pour y être remplacé par Liu Shao-Ch'i. Au début des années soixante, sans qu'on puisse en fixer exactement la date, *il avait effectivement perdu le pouvoir.*

Ces années à Pékin furent une suite ininterrompue d'intrigues féroces et d'âpres luttes au sein du Parti, réminiscences de celles qui déchirèrent la cour mandchoue à la fin de son règne. Bien plus que des différences idéologiques, des rivalités personnelles opposaient les dirigeants. Mao, qui a plus de soixante-dix ans en 1963, semble être entré dans une phase d'apathie intellectuelle, accompagnée de surexcitation sexuelle; elle lui fait consacrer le principal de son énergie à la poursuite d'adolescentes[30]. Menacé d'être mis en minorité dans le Parti, il lui fallait des alliés puissants – mais pas trop puissants – parmi lesquels Lin Piao. Bien des points restent mystérieux. C'était le moment de la rupture avec Moscou. Joua-t-elle un rôle dans la conduite du Grand Timonier, et lequel?

Sir Richard Evans, un sinologue, ancien ambassadeur de Grande-Bretagne en Chine, a publié récemment un très bon livre dans lequel il s'efforce d'expliquer Mao Tsê-tung. Reléguant à la deuxième ou la troisième place sa soif du pouvoir, il discerne en lui une obsession de la violence et trace le portrait d'un criminel pathologique. Le socialisme ne peut jamais être pour lui une situation stable; il est un état précaire qui exige une régénération constante, une lutte ininterrompue qui seule peut éviter la décadence[31]. On retrouve dans ses écrits ou ses discours, cent fois répété, le thème de la «révolution permanente sous la dictature du prolétariat». Dans une de ses philippiques, attaquant le «rêve communiste» de Khrouchtchev, on l'entendit affirmer: «C'est au cours des luttes de masse qu'apparaissent les continuateurs de la cause du prolétariat, c'est au milieu des grandes tempêtes révolutionnaires qu'ils se forgent et grandissent[32]. »

Dans un autre livre, publié aussi en 1994 et généralement accepté comme valable, le docteur Zhisui-Li, médecin personnel du président Mao pendant de longues années, attribue son renouveau à l'ascendant de sa troisième épouse, Chiang Ch'ing (Jian Quing), une médiocre actrice de Shanghai que l'ambition avait conduite à Yen-an. Elle y était arrivée en 1937, à l'âge de 24 ans. Elle y était rapidement devenue la maîtresse du chef du Parti, de vingt ans son aîné. Époux d'une deuxième femme qui lui avait donné plusieurs enfants (sa première compagne était morte assassinée pendant la guerre civile), Mao avait répudié celle-ci pour la remplacer par la jeune vedette de Shanghai. Vers 1965, après la naissance de deux filles, il s'était lassé de son acariâtre compagne pour se livrer à une débauche effrénée – du moins si l'on en croit le docteur Zhuisui. Le livre de ce dernier est parsemé d'anecdotes écœurantes qui décrivent la vie du vieil homme au sein d'une cour corrompue de sycophantes, de proxénètes et de sbires dans le cadre de la Cité interdite ou à bord du luxueux train spécial à bord duquel il se plaisait à parcourir son pays. À l'arrière-plan de ces milieux fétides, on distingue la sinistre silhouette de Mme Mao, aventurière vieillissante, substituant à une nymphomanie désormais chimérique une fureur de pouvoir personnel[33].

Pour une raison ou une autre, « l'empereur de bronze » (selon les mots de Malraux) était brusquement sorti de sa semi-retraite pour réclamer son autorité. Réfugié à Hankow et à Shanghai où il se sentait moins soumis à la bureaucratie officielle, il y rassemblait les mécontents du Parti. Lin Piao, à la Défense, infiltrait l'extrême gauche dans des unités de l'armée ; parmi elles, celles de la garnison de Pékin. Bientôt, il levait des milices populaires, armées et encadrées par ses officiers. Un autre complice de poids était un certain Kang Shen, un protégé de Staline, chef de la Sécurité. Et aussi Wang Li, un de ses séides de longue date. Mme Mao avec l'appui de son mari avait mis la main sur les Affaires culturelles qui incluaient les médias. Au début de l'été de 1966, le dispositif d'un coup d'État était en place. Ses auteurs déchaînaient, d'abord à Shanghai, puis à Pékin et bientôt dans tout le pays de vastes démonstrations de jeunes gens, les Gardes rouges. En août, Mao Tsê-tung réussissait son Dix-huit brumaire. La grande Révolution culturelle prolétarienne, sous la menace des soldats, était approuvée par le Comité central. Les jours suivants, des manifestations géantes de Gardes rouges à Tienanmen avaient glorifié la restauration du Grand Timonier.

Ils furent dix millions, ils avaient explosé. On les avait vus descendre dans la rue, mettant le feu aux bibliothèques (et à l'ambassade de Grande-

Bretagne), brisant les œuvres d'art, démolissant des temples anciens et des monuments publics, envahissant les domiciles d'artistes ou de savants pour les terroriser et anéantir leurs œuvres. Jusque dans les provinces les plus éloignées, ils mettaient en accusation les autorités qui levaient d'autres Gardes rouges pour se défendre. Les hiérarchies locales se transformaient en satrapies plus ou moins indépendantes. Le pouvoir central s'était effrité. À Shanghai, cinq cent mille «Gardes écarlates» (c'est le nom qu'ils s'étaient donné), surtout des prolétaires parmi les plus pauvres, se battirent contre d'autres factions, interrompant pendant plusieurs semaines les activités économiques de la métropole et son approvisionnement. Des unités de l'armée occupèrent les points stratégiques, les aéroports, la gare centrale... et les banques. À Wuhan, un centre industriel important de Chine centrale où s'affrontaient 54 groupes différents de rebelles, le rétablissement de l'ordre par les militaires conduisit à des combats sévères, etc.

Dans la capitale, la Révolution culturelle s'était appliquée rapidement à dévorer ses géniteurs. Teng Siao-ping, le Secrétaire général du Parti, fut la première personnalité importante a être chassée de la scène en juillet 1968. Assailli par des Gardes rouges dans sa demeure officielle, battu, humilié, obligé de s'agenouiller sur le sol, les bras en l'air, il n'échappa que de justesse à la mort. Privé de ses fonctions, en résidence forcée dans un bourg lointain, il allait survivre pour revenir à l'avant scène deux ans plus tard. Liu Shao-Ch'i, le chef de l'État, perdait lui aussi son rang à la suite d'une décision du Comité central d'octobre 1968. Accusé des pires crimes, y compris de trahison, incarcéré, il allait mourir de pneumonie, privé de soins sur le sol d'une cellule de sa prison en 1969. (Sa femme, arrêtée elle aussi, ne serait relâchée que huit ans plus tard.) Lin Piao, hissé tout près du sommet de la hiérarchie, promu héritier présomptif de Mao Tsê-tung, était devenu trop puissant pour ne pas nourrir d'ambitions personnelles et inquiéter son maître. Un jour, le monde apprenait qu'accusé d'avoir préparé son assassinat, il avait pris la fuite à bord d'un avion militaire qui s'était mystérieusement écrasé en Mongolie extérieure, contrôlée par les Soviets (septembre 1971). Des dizaines de milliers d'autres dignitaires du Parti, de tout en haut jusque tout en bas, disparaissaient, disgraciés, bannis, incarcérés, torturés ou assassinés.

La «grande Révolution culturelle» a été un cataclysme de longue durée, des années de cauchemar pour des millions d'hommes, de femmes, même pour des enfants. Des drames humains de proportion monumentale. Le nombre des victimes, tombées au combat, assassinées, mortes de faim, suicidées, est inconnu; personne ne les comptait. Le régime présida à une guerre féroce contre les fondements mêmes d'une antique et brillante civilisation, au rejet de tous les savoirs, ceux du magnifique passé chinois autant que ceux de l'Occident moderne. Il provoqua délibérément des luttes sanglantes entre factions de toutes nuances, à des combats sans merci entre Gardes rouges, milices populaires et unités de l'armée. Même cette dernière était déchirée entre des généraux rivaux. Pendant près de dix ans, l'Empire du Milieu et ses centaines de millions d'habitants se trouvèrent privés d'institutions, réduits à une existence d'anarchie presque complète[34].

Une de ses plus graves folies était ce qu'un euphémisme dénomma la «réforme de l'enseignement». Dans son hystérie de destruction et sa haine des intellectuels, l'autodidacte abolit le système scolaire, plus ou moins calqué sur celui de l'Occident, introduit en Chine pendant les dernières décennies. L'enseignement supérieur était principalement visé. Des universités étaient transformées en «communes», revenues à la mode. Les relations traditionnelles entre professeurs et étudiants étaient remplacées par des colloques et des «travaux pratiques» en collaboration avec des soldats, des ouvriers et des paysans. Plus d'enseignement théorique, si ce n'était à l'infini l'étude de la pensée du Soleil Rouge, un nouveau titre de Mao. Les examens étaient supprimés, les diplômes attribués en fonction de critères politiques, les disciplines scientifiques négligées en faveur d'une conception dite pragmatique, c'est-à-dire rudimentaire, du savoir. Ainsi, les hôpitaux universitaires cessèrent de former des médecins – remplacés par des «docteurs aux pieds nus», c'est-à-dire des guérisseurs dépourvus de formation professionnelle. Pour couronner le tout, des millions de garçons et de filles, lycéens et étudiants, arrachés à leur école (et à leur famille) étaient déportés aux champs pour participer aux travaux agricoles et y réapprendre ce que le «guide génial» jugeait d'essentiel. À l'exception de quelques écoles de cadres pour enfants de dignitaires, les institutions d'enseignement supérieur cessèrent virtuellement de fonctionner pendant près de dix années – à la fin desquelles savants, professeurs, ingénieurs, médecins, acculés par l'âge à la retraite, se retrouvèrent sans successeurs.

La Révolution culturelle n'allait réellement prendre fin qu'après la mort de Mao Tsê-tung. Toutefois, en 1972, il avait près de 80 ans; sa santé déclinait. Atteint de la maladie de Parkinson, il était frappé d'une crise cardiaque ou d'une hémorragie cérébrale. Teng Siao-ping, sorti de captivité, réapparaissait à Pékin pour y assumer les fonctions de vice-Premier ministre. (C'était l'année aussi d'un rapprochement avec l'Ouest et de la sensationnelle visite du président Nixon à Pékin.) À la même époque, Chou En-lai, le chef du gouvernement, un administrateur irremplaçable, certainement un modéré mais aussi un maître de l'opportunisme qui n'avait cessé d'hurler avec les loups, retrouvait la gestion effective des affaires. Non sans difficultés; car plusieurs survivants de l'extrême gauche dont la «Bande des Quatre», parmi lesquels Mme Mao, se sentirent encore assez forts pour déclencher en 1973 une féroce campagne... contre Confucius mort vers 479 av. J.-C., en fait, contre Chou et les technocrates.

Cette fois, ils s'étaient condamnés. Mao, tout en veillant à ses principales marottes, en particulier «la réforme de l'enseignement», ne les avait plus suivis. En mars 1974, le vieillard rompait avec sa redoutable épouse, allant jusqu'à dénoncer ses turpitudes au *Politburo* et la mettant à la porte du domicile conjugal. Vit-il en elle une menace contre sa propre autorité? Ou agit-il, comme le bruit en courut à Pékin, sous l'influence d'une nouvelle jeune maîtresse qui l'aurait subjugé? En fin de compte, Chou était resté maître du terrain. Mais lui aussi était gravement malade, victime l'année suivante d'un cancer généralisé. Ses funérailles – auxquelles Mao Tsê-tung n'assista pas – furent une immense manifestation, probablement spontanée et sincère, de chagrin populaire.

Mao Tsê-tung allait le suivre dans la mort en septembre 1976. Quelques mois auparavant, il reçut en audience dans le prestigieux décor de la Cité interdite des ministres belges, venus lui rendre l'hommage à présent coutumier. Notre ambassadeur qui les accompagnait traça de lui un portrait expressif: «Il se tenait debout, péniblement, le regard vitreux, aphasique, essayant péniblement de dire un mot de bienvenue intelligible, laissant à son interprète le soin de mener la conversation, le ponctuant de l'un ou l'autre signe d'assentiment. C'était là l'homme qui tenait – ou non – les destinées de la Chine entre ses mains[35].» La nuit de son décès, avant même sa mise en bière, sa veuve tentait de lui succéder. Elle s'y était mal préparée. Le 5 octobre, une réunion secrète du *Politburo* (tenue à son insu) ordonnait son arrestation et celle de ses complices de la Bande à Quatre. Elle a terminé sa vie en prison.

On se demandera longtemps comment des centaines de millions de Chinois se sont résignés pendant près d'un demi-siècle au despotisme monstrueux d'un Mao Tsê-tung. Il ne leur a rien apporté sinon la torture, la famine et la mort; cette année-là, la ration alimentaire par habitant était sensiblement égale à celle de 1960, voire à celle de 1935. Le revenu annuel (PIB) par tête stagnait à son point de départ: US$ 300. Il était alors de US$ 1 400 en Turquie, un des pays les plus pauvres d'Europe.

À l'époque où nos ancêtres, vêtus de peaux de bêtes, chassaient l'auroch dans la forêt primitive, les fils de Han jouissaient d'une civilisation raffinée produisant du bien-être matériel, d'exquises œuvres d'art, capables de spéculations intellectuelles aussi élaborées que celle du monde hellénique de l'époque. Ayant vécu six ans en leur sein, j'ai pu admirer leurs qualités d'entreprise, de persévérance, d'intelligence, celle-ci peut-être plus vive en moyenne que celle des Occidentaux. Néanmoins, bien plus encore que celle de l'Europe, leur longue histoire est faite de tyrannies cruelles au bénéfice des riches et des forts, rarement interrompues par de courtes périodes de despotisme éclairé et terminées par des explosions furieuses du type maoïste quand le malheur se faisait insupportable.

Ce qui a donné à l'Europe et à l'Asie des destins aussi différents trouve son origine, je pense, dans des «*Weltanschauungen*» dissemblables peut-être génétiquement. On l'a évoqué plus haut. Dès l'aube de la pensée, Moïse et Prométhée affrontèrent Dieu pour conclure avec lui des pactes, sacralisés par Jésus, ouvrant la porte au progrès, à une espérance collective et à l'idéal d'un équilibre des forces sociales. Au contraire, les systèmes de pensée asiatique furent fondés sur des attitudes mentales, engendrant et entretenant la soumission à l'état naturel des choses. D'où leur résignation, leur fatalisme. Confucius, cinq siècles avant l'ère chrétienne, avait érigé un puissant système de morale et d'éthique publique – toutefois essentiellement déterministe. «La loi morale est l'application humaine des lois de la nature... Elle nous oblige au même titre.» Préoccupée d'ordre et d'harmonie dans l'État, elle est «un civisme en communion avec l'ordre cosmique», a écrit le sinologue René Grousset. Dans lequel «l'homme n'est jamais considéré en lui-même», lit-on chez son collègue Henri Maspéro[36]. Conception de l'univers et de la société qui n'a cessé jusqu'à ce jour de marquer profondément les civilisations d'Extrême-Orient.

Une société indifférente à toute préoccupation métaphysique, étroitement soumise à l'ordre du cosmos, installée de gré ou de force dans l'unanimité et le conformisme, n'a que faire de bonté abstraite ou de pitié envers autrui. (Les premiers hôpitaux ou orphelinats publics en Chine ont été établis par des missionnaires. Il n'y a pas eu d'hôtel Dieu ou de société de Croix-Rouge dans son passé.). Seuls le bouddhisme et le christianisme introduisirent quelque notion de charité et de compassion dans la pensée chinoise – et on sait quelle résistance celle-ci opposa à ces religions étrangères. Les fils de Han sont des êtres durs, façonnés à travers les âges par les misères de l'existence, préoccupés surtout d'eux-mêmes ou des membres de leur clan, généralement indifférents aux allogènes. S'ils ont brièvement accepté le marxisme, c'est sa glorification de la lutte des classes qui les a séduits, bien plus que la fraternité et la solidarité humaine qu'il a impliquées aussi – du moins en théorie.

En 1946, décollant de l'aérodrome de Kunming en Chine méridionale, un avion de ligne belge s'était écrasé à quelques kilomètres de la piste, non loin d'un village. Le pilote périt et une vingtaine de passagers furent plus ou moins grièvement blessés. Les villageois s'étaient précipités, non pas pour leur venir en aide mais pour les dépouiller avant l'arrivée des secours. Je veux bien croire que dans des circonstances analogues, parmi les habitants d'un village d'Occident, l'un ou l'autre aurait subrepticement dérobé un porte-feuille ou une valise; toutefois, la plupart n'auraient pas pu ne pas porter des soins aux blessés. Les paysans de Kunming n'étaient pas des bandits – simplement, ils ne sentaient aucune obligation envers des inconnus tombés du ciel. Épisode certes mineur, n'expose-t-il pas la différence entre une société pétrie par le confucianisme et un monde imprégné de morale chrétienne – différence peut-être encore superficielle, mais sûrement significative?

Tout casser, tout faire sauter

Fait étrange, les bouleversements en Asie coïncidaient avec des remous en Occident. Le catholicisme lui-même traversait une période d'introspection et de réformes. Après les silences de Pie XII qui avait préféré la prospérité de son Église au salut de millions d'êtres, le Concile Vatican II (1962-1965) entrouvrait ses portes aux grands problèmes de la société. L'Encyclique *Mater et Magistra* du noble Jean XXIII répéta les exhortations de Léon XIII et de Pie XI. Sans trop réussir.

Des deux côtés de la terre, la jeunesse se dressait contre l'ordre établi, en Chine menée par l'empereur rouge, aux États-Unis, le cœur soulevé par la guerre du Viêt-nam. Jusque-là, dans le monde atlantique, hormis les communistes et leurs «compagnons de route» de moins en moins nombreux, la population, témoin de Staline et de ses crimes, avait accepté en général de défendre une forme de société plus libre et plus prospère que celle préconisée par l'Union soviétique. La nouvelle génération, menacée dans sa chair, ayant perdu les certitudes de ses anciens, ne voyait pas de raison de mourir pour la dictature pourrie du Sud-Viêt-nam. En octobre 1967, de vastes manifestations avaient protesté contre la guerre. En avril 1968, une rébellion des étudiants de la distinguée Université Columbia à New York déclenchait des grèves dans la quasi-totalité des campus du pays; on allait compter au cours des mois suivants 25 attentats à la bombe, 46 incendies volontaires, plus de 6 000 arrestations[37].

En République fédérale d'Allemagne, pour des raisons moins claires, les universités s'étaient de même constituées en centres d'agitation révolutionnaire. Dans ce pays où le Parti communiste était proscrit, les étudiants (mais pas les ouvriers) se disaient décidés à mettre bas les structures sociales, l'État, les hiérarchies en place. Arborant des drapeaux rouges ou noirs (ceux-ci emblèmes de l'anarchie), ils brandissaient l'absurde «petit carnet rouge» de Mao Tsê-tung. Le malaise atteignait toute l'Europe, même la traditionaliste Grande-Bretagne, même la bourgeoise Belgique ou l'Italie. Même la Yougoslavie; mais là, les étudiants, dressés contre l'autorité officielle, entraient en collision avec le Parti communiste.

C'est en France que les troubles furent les plus virulents. On ne les avait pas prévus. *Le Monde* du 15 mars avait publié un article intitulé «Quand la France s'ennuie». À un dîner à l'ambassade de Suisse en l'honneur du ministre des Affaires étrangères, celui-ci, s'entretenant avec des diplomates, avait vanté les louanges du régime gaulliste dont la sagesse maintenait la tranquillité. Le mois de mai allait le démentir. Des incidents éclataient dans les universités, dans le campus de Nanterre d'abord, dans la vénérable Sorbonne ensuite, les étudiants occupaient les locaux – une technique du Front populaire d'antan. Leurs revendications à ce stade étaient professionnelles plus que politiques et les Parisiens en général sympathisaient. Pas pour longtemps. Le général de Gaulle, fidèle à sa maxime « Le Pouvoir ne recule pas », ordonnait la fermeté. L'arrestation et la condamnation de plusieurs étudiants provoquaient de nouveaux affrontements avec la police. Des barricades, des pavés arrachés, des vitrines brisées, des voitures brûlées. Le 13 mai, un gigantesque cortège d'étudiants et d'ouvriers parcourait la ville de la gare de l'Est au Champ-de-Mars, arborant drapeaux rouges et drapeaux noirs, aux cris de « Dix ans, ça suffit », « de Gaulle à l'hospice », etc.; deux cent mille personnes, dirent les ministres, un million trois cent mille, affirmèrent les dirigeants syndicaux qui avait décrété une grève générale de 24 heures.

Le mouvement avait cessé d'être une kermesse, il devenait une insurrection s'étendant à toute la France. Le 14, le général de Gaulle, chef de l'État, quittait Paris pour une visite protocolaire (pas nécessaire) en Roumanie. Le Premier ministre Pompidou était parti lui aussi pour un voyage, pas moins inutile, en Afghanistan et en Iran. Rentré le 11, c'est à lui qu'appartint de reprendre en main une Ve République poussée près du gouffre. La grève générale avait touché six millions de travailleurs et le pays s'était arrêté. Une politique économique trop rigoureuse avait fait prendre du retard au niveau moyen des salaires; le Premier ministre s'était résolu à une large négociation avec des syndicats, la première à ce niveau depuis de longues années. Elle n'avait pas interrompu la révolte des étudiants et lycéens. Leurs revendications, communes à celles des jeunes du monde industrialisé entier, étaient libertaires et idéalistes mais confuses, inspirées principalement par le rejet, en bloc, des disciplines des adultes : respect des hiérarchies, traditions, bonnes manières, etc. C'était le temps de *l'anticulture*, le temps aussi du « *rock and roll* », du psychédélisme, des hippies aux cheveux longs, aux vêtements désordonnés, de la drogue – et d'une frénétique aspiration à la plus complète liberté sexuelle. Leur devise était « Tout casser, tout faire sauter ».

Les fils et les filles des bourgeois y joignaient de l'hostilité à la société de consommation – sans du reste renoncer à ses bénéfices. Les intellectuels les accompagnaient. Sartre embrassait leur cause. Dans une harangue à Radio Luxembourg faisant du bruit, il disait : « Les jeunes ne veulent pas le futur de leurs parents, notre futur, un futur de lâcheté, de fatigue, d'épuisement. Il ne reste aux étudiants que la violence... Il faut détruire l'Université. »

Un discours du Président de la République, promettant des réformes et un référendum, était tombé à plat. Le lundi 27 mai, un grand meeting rassemblait les meneurs étudiants et ouvriers. Le lendemain, Mitterrand proposait la formation d'un gouvernement provisoire présidé par Mendès France. Il ne paraissait pas exclu qu'il recueillerait une majorité à l'Assemblée nationale. Chose étrange, les communistes s'y dérobèrent, ce qui, ce jour, sauva le régime. *Le Monde* mentionna des manifestations de soutien dans de nombreuses villes de Chine, traînant dans la boue le Parti communiste français – mais sans s'attaquer au général de Gaulle.

Le mercredi 29, coup de théâtre. À la fin de la matinée, le bruit courait en ville que le Président de la République, accompagné de Mme de Gaulle, avait quitté l'Élysée pour une destination inconnue. Personne ne savait où il s'était rendu, pas même le Premier ministre. À première vue, les circonstances paraissaient à nouveau idéales pour un coup d'État des gauches. À Paris, l'angoisse succédait à la sympathie amusée des premiers jours. Le spectre d'une nouvelle Commune, répétition de celle de 1870, hantait les esprits. Des amis, craignant la mise à sac de leur demeure par la populace et espérant en l'immunité diplomatique, confiaient à l'ambassade de Belgique quelques-uns de leurs trésors. Le seul jour où je fus vraiment inquiet. Mais les communistes sauvèrent encore le Général par leur immobilisme.

Au soir on apprenait que le chef de l'État avait réintégré sa résidence campagnarde de Colombey-les-Deux-Églises – après un tête-à-tête à Baden-Baden avec le général Massu, commandant les forces françaises en Allemagne. Rencontre mystérieuse dont la portée exacte n'est pas encore connue, mais dont le chef de l'État était revenu réconforté. Le lendemain, il annonçait à la radio un remaniement ministériel, la dissolution de l'Assemblée nationale et des élections. C'était l'œuvre de Pompidou. Mesurant l'idéalisme de la révolte estudiantine, il avait compris qu'elle n'avait pas de projet politique, pas d'appui à espérer des ouvriers dès lors qu'étaient satisfaites les revendications matérielles de ceux-ci. Le jeudi 30, une manifestation massive sur les Champs-Élysées organisée par le gouvernement confirmait que la peur du communisme avait fait basculer l'opinion. Le dernier jour du mois, veille du week-end de la Pentecôte, les pompes à essence étant à nouveau approvisionnées, les Parisiens en foule prenaient la route des champs et des plages. Une campagne électorale vigoureuse, agencée et conduite par Pompidou, assurait fin juin au gouvernement une majorité absolue de la droite à l'Assemblée nationale. La vie avait repris son cours normal.

En Tchécoslovaquie en revanche, l'esprit de révolte s'était gonflé en un puissant mouvement de libération nationale contre l'oppression soviétique. Depuis le coup de Prague de 1948, le pays avait souffert les vicissitudes de satellite de Moscou, âpres rivalités factionnelles au sein du Parti communiste, arrestations arbitraires, procès politiques, tortures, exécutions par centaines. En 1967, des associations d'intellectuels, d'écrivains, de cinéastes et d'étudiants (parmi lesquels le président Vaclav Havel) faisant preuve d'un extraordinaire courage, commençaient à se dresser contre un régime odieux. En janvier 1968, Alexander Dubcek avait été élu Premier secrétaire à la place d'Antonin Novotny, un survivant de l'ère stalinienne. Un Slovaque, ancien mécanicien, inscrit au PC, clandestin dès 1939 à l'âge de 18 ans, Dubcek, ancien combattant parmi les Partisans de 1944, avait fait une carrière rapide après la main-mise soviétique sur son pays. En 1955, il avait été envoyé à Moscou pour trois ans de stage dans une école de cadres politiques. En mars 1968, trois mois après son élection, il décidait de se laisser porter par les courants libéraux, promettant «la plus large démocratisation possible».

On célébra le «Printemps de Prague». Des dizaines de milliers de prisonniers politiques étaient relâchés. Le Comité central publiait un document devenu fameux, «La Route de Tchécoslovaquie vers le Socialisme». Il s'engageait à soustraire les syndicats et les tribunaux à l'autorité de l'État. L'Union des Écrivains était autorisée à publier un journal indépendant, la censure disparaissait, la presse, la télévision et la radio explosaient en une orgie de libre expression. En juillet, Brejnev rencontrait Dubcek à Cierna en Tchécoslovaquie et il semblait qu'un *modus vivendi* était atteint.

Brusquement, tous les espoirs s'évanouissaient. Dans la nuit du 21 août, les troupes des cinq pays du Pacte de Varsovie, conduites par des colonnes de chars de combat soviétiques, traversaient la frontière de Tchécoslovaquie; elles seront bientôt 500 000. Les Praguois les avaient courageusement affrontés; mais aucune résistance armée n'était possible. Dubcek et cinq de ses principaux coadjuteurs étaient kidnappés pour s'entendre dicter la loi à Moscou. Comme Hacha trente ans auparavant devant Hitler, il avait dû rentrer à Prague, un homme brisé.

Le Printemps de Prague avait débouché sur un hiver glacial qui allait durer vingt ans – pendant lesquels Dubcek, brimé, avili, allait se trouver virtuellement en exil dans son pays. Les grandes puissances de l'OTAN n'étaient pas intervenues. Les peuples occidentaux, occupés par leurs propres problèmes, s'étaient certes trouvés bouleversés par l'horreur persistante de l'impérialisme soviétique. Qu'en était-il de la coexistence pacifique? Mais à la différence des précédents affrontements Est - Ouest, ils n'avaient plus éprouvé la peur d'une troisième guerre mondiale. Peut-être étaient-ils accoutumés au danger; peut-être étaient-ils conscients que Washington engagé au Viêt-nam ne prendrait pas le risque d'une crise majeure en Europe. En octobre, quand Pierre Harmel, mon nouveau ministre des Affaires étrangères, s'était rendu dans la capitale américaine pour y prendre le pouls de la haute administration, il l'avait trouvée plutôt désemparée. Le président Johnson avait annoncé qu'il ne se présenterait plus aux élections présidentielles, Nixon était plongé dans la campagne électorale qui le conduirait à la Maison Blanche, les démonstrations antimilitaristes se poursuivaient. Eugen Rostow, sous-secrétaire d'État politique, lui avait paru ferme mais modéré, craignant surtout que l'invasion de la Tchécoslovaquie puisse «marquer le début d'une activité militaire soviétique visant la Roumanie, la Yougoslavie et l'Autriche»[38]. L'atmosphère néanmoins était à la négociation; au Département de la Défense, M. Nitze, sous-secrétaire, avait promis l'appui vigoureux des États-Unis à un «plan Harmel» qui projetait de lier étroitement la politique de défense de l'OTAN à la recherche assidue d'accommodements avec le bloc de l'Est.

En France, une bourrasque, la «grande révolution culturelle» s'était vite apaisée en faisant place à de longs débats académiques sur sa nature. En Allemagne et aux États-Unis, ceux-ci perturbés par la guerre du Viêt-nam et par la révolte des Noirs, elle avait continué quelque temps à agiter les jeunes, allant parfois, notamment dans le mouvement des *Black Panthers*, à recourir au terrorisme. Elle laissa dans le monde atlantique une forte empreinte. En plus de quelques réformes – pas toujours bénéfiques – dans l'enseignement et d'une amélioration de la condition ouvrière en Europe, de celle des gens de couleur aux États-Unis, elle consolida certainement des courants heureux qui s'esquissaient depuis la fin de la deuxième guerre mondiale. Son romantisme rousseauiste fut à l'origine du «mouvement vert» qui s'attaqua à juste titre aux abus d'une industrialisation incontrôlée. Si la nostalgie d'un passé idéalisé allait conduire à des exagérations et faire oublier parfois combien la modernité occidentale avait jugulé la pauvreté, les Nouvelles Gauches, attirant l'attention sur une vraie tare de la société, contribua à veiller à «la qualité de la vie» – une préoccupation nouvelle. L'écologie n'est-elle pas aujourd'hui inscrite au programme de tous les partis politiques – démocratiques ou autres?

Parallèlement, l'idéalisme libertaire des admirateurs de Mao Tsê-tung (ô paradoxe!), tout en dénonçant l'hédonisme jugé excessif du XXe siècle, concourut pour une large part à la condamnation des tabous hypocrites de l'ordre moral du XIXe. «Il est interdit d'interdire», proclama à la Sorbonne en mai 1968 un des chefs estudiantins. Lui et ses amis firent aussi sortir l'érotisme de la clandestinité. Dieu merci!

Les Soixante-huitards ont été accusés de prôner l'anarchie. Ce n'était pas inexact. Mais n'a-t-elle pas été depuis toujours une des utopies familières de la pensée européenne? Ne la découvre-t-on pas chez certains des premiers chrétiens? Et puis ensuite au temps de saint François? 1182-1226. Les sectes – les groupuscules – avaient alors proliféré, les Spirituels, les Frères du Libre Esprit. Les Vaudois, les Cathares, etc. Certaines s'étaient insurgées contre l'Église, « repaire de Satan, antre du démon de l'argent » ; d'autres avaient promis le retour à l'âge d'or, au paradis perdu. Comme les Verts d'à présent, elles avaient prôné une entière soumission à la nature. Un abbé cistercien, Joachim de Flore, exerça une profonde influence en prêchant que l'Évangile envisageait une société sans classes, sans roi, ni prince, ni seigneur. La tentation anarchique réapparut chez les anabaptistes du XVIe siècle. Puis au XIXe. Les États ont naturellement à se garder de ces extravagances. Mais elle a déclenché parfois la tempête nécessaire pour en revivifier les eaux stagnantes.

X
L'honneur de l'Occident

J'ai passé la nuit du 20 juillet 1969 en compagnie d'amis, profondément émus, les yeux fixés sur l'écran d'un téléviseur pour *voir* et *entendre* deux astronautes américains fouler le sol de la lune. L'un d'eux, Neil A. Armstrong, avait affirmé aux millions de téléspectateurs à l'écoute à plus de 384 000 km de distance : « C'est pour moi un petit pas ; mais c'est pour l'humanité un saut gigantesque. » Nancy, une des nôtres, proféra : « Je pense à la créature paléolithique qui de l'entrée de sa case à la nuit tombante contemplait l'astre étrange monter au firmament et au chemin qu'elle a parcouru depuis lors. » Un autre ami enchaîna : « Les cieux sont devenus aujourd'hui part du domaine humain ; le temps est proche où l'homme explorera les galaxies. Il est sur le point de maîtriser l'univers comme il ne l'a jamais fait – pour autant qu'il puisse dominer ses passions. » Et un autre encore souligna les immenses accomplissements scientifiques de l'Occident depuis cent ans, décrivant avec lyrisme les prodigieuses machines dont l'énergie avait remplacé celle des animaux domestiques presque seule utilisée depuis l'aube des temps. Dorénavant, la conquête de l'espace sidéral ouvrait au genre humain les moyens de dépasser sa planète natale, de trouver des ressources naturelles en voie d'épuisement dans celle-ci et, peut-être, d'essaimer un jour dans d'autres astres.

Nous nous étions séparés à l'aube, émotionnellement vannés, l'esprit plein de rêves d'avenir extravagants. Dans les journaux du matin, une déclaration du penseur britannique Arthur Kœstler m'avait quelque peu dégrisé: «Une puissance sans précédent dans un vacuum spirituel sans précédent. Prométhée prend à partie les étoiles avec un sourire vide sur son visage.» Sans pourtant complètement me convaincre.

Immense saut en avant au niveau le plus élevé du savoir, l'exploration de l'espace s'accompagnait de multiples retombées en sciences appliquées. L'explosion des techniques nouvelles, certaines inventions de guerre, avait créé de vastes marchés inexistants jusque-là qui transformaient la vie quotidienne. Rentré à Bruxelles à la fin de 1960, puis en Suisse et à Paris à partir de 1966, j'y fus le témoin émerveillé du grand virage vers un Nouveau Régime qu'ébauchaient nos vieilles sociétés grâce à un effort de paix sociale qu'aucune civilisation n'avait jamais connue.

Il avait été aidé par l'absence des résistances féroces du passé, suite d'une vaste croissance économique au taux annuel moyen de 5% pendant la période 1960-1970, poursuivie ultérieurement presque sans interruption – sauf un court moment à la suite de la crise pétrolière de 1973. C'était un temps de petite inflation et de plein emploi. *En 1991, la Communauté européenne, 6,5% de la population du monde, participa pour près de 30% au total de sa production (PIB)* [1].

L'enrichissement de la collectivité s'accompagnait de celui des individus. Inspirés par l'œuvre de J.M. Keynes et l'exemple de Roosevelt, les gouvernements avaient compris quels bénéfices *pour toutes les classes de la population* pouvaient résulter de politiques orientées vers l'expansion de la consommation. Leur action, aussi bien à l'échelle européenne qu'à l'échelle nationale, y avait délibérément poussé, en particulier par la multiplication d'organes de crédit. Peut-être aussi l'extrême horreur des deux guerres mondiales avait-elle conduit à humaniser la société. Le processus ne s'est virtuellement plus interrompu. *Le revenu moyen tripla de 1938 à 1991.* Un autre indice de la transformation de la société était reflété par l'évolution de l'enseignement: les universités étaient devenues des écoles de masse. En France, de trente mille bacheliers en 1945, il y en avait cent vingt mille en 1986. En Belgique, de dix-huit mille étudiants au lendemain de la guerre, il y en avait plus de cent mille en 1984-85. Et bien plus à présent.

La généralisation du crédit et une publicité à grande échelle avaient été deux puissants moteurs de la «société de consommation». Parmi les produits nouveaux, ceux des plastiques étaient parmi les principaux. Ceux du béton et du verre permettaient la construction accélérée d'habitations à bon marché, souvent lugubres, mais certainement meilleures que les taudis qu'elles remplaçaient. Le public achetait des millions et des millions d'appareils électroménagers, réfrigérateurs, machines à laver, aspirateurs, etc., réservés jusqu'alors aux privilégiés. S'y ajoutaient de multiples articles inusités, électroniques, biochimiques, cybernétiques, etc. Le nombre des téléviseurs atteignait le million dès 1957 en Allemagne de l'Ouest, en France un peu plus tard. Ils y sont vingt-cinq millions en 1990. Les automobiles, moins de cent mille en Belgique en 1938, y sont cinq millions aujourd'hui. Dans les cieux, on voyait les *Caravelles* françaises, biréacteurs moyens courriers, à partir de 1956, les *Comètes* britanniques, plus lourds, à peu près à la même époque suivis des *Boeing* 707 américains, quadriréacteurs à long rayon d'action transportant trois cents personnes en un tiers du temps de vol des avions à hélices. En 1958, pour la première fois, plus de passagers usèrent de l'air que de la mer pour traverser l'Atlantique. Moins cher et plus rapide. La descente d'*Apollo II* sur la lune avait déclenché une industrie de satellites spatiaux révolutionnant les systèmes de communication. Ajoutée à la multiplication des transports aériens, il en résultait une mondialisation des industries et des finances – autant ou plus que celle des perceptions humaines. Couronnant l'édifice, les ordinateurs sont venus occuper un gigantesque secteur, apportant une énorme contribution au développement des activités traditionnelles. On évalue de 180 à 200 millions le nombre de ceux qui seront en usage en l'an 2000.

On assista en même temps à une remarquable égalisation des modes de vie. Dans les vêtements devenus presque uniformes. Dans l'utilisation des loisirs, de plus en plus étendus; les congés payés instaurés vers 1935 s'étaient allongés. Dans les usines, les ouvriers ne travaillent plus que cinq jours par semaine, 40 heures ou moins. Jadis, les sociologues s'étaient préoccupés dans de longues études de ce qu'ils appelaient «la politique des loisirs». Soucis oubliés. Au spectacle quasi permanent de la télévision qui a envahi jusqu'aux foyers les plus modestes, à toutes les autres distractions qu'offrent les villes, les citadins par millions ont ajouté celles des «résidences secondaires» à la campagne – tandis que d'autres millions de campagnards ont abandonné la terre. (En France, les ruraux perdirent *un quart* de leurs effectifs entre 1957 et 1962; en Belgique, de 12% de la population en 1947, ils n'étaient plus que 5,7% en 1967, 3,5% aujourd'hui).

Jusqu'à la deuxième guerre mondiale, le tourisme avait été l'exclusivité de quelques milliers d'habitués des villes d'eau, des sports d'hiver ou de la Riviera. Grâce aux nouvelles autoroutes, à l'ouverture des frontières, grâce aux automobiles, aux vols en charter et aux «*package tours*», trente millions de vacanciers avaient franchi des frontières internationales en 1955, cent millions en 1965. Combien de centaines de millions en 1997? «Les grandes vacances», dit un de mes amis, «sont des coups de talon de Dieu sur les fourmilières humaines.»

L'État-providence, avec des modalités différentes suivant les pays, a constitué en soi une transformation de la condition humaine. Bismarck avait initié dans l'Allemagne de son temps des systèmes d'assurance obligatoires contre le chômage, la maladie et la vieillesse. Ils s'étaient généralisés entre les deux guerres; mais ils étaient restés rudimentaires et très insuffisants. En 1930, les maladies, tuberculose, typhoïde, syphilis, poliomyélite, etc., étaient fréquentes et souvent incurables; elles faisaient pour l'ouvrier et sa famille toute la différence entre un relatif bien-être et la misère des «damnés de la terre» (en Grande-Bretagne, la tuberculose fit encore dix mille victimes en 1953, cinq cents en 1993). Le chômage avait été à peine moins cruel, les pouvoirs publics y remédiant très mal par de maigres indemnités, généralement supprimées après quelques semaines. Dès lors, seule intervenait (chichement) la charité privée.

Après la deuxième guerre mondiale, des deux côtés de l'Atlantique, des dispositifs de «sécurité sociale», malgré des lacunes ou des abus, sont venus mettre les moins favorisés tant bien que mal à l'abri de la vraie pauvreté et de la faim. Dans ce secteur, les dépenses publiques (en dollars américains de 1954) sont passées en Belgique de $12 par habitant en 1930 à $148 en 1957, en Allemagne de l'Ouest de $54 à $136, en France de $17 à $136 également. Elles représentent à présent en Grande-Bretagne un quart du revenu national: 80,6 milliards de livres sterling [2]. Il en va de même dans tout le monde occidental.

Non sans poser les sérieux problèmes budgétaires qu'on connaît, la médecine sociale a probablement contribué à limiter les affrontements du capital et du travail qui déchirèrent le XIXᵉ siècle capitaliste, les années trente et même l'immédiat après-guerre et dans lesquels les Soviets après Marx crurent voir une loi fondamentale de l'histoire. Ceux qui ont été témoins dans leur jeunesse de «marches de la faim» et de grèves révolutionnaires sont frappés par le changement d'atmosphère et par la considérable amélioration des relations capital-travail. Le plus étonnant est le peu de place qu'occupent à présent les oppositions doctrinales. Dans des économies mixtes (généralisées dans presque toutes les démocraties), un néo-libéralisme accepte le rôle des syndicats ouvriers dans la vie économique; d'autre part un travaillisme, soit chrétien, soit socialiste, reconnaît la légitimité des entreprises privées. Les conflits n'ont pas disparu mais ils portent, non plus sur la doctrine mais sur l'importance relative (variable de pays à pays) du secteur privé et du secteur d'État. Et naturellement sur les intérêts immédiats des syndiqués et des employeurs, réglés généralement par dialogues, arbitrés souvent par l'État. Les «*crises cycliques*» qui dévastèrent jadis la société ont disparu. Alors que la dernière en date, celle de 1929-1934, *avait vu s'effondrer de 30%* et plus la production des pays industrialisés, les «*récessions*» de l'après-guerre ne souffrirent plus que des arrêts de croissance ou, au pire, des reculs de 1 ou 2% des productions.

Les femmes ont été parmi les principales bénéficiaires de ces grands changements. Jusqu'en 1939, leur statut fut à peu près ce qu'il avait été depuis mille ans. Elles n'étaient pas des esclaves domestiques mais elles n'étaient pas non plus des citoyennes à part entière. En Belgique, ma mère ne pouvait obtenir de passeport (ou de carnet de chèques) sans une autorisation écrite de son mari. Pays catholique et conservateur, les femmes n'y acquirent le droit de vote qu'en 1949. Généralement égales aux hommes devant la loi, elles ne l'étaient pas dans les faits. Néanmoins, leur émancipation, petit à petit, s'accélérait. On les trouvait en nombre grandissant dans les universités, quelques-unes entraient dans l'ordre judiciaire, dans la diplomatie, aux Parlements, forteresses fermement défendues de la masculinité. Facteur de libération de principale importance, la pilule anticonceptionnelle a fait son apparition en 1956. Elle a transformé profondément non seulement le destin des femmes mais encore les mœurs sexuelles et la texture même de la société.

Tout cela est connu, mais le public a trop tendance à l'oublier. L'Europe à l'abri de la «*pax americana*», guidée par des Justes, s'est aventurée non pas vers l'Utopie mais vers une gigantesque entreprise, celle d'une mutation de la condition humaine égale peut-être à celle de la révolution néolithique – plus profonde encore que celle déclenchée par la Renaissance ou par la Révolution française. Érasme et les humanistes avaient glorifié dans des proportions inconnues jusqu'alors l'individualisme qui est la marque particulière de l'Occident, l'idéal faustien de scruter la nature pour s'en rendre maître par la science et la technique. Mais ils s'étaient peu souciés des masses. De même, les Encyclopédistes et la plupart de leurs chefs politiques. Voltaire (oui, Voltaire) se disait hostile à une généralisation de l'enseignement qui rendrait insolents les gagne-petit. Et ce malgré ce que pourrait faire croire la magnifique Déclaration d'Indépendance des États-Unis d'Amérique qui faisait du bonheur (*pursuit of happiness*) des hommes, de tous les hommes, un objectif principal du gouvernement des nations. Le marxisme l'avait promis mais exclusivement au prolétariat et à quel prix!

Ce n'est qu'au XXe siècle que s'est généralisée – et seulement en Occident – l'idée que la société a des devoirs envers tous, même les plus humbles*. Paul Henri Spaak (qui n'était pas un philosophe), dans un discours capital de 1955, soulignait: «Le trait particulier et unique de notre message européen consiste, tout en améliorant le sort des masses, à préserver l'individu [3].» É. Guigou, ministre français, a ajouté trente ans plus tard: «Face à la menace d'un monde... inhumain, l'Europe a pour vocation d'affirmer un modèle de société fondé sur le respect des différences, la tolérance, la solidarité avec les faibles, la responsabilité pour tous y compris les plus démunis [4].» Moins élégant, le comte de Onslow, Pair du Royaume-Uni, a défini dans un quotidien londonien en termes pittoresques et nostalgiques comment il ressent le Nouveau Régime du temps présent: «Dans une société de classes rigides, je serais Premier ministre et M. Major conduirait des autobus [5].»

L'après-guerre avait établi à Bretton Woods un ordre de parités fixes (quoique ajustables de commun accord) entre les principales monnaies,

* La guerre de Sécession aux États-Unis, pour la première fois, donna une tombe individuelle, marquée de son nom, à chaque victime des combats. En Europe, elles durent attendre la Grande Guerre.

infrastructure qui contribua puissamment au succès des Communautés européennes. Avec la dévaluation de la livre en 1967, le système était entré en crise pour de longues années. Inflations, dévaluations unilatérales, droits compensatoires, spéculations massives sur l'or, bref, les égoïsmes nationaux avaient réinstallé un désordre réminiscent de celui des années trente. Le tout-puissant dollar, clé de voûte de l'édifice, affaibli par l'énorme prix de la guerre du Viêt-nam, avait également été frappé; le 15 août 1971, le président Nixon s'était senti contraint de mettre fin à sa convertibilité.

La faculté des États de manipuler librement leur monnaie conduit à la destruction d'un marché commun. En dévaluant à leur guise, ils diminuent artificiellement (pour un temps) les coûts de leurs produits, vicient ainsi la concurrence internationale et justifient des mesures de rétorsion protectionniste. L'instabilité des prix qui en résulte est un frein aux investissements, donc à l'expansion de l'économie. À la différence des années trente, les principaux pays industrialisés (le groupe des Dix) s'étaient efforcés de limiter les dégâts en consacrant la dévaluation du dollar et en favorisant des parités fixes – plus théoriques que réelles. Les Européens, pour leur part, gravement menacés, avaient voulu faire mieux. Déjà en avril 1972, les gouverneurs de leurs banques centrales avaient établi le «serpent», un dispositif par lequel ils se promettaient réciproquement une intervention pour stabiliser leurs monnaies dans une étroite bande de fluctuations.

L'intégration de l'Europe n'a pas été une fontaine murmurant dans un jardin ensoleillé. Elle s'est faite dans la peine, faisant alterner de longues périodes de stagnation occupées de querelles mesquines et des moments plus courts de créativité intense. En décembre 1969 à La Haye, à une conférence «au sommet» des Six, Georges Pompidou, président de la République française, acceptait l'*élargissement* de la CEE, concomitant à son *approfondissement* et à son *achèvement*. Ce qui conduisait en janvier 1972 à l'adhésion de la Grande-Bretagne, de l'Irlande et du Danemark. En octobre, un sommet des Neuf à Paris adoptait une Déclaration finale projetant une Union européenne (politique, économique et monétaire) avant 1980. Le plus concret des discussions avait porté sur l'élaboration d'une politique monétaire commune à partir notamment d'un Plan Werner, du nom de son auteur, Premier ministre du Luxembourg. Une monnaie commune, c'est-à-dire un moyen stable d'échanges (tel que l'or utilisé avant 1914) paraissait alors l'étape à la fois la plus réaliste et la plus bénéfique que pouvait accomplir la Communauté. La conférence s'était séparée dans un climat de grande satisfaction.

Pompidou l'avait présidée avec habileté. Que dire de lui? Peut-être ce qu'a écrit Gibbon de Dioclétien: «Ses talents étaient utiles plus que splendides... fermeté à poursuivre ses desseins, flexibilité à changer ses moyens... par-dessus tout le grand art de soumettre ses passions aussi bien que celles des autres à l'intérêt de son ambition et de colorer celle-ci des plus fortes prétentions de justice et d'intérêt public.» Pompidou, non moins amoureux de la France que le général de Gaulle, était plus réaliste. Accessible aux ambassadeurs, il m'avait donné occasions de l'entretenir. J'avais été séduit par sa joie de vivre, agrémentée d'humour et aussi de modestie. À une jeune femme qui lui demandait avec naïveté au cours d'un dîner s'il aimait être Président de la République, je l'entendis répondre: «Comment pourrait-il en être autrement? Mais je puis imaginer d'autres carrières qui m'auraient plu autant.» Quand il était entré à l'Élysée, j'avais immédiatement été chargé de le convier à une visite d'État en Belgique – invitation toujours éludée par son prédécesseur illustre. Je lui avais suggéré un programme qui de Bruxelles l'aurait conduit à Anvers en terre flamande et à Liège en terre wallonne. En me reconduisant, il m'avait dit en souriant: «Moi, je ne clamerai pas "Vive la Wallonie libre"» – insistant sur le *moi* en allusion discrète au discours célèbre du général de Gaulle à Québec. Ce que j'admirais aussi en lui était le pragmatisme qui inspira sa politique de modernisation économique de la France pendant son séjour à l'Élysée.

Au cours de ces entretiens, j'avais trouvé Pompidou convaincu de la nécessité – économique plus que politique – d'unir plus étroitement les Européens. Non pas qu'il ait été prêt à renoncer à l'État-nation; hostile à la «supranationalité», il mentionnait cependant parfois une «confédération». Tout cela était flou mais paraissait ouvrir une porte verrouillée du temps du Général. Il s'en différenciait aussi quant à son attitude envers l'Allemagne. Il ne pensait pas que la France seule puisse à long terme la contenir et il ne fait pas de doute que la méfiance qu'elle lui inspirait contribua à le rapprocher de la Grande-Bretagne et des États-Unis.

L'année 1973 n'avait pas mal commencé. Le grand conflit Est - Ouest s'orientait vers plus de calme. En novembre 1972 s'était ouvert le «processus d'Helsinki», une conférence sur la sécurité et la coopération de la quasi-totalité des pays d'Europe, communistes et démocratiques, auxquels s'étaient joints les États-Unis et le Canada. (Elle déboucha trois ans plus tard sur un Acte final, destiné en principe à mettre fin à la guerre froide.)

Sur ces entrefaites éclatait la «guerre du Kippour», le quatrième conflit armé israélo-arabe. Le 6 octobre 1973, les forces syrio-égyptiennes attaquaient en force, déclenchant une double crise. D'une part, était ranimée brièvement la terreur d'un affrontement majeur entre l'URSS et les États-Unis – le 25 octobre, les forces américaines étaient placées en état d'alerte nucléaire. D'autre part, les États arabes s'étaient mis à brandir «l'arme pétrolière». Dès le 19 octobre, l'Organisation des Pays Producteurs de Pétrole (OPEP) faisait passer le prix de «l'or noir» de 3.01 dollars le baril à 5.12 dollars (le coût de production dans le golfe Persique était de 0.10

dollar le baril). Le 20, l'Arabie saoudite annonçait un arrêt total des exportations vers les États-Unis; l'OPEP ne tardait pas à suivre, étendant l'embargo aux Pays-Bas. Fin décembre, le prix était doublé. En 1980, il allait atteindre et dépasser 30 dollars. De 1960 à 1970, la demande occidentale s'était élevée de 19 millions de barils par jour à 44 millions, le supplément étant satisfait pour l'essentiel par le Moyen-Orient*. Chiffres qui mettent en évidence combien les pays d'Europe occidentale en dépendaient.

Loin de s'unir entre eux (et aux États-Unis) pour relever en commun le défi ainsi que le dictaient le bon sens et l'esprit, sinon la lettre des traités de Rome, les Neuf s'étaient lancés dans un sauve-qui-peut général pour briguer chacun les faveurs des pays producteurs. Réunis à gauche et à droite en conférences futiles pour coopérer, le monde les voyait se dresser l'un contre l'autre. Oubliée – pour un temps? – toute solidarité communautaire. Certains se demandaient sérieusement si celle-ci et même l'OTAN résisteraient à la crise.

Londres et Paris en particulier se faisaient remarquer par leur intransigeance. Pompidou, souffrant cruellement de la maladie qui allait l'emporter en avril 1974, abandonnait la conduite des affaires à Michel Jobert. Un personnage ambigu, je l'avais souvent rencontré quand il était secrétaire général de l'Elysée et je l'avais trouvé modéré, réaliste et de commerce agréable. Devenu titulaire du Quai d'Orsay, il s'avérait passionné, excessif, très hostile à tout ce qui venait d'outre-Atlantique et en particulier à Henry Kissinger, conseiller spécial du président Nixon avant d'être son secrétaire d'État. Washington tentait de mettre sur pied un cartel des consommateurs de pétrole pour négocier d'égal à égal avec le cartel de producteurs qu'était l'OPEP. Ce qui paraissait à la fois équitable et réalisable. Mais pas à la diplomatie française. Dans des déclarations au *New York Times* du 13 octobre 1974, le Dr. Kissinger rappelait avec une brutale franchise que « l'Occident n'avait plus pour longtemps la liberté du choix entre l'interdépendance et la désintégration ».

Au début de la même année, Jobert claironnait fièrement à la télévision syrienne: « Les positions de la France et des États-Unis sont tout à fait opposées. » Il concluait des accords avec l'Arabie saoudite en échangeant des armements français contre du pétrole arabe – dans des conditions très onéreuses. À la Conférence de Washington de février 1974, il avait tenté de dresser les gouvernements de la CEE contre les États-Unis. Dans ses mémoires, il affirma que ceux-ci « voulaient profiter des circonstances pour avoir une suprématie sur les pays européens et le Japon ». Kissinger, écrivit-il, avait fait à ses collègues des « scènes affreuses décrivant l'apocalypse entre l'Europe et les États-Unis »[6]. C'était plus qu'exagéré. Au cours

* Un million de barils par jour correspond à 50 millions de tonnes par an.

des deux ou trois entretiens que j'eus alors avec Kissinger (et dans ses livres), j'ai découvert un homme certes différent de Truman et de sa religiosité ou d'Acheson et de sa morale légaliste. Beaucoup moins idéaliste, il croyait plus que ses prédécesseurs à la vertu d'une *real politik*, fondée sur l'équilibre des forces, en vue toutefois du maintien de la paix qu'il identifiait, je pense, sincèrement, à la prédominance de son pays. C'est Jobert qui fit de la Conférence de Washington un demi-fiasco à l'heure où l'entente s'imposait. Il n'y eut pas d'apocalypse mais une déplorable détérioration des relations transatlantiques.

Relisant les communications envoyées en 1974 et 1975 à Bruxelles par notre ambassade de Londres – dont j'avais pris la direction au début de 1973 – j'y retrouve l'expression d'un chagrin. À la suite de la conférence de presse du général de Gaulle de janvier 1963, l'élan des premières années de la Communauté s'était brisé et elle était entrée dans une phase de stagnation, aggravée par les troubles monétaires de l'époque. L'adhésion de la Grande-Bretagne et le Sommet de Paris avaient réveillé les espoirs. Puis était venue la débandade résultant de la crise pétrolière. Le programme de concertation politique (diplomatique), initié par le Rapport Davignon d'octobre 1970, s'était heurté à l'égoïsme des gouvernements, les plans de coopération monétaire étaient restés lettres mortes. Plus aucune décision majeure n'allait être adoptée jusqu'à ce que le Britannique Jenkins, président de la Commission de la CEE, prît en décembre 1977 l'initiative de rendre vie au projet d'union monétaire.

Aux plus optimistes, la question s'était posée avec une nouvelle acuité. Les peuples d'Europe étaient-ils condamnés à leur passé d'État-nation, irrémédiablement impuissants à le remplacer par des institutions mieux adaptées aux conditions sociologiques et technologiques des temps nouveaux ? La raison les poussait au changement, des instincts affectifs (et des intérêts individuels mesquins) les retenaient. La classe politique de gauche ou de droite, détentrice du pouvoir, se montrait particulièrement conservatrice. On peut le comprendre. Elle faisait partie intégrante du système. Chefs d'État, ministres, ambassadeurs, hauts fonctionnaires ne se sentaient que rarement enclins à quitter le XIXe siècle – ce qui les aurait forcés d'abandonner une partie de leur *moi*. Leur existence s'était déroulée dans le cadre prestigieux de l'État-nation, ils lui devaient tout, leur carrière, leurs succès, leur importance, réelle ou imaginaire, la jouissance exquise du pouvoir – quelque réduit que celui-ci fût devenu. On peut imaginer les rêveries du Président de la République française quand, entouré de la splendeur de la Galerie des Glaces à Versailles, il convie ses pairs à dîner dans la vaisselle de vermeil du Roi-Soleil. Ou celles de la souveraine de Grande-Bretagne quand à bord du yacht royal, escorté de vaisseaux de guerre, elle sillonne les mers baignant les continents qui avaient constitué le plus grand empire du monde. Quel sacrifice que d'y renoncer pour plonger d'un cœur léger dans l'imprévisible aventure d'une Europe unie!

En France, on trouvait des hommes politiques ou des intellectuels dont une préoccupation principale était de rénover l'enseignement de l'histoire. Mais pas souvent dans l'intention de mettre en évidence le patrimoine commun de l'humanisme occidental. De Gaulle avait dit: «La France doit redevenir la première du monde.[6bis]» «Pour rendre aux Français le sens de leur identité», proclamait en avril 1983 François Mitterrand. «Pour combattre des idéologies anti-antinationales«, lui répondait Michel Debré, ancien Premier ministre du général de Gaulle. M. Chevènement, à l'aile gauche du Parti socialiste, réclamait «un patriotisme moderne». La machine institutionnelle avait été conçue en fonction de la nation, l'instinct des hommes qui la maniaient demeurait généralement nationaliste. Trop rares étaient ceux capables de voir plus loin et d'y conduire leurs peuples.

En Grande-Bretagne, les réflexes nationalistes restaient encore plus vifs. Le conservateur Edward Heath, une des plus brillantes intelligences de Westminster, avait dû céder la place en février 1974 au travailliste Harold Wilson; celui-ci, après avoir cherché à adhérer à la Communauté, avait fait campagne contre elle. Il s'était ensuite engagé envers son Parti à renégocier le traité d'adhésion conclu par Heath – ce que les Six lui avaient concédé. À vrai dire, un exercice cosmétique plus qu'une révision en profondeur, mais suffisant pour lui permettre de chanter victoire. Un référendum populaire l'approuva par 67,2% contre 32,8% et près de 35% d'abstentions*. Pourtant, les relations du Royaume-Uni avec ses nouveaux partenaires n'acquirent jamais l'intimité que les Six avaient établie entre eux dans les premières années. Il y avait chez les serviteurs de la reine Élisabeth – il y a encore aujourd'hui – un élément passionnel dans la volonté de se distancer de leurs voisins du continent, presque de l'horreur d'avoir à traiter d'égal à égal – ou même en demandeur – avec des collègues en qui ils ne voyaient que des créatures de l'extérieur, sinon des «métèques». On se souvient du pathétique discours d'Anthony Eden à New York dans lequel il avait dit: «Nos pensées vont au-delà des mers vers les multiples sociétés dans tous les coins du monde dans lesquelles notre peuple joue son rôle.» MacMillan avait été tenté de considérer le traité de Rome comme une répétition de celui de Tilsit de 1807 par lequel Napoléon avait imposé le blocus continental. Un soir, à un dîner au cours des négociations de 1975, un député travailliste dont j'ai oublié le nom m'avait clamé: «Monsieur l'Ambassadeur, croyez bien que jamais ce pays

* En France, le référendum de 1972 centré sur l'adhésion des nouveaux membres avait donné des résultats presque identiques.

ne se soumettra au Pape de Rome.» Le vieil argument de l'Europe vaticane, souvent entendu dans les milieux de gauche liés aux sectes puritaines. Quand Mrs. Thatcher (d'une famille méthodiste) prit le pouvoir en 1979, Bruxelles, c'est-à-dire la Communauté, devint pour elle un pôle d'animosité. Les travaillistes y avaient décelé le spectre d'une Église obscurantiste, elle y vit une menée socialiste. Les premiers mois de sa magistrature furent occupés par des réclamations frénétiques pour réduire quelque peu la quote-part de la Grande-Bretagne aux budgets communautaires: «I want my money back.» Elle était Boadicée défendant son royaume contre l'invasion des nouveaux Romains. «Une bande de pourris, sauf peut-être Schmidt», aurait-elle confié à Roy Jenkins[7]. En juin 1995 à la télévision de Londres, elle disait encore avec feu «*No, no, no*» à l'Europe.

J'ai depuis longtemps cessé de croire aux prophéties des Jérémie. Ils sont une disposition de la culture occidentale ou, peut-être, de l'esprit humain. Saint Jean l'Évangéliste, réfugié à Patmos, y annonçait l'Apocalypse, le règne de l'Antéchrist et la fin du monde. À peu près à la même époque, l'historien Suétone se rendait célèbre en prévoyant la chute imminente de Rome – qui allait connaître encore plusieurs centaines de ses plus belles années. Peut-être les Jérémie, les saint Jean et les Suétone sont-ils utiles pour mettre les peuples en garde contre les dangers qui les menacent.

En réalité, le bilan des années soixante-dix fut meilleur que ne l'avaient prévu les pessimistes. La guerre du Viêt-nam s'était terminée en 1975, libérant les États-Unis du guêpier où ils s'étaient enfermés près de dix années auparavant. La même année, Israël et l'Égypte s'étaient rapprochés. En 1976 Mao Tsê-tung était mort, permettant l'année suivante la réhabilitation de Teng Siao-ping et le retour des pragmatistes aux affaires. En 1977, Sadate avait accompli son spectaculaire voyage à Jérusalem, ouvrant la porte au lent processus du rétablissement d'une paix durable au Moyen-Orient. En 1978, le président Carter avait présidé aux accords du Camp David entre Sadate et Begin. En 1979, Brejnev se lançait dans la criminelle invasion de l'Afghanistan au grand scandale de l'Occident. Mais elle n'avait pas empêché la signature de l'accord SLAT II sur la limitation des armes stratégiques. En 1980 s'était amorcée la démocratie en Pologne par la reconnaissance officielle du syndicat indépendant «Solidarité».

La Communauté européenne s'était remise de sa débandade de 1973. L'idéal qui avait animé ses fondateurs s'était quelque peu obscurci mais ne s'était pas éteint. Giscard d'Estaing et Schmidt, plus tard Mitterrand et Kohl, avaient réussi à préserver l'entente franco-allemande, fondement de l'ordre contemporain. À leurs côtés, l'Italie et les petits pays avaient continué à voir ce que devaient leur société à une «union sans cesse plus étroite». La progression socio-économique avait surmonté, mieux qu'on avait espéré, les chocs pétroliers. Mais si les tarifs douaniers internes avaient disparu, remplacés par un tarif commun aux frontières extérieures, nombre de restrictions aux échanges continuèrent à diviser la Communauté. Certes, il avait été décidé d'élire les membres du Parlement européen au suffrage universel – jusque-là, ils étaient désignés par les Parlements nationaux. Toutefois, ses compétences n'ayant pas été élargies, les décisions restèrent le monopole du Conseil des ministres (et de réunions de chefs d'État et de gouvernement mis en place à partir de 1979) – tous brandissant leur droit de veto.

Avant les élections de 1979, James Callaghan s'était débarrassé de Roy Jenkins, ancien Chancelier de l'Échiquier, un rival encombrant, en l'envoyant présider la Commission de la CEE. Celui-ci s'y était distingué et l'Europe lui doit beaucoup. Il a raconté lui-même dans son livre *Life at the Center* comment il fut entraîné à sortir la Communauté des marécages où elle s'enfonçait et comment il décida de reprendre l'objectif de l'union monétaire. Les circonstances étaient redevenues favorables. La plus étrange des amitiés avait grandi entre le président français Giscard d'Estaing, un libéral conservateur, et le chancelier allemand Helmut Schmidt, un socialiste démocrate. Ne parlant ni l'un ni l'autre la langue de leur collègue, ils communiquaient en anglais. Mais ils étaient sur la même longueur d'ondes, convaincus tous deux que le retour à la stabilité monétaire était une condition essentielle d'un retour à la croissance économique. De la collaboration de Jenkins, Giscard, Schmidt, étaient nés, non sans un accouchement pénible, le *Système monétaire européen* (SME) et l'*Ecu*, embryon d'une monnaie commune. Malgré des avatars, ils sauvegardèrent une zone de stabilité monétaire relative à travers les vagues des monnaies flottantes.

Néanmoins, le plus grand pas en avant fut l'entrée en vigueur, le 1er juillet 1987, de *l'Acte unique*, un traité hétéroclite, péniblement élaboré, à la lecture difficile, un fourre-tout contenant tous les amendements au traité de Rome sur lesquels il avait été possible de réunir l'accord des États membres*. L'initiative en était due au Premier ministre d'Italie, Bettino Craxi. Il avait découvert un article du traité de Rome qui autorisait *à un vote majoritaire* la convocation d'une conférence pour l'amender – quoique *l'unanimité* restait de règle pour les amendements eux-mêmes. Craxi avait obtenu sa conférence par 7 voix contre 3. La porte était ouverte.

L'Acte unique qui en sortit traça, à l'horizon de 1993, une intégration européenne plus poussée, notamment grâce à la création d'un *marché unique*. Ce qui voulait dire la suppression de nombre des restrictions aux échanges qui subsistaient encore. Ceci exigeait l'harmonisation préalable

---

* Aux Neuf de 1972 s'étaient joints la Grèce, l'Espagne et le Portugal en 1980 et 1986.

des législations nationales sur de nombreux points. La Commission de Bruxelles, sous la direction inspirée de son président français Jacques Delors, assisté de l'Anglais Lord Cockfield, avait déployé des trésors d'énergie et d'habileté pour faire adopter par les États membres près de 280 règlements européens destinés à remplacer une masse de législations nationales contradictoires. Envahissant la vie quotidienne des citoyens – non sans susciter quelques inévitables réactions hostiles –, c'était le point de départ d'une piste glissante dont, chose étrange, les champions des souverainetés anciennes n'avaient pas distingué l'inévitable point d'arrivée. Avec des textes relatifs à l'Union économique et monétaire, quelques pas en matière de défense et de politique étrangère, etc., les traités de Maastricht de 1991 devaient préparer l'Europe à affronter le XXIe siècle.

Il restait pourtant – il reste encore – beaucoup à faire. L'importance persistante du chômage en est une des preuves les plus tristes. Environ 10% de la population active en Europe occidentale, le taux oscille autour de 6% aux États-Unis et de 3% seulement au Japon. Les Américains ont créé 30 millions de nouvelles occupations dans le secteur privé depuis vingt ans, les Européens à peine plus de 10 millions surtout dans le secteur public. Les premiers ont aussi réussi, après un court déclin, à rejoindre le niveau de productivité le plus élevé des pays industrialisés, loin au-dessus de la France, l'Allemagne, la Grande-Bretagne et le Japon[8]. On attribue parfois le retard de l'Europe à son souci de « protection sociale ». L'argument n'est pas sans validité. Mais *l'Union européenne* – le nouveau nom de la Communauté – demeure divisée par des contradictions qui pèsent plus lourdement sur son développement qu'un légitime souci de solidarité humaine. Malgré l'Acte unique et Maastricht, elles se traduisent encore par des normes techniques différentes, par des lois et des impôts incompatibles, par des relations complices entre les gouvernements et des compagnies nationales – bref, par un puissant protectionnisme déguisé. Dans nombre de secteurs importants, les gouvernements des États membres conspirent contre leur propre création. L'exemple le plus significatif est celui des adjudications publiques – dont 5% seulement sont ouvertes à la concurrence intra-européenne. Ou celui des monopoles d'État, télécommunications, services postaux, énergie, transports, etc., des « secteurs réservés ». Même la libre circulation des personnes, plus ou moins concrétisée dans les accords de Schengen, est entravée par des réflexes chauvins irrationnels.

Néanmoins, malgré les égocentrismes nationaux à courte vue qu'elle est lente à surmonter, l'Europe communautaire jugée, comme il se doit, dans un contexte historique, offre une merveilleuse métamorphose. Elle a bénéficié d'un demi-siècle de paix, une occurrence rare, remplaçant les féroces affrontements à l'origine des deux guerres mondiales. Est-il imaginable aujourd'hui que la France et l'Allemagne en viennent encore aux mains? Et elle s'efforce d'oublier les imbéciles politiques autarciques enfermant les États-nations dans des frontières commerciales comme les villes et les principautés du Moyen Âge.

Souvent ridiculisée par les Nouvelles Gauches, la *société de consommation* est à l'origine de l'amélioration de la qualité de l'existence et d'un considérable apaisement de la lutte des classes. La croissance de l'économie, ralentie par la première crise pétrolière, est remontée à près de 4% en 1988 – un taux élevé. À nouveau à -1,5% en 1993, elle a repris un essor modeste l'année suivante. Il faut rappeler qu'au cours de la Grande Crise de 1929-1932, la production dans les pays de la future OECD avait chuté de 30% (ou plus dans certains pays comme l'Allemagne et les États-Unis) – en créant l'affreuse pauvreté souvent décrite et en ébranlant jusqu'aux fondements mêmes des démocraties libérales[9].

L'inflation, après avoir dépassé une moyenne de 13% (plus de 20% en Grande-Bretagne) à la fin des années quatre-vingt a pu être stabilisée à moins de 4% depuis trois ans. Le prix du pétrole, facteur important de la croissance, est à nouveau en termes réels ce qu'il a été dix ans auparavant[10]. Le chômage, quoiqu'une tare inacceptable, n'est plus entièrement le fléau du passé. D'une part, les sans-emploi bénéficient à présent d'allocations les mettant à l'abri de l'extrême pauvreté; d'autre part, certaines catégories d'entre eux ne sont pas toujours ardemment désireux de trouver du travail[11].

Ceux qui, au cours des années trente, ont parcouru la France, l'Allemagne, l'Italie, les pays du Benelux et qui explorent aujourd'hui les mêmes itinéraires, ne peuvent que s'étonner de la transformation des paysages. Si les campagnes ont parfois été dévastées par une industrialisation désordonnée ou par l'édification d'HLM, bien des sites sordides se sont transformés en quartiers prospères, habités par des centaines de milliers, par des millions de travailleurs, ouvriers ou paysans, élevés aux classes moyennes. Des bidonvilles subsistent dans des banlieues urbaines. Mais d'innombrables bourgs ruraux ont perdu leur état grossier, leur misère, leur malpropreté en se donnant des squares arborés, des hôtels plus ou moins élégants, des supermarchés opulents, des services publics efficaces, des cercles sportifs, des hôpitaux modernes. En France (à présent un des dix pays les plus riches du monde), 98% des foyers possèdent un réfrigérateur, 95% un téléviseur, 96% un téléphone, etc.

Faire de l'argent ne peut à lui seul constituer un thème de civilisation. Avec la fin des Soviets, l'Europe a rejeté une idéologie féroce prétendant remplacer la foi qui l'avait animée depuis la chute de Rome. Les hommes de Bruxelles voient en une dimension sociale un moyen de rester fidèle à l'humanisme occidental. Comment? Par un renouveau chrétien? La réponse n'est pas claire. Mais ils s'emploient avec vigueur à donner à l'UE la vocation du message ancien – jusqu'à présent avec quelque succès. Mais non sans peine. Car le mécanisme des marchés capitalistes n'est pas en mesure à lui seul d'éviter la dislocation sociale. La conjoncture pour les économies de l'Ouest, handicapées par des hauts salaires et des protections accessoires, exige donc des efforts ardus pour leur permettre de rivaliser avec celles moins généreuses d'Asie, d'Afrique, des pays ex-communistes. Il ne peut être question de sacrifier l'*efficacité* au profit de *valeurs humaines*. Ni celles-ci à celle-là.

Il faut se livrer à un examen refléchi de l'histoire pour mesurer l'immense mutation qu'a vécue le Vieux Continent depuis cinquante ans. Les Jérémie et les saint Jean ont eu mille fois plus de raisons de se lamenter que leurs successeurs du XXe siècle. Le passé a été pour l'immense majorité des hommes et des femmes un enfer dont ils commencent à peine à émerger. Sans même faire retour aux temps obscurs du Moyen Âge, le Grand Siècle de Louis XIV offre à ceux qui veulent l'étudier le spectacle de ce qu'était en réalité la condition humaine à une des époques les plus brillantes de l'Europe[12].

La France comptait une vingtaine de millions d'habitants avec une classe dirigeante d'environ trois cent mille nobles et à peu près autant de clercs et de marchands, la Grande-Bretagne six à sept millions. Presque tous, principalement sur le continent, étaient des ruraux. Nous avons tendance aujourd'hui à imaginer des campagnes verdoyantes où les paysans, leurs fidèles épouses et leurs beaux enfants coulaient des jours heureux, loin du bruit et de la pollution atmosphérique, partageant leur temps entre le sain travail des champs et la veillée à côté de l'âtre. L'image est fausse. L'économie agricole, qui employait 85% des habitants, était fondée sur des techniques qui avaient peu progressé depuis mille ans. Elle était extrêmement sensible aux conditions climatiques; les hivers très froids ou les étés trop secs conduisaient à des productions déficitaires. Avec des familles où naissaient fréquemment vingt ou vingt-deux enfants, la population, malgré une mortalité effrayante, tendait à dépasser les subsistances et la pauvreté, sinon la famine régnait à l'état endémique.

La Française George Sand décrivait encore au début du XIXe siècle les villages de son riche Berry où ses paysans vivaient dans des cabanes de torchis d'une ou deux pièces, au toit de chaume. Ils dormaient sur des paillasses jetées sur le sol de terre battue. Ils s'abreuvaient à la même mare que leurs chétifs bestiaux, se nourrissaient presque exclusivement de soupe et de pain, ne mangeant de la viande que deux ou trois fois par an. Dans les bonnes années, rares étaient les provinces sans disette. Quand les récoltes étaient mauvaises, la famine s'étendait à des pays entiers ou à d'immenses régions de l'Europe. Comme le chauffage n'était pas à la mesure de leurs moyens, que l'habillement était fait surtout de vêtements de toile, qu'ils marchaient pieds nus dans des sabots, l'hiver frappait durement des êtres-sous alimentés.

La saleté était indescriptible, on ne se lavait que rarement, le savon était un produit coûteux, réservé aux riches jusque vers 1800. À la campagne, les humains partageaient leur litière avec les bêtes et leurs parasites, en ville les rues étaient des cloaques nauséabonds où s'accumulaient les excréments des chevaux et les immondices ménagères jetées par les fenêtres sur les pavés. Les «croquants» mouraient en masse, de faim, de froid et de misère, comme l'indiquent les registres paroissiaux soigneusement tenus à jour par les curés. Les guerres extérieures presque ininterrompues menées par les princes, petits et grands, contribuaient à l'extrême pauvreté des peuples.

La famine s'accompagnait de la recrudescence des grandes épidémies, variole, typhus, syphilis (surtout dans les villes), choléra[13]. Les enfants souffraient le plus; sur cent bébés venus vivants au monde, vingt-cinq étaient morts avant leur premier anniversaire (moins de 1% aujourd'hui), atteints par des affections rendues à présent virtuellement inoffensives par la vaccination ou l'hygiène. À leur dixième année, la moitié des enfants avaient disparu. Innombrables étaient les femmes qui jusqu'au début du XIXe siècle mouraient en couches. Au total l'espérance de vie à la naissance était de 20 à 25 ans. Même les mieux nourris, princes, grands seigneurs, riches bourgeois, disparaissaient d'ordinaire entre 48 et 56 ans[14]. Hommes et femmes n'étaient pas plus qu'aujourd'hui fermés au chagrin de perdre des proches. Mais la fréquentation de la mort, côtoyée jour et nuit, durcissait la sensibilité, en particulier parmi les pauvres, la vaste majorité des habitants[15].

La famille était loin d'être le havre de grâce émotionnel auquel pensent aujourd'hui les fervents des «valeurs du passé». Le divorce était rare, mais remplacé par l'abandon des épouses, la bigamie fréquente. Dans les centres urbains où promiscuité sexuelle, prostitution et concubinage étaient largement répandus (quoique vigoureusement condamnés par les prêtres), mais aussi dans les campagnes, l'abandon de nombreux enfants faisait partie du paysage social. Ceux qui survivaient grossissaient les bandes de vagabonds, peut-être cent ou deux cent mille en France, qui erraient sur les routes dans toute l'Europe à la recherche de travail dans les champs pendant les moissons ou tentaient de survivre par la mendicité dans les villes pendant l'hiver. Il y aurait eu vingt mille clochards à Paris à la fin du XVIIIe siècle.

Les émeutes paysannes ne discontinuaient pas, prenant parfois la dimension d'insurrections, dirigées contre le fisc royal[16]. En France, le pouvoir commençait à intervenir, s'inquiétant du nombre de sans-travail envahissant les villes. Il avait tendance à voir en les plus déshérités, chômeurs, invalides, vieillards ou simplement paresseux, des éléments subversifs. «Ils se montrent insolents sous prétexte d'indigence», affirmait un haut magistrat. *L'enfermement* parut répondre le mieux à ces soucis. À

Lyon, à Paris et dans la plupart des villes importantes étaient créés des «hôpitaux généraux», en réalité des centres de travail forcé où, en échange de leurs prestations (généralement tissage et filature), des *enfermés* recevaient de la nourriture et du logement en dortoirs*. La discipline y était sévère, avec des récompenses, mais parfois aussi des punitions, allant jusqu'à la privation de nourriture, le cachot et le fouet. La police effectuait des rafles pour purger les villes des indésirables, y compris des enfants. S'évader de l'hôpital général était un délit qui pouvait conduire les récidivistes à la prison et aux galères. En Grande-Bretagne, il y avait des maisons de travail (*workhouses*) aux conditions similaires[17].

C'était un monde dominé par la violence. Le meurtre faisait partie de la vie quotidienne. On tuait avec facilité du haut en bas de l'échelle sociale, par haine ou par vengeance, le plus souvent pour voler. La société ordinaire formait un terreau où poussait le crime. Les malfaiteurs demeuraient le plus souvent impunis car seule une maréchaussée de quelques milliers d'«archers» et de «sergents» poliçaient les campagnes et les routes. Les villes n'offraient pas de refuge contre la délinquance, loin de là. À Paris, la *Cour des Miracles* abritait des milliers de dangereux malandrins, hommes, femmes et enfants, en une sorte de commune autonome où ne s'aventuraient pas les «archers» du lieutenant de police. Femmes battues, cambriolages, rapts d'enfants de riches contre rançon, attaques à main armée, vandalisme gratuit, incendies volontaires, viols, remplissent les archives des tribunaux. De même en Grande-Bretagne et ailleurs. Pourtant la répression était féroce. À la fin du siècle, plus de 200 infractions étaient passibles au Nord de la Manche de la peine de mort – dont le vol dans un magasin d'une valeur de 5 shillings, ou d'un objet personnel, même d'un mouchoir[18]. Pour les Français, il y avait aussi la peine des galères. Un enfer équivalant à Auschwitz et Dachau.

Il ne fait pas de doute que l'Europe qui nous entoure est infiniment plus humaine que celle des rois Louis. Elle jouit du bien inestimable et unique dans son histoire de cinquante années de paix internationale. Elle a policé la violence de manière encore bien imparfaite mais comme elle l'a rarement été. La société apparemment vertueuse de la Belle Époque de la reine Victoria et de l'empereur Napoléon III, en dépit de la vision nostalgique qu'elle suscite de nos jours, souffrait de graves désordres sociaux, de cruauté féroce (et d'alcoolisme). Tout au long du XIXe siècle, l'agitation, ici et là, politique ou industrielle, n'avait pas cessé. À Londres vers 1860, à la suite d'une vague d'attentats au garrot, le *Times* se plaignait «que l'influence de sentiments philanthropiques faisait perdre à la loi ses

---

* Les malades étaient soignés dans les hôtels-Dieu, hôpitaux au sens moderne du terme.

terreurs et à la justice ses armes»[19]. Le héros des *Aventures de M. Pickwick* de Ch. Dickens se faisait accompagner le soir dans les rues par un solide valet armé d'un gourdin. Dans son *Oliver Twist*, l'écrivain anglais a décrit la misère des enfants abandonnés, groupés en bandes et vivant comme des loups. Les œuvres de Victor Hugo, d'Émile Zola, de Rétif de la Bretonne, etc. ont évoqué des circonstances similaires en France et ailleurs.

Parallèlement, la résurrection de la médecine a été un achèvement majeur, une victoire partielle mais significative sur la souffrance humaine, et, incidemment, un magnifique cadeau au tiers monde. Avec la fin de l'Empire romain avaient disparu les Hippocrates voués à l'étude du corps humain. Ils ne devaient réapparaître que mille ans plus tard. Magiciens plus qu'hommes de science, leurs pratiques font aujourd'hui sourire. Leurs livres sont remplis de recettes utiles contre la chute des cheveux, les éruptions cutanées, ou pour provoquer une érection ou la menstruation, etc. Mais leur ignorance les rendait incapables de guérir la plupart des maux ou d'enrayer les terribles épidémies qui, comme la Grande Peste de 1348-1349 réduisit d'un tiers la population de l'Europe. Molière a tracé d'eux un immortel portrait.

Vers la fin du XIXe siècle, les hôpitaux disposaient de microscopes, de stéthoscopes, de moyens perfectionnés d'anesthésie et, sommet de la technique, de machines à rayon X. Les médecins étaient alors en mesure de diagnostiquer les affections les plus répandues. Mais ils étaient incapables de les guérir. Au temps où je fréquentais l'Université, le médecin placé devant une maladie infectieuse, tuberculose, variole, typhoïde, etc., mettait son patient au lit en lui prescrivant de l'aspirine pour abattre la fièvre et attendait[20]. La syphilis (dont souffrait un cinquième de la population) était soignée au moyen de composés de mercure qui retardaient la mort tout en provoquant des effets secondaires pénibles. Le dentiste était un bourreau. Ce n'est qu'à la fin des années trente que la découverte de drogues tuant les bactéries a bouleversé la médecine. Et dix ans plus tard, les antibiotiques et l'explosion de techniques nouvelles, la découverte de nouveaux vaccins, en particulier contre la poliomyélite (1954), ont donné aux professions médicales d'énormes moyens de lutte contre la maladie. Aux États-Unis, l'espérance de vie des hommes et des femmes est passé de 63 ans en 1940 à 76 ans en 1995.

En dépit de quelques retours en force de maladies anciennes (tuberculose, malaria) et de l'apparition de maux jusque-là inconnus, l'an 1997 ouvre une nouvelle ère dans l'art de guérir ou, pour être plus exact, dans sa science[21]. Des médicaments de fraîche date sont produits, mois après mois, dans les puissantes industries chimiques des États-Unis et d'Europe, en particulier pour lutter contre les affections cardiaques et les cancers, deux des principaux tueurs d'aujourd'hui. Tout à ses débuts, le déchiffrement des codes génétiques apporte l'espérance d'une médecine révolutionnaire conduisant à l'amélioration physiologique des êtres – on estime à plus de deux mille les maux d'origine génétique*. La chirurgie s'apprête à un grand bond en avant par sa mécanisation. L'usage combiné d'ordinateurs, de robots et de scanners lui confère une précision micrométrique réduisant considérablement les souffrances du patient et que ne peut atteindre, de l'avis des experts, aucune main humaine. Grâce aussi aux ordinateurs, les services de santé envisagent d'organiser des systèmes de diagnostics permanents à domicile permettant une médecine préventive à grande échelle. Des instituts médicaux qui projettent l'avenir, surtout aux États-Unis, y voient des docteurs, des infirmiers, des hôpitaux, des usines de produits pharmaceutiques, reliés entre eux par des réseaux d'ordinateurs, de téléphonie, de fibres optiques et de satellites spatiaux dans lesquels les assurés pourraient à tous moments s'adresser par le canal de leur ordinateur personnel. L'ensemble sera automatisé, ce qui donnera lieu à une surveillance mécanique constante veillant à son efficacité et à un haut degré de productivité. Le coût de ces soins médicaux qui, pour des raisons diverses, dont le vieillissement de la population, ne cesse de croître, est à présent une préoccupation majeure des gouvernements démocratiques. Les spécialistes prétendent que la mécanisation conduira à l'abaisser[22]. Les temps futurs seront peut-être moins lumineux que les espérances. Mais il est raisonnablement permis de penser que la médecine des décennies prochaines fera encore progresser beaucoup la qualité de la vie des humains.

Mon histoire touche à sa fin. Elle s'est déroulée pendant trois quart de siècle sous le signe de la guerre. Celle des démocraties (plus ou moins) de 1914-1918 contre les Empires centraux, celle en 1939-1945 de la civilisation contre la barbarie hitlérienne. Puis la «guerre froide». En 1985, Mikhaïl Gorbatchev a succédé à la lignée des tyrans qui ont gouverné l'État, prétendument prolétarien. En 1989, celui-ci s'est effondré comme un château de cartes, presque sans effusion de sang et virtuellement sans laisser d'héritage. Sans même l'espoir de Lumières nouvelles après un siècle de prétentions démocratiques.

Événement qui tient du prodige, il a célébré la faillite complète d'une idéologie abominable. Il a marqué aussi la fin de *l'équilibre de la terreur* qui, bien qu'assurant la paix, avait angoissé le monde pendant cinquante ans. Depuis que Moscou avait rejeté en juillet 1946 un Plan Baruch (américain)

---

* En même temps que des perspectives cauchemardesques, *Le Monde* du 29 mars 1995 a rapporté l'expérience d'un biologiste suisse qui a créé une race de mouches à quatorze yeux.

qui suggérait de placer les installations nucléaires du globe sous l'autorité d'une organisation internationale. Le monde bipolaire s'est évanoui. Toutefois, à de brutaux mais clairs antagonismes ont fait place toutes les incertitudes. La disparition de l'activisme révolutionnaire de l'URSS a permis l'extinction des foyers incandescents qui couvaient depuis des années au Moyen-Orient, en Afrique du Sud, en Angola, au Mozambique, en Amérique du Sud, en Afghanistan, etc. Pour la première fois depuis la guerre de Corée en 1950, l'Organisation des Nations Unies a bénéficié du bras armé de ses membres (et singulièrement celui des États-Unis) pour faire respecter la loi internationale dans le golfe Persique. L'écrasante supériorité technique qu'y déployèrent en 1991 les forces américaines a mis en évidence l'impuissance militaire de Sadam Hussein et même celle des vieux États-nations de l'Europe. Des 85 000 tonnes de projectiles largués sur l'Irak, 6 250 seulement avaient été des «engins intelligents» (*smart missiles*) environ 7%, mais ils contribuèrent à 50% des objectifs détruits.

Ce n'avait été que le début d'une révolution dans l'art de la guerre, aussi profonde que celle déclenchée par les armes nucléaires. Elle vient de la mise en œuvre coordonnée de satellites spatiaux, de radars perfectionnés et d'ordinateurs qui permet de lancer des projectiles à moins de 16 mètres du but, dans 50% des tirs, à moins de 30 mètres dans 95% et à moins de 62 mètres dans 99,9% des tirs. Prodigieuse précision des feux, elle doit décider à l'avenir du sort des batailles[23]. Dès lors, les armées soviétiques qui ont fait trembler les peuples pendant quarante ans se sont avérées aussi désuètes que les hordes antiques en présence des phalanges macédoniennes. Même les glorieux régiments des puissances européennes, conquérants de l'Afrique et l'Asie, n'ont plus semblé, comme le constata, non sans arrogance, le *Herald Tribune* américain, que des troupes de parade.

Toutes les réalisations des anciens États-nations d'Europe sont remises en cause par la globalisation accélérée de l'économie, des finances, des techniques, y compris de la défense. Simultanément, les politiciens, issues d'électorats nationaux, persistent à défendre des frontières surannées – alors que l'Afrique et l'Asie connaissent une prolifération d'États neufs, rivaux économiques redoutables, ambitieux et parfois pourvus d'armes de destruction massive. Aux États-Unis, et à l'Union soviétique, premières puissances nucléaires, se sont d'abord jointes la Grande-Bretagne et la France et depuis, presque certainement la Chine, l'Inde, le Pakistan, l'Afrique du Sud, Israël. Sadam Hussein en Irak n'avait pas été loin d'en faire autant quand, poussé par sa folie, il s'était attaqué prématurément au Koweit – en même temps qu'aux intérêts vitaux des principaux pays industrialisés. La Libye, l'Iran (celui-ci avec les énormes ressources de son pétrole) et la Corée du Nord déploient toute leur énergie pour les imiter. L'Ukraine a hérité d'une grande partie des arsenaux de l'ex-Union soviétique et s'y accroche malgré ses promesses de la retourner à la Russie. Le Japon nie toute option nucléaire; pourtant, ses programmes scientifiques indiquent le contraire. À Taïwan, les partis d'opposition font campagne en faveur de l'acquisition d'armes de destruction massive – pour se défendre de Pékin. Presque tous ces États sont politiquement instables et souvent gouvernés par des dictateurs mégalomanes.

Il y a actuellement trente-deux pays possédant des programmes nucléaires civils et capables, s'ils le veulent, de les adapter à la construction d'armes. Les Européens doivent penser à quelles tentations pourrait avoir à résister l'Allemagne pour ne pas suivre la voie de la Grande-Bretagne et de la France au cas où Londres et Paris ne maintiendraient plus avec elle, selon des mots d'Adenauer, «les liens les plus étroits de l'intérêt et de l'amitié». Les États-Unis font de grands efforts pour enrayer la course à l'abîme; ils ont été à l'origine d'un traité de non-prolifération des armes atomiques. Mais leur succès n'est que partiel et le danger demeure latent. Les dirigeants pakistanais, notamment, ont publiquement annoncé qu'ils recourraient aux armes ultimes contre les Indiens en cas de nécessité. Trois guerres ont opposé New Delhi et Islamabad depuis leur indépendance en 1947, motivées par leur haine religieuse et leur rivalité au Cachemire. En 1990, les satellites américains ont détecté leurs préparatifs en vue d'un affrontement atomique. Il a fallu une ferme et habile intervention de Washington pour empêcher la danse macabre[24].

D'autres grands dangers mettent en péril la stabilité du monde et la sécurité de l'Occident, moins immédiats et moins précis, parmi lesquels au premier rang l'avenir des géants russes et chinois. Personne ne peut dire la direction que va prendre l'ancien Empire des tsars et les multiples prophéties qui ont été publiées en abondance ne sont que conjectures. Il n'est plus la puissance militaire redoutable qu'il a été. Toutefois, la Russie est encore le plus vaste État du monde avec des arsenaux nucléaires mal contrôlés et avec d'énormes ressources naturelles, gérées (mal aujourd'hui) par un peuple rude, intelligent et ambitieux. Il fait peu de doute que, soit dictature militaire, état policier, ou démocratie parlementaire, elle réussira un jour à dominer son désordre actuel pour redevenir une grande puissance. D'ores et déjà, oubliant la misère des premières années de l'après-communisme, elle a retrouvé un produit national proche de celui de 1985.

La Russie actuelle, de même que les pays d'Europe centrale et orientale, ont trouvé depuis la dissolution du Pacte de Varsovie (juillet 1990) une sécurité statutaire dans la CSCE (Conférence sur la Sécurité et la Coopération en Europe), institutionnalisée par l'Acte final d'Helsinki. Ils entretiennent aussi des relations diplomatiques régulières avec l'OTAN. Des accords ultérieurs entre l'Ouest et les ex-membres du Pacte de Varsovie (Partenariat pour la Paix) ont établi entre eux un dialogue permanent.

C'est une situation ambiguë qui reflète les hésitations de Washington et de ses alliés. Elle doit être éclaircie.

Les anciens États membres du Pacte de Varsovie aspirent passionnément à rejoindre l'Occident dont ils ont longtemps fait partie et dont seul l'impérialisme soviétique les a écartés après 1945. Est-il possible de ne pas les satisfaire? Moscou s'y montre réticent. Mais faut-il s'incliner? Le conflit idéologique dont Marx avait prédit le triomphe du prolétariat a disparu. Mais ce n'est pas tout. François de Rose, diplomate et historien français, rappelle dans un livre récent combien elle est restée «en dehors de certains événements majeurs qui ont façonné l'Europe au cours des siècles». Elle n'a connu de Rome ni son Empire ni son Église; ni les «grands ordres religieux du XIIe et XIIIe siècles alors qu'elle embrassait l'orthodoxie. Ni les grandes universités, Bologne, Oxford, la Sorbonne, Louvain, Salamanque, Coimbra, Heidelberg, Prague, Cracovie... Ni la Renaissance, ni la Réforme». Ni le Siècle des lumières[25].

Et la Chine? Plus encore que la Russie, elle est un mystère. Les données de son défi par contre sont bien connues. Une population de 1 200 millions d'habitants et croissante, un des peuples les plus intelligents et les plus industrieux, avec de vastes ressources naturelles, associé peut-être un jour à plus de cent millions de Japonais – en face de deux cent cinquante millions d'Américains ou de trois cent soixante millions d'Européens ou de deux cent quatre-vingt-trois millions de Russes. La mort de Mao Tsê-tung et l'arrivée au pouvoir de Teng Siao-ping ont ouvert la porte à de profondes réformes en direction d'une économie mixte baptisée ultérieurement de «socialisme de marché». «Un système de responsabilité de la production et une politique d'encouragement à l'enrichissement de certains pour arriver à l'enrichissement de tous en faisant disparaître l'égalitarisme dans la production et la rémunération», telle est la manière dont est décrite l'orientation nouvelle dans la revue officielle *Beijing Information* du 26 septembre 1983. Qu'en aurait pensé Karl Marx? Mais les productions se développent à un rythme accéléré. Pour la première fois depuis des temps immémoriaux, l'accroissement des récoltes en 1983 dépassa l'augmentation de la population. En 1994, la croissance économique a atteint le taux impressionnant de 12%*.

Tout n'est pas rose dans l'ancien Empire du Milieu. Si dans les centres industriels de la côte, Pékin, Shanghai, Canton, etc., s'édifient de vastes fortunes privées (Rolls-Royce y a vendu plus de 20 voitures en 1994), la fatalité de la pauvreté n'est pas pour autant brisée dans les campagnes, habitat de plus de huit cents millions de Chinois. Et la terre arable est

---

* On a écrit que si la croissance des dix dernières années se poursuivait dans la décennie prochaine, la Chine deviendrait le pays économiquement le plus puissant du monde. Mais rares sont les experts qui le croient[26].

limitée. Les distorsions créent de graves tensions politiques qui peuvent dégénérer en de nouvelles jacqueries. Une inflation galopante, plus de 20% en 1994, encourage la corruption de bas en haut des structures administratives. «La qualité morale de ceux qui occupent des positions élevées est la brise», a écrit Confucius. «La mentalité des inférieurs, l'herbe. Lorsque la brise souffle sur l'herbe, celle-ci s'incline à coup sûr.» À coup sûr?

Depuis 1992, le régime a favorisé une économie plus ouverte. Il a fait pour son peuple plus en quatre ans que Mao et Marx en quarante, le livrant à une explosion socio-économique aux conséquences imprévisibles. Néanmoins, il continue à la gouverner d'une main de fer. Sa brutalité envers les dissidents donne à penser qu'il manque de confiance, qu'il se sent plus fragile qu'il ne le paraît. Qui le dirige? On ne sait trop. Le Parti semble une masse informe, le vrai pouvoir concentré dans les mains d'une demi-douzaine de vieillards sur lesquels les militaires exercent une forte influence. Tiang Zemin est en titre le chef de l'État, de l'armée, du Parti. Apparemment successeur de Teng (décédé en 1997), il n'est pas certain qu'il soit un dictateur tout-puissant.

Les fils de Han ne sont pas non plus les anges de la paix qu'a imaginés un mythe européen. Partis du bassin du fleuve Jaune au IIIe millénaire d'avant notre ère, ils se sont approprié les vastes territoires qu'ils occupent aujourd'hui. Toute leur histoire est faite de guerres et de conquêtes. Ils ont dominé le nord de l'Indochine pendant mille ans; la Corée a connu plusieurs de leurs invasions. Ils ont colonisé la Mongolie et la Mandchourie à partir du XIXe siècle. Ils ont encore envahi (et dévasté) le Tibet en 1950. Fait la guerre à l'Inde en 1962 et au Viêt-nam en 1979. En 1995, le gouvernement de Pékin dispose de l'armée et de la marine de guerre les plus puissantes d'Asie. Détenteur d'armes de destruction massives depuis la fin des années soixante, il a annoncé récemment avoir construit des missiles à portée intercontinentale. Depuis peu, on l'entend ferrailler son sabre. Il menace Taïwan, il émet des prétentions sur les îles Spratly dans la mer de Chine, riches, dit-on, en pétrole, qui n'ont jamais été chinoises et que lui disputent le Viêt-nam, la Malaisie et les Philippines. Il a débarqué des troupes dans l'une d'elles. Il commence à inquiéter ses voisins. On connaît les mots célèbres de Napoléon: «Quand la Chine s'éveillera, le monde tremblera.»

Ce n'est pas pour demain. La crise la plus grave qui menace l'Occident en l'été de 1995 est interne. Que faire de l'ex-Yougoslavie? Maîtres de la zone de protection établie par l'ONU à Srebrenica, les miliciens du dictateur psychopathe des Serbes de Bosnie (Radovan Karadzic a publié des poèmes affirmant: «Je suis né.... pour incendier, tuer et tout détruire en poussière») se livrent une nouvelle fois sur des dizaines de milliers de Bosniaques musulmans à «l'épuration ethnique» la plus révoltante. D'un côté, les hommes à partir de 16 ans, déportés vers une destination inconnue. De l'autre côté, les enfants, les femmes et les vieillards, séparés de force, entassés brutalement dans des bus et chassés de la ville vers la rase campagne.

Ce fut le point d'aboutissement – provisoire car la tragédie se poursuit – de l'incurie des puissances occidentales et de la Russie à mettre fin au conflit qui a ravagé la Bosnie depuis trois ans et fait deux cent cinquante mille morts. L'OTAN avait donné cinquante années de paix et de liberté dans sa zone de compétence, elle avait garanti la réconciliation de la France et de l'Allemagne, elle avait contribué par son assistance à la construction européenne à une prospérité jamais atteinte. Sa participation à la victoire des démocraties dans la guerre froide avait été prépondérante – pour être impuissante à empêcher de s'entre-déchirer un pays de vingt-trois millions d'habitants, un des plus pauvres du Vieux Continent, sans argent et sans pétrole. Il aurait été aisé pour les principales puissances occidentales – la Russie aurait suivi – d'imposer leur volonté de paix aux Serbes au début du conflit. Mais elles ont préféré se quereller et pas même pour des intérêts nationaux, pour des idiosyncrasies d'un autre âge. Les Français ont d'abord sympathisé avec les Serbes en souvenir de la fraternité d'armes de la Grande Guerre, les Russes par panslavisme, les Grecs par affinité religieuse; les Allemands ont imposé la reconnaissance de l'indépendance croate et slovène, sonnant le glas de l'État yougoslave, les Britanniques ont trouvé une nouvelle occasion de s'isoler du Continent. Et les Américains, pressés absurdement par les Européens de ne pas se mêler de leurs affaires, ont été trop heureux pendant longtemps d'obtempérer[27]. Sur un point seulement, un accord a pu être réalisé, l'imposition d'un blocus qui punit les victimes musulmanes tout en abandonnant aux agresseurs serbes toutes les ressources de Belgrade et de la forte armée qu'elle avait pu réunir du temps de Tito. Seule l'intervention tardive des États-Unis aux côtés des Européens a réussi à ramener un semblant d'ordre dans les Balkans.

Malgré des cataclysmes tels que les deux guerres mondiales ou l'explosion des idéologies totalitaires du désespoir, malgré des sottises, des fautes et même des crimes tels que leur passivité en Bosnie, l'Europe et les États-Unis ont réussi à améliorer chaque décennie la qualité de la vie des hommes et des femmes. L'œuvre n'est pas achevée, elle ne le sera jamais. Mille problèmes politiques, économiques, philosophiques, même métaphysiques se posent avec acuité. Parmi les premiers, ceux de l'entente étroite des deux rives de l'Atlantique, faute de laquelle s'effondrerait le camp humaniste sous les coups de sociétés plus agressives. Celui des doutes lancinants qui déchirent la nôtre. Celui de la mort de Dieu prédite par Nietzche ou de la réjuvénation des crédos laïcs. Les églises chrétiennes s'enfoncent dans les alluvions du passé, les Lumières perdent leur éclat.

«Quelle foi fondamentale, quel thème intégrateur susciter à notre civilisation?», s'est demandé Malraux. Angoisse qu'il faudra conjuguer en cette fin de siècle. Toutefois, ce n'est pas la première fois depuis deux mille ans qu'a été posée la question et l'Europe, phénix sans pareil, est toujours renée de ses cendres en y apportant une réponse créatrice. En 1996, celle-ci est représentée par cet idéal *d'une union sans cesse plus étroite de ses peuples* qu'exalte le traité de Rome pour remplacer par des concepts plus adaptés aux circonstances ceux des États-nations devenus inadéquats. Organisation nouvelle qui, entre parenthèses, s'édifie depuis quarante ans sans étouffer la spécificité de ses membres malgré ce qu'affirment ses adversaires – pas même celle du Grand-Duché du Luxembourg.

D'ores et déjà, *l'Occident s'est donné des sociétés plus riches, plus justes et plus libres que toute autre, en tout endroit du monde, à n'importe quel moment de l'histoire*. Ce n'est qu'un début. Il faut se remémorer la méditation de Spaak sur la colline du Capitole en mars 1957 et rêver avec lui de la résurrection d'un grand empire, empire sans empereur, fait d'États libres unis par des lois communes, un empire à vocation universelle dont les institutions font oublier les totems tribaux et les égocentrismes nationaux. Triomphale réussite dès aujourd'hui, elle doit insuffler à ses peuples la volonté, l'imagination et la force de sauvegarder un héritage unique pour en faire bénéficier le monde entier.

Londres, juillet 1996

Bibliographie

I L'Orient est rouge

1. Times, Londres, 20 février 1997, p. 15. Nécrologie de Teng Siao-ping.

1bis. R. Rothschild, *La chute de Chiang Kai-shek*, Paris, 1972.
R. Grousset, *Histoire de la Chine*, Paris, 1942.
J. D. Spence, *The Search for Modern China*, Londres, 1990.

2. A. de Riencourt, *L'âme de la Chine*, Paris, 1960, p. 289.
3. C. F. Romanus & R. Sunderland, *Time runs out in C.B.I.*, Département de l'Armée, Washington, 1959, p. 368.
4. Zhou En-lai juan, *Biography of Zhou En Lai*, Central Party Literature Publishing House, Beijing.
Kai-Yu hsu, *Chou En-lai*, Paris, 1968.
R. Rothschild, *Notes personnelles.*
5. W. D. Leahy, *I was there*, Londres, 1950, p. 340.
6. United States, *Relations with China*, Washington, 1949, p. 574.
7. A. C. Wedemeyer, *Wedemeyer Reports*, New York, 1958.
8. *Ibidem*, p. 340.
9. F. Baudhuin, « L'économie », in *Histoire de la Belgique contemporaine*, Bruxelles, 1974, p. 280 et suivantes.
10. Y. Trotignon, *La France au XX*e *siècle*, Paris, 1968, p. 226.
P. Sorlin, *La société française*, t. II 1914-1968, p. 55 et suivantes.
R. Marjolin, *Le travail d'une vie*, Paris, 1986, p. 167.
11. P. Hennessy, *Never Again*, London, 1992, p. 87 et suivantes.
N. Annan, *Our Age*, London, 1991.
C. Barnett, *The Lost Victory*, Londres, 1995.
12. J. Ardagh, *Germany and the Germans*, Londres, 1987, p. 8.
13. Ch. de Gaulle, *Mémoires de guerre*, Paris, 1950, p. 98.
14. H. S. Truman, *Years of Trial and Hope*, vol. II, New York, 1956, p. 83-84.
15. *Ibidem*, p. 95.
16. R. Grousset, *Bilan de l'histoire*, Paris, 1946, p. 137.
17. J. M. Roberts, *The Triumph of the West*, London, 1985, p. 399 et suivantes.

II D'un bout à l'autre de la terre

1. M. Percheron, *Le Bouddha et le bouddhisme*, Paris, 1954, p. 8 et suivantes.
   R. Grousset, *Bilan de l'histoire*, Paris, p. 111.
   idem, *L'Inde*, Paris, 1949.
2. S. Courtois, «La face cachée du Komintern», in *Le Monde*, 17-18 novembre 1996, p. 13.
3. Ch. Andrew, *KGB*, Londres, 1991, p. 425.
4. Lord Gladwyn, *The Memoirs of Lord Gladwyn*, Londres, 1972.
5. P. H. Spaak, *Combats inachevés*, Paris, 1969, p. 172.
6. Lord Avon, *The Eden Memoirs, Facing the Dictators*, Londres, 1967, p. 153.
   Ch. Booker, *The Spectator*, Londres, 18 février 1978.
7. N. Henderson, *The Birth of NATO*, Londres, 1982, p. 1 et suivantes.
8. P. H. Spaak, *op. cit.*, p. 259.
9. M. Truman, *Harry S. Truman*, Londres, 1973.
   J. Daniels, *The Man of Independence*, New York, 1950.
   M. Miller, *Plain Speaking*, Londres, 1974.
   D. McCullough, *Truman*, New York, 1992.
10. R. Jenkins, *Truman*, Londres, 1986, p. 108.
11. E. V. Rostow, «Truman, New York», in *TLS*, 27 novembre 1992, Londres, p. 3.
12. H. S. Truman, in *TLS*, 27 novembre 1992, Londres, p. 5.
13. W. Isaacson, *The Wide Men*, Londres, 1986.
14. P. Hennessy, *Never Again*, Londres, 1992, p. 277.
    K. O. Morgan, *The People's Peace*, Oxford, 1992, p. 35.
    C. Barnett, *The Lost Victory*, Londres, 1995.
15. A. de Staercke, *NATO's Anxious Birth*, Londres, 1985.
    D. Cook, *Forging the Alliance*, Londres, 1989.
16. W. Lippman, *War Aims*, Londres, 1944, p. 131.
17. R. Lacour-Gayet, *De Pearl Harbor à Kennedy*, Paris, 1979, p. 219.
18. N. Khrouchtchev, *Souvenirs*, Paris, 1971, p. 349.
    The Economist, Londres, 7 juillet 1990. (Article du correspondant de Moscou)
19. M. Truman, *op. cit.*, p. 455.
    R. Donovan, *Tumultuous Years*, Londres, 1980, p. 223.
    D. McCullough, *op. cit.*, p. 775 et suivantes.
20. D. Acheson, *Present at the Creation*, p. 416.
21. *Ibidem*, p. 479.
22. K. M. Pannikar, *The Two Chinas*, Londres, 1955, p. 102 et suivantes.
23. Chen Jian, *China's Road to the Korean War*, New York Columbia University Press, 1994.
24. R. Rothschild, *La chute de Chiang Kai-shek*, Paris, 1972, p. 341.
    K. Mehrenrt, *Pékin et Moscou*, Paris, 1962, p. 262 et suivantes.
    J. Guillermaz, *Le Parti communiste chinois au pouvoir*, Paris, 1972, p. 105.
25. R. Lacour-Gayet, *op. cit.*, p. 288.

III Hier et aujourd'hui

1. J.-B. Duroselle, *L'idée d'Europe dans l'histoire*, Paris, 1965, p. 54 et suivantes.
2. M. Charlton, *The Price of Victory*, Londres, 1983, p. 13.
   Lord Moran, *Mémoires, 1940-1965*, Paris, 1966, p. 306-333.
   R. Lamb, « Lettre », in *Daily Telegraph*, Londres, 5 mars 1993.
   R. Marjolin, *Le travail d'une vie*, Paris, 1986, p. 224 et suivantes.
   P. Hennessy, *Never Again*, Londres, 1992, p. 393.
3. M. Charlton, *op. cit.*, p. 62.
   P. Hennessy, *op. cit.*, p. 347.
4. M. Charlton, « The Price of Victory », BBC Talks and Documentaries, Programme 2, Part One, 16 février 1981, p. 20.
5. C. L. Sulzberger, *Dans le tourbillon de l'histoire*, Paris, 1971, p. 303.
6. H. Nicolson, *Diaries & Letters*, Londres, 1980, p. 327.
7. P. Hennessy, *op. cit.*, p. 262-271.
   C. Barnett, *The Lost Victory*, Londres, 1995.
8. A. Fabre-Luce, *Douze journées décisives*, Paris, 1981, p. 72.
   A. Werth, *La Russie en guerre*, vol. II, Paris, 1964, p. 245-254.
   J. Chauvel, *Commentaires*, Paris, 1972, p. 88 et suivantes.
9. Ch. de Gaulle, *Vers l'armée de métier*, Paris, 1934, p. 21.
10. J. Chauvel, *op. cit.*, p. 77.
    A. Malraux, *Les chênes qu'on abat*, Paris, 1971, p. 150.
11. M. Dumoulin, *La Belgique et les débuts de la construction européenne*, Louvain-la-Neuve, 1987, p. 59 et suivantes.
12. R. Poidevin, *Robert Schuman*, Paris, 1986.
    Revue générale, « Hommage à Robert Schuman », Bruxelles, 1973.
    R. Rochefort, « Le monde qu'il habitait », in *Revue Générale*, Bruxelles, juin 1973, p. 23 et suivantes.
    P. Cerbet, *La construction de l'Europe*, Paris, 1983, p. 56 et suivantes.
13. R. Poidevin, *op. cit.*, p. 34 et suivantes.
14. V. Auriol, *Mémoires*, Paris.
    C. L. Sulzberger, *op. cit.*, p. 260.
    A. de Staercke, *NATO's Anxious Birth*, Londres, 1985, p. 157.
15. A. S. Milward, *The European Rescue of the Nation State*, Londres, 1993.
16. J. Willequet, *Paul Henri Spaak*, Bruxelles, 1975.
17. D. Acheson, *Present at the Creation*, Londres, 1970, p. 385.
    C. L. Sulzberger, *op. cit.*, p. 261.
18. Lord Gladwyn, *The Memoirs of Lord Gladwyn*, Londres, 1972, p. 217.
19. R. Mayne & J. Pinder, *Federal Union - The Pioneers*, Londres, 1990, p. 120.
20. Ch. Pineau & Ch. Rimbaut, *Le grand pari*, Paris, 1991, p. 71.
21. R. Mayne & J. Pinder, *op. cit.*, p. 236.
    J. Monnet, *Mémoires*, Paris.
22. M. Dumoulin, *op. cit.*, p. 169.
    E. Devos, *Le patronat belge face au Plan Schuman*, Bruxelles, 1984.

23. D. Acheson, *Present at the Creation*, Londres, 1970, p. 385.
Lord Bullock, *The Life and Times of Ernest Bevin.*
M. Charlton, *op. cit.*, p. 83-90.
Lord Thomas, *Britain's Destiny in Europe*, Londres, 1988, p. 13.
24. W. Isaacson & E. Thomas, *The Wide Man*, Londres, 1986, p. 478.
25. F. Seydoux, *Mémoires d'outre-Rhin*, Paris, 1975, p. 175.
26. Lord Thomas, *op. cit.*, p. 13.
27. N. Beloff, *The General says no*, Londres, 1963, p. 60.

IV Crise en Occident

1. A. de Staercke, *NATO's Anxious Birth*, Londres, 1985, p. 157.
2. K. Adenauer, Interview in *Cleveland Plain Dealer*, Cleveland (USA), 3 décembre 1949.
3. Lord Anna, *Our Age*, Londres, 1991, p. 315 et suivantes.
4. P. H. Spaak, *Combats inachevés*, t. II, Paris, 1969, p. 25.
5. Lord Moran, *Mémoires*, Paris, 1966, p. 351 et suivantes.
6. R. Rothschild, *Les chemins de Munich*, Paris, 1988, p. 191.
J. Margach, *Anatomy of Power*, Londres, 1979, p. 41-51.
7. D. Carlton, *Anthony Eden*, Londres, 1986, p. 310.
8. J. Chauvel, *Commentaires*, t. II, Paris, 1973, p. 217-269.
9. P. Poswick, Compte rendu d'un entretien Van Zeeland - Schuman, Bruxelles, 20 décembre1952, Archives de l'auteur (IV/1).
10. N. S. Khrouchtchev, *Souvenirs*, Paris, 1976, p. 290 et suivantes.
11. W. Shakespeare, *Richard III*, Acte V, Scène 3, Paris, Pléiade,1964.
12. A. de Staercke, Rapport à Bruxelles, 10/12/0153 n° 1323, Dossier NG5 MAEB.
Lord Moran, *op. cit.*, p. 447 et suivantes.
E. Shuckburgh, *Descent to Suez*, Londres, 1986, p. 14.
13. F. Giles, *The Soviet Years*, Londres, 1991, p. 179-180.
14. E. Fursdon, *The European Defence Community*, Londres, 1980, p. 253 et suivantes.
15. P. H. Spaak, *op. cit.*, t. I, p. 275.
R. Rothschild, Compte rendu de conversations Spaak - Bruce, 18 juin 1959, Archives de l'auteur (IV/2).
16. *Time*, Londres, 2 octobre 1993.
17. P. H. Spaak, Compte rendu de conversation Spaak - Mendès France, Paris, 30 juin 1954, A.M.A.E.B., Archives de l'auteur (IV/2).
18. J. Lacouture, *De Gaulle - Le politique*, Paris, 1985, p. 306.
P. Rouanet, *Mendès France au pouvoir*, Paris, 1965, p. 234 et suivantes.
19. H. Alphand, *L'étonnement d'être*, Paris, 1977, p. 259 et suivantes.
20. G. Elgey, *La République des tourments*, Paris, 1992, p. 220.
21. P. H. Spaak, *op. cit.*, p. 286 et suivantes.

22. P. Mendès France, *Gouverner, c'est choisir, 1954-1955*, Paris, 1986.
G. Elgey, *op. cit.*, p. 213 et suivantes.
J. Lacouture, *Pierre Mendès France*, Paris, 1981, p. 301.
P. Rouanet, *op. cit.*, p. 259 et suivantes.
J. Chauvel, *Commentaires*, Paris, 1973, p. 111.
P. H. Spaak, *op. cit.*, p. 289-290.
23. F. Roberts, Conversation avec l'auteur, Londres, décembre 1992.
Idem, Facing the Dictators, Londres, 1991, p. 169 et suivantes.
Lord Avon, *Memoirs of Sir Anthony Eden*, Londres, 1960, p. 147-148.
A. de Staercke, Message de M. Churchill, Archives de l'auteur.
24. F. Giles, *op. cit.*, p. 229.
A. Fabre-Luce, *Douze journées décisives*, Paris, 1981, p. 185.
A. de Staercke, Lettre à l'auteur, Paris, 13 août 1954, n° 931, Archives de l'auteur (IV/2).
25. Ph. Robrieux, «Une cible privilégiée», in *Nouvel Observateur*, n° 12, Paris, décembre 1992, p. 90.
F. Giroud, *Si je mens*, Paris, 1972.
A. Fabre-Luce, *op. cit.*, p. 182-183.
P. Mendès France, *op. cit.*, p. 120.
F. Mitterrand, *Mémoires interrompus*, Paris, 1996, p. 214.
26. G. Elgey, *op. cit.*, p. 196.
27. P. Birnbaum, «La dimension juive», in *Nouvel Observateur*, n° 12, Paris, 1992, p. 62-63.
28. J.-P. Rioux, «Le Panthéon de Mendès France», *Ibid.*, p. 30.
29. F. Giroud, in *l'Express*, mars 1967, cité par J. Lacouture, *op. cit.*, p. 390.
M.-C. Mendès France, *L'esprit de liberté*, Paris, 1992, p. 131-153.
30. K. Adenauer, Interview, in *Times*, Londres, 3 septembre 1954.
31. Lord Avon, *op. cit.*, p. 151.
F. Roberts, *op. cit.*, p. 158 et suivantes.
32. W. Churchill, Message à André de Staercke transmis à l'auteur par une lettre de Paris du 8 septembre 1954, Archives de l'auteur.
33. A. de Staercke, Compte rendu de la réunion des ministres des Affaires étrangères de Grande-Bretagne, Belgique, Luxembourg, Pays-Bas à Bruxelles le 11 septembre1954.
34. B. Boothby, Compte rendu des conversations de Paris, communiqué à Bruxelles, Archives de l'auteur (IV/2).
Lord Avon, *op. cit.*, p. 160-161.
35. R. Massigli, *Mémoires*, Paris, p. 792.
36. M.-C. Mendès France, *op. cit.*, p. 153.
37. E. Fursdon, *The European Defence Community*, Londres, 1980, p. 318.
Lord Avon, *op. cit.*, p. 167.
Lord Gladwyn, *The Memoirs of Lord Gladwyn*, Londres, 1972, p. 273.

V Un printemps européen

1. J. L. Gaddis, *Long Peace*, New York Oxford, 1987, p. 149.
   P. Lewis, *The Fifties*, Londres, 1978, p. 74.
2. A. Grosser, *Les Occidentaux*, Paris, 1978, p. 150 et suivantes.
3. P. Weymar, *Konrad Adenauer*, Londres, 1957.
   G. McGhee, *At the Creation of a New Germany*, Yale University Press, 1989.
   T. Prittie, *Konrad Adenauer*, Londres, 1972.
   M. Dönhoff, *The Makers of the New Germany*, Londres, 1982.
4. T. Prittie, *op. cit.*, p. 90.
5. K. Adenauer, *Memoirs 1845-1953*, Londres, 1966, p. 39.
6. S. Cleveland, Entretien avec l'auteur, 15 janvier 1955.
7. G. Elgey, *La République des tourments*, Paris, 1992, p. 307.
8. P. Uri, *Penser pour l'action*, Paris, 1991, p. 114-115.
9. M. Laurent, « La Belgique et l'intégration européenne entre 22 avril 1954 et 1er juin 1955 ». Mémoire de licence en histoire, Louvain-la-Neuve, 1991-1992 (inédit).
10. Ch. Pineau & Ch. Rimbaud, *Le grand pari*, Paris, 1991, p. 179.
    Ch. Rimbaud, *Pinay*, Paris, 1990.
11. J.-C. Snoy et d'Oppuers, *Rebâtir l'Europe*, Louvain-la-Neuve, 1989, p. 115.
12. R. Rothschild, Notes personnelles (Dossier 5-2).
    Ch. Pineau & Ch. Rimbaud, *op. cit.*, p. 206.
13. P. H. Spaak, *Combats inachevés*, t. 2, Paris, 1969, p. 77.
14. M. Charlton, *The Price of Victory*, Londres, 1983, p. 190.
15. A. Horne, *MacMillan*, t. 1, Londres, 1988, p. 363.
    R. Lamb, *The MacMillan Years*, Londres, 1995, p. 105 et suivantes.
16. P. H. Spaak, *op. cit.*, p. 75 et suivantes.
    J.-C. Snoy et d'Oppuers, *op. cit.*, p. 114.
    H. MacMillan, *Riding the Storm*, Londres, 1971, p. 76.
    R. Lamb, *op. cit.*, p. 109.
    F. Duchene, *Jean Monnet*, Londres, 1994, p. 325.
17. R. Marjolin, *Le travail d'une vie*, Paris, 1986, p. 247 et suivantes.
18. P. H. Spaak, Note du 4 mars 1956, Archives de l'auteur (Dossier 5-2).
19. J.-F. Eck, *Histoire de l'économie française depuis 1945*, Paris, 1992, p. 12.
20. B. Goldschmidt, *Les pionniers de l'atome*, Paris, 1987, p. 64.
    L. Gillon, « L'uranium du Congo belge », in *Louvain*, février-mars 1991, juin 1991.
21. F. Lekim, *La mangeuse de cuivre*, Bruxelles, 1992, p. 124.
    E. Sengier, Conversations avec l'auteur, Bruxelles, octobre 1960.
22. Ch. Pineau & Ch. Rimbaud, *op. cit.*, p. 196-197.
23. R. Rothschild, Notes personnelles, mars 1956, Archives de l'auteur (Dossier 5).
24. *Idem*, Compte rendu d'un entretien Spaak-Dulles-Strauss à Washington le 8 février 1957, Archives de l'auteur (Dossier V/II).
    Foreign Relations of the United States, Memorandum de Conversation, Washington, 8 février 1957, p. 520-521.
    J. Schwartz, The United States and the Creation of the European Atomic Energy Community 1955-1958, Lettre d'information des historiens de l'Europe contemporaine, Louvain-la-Neuve, décembre 1992.

VI La coexistence pacifique

1. P. H. Spaak, *Combats inachevés*, t. II, Paris, 1969, p. 326.
   R. Aron, *Mémoires*, Paris, 1983, p. 308 et suivantes.
2. V. Larock, Note à M. Spaak au sujet des événements du Moyen-Orient, annotée par l'auteur, 2 novembre 1956, Archives de l'auteur (VI/1).
3. Y. Delbecq, Compte rendu sténographique des conversations tenues au Kremlin, 25 octobre 1956, Archives de l'auteur (VI/1).
4. J. Staline, « Election Address, Moscou, 9 février 1946 », in *New York Times*, 10 février 1946.
5. P. H. Spaak, Note de juin 1955, Archives de l'auteur (VI/1).
   Idem, Discours à la Chambre des représentants, Annales parlementaires, 23 novembre 1955, p. 5.
6. A. de Staercke, Lettres de l'auteur, 21-25 juillet 1955, Archives de l'auteur (VI/1).
7. *La Tribune Libre*, « La résolution hongroise, Plan à Paris », 1957, p. 36-37.
8. N. Khrouchtchev, *Souvenirs*, Paris, 1970, p. 395-398.
9. P. H. Spaak, *op. cit.*, p. 328.
   R. Rothschild, Compte rendu d'une conversation avec M. Avilov, ambassadeur de l'URSS à Bruxelles, 7 et 8 janvier 1954, Archives de l'auteur (VI/1).
10. A. Conte, *Bandoeng, tournant de l'histoire*, Paris, 1965, p. 226.
11. D. Carlton, *Anthony Eden*, Londres, 1986, p. 403.
12. Ch. Pineau & Ch. Rimbaud, *Le grand pari*, Paris, 1991, p. 219 et suivantes.
    Lord Avon, *Eden's Memoirs*, Londres, p. 358.
    G. Elgey, *La République des tourmentes*, t. II, Paris.
    R. Rothschild, Entretien avec Guy Mollet, Paris, octobre 1967.
13. *Idem, Les chemins de Munich*, Paris, 1988, p. 194-195.
14. J. van den Bosch, Rapport de l'ambassade de Belgique au Caire, octobre 1956, Archives du MAEB.
    U.S. Government, Foreign relations of the USA, 1955 -1957, vol. XVI, Suez Crisis, 26th July-31st December 1956, Printing Office.
15. Ch. Pineau & Ch. Rimbaud, *op. cit.*, p. 223.
    Y. Delbecq, Compte rendu sténographique des conversations au Kremlin, 25 octobre 1956, p. 13, Archives de l'auteur (VI/1).
16. D. Carlton, *op. cit.*, p. 442 et suivantes.
17. B. Urquhart, *Hammarskjöld*, Londres 1972, p. 233.
18. R. Murphy, *Diplomats among Warriors*, Londres, 1954.
19. R. Aron, *Mémoires*, Paris, 1983, p. 396.
20. K. Adenauer, *Mémoires*, t. 3, Paris, 1969, p. 63 et suivantes.
21. J. W. Alsop, *I have seen the best of it*, New York - London, 1992, p. 347.
22. J. Colville, *The Fringes of Power*, London, 1985, p. 662.
    M. Couve de Murville, *Une politique étrangère 1958-1969,* Paris, 1971, p. 30-31.
23. P. H. Spaak, *op. cit.*, t. I, p. 233.
24. N. Khrouchtchev, *op. cit.*, p. 378.
25. R. Lacour-Gayet, *De Pearl Harbor à Kennedy*, Paris, 1979, p. 327.
    W. Laqueur, *Europe in our Tune*, Londres, 1992, p. 223.
    P. Kennedy, *The Rise and Fall of the Great Powers*, Londres, 1988, p. 369.

S. H. Cohn, *Economic Development in the Soviet Union*, Lexington, Mass. 1970.
W. Loridan, Exposé à la Conférence diplomatique de Bruxelles, 15, 16 et 17 février 1956, p. 36, Archives de l'auteur.
26. C. Delmas, *Histoire politique de la bombe atomique*, Paris, 1967.
27. P. M. Gallois, *Stratégie de l'âge nucléaire*, Paris, 1960, p. 9-10.
28. J. M. Gaddis, *Long Peace*, New York Oxford, 1987, p. 107.
29. B. H. Liddel Hart, *History of the Second World War*, Londres, 1973, p. 10.
R. Rothschild, *Les chemins de Munich*, Paris, 1988.
P. Kennedy, *op. cit.*, p. 203.
30. *Ibidem*, p. 324-353-354-384.
C. Delmas, *op. cit.*, p. 104.
31. R. Rothschild, Conversation de M. Van den Boeynants, ministre belge de la Défense, et de M. Debré, ministre français de la Défense en présence de l'auteur, Paris, 4 mai 1972.
J. Isnard, in *Le Monde*, Paris, 29 octobre 1995.
32. I. Clarke, *Nuclear Diplomacy and the Special Relationship*, Oxford, 1994, p. 299-303.
G. McGhee, *At the Creation of a New Germany*, Yale University Press, 1989, p. 8.
A. Fabre-Luce, *L'anniversaire*, Paris, 1971, p. 127.
33. E. Davignon, Entretiens de Varsovie, 7 décembre 1963, Archives de l'auteur (VI/3).
34. Tito, *Selected Works on the People's War of Liberation*, Bombay, 1969.
Mid-European Studies Center, *Yougoslavia*, New York et Londres, 1957.
F. MacLean, *Eastern Approaches*, Londres, 1949.
N. Beloff, *Tito's Flawed Legacy, 1939-1960*, Londres, 1985.
H. M. Christman, *The Essential Tito*, Londres, 1970.
S. K. Pavlowitch, *Tito*, Londres, 1992, p. 10.
35. J. Carmichael, *Stalin's Masterpiece*, Londres, 1976, p. 183-184.
36. M. Padey, *Marshal Tito*, Londres, 1941.
S. Clissold, *Whirlwind*, Londres, 1949.
M. Djilas, *Conversations with Stalin*, Londres, 1962.
F. W. D. Deakin, *The Embottled Mountain*, Oxford, 1971.
F. Maclean, *Disputed Barricade*, Londres, 1957.
F. Lindsay, *Beacons in the Night*, Stanford (California), 1993.
37. E. Glaise von Horstenau, *Ein General im Zwielicht*, Vienne, 1988.
M. Djilas, *op. cit.*, p. 9.
F. Lindsay, *op. cit.*, p. 223 et suivantes.
38. F. Lindsay, *op. cit.*, p. 178 et suivantes.
39. M. Djilas, *op. cit.*, p. 131.
40. P. H. Spaak, Compte rendu de conversations avec Tito, Bruxelles, Archives de l'auteur (Dossier VII/4).
41. «Vital World Statistics», in *The Economist*, Londres, 1990, p. 34.
42. R. F. Byrnes, *Yugoslavia*, New York - London, 1957, p. 27 et suivantes.
43. R. Rothschild, Rapports de l'ambassade de Belgique à Belgrade, Archives du MAEB, 4 avril 1960, n° 695/157.
44. M. Selden, *The People's Republic of China*, New York, 1979, p. 402.
J. D. Spence, *The Search for Modern China*, Londres, 1990, p. 579.

45. Mao Tsê-tung, *Citations du président Mao Tsê-tung*, Paris, 1967, p. 44-51.
46. N. S. Khrouchtchev, *op. cit.*, p. 440 et suivantes.
47. Ministère des Affaires étrangères de Belgique, Conférence Diplomatique - Procès-verbal, Bruxelles, 17, 18 & 19 mars 1959, chap. I, MAEB, p. 1 et suivantes.
48. *Ibidem, op. cit.*, chap. II, p. 1.
49. *Ibidem, op. cit.*, chap. III, p. 1-23.
50. *Ibidem, op. cit.*, chap. IV, p. 15-11.
B. Ledwidge, *De Gaulle et les Américains*, Paris, 1984, p. 74 et suivantes.
51. J. Galvin, « The Secret Plan for VW III We had to know: Nuclear or Not », in *Time*, Londres, 4 juillet 1994.
52. J. Sherr, « Why were the Bolsheviks so brutal ? », in *Sunday Telegraph*, mars 1994.
53. R. Pipes, *Russia Under the Bolshevik Regime, 1914-1924*, Londres, 1994.

VII Au cœur des ténèbres

1. P. H. Spaak, *Combats inachevés*, t. II, Paris, 1969, p. 232 et suivantes.
2. *Le Soir*, Bruxelles, 28 juillet 1960.
W. J. Ganshof van der Meersch, *Congo, mai-juin 1960*, Bruxelles 1960, p. 317 et suivantes.
3. B. Urquhart, *Ralph Bunche*, New York - London, 1993, p. 308.
4. A. Kashamura, *De Lumumba aux colonels*, Paris, 1966, p. 6.
5. Th. Kanza, *The Rise and Fall of Patrice Lumumba*, Londres, 1978, p. 50.
6. Shakespeare, *Coriolan*, Paris, Pléiade, 1959, f. CLXI.
7. J. Van Lierde, *La pensée politique de Lumumba*, Paris, 1963.
P. De Vos, *Vie et mort de Lumumba*, Paris, 1961, p. 121-122.
8. J. Van Den Bosch, Télégramme à Belext, Archives de l'auteur (VII/2).
9. P. Wigny, Télégramme N° 224 du 9 juillet 1960 à Cametro (quartier général des Forces belges à Léopoldville), Archives de l'auteur (VII/2).
10. W. J. Ganshof van der Meersch, *Fin de la souveraineté belge au Congo - Documents et réflexions*, Bruxelles, 1963, p. 421.
11. Th. Kanza, *op. cit.*, p. 207.
12. P. Wigny, Télégramme de Belext n° 304 du 16 juillet 1960, Archives de l'auteur (VII/2).
13. J. Van Den Bosch, Télégramme à Belext, Archives de l'auteur (VII/2).
14. *Idem*, *PréZaïre*, Bruxelles, 1986, p. 114.
15. G. Eyskens, Télégramme secret adressé à Rothschild et au commandant Weber le 21 juillet 1960, reçu à 22 h 20, décodé à 22 h 40, Archives de l'auteur (VII/3).
R. Rothschild, Note. Rencontre avec M. Sohier 23 juillet 1960, Archives de l'auteur (VII/3).
16. A. de Staercke, Conversation téléphonique avec l'auteur, Paris/Libreville, 23 juillet 1960.
P. Wigny, Télégramme de Belext N° 8/D-21/1, 27 juillet 1960, Archives de l'auteur (VII/3).
17. J. P. Lash, *Dag Hammarskjöld - Custodian of the Bush fire*, New York, 1961, p. 233.

18. ANONYME, Compte rendu de l'entretien Wigny - Hammarskjöld, Bruxelles, 27 juillet 1960.
19. Dr JOWETT, « Calvin », in *Encyclopedia*, 4e édition, Londres, 1961, p. 768.
20. D. HAMMARSKJÖLD, *Markings*, London - New York, 1964, p. 154.
    E. R. MURROW, *This I believe*, New York, 1954, rapporté par J. P. LASH, *op. cit.*, p. 24.
21. D. HAMMARSKJÖLD, Rapporté par J. P. LASH, *op. cit.*, p. 34.
22. B. URQUHART, *Hammarskjöld*, Londres, 1972.
    Idem, Conversations avec l'auteur, Londres, 1994.
    J. P. LASH, *op. cit.*, p. 46.
    C. C. O'BRIEN, *To Katanga and Back*, Londres, 1962, p. 67.
23. J. P. LASH, *op. cit.*, p. 149.
24. Conseil de Sécurité, Procès-verbaux, 8 août 1960, SP/V 884, p. 3.
25. B. URQUHART, *A Life in Peace and War*, Londres, 1987, p. 160.
26. I. BERLIN, *Le bois tordu de l'humanité*, Paris, 1992, p. 28-29.
    B. URQUHART, *Ralph Bunche*, Londres, 1993.
27. Capitaine GALT, Rapport verbal au ministre des Affaires africaines, Bruxelles, 19 janvier 1961, communiqué à l'auteur.

VIII Années de labeur et d'espoir

1. P. H. SPAAK, *Combats inachevés*, t. II, Bruxelles, 1969, p. 331.
2. A. DE STAERCKE & R. ROTHSCHILD, Comptes rendus des entretiens Khrouchtchev-Spaak, Moscou, 19 septembre 1961, Archives de l'auteur (VIII/1).
3. *Ibidem*
4. *Ibidem*
5. P. H. SPAAK, *op. cit.*, p. 334.
6. A. KNIGHT, *Beria, Stalin's First Lieutenant*, Princeton, 1995.
7. *Kommunist*, « Pour de nouvelles lectures du mouvement communiste mondial », n° 1, Moscou, janvier 1961.
8. N. S. KHROUCHTCHEV, *Souvenirs*, Paris, 1970, p. 431.
9. TH. C. SORENSEN, *Kennedy*, Paris, 1966, p. 462.
    TH. C. REEVES, *A Life of John F. Kennedy*, Londres, 1991.
    R. F. KENNEDY, *Thirteen Days. A Memoir of the Cuban Missile Crisis*, New York, 1969.
10. R. ROTHSCHILD, Conférences des Membres des Affaires étrangères de la Petite Europe, Bruxelles, 23 octobre 1962.
    TH. WOLTON, *La France sous Influence*, Paris, 1997, p. 272 et suivantes.
11. R. KENNEDY, *op. cit.*, p. 48-49.
12. N. S. KHOUCHTCHEV, *op. cit.*, p. 468.
13. A. PEYREFITTE, *C'était de Gaulle*, Paris, 1994, p. 284.
14. CH. E. BOHLEN, *Witness to History*, New York, 1973, p. 514-515.
15. AMBALBEL (Paris), Télégramme à Belext n° 47 du 19 janvier 1972, Bruxelles.
16. P. H. SPAAK, *Combats inachevés*, t. II, Paris, p. 360 et suivantes.
17. M. COUVE DE MURVILLE, *Une politique étrangère, 1958-1969*, Paris, 1971, p. 350.
18. R. ROTHSCHILD, Notes personnelles, Bruxelles, février 1963.

19. A. de Staercke, Rapport à Belext, Bruxelles, Paris, 25 juin 1962, Archives de l'auteur (VIII/4).
20. H. Kissinger, *Diplomacy*, Londres, 1994, p. 601.
21. A. Horne, *MacMillan - The Official Biography*, Londres, 1989, p. 429 et suivantes.
R. Lamb, *The MacMillan Years*, Londres, 1995, p. 190.
22. A. Peyrefitte, *op. cit.*, p. 335.
H. Alphand, *L'étonnement d'être*, Paris, 1977, p. 489 et suivantes.
23. Ch. de Gaulle, *op. cit.*, p. 214.
24. R. Rothschild, Conversations à Washington, 21 et 22 mars 1963, Archives de l'auteur (VIII/4).
25. M. Psellos, *Chronographie*, Paris, 1957.

IX Dans le tiers monde et en Europe

1. R. Cornevin, *Histoire du Congo*, Paris, 1966, p. 275.
J.-G. Libois & B. Verhaegen, *Congo 1960*, t. II, Bruxelles, p. 944.
2. C. C. O'Brien, *To Katanga and Back*, Londres, 1962, p. 157.
3. *Ibidem*, p. 277 et suivantes.
B. Urquhart, *A Life in Peace and War*, Londres, 1987, p. 174.
I. Colvin, *The Rise and Fall of Moïse Tschombé*, Londres, 1968, p. 58 et suivantes.
4. R. Rothschild, Compte rendu de l'entretien Spaak-Rusk, Oslo, 9 mai 1961.
5. B. Urquhart, *op. cit.*, p. 177.
6. *Le Monde*, Paris, 10 décembre 1961.
7. E. Davignon, Compte rendu de la réunion au Département d'État Spaak-Rusk, Washington, 9 juin 1962, Archives de l'auteur (X/1).
8. *Idem*, Compte rendu des conversations au Département d'État et à la Maison Blanche, Archives de l'auteur (X/1).
9. *Idem*, Compte rendu de la réunion au ministère des Affaires étrangères, 19 décembre 1961, G. McGhee-Spaak.
10. J. Ziegler, *Sociologie de la nouvelle Afrique*, Paris, 1964, p. 233 et suivantes.
F. Herman, *La situation économique et financière au Congo 1962-1963*, Bruxelles, 1963.
11. R. Rothschild, Note au ministre des Affaires étrangères, Bruxelles, 2 juin 1964.
12. P. Nothomb, *Dans Stanleyville*, Bruxelles, 1993, p. 107.
13. P. H. Spaak, *Combats inachevés*, t. II, Paris, 1969, p. 275.
14. *Sunday Telegraph*, « World Bank Debt Tables 92-93 » /« African Development Bank » / « UN Development Programme », Londres, 1er mai 1994.
15. *Le Monde*, « Les treize guerres d'Afrique », Paris, 19 octobre 1990, p. 1-6.
16. UNDP, Human Redevelopment Report, Third Report, New York, 1993.
The Economist, « The Bleak Continent », Londres, 9 décembre 1989.
17. M. Couve de Murville, Entretiens avec M. Spaak, Bruxelles, 1er mai 1961, p. 2, Archives de l'auteur (IX/2).
W. de Mérode, Conversations avec J.M. Boegner, Lettre à l'auteur 21 janvier 1963, Archives de l'auteur (IX/2).

A. Peyrefitte, *C'était de Gaulle*, Paris, 1994, p. 281 et suivantes.
18. P. Servent, in *Le Monde*, Paris, 24-25 janvier 1993, p. 2.
19. E. Davignon, Compte rendu du voyage à Paris du jeudi 29 octobre 1964, Bruxelles, 30 octobre 1964.
20. P. Dieterlen, in *Le Monde*, Paris, 10 février 1965.
21. Parlement européen, Cahiers mensuels de Documentation européenne, Luxembourg, mars 1965, p. 10-11.
22. Ch. de Gaulle, *Lettres, Notes et Carnets*, vol. II, Paris, p. 442.
23. P. L. Blanc, *De Gaulle au soir de sa vie*, Paris, 1990, p. 219-220.
24. P. Scholl-Latour, *Hexagone*, Paris, p. 383.
25. J. F. Kennedy,« America's Stake in Viêt-nam », Vital Speeches of One Day, 1er août 1956, p. 667 et suivantes.
26. H. Pirenne, *Histoire de l'Europe des invasions au XVIe siècle*, Bruxelles-Paris, 1936, p. 18 et suivantes.
27. M. Rodinson, *Marxisme et monde musulman*, Paris, 1972.
B. Lewis, *Les Arabes dans l'histoire*, Paris, 1993.
J. Esposito, *The Islamic Threat - Myths or Reality*, OVP, 1994.
G. Kepel, *La revanche de Dieu*, Paris, 1991.
28. Mao Tsê-tung, *Le petit livre rouge, Citations*, Paris, 1967, p. 12.
29. S. Leys, *Les habits neufs du président Mao*, Paris, 1971.
J. Spence, *The Search for Modern China*, Londres, 1990.
J. Guillermaz, *Le Parti communiste chinois au pouvoir*, Paris, 1972.
30. Zhisui Li, *The Private Life of Chairman Mao*, Londres, 1944.
31. R. Evans, *Deng Xiaoping*, Londres, 1993, p. 167-168.
32. Mao Tsê-tung, *op. cit.*, p. 167.
33. Zhisui Li, *op. cit.*, p. 620 et suivantes.
34. Jung Chang, *Wild Swans*, Londres, 1991.
35. J. Groothaert, *Le passage du témoin*, Louvain-la-Neuve, 1991, p. 150.
36. R. Grousset, *Bilan de l'histoire*, Paris, 1946, p. 136.
Idem, *Histoire de la Chine*, Paris, 1942, p. 260 et suivantes.
H. Maspero, *La Chine antique*, Paris, 1921, p. 467.
37. D. Caute, *Sixty Eight*, London, 1988, p. 386.
38. E. Davignon, Rencontres de M. Harmel, ministre des Affaires étrangères de Belgique à Washington, 14 octobre 1968, Archives de l'auteur.

X L'honneur de l'Occident

1. W. Laqueur, *Europe in our Time*, Londres, 1992, p. 238.
2. *The Economist*, « The Welfare State - Time for Reform », Londres, 10 juin 1995.
3. P. H. Spaak, Cité dans *Paul Henri Spaak* par J.H. Huizinga, Bruxelles, 1988, p. 254.
4. É. Guigou, *Pour les Européens*, Paris, 1994, p. 29.
5. Lord Onslow, in *Daily Telegraph*, Londres, 24 octobre 1994.
6. M. Jobert, *Mémoires d'avenir*, Paris, 1974, p. 287.
6bis. A. Peyrefitte, *C'était de Gaulle*, Paris, 1994, p. 159.

7. R. Jenkins, *Le partenariat décevant entre les gouvernements britanniques et l'Europe*, Bruxelles, 1994, p. 21.
G. R. Urban, *Diplomacy and Disillusion*, Londres, 1996.
8. *The Economist*, «America the Superfit», 13 février 1993, p. 69.
9. *Idem*, «A Survey of the European Union», 22 octobre 1994, p. 6 et suivantes.
10. *Idem*, «The European Community», 24 octobre - 12 décembre 1992.
11. *Idem*, «The Poor», 27 mai 1995, p. 36.
12. R. Mounier, *Les XVIe et XVIIe siècles*, Paris, 1954; p. 145 et suivantes.
P. Goubert, *L'Ancien Régime*, t. I, Paris, 1969.
A. Briggs, *A Social History of England*, Londres, 1983.
A. Nikiforuk, *The Fourth Horseman*, Londres, 1992.
P. Linebaugh, *The London Hanged*, Londres, 1991, p. 12 et suivantes.
13. W. F. Bynum, *Science and the Practice of medicine in the nineteenth Century*, Cambridge, 1994, p. 79.
14. M. Lachiver, *Les années de misère*, Paris, 1991, p. 34 et suivantes - p. 49 et suivantes.
15. A. Farge, *Fragile Lives*, Londres, 1993, p. 48.
16. R. Mounier, *op. cit.*, p. 160 - p. 54-55.
17. M. Lachiver, *op. cit.*, p. 87 et suivantes.
18. G. M. Trevelyan, *English Social History*, Londres, 1945, p. 348.
19. M. Harris, «Crime immemorial», in *The Daily Telegraph*, 13 mars 1993, p. 19.
20. W. F. Bynum, *op. cit.*, p. 226.
21. *The Economist*, «A shadow on Society», 15 octobre 1994, p. 23.
22. *Idem*, «The Future of Medicine», Londres, 19 mars 1994.
23. D. Shukman, *The Sorcerer's Challenge*, Londres, 1995, p. 596.
24. *Ibidem*, p. 37.
25. P. de Rose, *La troisième guerre mondiale n'a pas eu lieu*, Paris, 1995, p. 112 et suivantes.
26. *The Economist*, «China. The Titan stirs», Londres, 28 novembre 1992.
27. J. Poos, Discours de juin 1991 du ministre des Affaires étrangères du Luxembourg, président de l'Union européenne.

Table des matières

Achevé d'imprimer le 3 avril 1997
sur les presses de l'imprimerie Lannoo à Tielt